VOM TUN INS SEIN
ERWACHEN IN DAS UNPERSÖNLICHE SEIN

Autobiographie einer westlichen Yoginī

Renate Nishkāma Kunz

**Bibliographische Informationen
der deutschen Bibliothek**
Die Deutsche Bibliothek verzeichnet diese Publikation in der
Deutschen Nationalbibliografie; detaillierte bibliographische
Daten sind im Internet übe: http://dnb.ddb.de abrufbar.

VOM TUN INS SEIN –
ERWACHEN IN DAS UNPERSÖNLICHE SEIN
Autobiographie einer westlichen Yogini

2. Auflage 2025
Copyright © 2025 bei Renate Nishkāma Kunz

Verlag: BoD – Books on Demand GmbH,
In de Tarpen 42, 22848 Norderstedt, bod@bod.de
Druck: Libri Plureos GmbH, Friedensallee273,
22763 Hamburg

ISBN: 978-3-7693-5353-2

Inhaltsverzeichnis

Sri Chakra Yantra, gemalt im 2017

Vorwort

Dieses Buch ist die zweite Auflage. Es wurde nochmals korrigiert, einige Veränderungen wurden vorgenommen und weitere Erlebnisse hinzugefügt. Es beinhaltet die wahre Lebensgeschichte einer westlichen Yogini. Der Leser kann sich aber auch sehr wohl darin selbst erkennen. Und zugleich soll es dem interessierten Menschen diese Person Nishkāma oder Renate etwas näherbringen.

Meines Erachtens ist es nichts Besonderes, was dieser Frau geschehen ist. Das Besondere daran war höchstens vielleicht, dass sie nie wusste, was mit ihr geschah und sie erst viele Jahre später immer mehr Klarheit über alle Geschehnisse bekam. Nishkāma suchte lange nach Antworten auf ihre vielen Fragen. Fand aber nie jemanden, der ihr diese wirklich beantworten konnte. Irgendwann beschloss die Frau nicht mehr nach Antworten zu suchen, sie gab sich damit ab, dass offene Fragen in ihr waren. Aber genau darum entstand vielleicht dieses Buch, um den suchenden Menschen Antworten geben zu können.

Meistens und viel später oder im Laufe der Jahre bekam sie immer mehr Klarheit über alles, was ihr im Leben geschehen war. Sie wurde sich ihrer Selbst gewahr und konnte dadurch die Überlagerungen erkennen und diese, sich durch das daraus bewusste Erkennen, befreien. Bis sie wahrlich zu einem leeren Gefäss wurde. Im Laufe der Zeit bekamen alle Fragen eine Antwort.

Das Vertrauen in das nicht Wissen durchdrang die Person und führte die Frau vom Tun ins Sein im Hier und Jetzt. Nishkāma weiss heute sehr tiefgreifend; die Existenz oder das Göttliche lässt den Menschen immer zur richtigen Zeit am richtigen Ort sein. Natürlich immer um sich selbst zu erkennen und dadurch von überlagerten Sichtweisen, befreit zu werden.

Auch wenn der Mensch sich manchmal nicht auf Anhieb erkennen kann, macht es nicht viel, denn die Existenz bringt einfach die nächste Möglichkeit ins Lebensspiel. Das macht den aufmerksamen Menschen auch immer bewusster und dann ist das Leben ein geniales Spiel, das es förmlich und achtsam zu spielen gilt. So wurde auch dieses Buch mit den vielen gelebten Erlebnissen und Erfahrungen aus einem spielerischen inneren

Ansporn niedergeschrieben.

Alle Begebenheiten sind wahrhaftig geschehen und auch da ist es wichtig, sein eigenes Empfinden im Herzen zu erspüren, denn oft sagt der Kopf schon: „Das kann nicht sein, das Herz sagt dann aber: "Warum nicht?" Und der Bauch grummelt friedlich und ist einfach mit dem, was gerade ist, in sich zufrieden". Denn der Bauch weiss immer: „Keiner kann anders, als es durch ihn macht, in diesem unpersönlichen Geschehen!"

In diesem Buch mag es Schreibfehler, Satzzeichen sowie stilistische Unpässlichkeiten haben, man möge mir das verzeihen. Das Schreiben wurde mir nicht in die Wiege gelegt und war bis anhin nicht so mein Ding aber was nicht ist kann ja noch werden.

Gut aber ist, wenn der Leser sich darin erkennt und erfährt, was es mit ihm persönlich macht.

Natürlich darf die Leserin oder der Leser auch einmal innehalten und sich selbst wahrnehmen. Vielleicht magst du spüren, wie du gerade sitzt oder liegst. Oder erkennst du, was dein Inneres gerade so macht und welche Gedanken da sind oder eine weitere Möglichkeit ist auch: Bei dem Lesen die Stille zwischen den Zeilen wahrzunehmen.

Es geht einfach nur darum : Bewusst zu sein im Leben oder? Gnade dem der sich bewusst erkennt.

Viel Vergnügen beim Lesen der Geschichte von dieser westlichen Yoginī.

Danksagung

Danke, möchte ich sagen, für die vielen Erlebnisse, die mir meine Eltern und Geschwister als Grunderfahrungen mitgaben.

Danke dir, Kevin, dass du mir viele meiner Kindheitserinnerungen durch dein Grossziehen wieder geschenkt hast und ich mit dir als mein Kind an der Seite und durch das Leben als zweifache Grossmutter vieles neu betrachten konnte und kann.

Danke, möchte ich auch allen Menschen sagen, die mich einen Teil des Weges begleitet haben, immer durfte ich wieder weiterziehen, um noch losgelöster zu werden.

Diese Geschichte hätte nicht geschrieben werden können, währen nicht alle diese Meister und Meisterinnen in mein Leben getreten.

Danke Leben, dass du mir all diese vielen Möglichkeiten angeboten hast, wo es sich meines Erachtens lohnt, darüber in diesem Buch zu schreiben.

Anmerkung der Autorin

Um die Intimsphäre der Menschen zu wahren, wurden manche Namen in dieser Autobiographie geändert. In diesem Buch wird manchmal nur die männliche Form benutzt, natürlich ist immer auch das weibliche Geschlecht angesprochen.

Die Familie

Geboren bin ich am 17. August 1963 in Winterthur als Zweite von drei Kindern. Drei Jahre vor mir erblickte meine Schwester und 13 Monate nach mir mein Bruder die Welt.

Meine Eltern arbeiteten hart, um uns drei und sich selbst durchzubringen. Geld hatten wir nicht viel, es war aber immer alles da, was wir zum Leben brauchten. Die Kleider trugen die Jüngeren von den Älteren nach, bis diese so abgetragen und zerschlissen waren, dass man sie nicht mehr tragen konnte.

Meine Mutter machte dann aus den guten Stoffteilen der alten Kleider wieder etwas Neues für uns. Sie tat, was sie konnte, sie nähte für uns Kleider oder strickte uns Pullover, meistens dann in dreifacher Ausführung. Sie backte Süsses, machte im Sommer Gemüse und Früchte ein, damit wir im Winter auch noch etwas vom Garten geniessen konnten.

Meine Mutter, so erinnere ich mich, war handwerklich sehr begabt, sie reparierte selbst, was immer sie nur konnte. Sie kreierte viele tolle Dinge für uns, wie zum Beispiel ein selbstgemachter Teddybär oder eine Puppe, mit Kleidern, die sie selbst anfertigte, und vieles mehr. Solche Dinge schenkte sie uns dann zu Weihnachten oder auf den Geburtstag. Ihr wurde es nie zu viel oder langweilig, für die Familie, das zu tun und zu geben, was sie nur konnte. Als wir dann älter wurden, entschloss sie sich, nebenbei noch in einem Lebensmittelgeschäft stundenweise zu arbeiten. Sie sang sehr gerne und war jahrelang in einem Chor.

Mein Vater, so erinnere ich mich, hatte, als wir Kinder klein waren, viel zu tun. Er war Vorarbeiter in einem Magazin und um die Familie durchzubringen, arbeitete er zusätzlich an den Wochenenden an einer Tankstelle. Seine Hobbys waren sein Schrebergarten, die Fahrt auf seinem Motorrad und im Winter stand er gerne auf seinen Skiern. Er lebte als Kind im Felmis im Zürcher Oberland, da gab es noch lange Winterzeiten mit

Schnee. In seinen jungen Jahren liebte er es, als Skispringer von hohen Sprungschanzen zu fliegen. Der Schnee war seine Welt.

Papa brachte uns allen das Skifahren selbst bei, wir waren noch winzig, als wir schon auf den eigenen Brettern den Hang hinunter glitten. Zur gleichen Zeit lernte er damals auch unserer Mutter mit viel Geduld das Skifahren im Schnee. Vater war unser Skilehrer und unser „Nebel Spalter" bei Nebel. Indem er vorausfuhr und wir alle, in einer Einerkolonne hinter ihm her. Das machte Spass. Wann immer es die Zeit und der Schnee zuliessen, standen wir auf den Skiern.

Meine Erinnerungen an die Kinder- und Jugendzeit

Als introvertiertes Mädchen, das sich mit Plüschtieren und Käfern unterhielt, jedes Lebewesen als gleichwertig betrachtete, nichts von Gut und Böse wusste, ausser, wenn es gerade Streit mit den Geschwistern gab, lebte ich in meiner eigenen Welt. Da ich sehr schüchtern war, sprach ich nicht mit Erwachsenen, ausser wenn ich unbedingt musste. Gerne war ich aber dabei, wenn sich die Grossen unterhielten. Da konnte ich viel erfahren und als stille Beobachterin dabei sein.

In der Schule war ich steht's darauf bedacht, nicht aufzufallen. Die Lehrer vergassen mich oft, bei den Frage und Antwort Stunden. Ich erinnere mich, dass ich langes Haar mit Stirnfransen im Gesicht hatte und mich gerne hinter den Fransen versteckte. Meistens mit dem Wunschgedanken, nicht gesehen zu werden, was dann oft auch in Erfüllung ging.

Schlechte Stimmungen Zuhause waren für mich nicht auszuhalten, also fing ich an den Clown zu spielen, ich schnitt Grimassen oder machte sonst lustige Sachen und das, solange bis alle lachen mussten, dann veränderte sich die dicke Luft und für mich war meine Welt wieder in Ordnung.

Draussen war ich auch gelegentlich dabei, wenn die Kinder in unserer Strasse Verstecken spielten oder anderes zusammen unternahmen. Aber oft und gerne war ich für mich alleine am Spielen. Am liebsten mit meinen Plüschtieren, die waren meine Freunde und Begleiter, vor allem aber in den Nächten, wenn die Dunkelheit mich ängstigte, waren diese meine treuen Beschützer. Wenn ich mit ihnen sprach, hörte ich in mir ihre Antworten. Mit ihnen teilte ich, was ich mit den Menschen nicht teilen konnte.

So verging meine Kinderzeit ganz friedlich.

Nach der Schule hängte ich ein Lehrjahr für Hauswirtschaft an, da waren wir nur Mädchen in der Klasse. Erst damals, in diesem Jahr verlor, ich meine Introvertiertheit und Schüchternheit gegenüber erwachsenen Personen. Oft war ich der Klassenclown, wurde sogar manchmal etwas frech zu den Lehrerinnen und wenn dann alle lachten, fühlte ich mich geliebt und zugehörig.

In meiner Jugendzeit erforschte ich das andere Geschlecht, machte Erfahrungen mit Rauchen und Alkohol und später dann auch mit Marihuana. Diese damals verbotene Droge verwarf ich aber schnell wieder, da das Kiffen in mir zu viele Ängste auslöste.

In dieser Zeit machte ich, was ich wollte und was mir gefiel. Aber natürlich immer so, dass meine Eltern zufrieden waren und sich keine Sorgen zu machen brauchten. Lieber schwindelte ich ihnen eine schöne Geschichte vor, um meine Erfahrungen machen zu können, als ihnen immer die Wahrheit zu präsentieren.

Die Berufslehre machte ich im Detailhandel mit Lebensmitteln und schloss die Lehre mit einem erstaunlich guten Ergebnis ab. In der Verkaufsstelle, wo ich damals meine Lehrzeit verbrachte, wurde nach meinem Abschluss gerade eine Stelle als Abteilungsleiterin, Früchte und Gemüse frei und ich durfte diese

Aufgabe übernehmen. Das war mir recht, denn die Chefin war nett und die Arbeit machte mir Spass.

Schon längere Zeit hatte ich damals einen festen Freund. Sein Name war Mike, er war ein ruhiger, netter Junge.

Als zwanzigjährige zog ich von meinem Elternhaus weg. Mike und ich übernahmen eine kleine Wohnung in der Nähe von meinem Arbeitsort. Mike, so stellte sich bald heraus, war ein unselbstständiger Mann. So ergab es sich, dass ich alles, was es im gemeinsamen Haushalt zu managen gab, übernahm, obwohl ich deswegen nicht immer ganz glücklich war und das mit schlechter Laune ihm gegenüber manchmal auch zeigte. Über Gefühle oder Liebe wurde aber nie gesprochen. Wir hatten einen Kater namens Mörli, ihm teilte ich meine Sorgen mit und meine Bedürftigkeit nach Nähe konnte ich mit oder bei ihm nähren.

Diese Freundschaft mit Mike war ganz klar ein Kopfentscheid und keine Entscheidung, die von meinem Herzen gemacht wurde. Mein Herz gehörte damals Toni. Mit Toni war ich vor Mike kurze Zeit zusammen. Da Toni aber eher ein «Luftibus» war, entschied sich meine Vernunft damals für den ruhigen, zuverlässigen und treuen Mike. Toni, das war aber meine grosse Liebe. So waren dann meine Gedanken und Fantasien oft bei Toni.

Nach sieben Jahren zusammen mit Mike wurde ich es leid und entschloss mich, diese Freundschaft zu beenden. Da kam mir gerade ein Geschäftskollege zu Hilfe, den ich bei einem Arbeitsstellenwechsel frisch kennengelernt hatte. Mit diesem Mann verstand ich mich auf Anhieb sehr gut, es war, als würde ich ihn schon immer kennen. Obwohl er in einer Beziehung mit einem Mann war, spürten wir eine starke gegenseitige Anziehungskraft zueinander. Im Nachhinein stellte sich heraus, dass wir uns gegenseitig unterstützt hatten, um die alten Beziehungen, in denen wir steckten, zu erlösen. Der Kontakt mit ihm erweiterte mein Bewusstsein in Bezug der homosexuellen Szene.

Er nahm mich mit in Klubs, wo ich fast das einzige weibliche Wesen war. Es war toll, als stille, wertfreie Beobachterin dort mit dabei sein zu dürfen.

In einem Dorf namens Elgg fand ich eine kleine Wohnung, in die ich bald einzog. Den Kater Mörli durfte ich nicht mitnehmen. Ihn im Stich zu lassen, das war das Schlimmste für mich. Es zerriss mir fast mein Herz. Mike war zwar traurig, aber da ich ja mit einem Schwulen zusammen war, so sagte er; „Sei es für ihn nicht so schlimm". Er hatte natürlich damals noch Hoffnung, ich käme wieder zurück. Dem war aber nicht so, denn etwa ein halbes Jahr später, begegnete ich meiner grossen Liebe Toni wieder.

Begegnung mit Toni
In meinem Auto sitzend, stand ich an einer Ampel, deren Signal auf Rot war und wartete darauf, dass es grün würde. Plötzlich drehte sich mein Kopf nach rechts und im Auto direkt neben mir lachte mir Toni entgegen. Ganz schön überrascht war ich, in Eile wechselten wir ein paar Worte und schon war es Grün und Zeit zum Losfahren. Im kurzen Gespräch erwähnte ich, wo ich zurzeit arbeitete, und er sagte: Er komme mich dort bald besuchen, was er dann einige Tage später auch tat. Wir gingen damals in das Café nebenan, wo wir ungestört waren. Wir tauschten aus, was wir in den vergangenen Jahren so erlebt hatten. Auch er hatte eine längere Beziehung hinter sich und war gerade wieder alleine unterwegs.
Dieser interessante Mann lud mich ein, über das Wochenende auf seinem Motorrad ins Tessin zu fahren, um dort einige Tage gemeinsam zu verbringen. Natürlich nahm ich diese Einladung freudig an.
Mit meiner Zusage für das Wochenende wusste ich auch, das war ein Ja zu uns zweien als ein Paar. Und so war es dann auch. Was im Tessin begann, war die Liebe meines Lebens. Es

war eine Zeit, in der ich mich oft anlehnen konnte. Toni war da, wenn ich ihn brauchte. Das mit ihm war eine neue Erfahrung für mich, da ich bis dahin immer nur Stützen für andere gewesen war. Es war toll, irgendwie fühlte es sich so an, dass sich meine Tagträumereien aus all den vergangenen Jahren Erfüllung verschafften. Er war so ganz anders als Mike.

Toni stand mit beiden Beinen im Leben, wusste, was er wollte und gab mir oft halt bei meinem Gefühl des Verloren seins. Ich lernte viel, was das Leben und Lieben anging, ich schätzte diesen Mann als Freund, Liebhaber und auch als Lehrer.

Bald schon gab ich meine Wohnung im Dorf auf und zog zu ihm nach Winterthur zurück.

In seinem Elternhaus, wo auch seine Mutter in einer eigenen Wohnung wohnte, durfte ich mit ihm fortan zusammen in seiner Wohnung leben.

Toni war aktiver Tauchlehrer und es wurde bald klar, dass Toni mir das Tauchen beibringen wollte. Beim Lernen dieser Sportart und auch als fertig ausgebildete Taucherin kam ich immer wieder an meine Grenzen. Wohl auch, weil ich ja immer gefallen wollte und Dinge tat, die mir vielleicht gar nicht so leicht gegeben waren? Aber es war halt einfach so und damals auch gar nicht so bewusst wie später dann. Toni gab mir unermüdlich den nötigen Halt und die Sicherheit, die ich selbst nicht hatte. Auch wenn ich unter Wasser im Zürichsee nicht mehr wusste, was unten und oben war, weil wir in einer trüben Suppe herumpaddelten und ich fast in Panik geriet, hielt er meine Hand und gab mir dadurch Sicherheit. Und für mich war dann die Unterwasserwelt so weit in Ordnung, wie es eben ging. Natürlich gab es auch wunderschöne Taucherlebnisse. Wir tauchten in allen möglichen Meeren auf der Welt, machten auch Urlaub auf Tauchschiffen. Im Meerwasser bei klarer Sicht machte mir dann das Tauchen auch Spass, ich bekam mehr Routine und erfreute mich oft an der wunderschönen Unterwasserwelt. In Freizeit und Urlaub hatten wir ein aktives und tolles Leben.

Toni lernte mich auch, über meine Probleme zu sprechen

oder wenn etwas nicht in Ordnung war. Meine Gefühle mitzuteilen, hatte ich bis dahin nie gelernt. Angewöhnt hatte ich mir in meinem Leben andauernd alles einfach herunterzuschlucken und war es gewohnt, alles zu verdrängen. Das ging bei diesem Mann nicht mehr, er liess einfach nicht locker, bis ich aussprach, was mir auf dem Herzen lag und wir darüber diskutieren konnten.

Sogar streiten lernte ich mit ihm, auch das konnte ich zuvor nicht. Ausser damals als Kind mit meinen Geschwistern, aber als erwachsene Frau traute ich mich einfach nicht.

Die Dinge nahmen ihren Lauf, und ich war ganz zufrieden mit meinem Leben.

Eines Tages im Badezimmer, als ich mich im Spiegel betrachtete, wurde mir plötzlich bewusst, dass ich mich nicht traute, mir selbst in die Augen zu schauen. Da war grosse Angst in mir, dass, wenn ich tief in meine Augen sehen würde, es mich in diese Augen hineinziehen könnte und weiterkonnte oder wollte ich nicht denken. Es reichte, dass ein ängstliches Gefühl mir die Nackenhaare aufstellen liess und schnell beschäftigte ich mich mit etwas anderem.

Die Arbeit

Bei der Arbeit wurde ich nochmals befördert, damals war es ein Supercenter, das ich führen durfte. Die neue Herausforderung, mit den vielen neuen Mitarbeitern und der Kundschaft, machte mir Spass. Es war zwar noch einiges anspruchsvoller als in den vorhergehenden Verkaufsstellen, da es doch an die vierzig Mitarbeiter waren, für die ich die Leiterfunktion übernahm. Das ging aber auch so gut, weil ich den besten Vorgesetzten hatte, den ich mir vorstellen konnte. Er war immer da, wenn ich ein Problem hatte. Dieser Chef unterstützte mich tatkräftig, wo immer er konnte. Er war zwar streng, aber korrekt und wenn ich mal nicht so motiviert war, kam er bestimmt und sagte: „Was ist das für ein „Sauladen" hier?" Und sofort war ich wieder 100 % motiviert, um mein Bestes zu geben und natürlich auch, um ihm zu gefallen.

Mein Leben war so weit in Ordnung, solange ich nicht ins Nachsinnen kam. Ins Nachsinnen über Dinge, wie beispielsweise: „Warum bin ich hier?" „Wer ist Gott?" „Gibt es einen Gott?" „Warum sind in mir immer diese grossen Zweifel?" „Was ist der Sinn vom Leben?", und so weiter. Wenn das passierte, lenkte ich mich sofort mit Beschäftigungen ab oder legte mich ins Bett und verdrängte solche Fragen mit schlafen. So ging es recht gut und das Nachsinnen war, wie es gekommen war, bis zum nächsten Auftauchen auch wieder weg.

Als ich dann 28 Jahre alt war, wurde mein Vorgesetzter in eine andere Genossenschaft als Verkaufschef befördert. Das war für mich keine freudige Zeit, denn der neue Chef war in meinen Augen nicht fähig, Verkaufsstellen oder Personal wie mich zu führen.

Schon nach kurzer Zeit, mit dieser neuen Führung, verlor ich das Interesse an meiner Arbeit merklich und die Freude am Job ging verloren. Als ich gerade so überlegte, alles hinzuschmeissen und meinen Job zu kündigen, klingelte mein Telefon und in der Leitung war mein vorhergehender Chef. Wie es mir so ginge? Wollte er wissen.

Keinen besseren Zeitpunkt hätte er wählen können, um mich anzurufen. Oder war es vielleicht gerade ein Geschenk des Universums, das der Mann genau zu dieser Zeit anrief? Wie auch immer, dachte ich. Verzweifelt, wütend und auch traurig, erklärte ich ihm meine momentane Lage und teilte ihm meinen Gedanken die Arbeit aufzugeben, mit. Die Freude an der Arbeit sei nun nicht mehr vorhanden, sagte ich noch zu ihm. Nachdem mein lieber alter Chef mir schweigend zugehört hatte, fragte er mich: „Könntest du dir vorstellen, als Verkaufsleiterin von mehreren Verkaufsstellen zu arbeiten? Die Centerleiter zu führen, mit ihnen die Läden im Schuss zu halten, Teamsitzungen zu leiten, bei Umstellungen der Verkaufsstellen mitzuhelfen, sowie einen guten Umgang zu Kunden und Personal zu pflegen?"

Ohne gross zu überlegen, fragte ich ihn: „Traust du, Chef, mir das zu?" „Ja, klar, sonst würde ich dich nicht fragen." Erklang es von dem anderen Ende der Telefonleitung. „Ja dann, dann komme ich gerne!" Sagte ich spontan. Und das auch nur, weil ich wusste, auf seine Unterstützung konnte ich mich verlassen und er würde mich gut einführen in die neue Herausforderung als Leiterin dieser Verkaufsstellen und Aufgaben.

Und so ergab es sich, dass ich diese neue Herausforderung annahm. Mit einem eigenen Geschäftswagen und ganz vielen Unterlagen kam ich am ersten Arbeitstag von meiner neuen Arbeit nach Hause.

Lange waren bald die Arbeitstage, zwar mit viel Abwechslung von Sitzungen leiten, über Laden Umstellungen, Hilfe bei Sortimentswechsel, Gespräche über Mitarbeiterführung, organisieren und rekrutieren von Personal für die Verkaufsstellen. All diese Aufgaben bereiteten mir Freude, wäre da nicht bald der Druck von den Vorgesetzten gewesen, was die Umsatzzahlen und Personalreduktionen in den Filialen anbelangte. Als Verkaufsleiterin war ich die Mitte in einem Sandwich. Druck kam von oben: Die Geschäftsleitung wollte Zahlen sehen und kam von unten: Die Angestellten in den Verkaufsstellen waren oft unzufrieden. Und ich war mit meinem grossen Harmoniebedürfnis, zwischen den zwei Fronten, oft und immer mehr überfordert.

Natürlich konnte ich die Überforderung nicht eingestehen und schon gar nicht bei meinem, auf mich zählenden Chef, anbringen. Auch, weil ich mich das nie getraut hätte. Schliesslich dachte ich, müsse ich dankbar sein, dass er mir diesen Job ermöglicht hatte. Es kam immer mehr so weit, dass ich mich heimlich von der Arbeit davonschlich und früher nach Hause ging, ohne mich abzumelden. Obwohl ich zwar viel mehr Stunden als je zuvor an der Arbeit verbrachte, überkam mich damals trotzdem immer wieder ein schlechtes Gewissen. So war ich dann immer in der Angst, dass es jemand merken könnte.

Das Ganze geschah auch, weil mein Vorgesetzter nie Feierabend machte, ich ihn als Vorbild sah und weil ich es immer allen anderen recht machen wollte. Schwäche zeigen, das ging gar nicht. Zumal ich die Idee hatte, dass man mich sonst nicht mehr lieb haben würde oder man schlecht über mich sprechen könnte.

Nach etwas mehr als einem Jahr wurde mir der Druck bei dieser Arbeit zu gross, es wurde mir alles zu viel, die Freude am Arbeiten ging zusehends verloren, ich litt an Überanstrengung und Müdigkeit. In dieser üblen Lage konnte ich mit niemandem darüber sprechen, weil ich einfach bislang nicht gelernt hatte, meine eigenen Probleme mit anderen zu teilen. Zudem wollte ich natürlich auch niemanden enttäuschen. Also gab es für mich nur noch einen Ausweg und das war, ein eigenes Kind zu bekommen.

Der Kinderwunsch bekam Kraft

Als ich etwa 20 Jahre alt war, hatte ich die Vorahnung, dass ich als 30 Jahre alte Frau ein Kind haben würde. Das kam mir damals, in dieser nicht ganz einfachen Zeit mit dem Job, immer wieder in den Sinn. Damals war ich schon 29 Jahre alt.

Nach wie vor liebte ich Toni und es war für mich klar; wenn ein Kind, dann sollte es von ihm sein. Und so geschah es dann tatsächlich, dass ich bald schwanger wurde.

Ein neuer Lebensabschnitt fing sich mit meinem immer dicker werdenden Bauch an zu entfalten. Das Kind im Bauch machte sich allmählich bemerkbar. Wir heirateten dann noch vor der Geburt, das war am 13. März 1993.

Die erste Öffnung (erwachen) in Richtung Bewusstsein oder Selbst-Verwirklichung.

Doch nochmals zurück in die Zeit während meiner Schwangerschaft.

Im April 1993 war ich bei der Arbeit in einer Verkaufsstelle. Ich besprach dort mit dem Centerleiter die schlechten Umsatzzahlen und arbeitete mit ihm an Verbesserungsmöglichkeiten. Plötzlich, aus dem Nichts heraus, fühlte ich mich unwohl und es wurde mir schwindlig. Da ich nicht wusste, ob ich mich übergeben müsste, entschuldigte ich mich rasch beim Ladenleiter und ging in Richtung zur Toilette.

Auf dem Weg dorthin muss ich in Ohnmacht gefallen sein, denn als ich wieder bei Bewusstsein war, lag ich auf dem Betonboden im Lager, nicht weit vom Büro entfernt, das ich zuvor verlassen hatte.

Oh, ich war vollkommen verwirrt darüber, und der Chef dort sagte, ich sei einfach langsam hingefallen. Ja, so muss es wohl passiert sein, ich wusste nur noch, dass ich zur Toilette gehen wollte. Nachdem ich das Bewusstsein wieder erlangt hatte, so erinnere ich mich, war ich erschrocken und brauchte einen Moment, bis ich wieder klar und ganz bei mir war.

Das Gefühl war, als wachte ich am Morgen im Bett auf. Jedoch war es ja nicht so. Die Orientierungslosigkeit legte sich langsam, und der Verdrängungsmechanismus setzte schnell ein. Mir ja nichts anmerken lassen und vorgeben, als wäre alles in Ordnung. Das sagte ich zu mir im Stillen. Eilig erledigte ich die Arbeit und fuhr danach gleich nach Hause.

In den darauffolgenden Wochen bekam ich heftige Migräne Anfälle. Die starken Kopfschmerzen diagnostizierte der Arzt als Migräne mit Aura. Das heisst; mit Sehstörung, einseitiges kribbeln bis Taubheit im Körper, kurzzeitige Aphasie (Sprachstörung) und danach ganz starke Kopfschmerzen, bei denen ich mich im dunklen Zimmer liegend im Bett aufhielt und unter starken Medikamenten wartete, bis es dem Kopf wieder besser ging.

Es war eine Zeit, in der ich oft Angst hatte, ohne genau zu wissen, wovor. Oder war es die Angst, dass ich die Kontrolle verlieren könnte? Was ja irgendwie auch schon geschah. Nun, mein Motto war: einfach nichts anmerken lassen. „Es wird schon wieder vergehen", redete ich mir im Stillen immer wieder zu. Zumal wusste ich damals noch nicht, erst dann viele Jahre später, dass dieser Ohnmachtsanfall, der mir geschah, zugleich eine spirituelle Öffnung oder ein Erwachen ausgelöst oder zur Folge hatte.

Alles, was mit mir nach diesem Zeitpunkt passierte, verknüpfte ich damals aber mit der Schwangerschaft. Ich ging davon aus, dieser Umstand hätte das alles ausgelöst. So dachte ich damals, weil mir plötzlich alles so fremd und unbekannt vorkam. Wenn das Kind aus dem Bauch raus wäre, dann würde alles wieder sein wie früher, hoffte ich. Was sich dann aber ganz anders zeigte. Es wurde nie mehr so, wie es vor dem Ereignis, mit der Ohnmacht, in meinem Leben war.

Ein Junge erblickte die Welt - Mein Sohn Kevin

Es war der 25. Juni, (3 Wochen vor dem natürlichen Geburtstermin), an diesem Tag wurde ich in die Gebärabteilung im Krankenhaus zu einer Untersuchung bestellt. Das Baby im Bauch lag in der Steisslage, das hiess, die Füsschen waren am Muttermund und nicht der Kopf, wie es bei einer normalen Geburt sein sollte. Die Ärzte wollten versuchen, das Kind in meinem Bauch zu drehen, sodass es mit dem Kopf voraus die Welt erblicken könnte. Kurz nach Mittag war ich dort, ohne mir Gedanken über irgendetwas zu machen. Bei der Untersuchung geriet die Ärztin in eine ersichtliche Unruhe, sie veranlasste sofort, einen Venen-Katheter von der Pflegefachfrau bei mir legen zu lassen. Die Pflegende traf die Vene auf Anhieb und liess sogleich eine Flüssigkeit in meinen Arm laufen.

Die Ärztin sagte zu mir, dass etwas mit den Herztönen des Kindes in meinem Bauch nicht in Ordnung sei und sie noch einige Untersuchungen durchführen werde. Die weiteren Untersuchungen ergaben, dass ich zu wenig Fruchtwasser in der Gebärmutter hatte. Es könne sein, dass das Kleine im Bauch dadurch gefährdet wäre. All die Berichte und was die Ärztin und die Pflegerinnen mit mir anstellten, berührte mich überhaupt nicht. Es war, als sei ich gar nicht ganz anwesend.

Seit dem Ereignis im vergangenen April war ich gar nicht mehr ganz da oder reagierte einfach für mich nicht so, wie ich es von davor gewohnt war. Es war, als betreffe das ganze Geschehen nicht mich selbst. So war es ein ständiges Zusehen von allem, was in und um mich geschah, als würde es gar nicht mich betreffen. Da lag ich dann auf dem Behandlungsbett im Untersuchungszimmer und musste warten. In mir war es ruhig und keine, die sich irgendetwas dachte. Es war, wie oben schon erwähnt, als ginge mich das alles gar nichts an.

Die Ärztin betrat nach einer Weile wieder das Zimmer und sagte dann zu mir: „So, kann ich sie nicht nach Hause gehen lassen." Eine Pflegerin würde mir nun ein Medikament über die Infusion am Arm verabreichen. Das Medikament habe die Funktion, die Geburtswehen auszulösen, um zu kontrollieren, was mit dem Baby im Mutterbauch geschehen würde. Diese Therapie könne aber eine Geburt einleiten, darum wäre es schon einmal gut, meinen Ehemann zu kontaktieren, damit er auf die Station kommen könne. Gut, hatte ich damals schon ein mobiles Telefon. Eine halbe Stunde später, nachdem ich Toni angerufen hatte, um ihm alles mitzuteilen, stand er bei mir im Untersuchungszimmer.

In meinen Arm floss zwar eine Flüssigkeit, auf das Medikament sprach mein Körper aber nicht an. So gaben sie mir immer noch mehr und mehr von diesem wehen auslösenden Mittel. Als sie mir die höchstmögliche Dosis schon verabreicht hatten und ich immer noch keine Wehen bekam, setzten sie die weitere Therapie mit diesem Medikament ab. Mehr davon sei zu gefährlich für das Kind, sagte man uns. Vielleicht würden die Wehen noch kommen, meinte die Ärztin. Aber mein Körper reagierte nicht darauf. Ich blieb nach wie vor, von diesem Geschehen unberührt. Es war einfach ein Betrachten, ohne involviert zu sein.

Mehr als überwachen und abwarten könne man nun im Moment nicht tun, ich müsse zu dieser Überwachung aber die Nacht auf der Station verbringen. Wenn alles gut verlaufe, könne ich dann Morgen wieder nach Hause gehen, sagte man zu mir.

Und dann geschah es so: Toni machte sich sogleich auf den Heimweg, um mir Kleider zum Umziehen zu holen. Er sei bald zurück, sagte er noch und weg war er. Alle Pflegenden verliessen ebenfalls den Raum, um andere Arbeiten zu verrichten. So ergab es sich, dass ich mit dem Baby im Bauch alleine im Zimmer war. Plötzlich gab das Baby mir einen heftigen Tritt mit seinem Füsschen, von Innen an meinen Bauch. Sofort, platzte die Fruchtblase und ich stand in einer Pfütze aus Fruchtwasser. Auf mein Klingeln kam zuerst eine Pflegende und sogleich die Ärztin ins Zimmer und sie betrachteten die Flüssigkeit auf dem Boden, in der ich stand.

Nun sei es klar, sagte die Doktorin. Es gäbe in den nächsten Stunden und sicherheitshalber für das Kind und mich, einen Kaiserschnitt, sprich eine Schnittentbindung. Zuerst solle ich jetzt duschen gehen und danach müssten wir warten, bis der Operationssaal frei würde, wo diese operative Geburt dann durchgeführt werden würde.

Kurz vor Mitternacht fuhr eine Pflegefachfrau mich im Bett in Richtung Operationssaal. Auf der Fahrt dorthin geriet mein Körper rasch und vollkommen ausser Kontrolle. Die Beine fingen unkontrolliert und sehr heftig an zu zittern und waren nicht mehr zu stoppen. Darauf folgte ein heftiges, unaufhaltsames Zittern im ganzen Körper. So etwas Heftiges hatte ich zuvor in meinem Leben noch nie erlebt.

In mir war keine Angst, obwohl der Körper ausser Kontrolle geraten war. Ich war nach wie vor nicht involviert in das ganze Geschehen, zusehen geschah auch da. Im Raum für die Vorbereitung der OP gaben mir die Narkoseärzte vermutlich ein starkes Beruhigungsmittel, denn ich erinnere mich nur noch daran, dass der Anästhesist bei der spinalen Teilnarkose Mühe, hatte eine durchgängige Stelle im Rücken zu finden und dafür oft stechen musste. Ein Schmerzempfinden war in mir nicht vorhanden. So musste ich dann wohl eingeschlafen sein, denn plötzlich erwachte ich und vor mir auf Bauchhöhe war ein grünes Tuch gespannt. Neben mir auf Kopfhöhe stand jemand, ich sagte zu dieser Person ebenfalls in Grün; dass es mir Übel wäre und ich glaube mich übergeben zu müssen. Dann weiss ich wieder nichts mehr. Die haben mich wohl aus gutem Grund wieder weiterschlafen lassen.

Unser Sohn Kevin erblickte kurz nach Mitternacht am 26.6.1993 um 00.10 das Licht der Welt.

Man weckte mich und sagte mir, es sei ein Junge und das Baby sei wohl auf. Mir aber fielen die Augen gleich wieder zu und der Schlaf übernahm mich wieder.

Das Gefühl von Freude fehlte, vielleicht lag es an den Medikamenten oder war es diese Losgelöstheit einer Person? Keine Ahnung. Ich kannte die Reaktionen in mir einfach nicht, oder ich erkannte mich nicht mehr. Damals war mir nicht bewusst, was ich heute weiss. Das kommt schon wieder, redete ich mir auch wieder ein. Du wirst schon wieder so sein wie früher. Das ist jetzt einfach eine veränderte Zeit. Eine veränderte Zeit, die ich dem neuen Leben als Mutter mit einem kleinen niedlichen Kind zuschrieb. Eine Pflegerin brachte den kleinen Jungen und sie legte ihn mir an die Brust, sodass er Milch trinken konnte. Langsam freundete ich mich mit dem Kleinen an, ich beobachtete ihn und etwas in mir regte sich, war das Mutterliebe?

Die 10 Tage in der Frauenklinik, wo ich bleiben musste, vergingen. Meine Hilflosigkeit und das Verändert sein blieben bestehen. Sobald jemand aus der Pflege mir zeigen wollte, wie ich den kleinen Jungen wickeln oder baden sollte, musste ich einen Stuhl verlangen, weil ich das Gefühl hatte, gleich wieder in Ohnmacht zu fallen. Dabei wusste ich nicht, wie mir geschah, ich weinte oft, war es Verzweiflung oder wie Besucher meinten: Das sei die hormonelle Umstellung nach der Entbindung. War es das wirklich? Oder war es die Hilflosigkeit, weil ich mich nicht mehr kannte, keinen Halt mehr in mir fand? Nichts Gewohntes mehr war? Keine Kontrolle über mich mehr hatte? Wer war ich überhaupt?

Zum Glück war Toni so ein toller Ehemann und Vater. Er hatte alles im Griff. Er unterstützte und motivierte mich in allem, was gerade war. Er lernte mir mit viel Einfühlungsvermögen, wie ich dieses Kindchen halten, wickeln und baden konnte. Seine tröstenden Worte gaben mir ein wenig Halt.

Wieder zu Hause war Toni zum Glück noch einige Tage bei uns, bis er wieder zur Arbeit musste. Er war eine liebevolle, grosse Hilfe und eine wundervolle Unterstützung für mich. Mit den neuen Lebensumständen und mit dem neu-
geborenen Jungen zurechtzukommen.

Das Leben nahm nun seinen neuen Lauf
   Die Wochen vergingen, Kevin wuchs stetig heran. Es wurde einfacher, das Leben war nicht mehr so neu und langsam wurde alles zur Routine. Nur in mir blieb Chaos, und die Frage: Wer bin ich? War immer mal wieder in meinen Gedanken. Warum war ich so Anhaftungslos, keine Gefühle als Mutter von diesem hübschen Knaben und mit Toni, dem einfühlsamen Ehemann und Vater des Kindes, dem schönen Haus mit Garten, keine Geldsorgen, ich hatte alles, was eine junge Mutter begehren könnte.
   Was war los mit mir? Irgendetwas stimmte einfach nicht mehr mit mir. Zumindest war ich nicht mehr die, die ich zuvor einmal war, aber was war bloss los? Diese Frage konnte ich mir nicht beantworten. Am liebsten waren mir die Zeiten, wo das Baby an meiner Brust die Milch saugte. Da spürte ich den eigenen Körper, dann war ich einfach mit dem Kleinen auf meinen Armen und beobachtete ihn beim Trinken und oft auch, wie er schlafend da lag.

Ich versuchte, mit diesem neuen Leben zurechtzukommen, war oft müde und hatte täglich Kopfschmerzen, die waren einfach da. Der Schmerz gehörte zu mir wie ein Arm oder ein Bein, es kam mir nicht einmal in den Sinn, dass ich einmal ein Schmerzmittel nehmen könnte. Ich war wohl einfach nicht fähig, etwas zu verstehen, es war aber die meiste Zeit auch niemand da in mir, der sich an einem Verstehen interessiert hätte. Mein neues Leben war so an-ders, so neu und zudem kamen neue Ängste dazu. Neben der Angst, die Kontrolle zu verlieren, kam jetzt auch die Angst vor der Angst dazu. Die Angst zeigte sich dann auch beim Autofahren, durch unkontrolliertes, heftiges Zittern am ganzen Körper, mit Ohrensausen und der Angst, wieder in Ohnmacht zu fallen. Immer öfter kamen die körperlichen Symptome und drückten sich dann, schon nur bei dem daran denken, mit kalt schweissigen Händen und sturmen Kopf aus. Über meine Angst und was in mir vorging, darüber sprach ich aber mit niemandem. Immer noch hielt ich an dem Gedanken fest, das geht vorüber. Bis es dann eines Tages zur Eskalation kam.

Das Ereignis war wie folgt: Bei einer Autofahrt mit meiner Schwester und unseren drei Kindern hinten drin im Auto geriet alles in mir ausser Kontrolle. Meine Füsse zitterten stark, dadurch wurde der Fahrstil unsicher. Der kalte Schweiss lag mir auf der Stirn und ich hatte das Gefühl, als sei ich in Watte gehüllt; die Musik aus dem Radio vernahm ich nur noch als dumpfe Töne, die weit weg waren. Ich konnte es nicht mehr verantworten, so weiterzufahren. Also hielt ich an der nächsten Raststätte an, wo ich dann zitternd in Tränen ausbrach.

Meine Schwester war sehr einfühlsam, sie nahm mich ernst und sie übernahm auch das Steuer, damit wir an unser geplantes Ziel weiterfahren konnten.

Nun war meine Phobie zwar nicht mehr geheim, aber gelöst war mein Problem dadurch weiterhin nicht. Einzig war es einfach kein Geheimnis mehr. Toni, mein Ehemann, erfuhr auch davon. Er wollte mir dabei helfen, meine Unsicherheit beim Autofahren zu überwinden, er sagte zu mir: "Komm, wir gehen zusammen Autofahren, du schaffst das!" Ich traute mich aber nicht, die Angst war zu stark. Nur schon der Gedanke daran löste Angstschweiss auf meiner Stirn aus. Jetzt hatte sich die Angst vor der Angst manifestiert und diese regierte mein Körpersystem, ohne dass ich das vermeiden oder kontrollieren konnte.

Obwohl die Zeit verging, blieb mein Zustand unverändert, ich war einfach nicht mehr die, die ich früher war. War nicht mehr die Frau, die doch immer alles zuvor im Griff hatte. Manchmal kauerte ich weinend in einer Ecke im Wohnzimmer, weil es einfach über mich kam, es war wohl auch eine Art Verzweiflung, ohne zu wissen warum.

Toni war, wenn er konnte dann einfach bei mir und ich höre ihn heute noch sagen: „Meine Liebste, das kommt schon wieder". Wäre er nicht gewesen, wäre ich wohl in einer psychiatrischen Klinik gelandet. Einmal, als ich so verzweifelt war und dachte, es geht nicht mehr, ging ich zu meinem Hausarzt und versuchte mich, ihm zu erklären, aber wie? Ich wusste ja selbst nicht, was los war mit mir. Die Tränen flossen einfach aus mir heraus. Der Arzt sagte, er gebe mir jetzt ein Medikament zur Beruhigung, es sei ein schwaches Psycho-Pharmaka. Dieses solle ich jetzt einfach einmal eine Zeit lang einnehmen und dann würde es mir schon bald wieder besser gehen. Schon bei der Einnahme der ersten Tablette wusste ich, dass das nicht die Lösung war und ich nicht von diesem Medikament abhängig werden wollte. Trotzdem nahm ich es einige Tage lang ein. Da ich keine Verbesserung meines Zustandes erkennen konnte, liess ich die Einnahme des Medikamentes bald einfach weg.

Die Zeit nahm seinen Lauf, die Angst vor der Angst blieb und auch die ewigen Kopfschmerzen begleiteten mich täglich. Der kleine Sohn wuchs, war gesund und munter, er war ein Sonnenschein in meinen trüben Stunden.

Die Cousine brachte eine erste Verbesserung

Eines Tages kam die Cousine von Toni auf dem Fahrrad bei uns zu Besuch, sie wollte zu meiner Schwiegermutter, doch diese war nicht zu Hause. So geschah es, dass die Frau namens Ruth bei mir klingelte, ich bat sie zum Tee zu bleiben, was sie dann auch tat. Als wir uns gegenüber am Tisch sassen, sah mir die Frau in die Augen und sagte: "Dir geht es nicht gut, ich sehe es in deinen Augen, möchtest du eine Bach-Blüten-Mischung haben?". Ich war sehr erstaunt. Da war plötzlich jemand, der erkannte, dass es mir nicht gut ging. Ich wusste zwar nicht, was das für Blüten waren, dachte aber für mich, vielleicht würden mir die ja helfen, aus diesem Zustand heraus zu kommen. Viel schlimmer, als es schon war, könne es ja wohl nicht mehr werden, dachte ich mir und sagte zu der Cousine: "Wenn es etwas gibt, was mir guttut, dann ja sehr gerne."

Erste Erfahrungen mit den Bach-Blüten

Meine ersten Erfahrungen mit den Blüten von Dr. Edward Bach.

Ruth testete mit einem Pendel, das sie mit sich trug, die Bach-Blüten Nummern für mich aus. So ein Hilfsmittel wie dieses Pendel hatte ich noch nie zuvor gesehen. Sie erklärte mir, wie man das Pendel befragen konnte und meinte beiläufig, das wäre leicht zu erlernen. Die Cousine erzählte mir auch, was mit mir los war. Das wusste sie anhand der ausgependelten Blüten Konstellation. Ich war sehr erstaunt, dass es etwas gab, das meine psychische Krise mit all den Ängsten zeigte. Und in solchen Blüten als Themen beschrieben waren. Das Pendeln faszinierte mich, ich war begeistert, wie sie das machte.

Ruth meinte, wenn ich Lust hätte, würde sie mir das Austesten mit dem Pendel lernen. Wenn ich Freude daran hätte, könne ich ja dann auch Bach-Blüten Beratungen anbieten. Als sie das sagte, spürte ich eine Begeisterung in mir, wie schon lange nicht mehr. Die Blüten würden auf der Seelenebene wirken und dem Menschen oder auch dem Tier sowie den Pflanzen eine harmonische Unterstützung sein. Die Einnahme der Blüten könne aus ihren eigenen Erfahrungen Wunder wirken. Da hatte ich die neue Hoffnung, dass mir die Tropfen bei meiner Angst und Unsicherheit auch helfen könnten. Ruth erwähnte noch, dass man sich bei der Beschäftigung mit den Blütenthemen besser kennenlernen würde. Das hörte ich gerne und hatte zugleich das Gefühl, dass mir nun endlich etwas zu Hilfe käme.

Sie sende mir die Bach-Blüten-Mischung per Post und lege auch gleich ein Buch, in dem alle 38 Blüten einzeln beschrieben wären, dazu. Zwei Tage später hatte ich die Mischung und das Buch in meinem Briefkasten. So nahm ich die Tropfen regelmässig ein und schon nach kurzer Zeit war mehr Ruhe und Frieden in mir spürbar. Sogar die Angst vor der Angst wurde ein kleines bisschen weniger. Wahrlich, es war wie ein Wunder für mich, denn mit der Einnahme der Blüten ging es mir doch allgemein besser.

In dem Buch und in anderen folgenden Büchern fand ich Beschreibungen über die menschliche Psyche. Erklärungen von unausgeglichenen Zuständen und wie die Blüteneinnahme das Lebewesen in den ursprünglichen harmonischen Zustand zurückversetzen konnte. Im Selbststudium lernte ich mehr und mehr über die Psyche des Menschen in Verbindung mit den Bach-Blüten kennen. Alles wollte ich erfahren. Vor allem auch über meine eigene Psyche. So wurde ich langsam fündig auf der Suche nach Antwort.
Durch das Lesen der Bach-Blüten Bücher lernte ich mich und andere besser kennen.
Die Ängste waren zwar etwas weniger geworden, begleiteten mich aber weiterhin.
Die Cousine von Toni lernte mir bald das Pendeln und alles, was zu einer guten Beratung dazugehörte. Als ich schon einiges zu den Blüten und der Psyche wusste, besuchte ich einen Bach-Blüten-Selbsterfahrungskurs, um mein Wissen zu vertiefen.

Ich könnte Sterben!

Die damalige Kursleiterin hiess Regula, sie hatte ein grosses Wissen über die menschliche Psyche und die Bach-Blüten. Sie war mir schon bei unserer ersten Begegnung sehr sympathisch und das Vertrauen zu ihr wuchs mit jeder Kursstunde. Bald hatte ich so viel Vertrauen zu ihr, dass ich mich entschloss, ihr mein Herz auszuschütten und über meine Ängste und die Angst vor der Angst zu sprechen. Sie bestellte mich für eine Sitzung, um meine Themen in Ruhe anschauen zu können. Bald war der vereinbarte Termin bei Regula in der Praxis.

Sie führte mich in einer Meditation sanft, aber klar an die Angst beim Autofahren heran. Mit geschlossenen Augen musste ich mir die Situation beim Fahren im Auto vorstellen, fühlen und gedanklich durchgehen. Als ich die Angst dann fühlte, stellte Regula mir Fragen wie: „Wovor hast du Angst?" Meine Antwort war: „Angst, die Kontrolle zu verlieren." Sie fragte: „Was ist, wenn du die Kontrolle verlierst?" Ich antwortete: „Dann könnte ich in Ohnmacht fallen." Regula fragte weiter: „Was ist, wenn du in Ohnmacht fällst?" Oh, meine Erkenntnis und Antwort dazu war: „Ich könnte sterben!", und sofort kamen mir Tränen in die Augen. Das war es, ICH KÖNNTE STERBEN! Dieser Gedanke war das Eine, das andere war, ich würde dieses kleine hilflose Baby, das auf mich angewiesen war, zurücklassen. Sie fragte mich noch weiter: „Welche Erinnerungen aus deiner Kindheit kommen dir in den Sinn, zu diesem Thema?" „Grossvaters Tod sei nun ganz präsent." Gab ich ihr zur Antwort. Sofort wurde mir bewusst, dass in meiner Familie nie über das Sterben oder den Tod gesprochen wurde. Es war einfach Tabu. Die Erinnerung in meinem Kopf war Folgendes: als mein Grossvater, der Vater von meiner Mutter, an einem Herzschlag verstarb. Damals hiess es nur: Der Grossvater sei gestorben und meine Mutter ging weg, ohne uns etwas zu erklären. Zu der Beerdigung wurden wir Kinder nicht mitgenommen. Das Thema: „Grossvaters Tod" wurde nie mehr angesprochen. Obwohl ich spürte, dass etwas Schlimmes passiert war, getraute ich mich damals nicht, Fragen darüber zustellen. Dieses Ereignis aber hinterliess in mir ein ungutes, ängstliches Gefühl, das nun in dieser Sitzung mit der Regula wieder da war. Zugleich erkannte ich, dass es dasselbe Gefühl war, das mich indessen während des Autofahrens beschlich. Die Angst bekam ab da den Namen: „Todesangst".

Mit dieser Erkenntnis und der Unterstützung der Therapeutin, die mich anschliessend meditativ in der Vorstellung durch meinen eigenen Tod führte, wurde es schon etwas leichter in mir. Regula lenkte mich zwar sanft, aber ganz klar ans Sterben heran und hindurch bis zum Tod. Sie schenkte mir gedankliche Bilder als Hilfsmittel. Regula verwendete dazu die Metapher - der Raupe, die zum Schmetterling - transformiert wurde. Sie sprach zu mir: „Das Leben in diesem Körper ist wie das Leben einer Raupe, der Sterbeprozess ist das Verpuppen der Raupe und der Tod dann, das Schlüpfen und Entfalten des Schmetterlings. Also die Raupe stirbt und der Schmetterling erwacht."

Das war ein wunderschönes Bild für mich, daran konnte und wollte ich mich gerne festhalten.

Bevor wir zum Ende der Sitzung kamen, fragte mich Regula noch, ob ich mit Engeln etwas anfangen könnte? Engel gehörten für mich einfach zur Weihnachtszeit. Wo diese dann überall und in allen möglichen Formen zu sehen waren. Also wusste ich gar nicht, was ich ihr antworten sollte. Da ich einfach still war, erklärte sie mir, dass es viele verschiedene Engel gäbe. Einer davon trage den Namen Michael, er sei ein Erzengel und wirke zum Schutz. Es wäre eine Möglichkeit, diesen Schutzengel Michael zu rufen, wenn die Angst in mir wieder hochkäme. Und ihn zum Beispiel um Ruhe und Gelassenheit oder was immer ich gerade bräuchte, zu bitten. Das würde ich gerne ausprobieren und so es mir guttäte, auch anwenden, sprach ich zu der Therapeutin.

Damals war ich einfach froh um jede Hilfe, die ich bekommen konnte. So ein Engel wäre vielleicht ja etwas Gutes, dachte ich mir. Vor allem aber fühlte sich das gut an, so eine Art Anker zu bekommen, den ich dabeihatte, wo auch immer ich mich in Zukunft aufhalten würde. Eine neue Hoffnung und Zuversicht fingen sich in mir an zu entfalten. Die Therapeutin empfahl mir zum Schluss der Sitzung auch Bücher von *Elisabeth Kübler-Ross, der Sterbeforscherin, zu lesen. Zum Abschied umarmte ich Regula in voller Dankbarkeit und ging meines Weges.

In der Bibliothek fand ich dann kurze Zeit später viele Bücher zum Thema „Sterben". In den darauffolgenden Monaten las ich, was ich finden konnte, zu diesem Thema. Mit dem gelesenen Wissen und der Selbsterforschung setzte ich mich intensiv mit meinem eigenen Sterben und dem Gedanken der körperlichen Endlichkeit oder des Todes auseinander.

Elisabeth Kübler-Ross, geboren 8.8.1926 in Zürich, gestorben am 24.8.2004 in Scottsdale in Arizona. Sie war eine schweizerische Psychiaterin und befasste sich mit dem Tod und dem Umgang mit Sterbenden, mit Trauer und Trauerarbeit sowie mit Nahtoderfahrungen. Elisabeth Kübler-Ross war eine der Gründerinnen der modernen Sterbeforschung. Zudem hat sie mehrere Bücher zum Thema Sterben geschrieben.

Mit meiner neuen Erkenntnis ging ich dann eines Tages bei meinen Eltern zu Besuch. Wohl etwas zu euphorisch berichte ich ihnen, dass mein Problem der Angst mit dem Tode zu tun hätte. Mehr konnte ich nicht einmal erwähnen, denn sofort sagte meine Mutter: "Was, denkst du jetzt schon an den Tod, du bist ja noch so jung." Danach wurde dieses Thema über Jahre nicht mehr erwähnt. Erst im Sterbeprozess meines Vaters wurde das Thema Sterben und Tod dann aktuell und ich konnte mit meinen Eltern zum ersten Mal über den Tod sprechen.

Die Engel und die Besserung der Psyche

Die Engel kehrten ein und ab da ging es aufwärts mit mir oder mit meiner Psyche

Nach der Erfahrung bei Regula geschah es dann so, dass, sobald die Angst sich bemerkbar machte, ich in Gedanken den Erzengel Michael um Hilfe rief. Und siehe da, es funktionierte. Sofort wurde ich ruhiger und fühlte mich beschützt und begleitet; es war ein Gefühl des getragen- seins, das sich in meinem Körper ausbreitete. So lernte ich immer besser, mit der noch vorhandenen Angst umzugehen, und es gab auch Momente, in denen sie nicht mehr da war. Immer mehr bekam ich Zugang zu einer unsichtbaren geistigen Welt, die mir einen Halt in diesem haltlosen Leben gab.

Nun ging es mit mir aufwärts, langsam fühlte ich mich stabiler und meiner Psyche ging es immer besser. Die Angst wurde weniger und ein Vertrauen entfaltete sich in mir.

Mit dieser unsichtbaren Unterstützung von Erzengel Michael lernte ich der Angst zuerst noch vorsichtig, mit der Zeit aber immer mutiger in die Augen zu sehen. Und mit all den Erfahrungen, die mir das Leben schenkte, lernte ich mich selbst und die Psyche des Menschen immer besser kennen.

Plötzlich eine neue Aufgabe

Um den Körper fit zu halten, besuchte ich mehrmals wöchentlich ein Fitnesscenter in der Nähe von meinem Wohnort. Im Center hatte es einen Kinderhort, und da durfte ich Kevin abgeben. Er konnte mit anderen Kindern spielen und ich konnte ungestört mein Trainingsprogramm absolvieren.

Eines Morgens, als ich in den Kinderhort im Fitnesscenter kam, um Kevin abzugeben, waren die schon anwesenden Mütter in grosser Aufregung. Was denn los sei? Wollte ich wissen. Es sei keine Kinderhortleiterin anwesend und nun können sie nicht in den Trainingsraum zum Trainieren gehen, hörte ich sie sagen. Spontan sprach ich zu den Frauen: „Geht nur, ich schaue in dieser Zeit hier auf eure Kinder". Wirklich, das sei aber nett, meinten die Mütter und weg waren diese.

Für mich war das kein Problem, ich mutete mir das zu und hatte viel Spass mit den Kindern. Wir sangen und hatten eine gute Zeit zusammen.

Die Fitnessleitung war freudig überrascht über mein Angebot, dass ich spontan ausgeholfen hatte. Da zu dieser Zeit eine Kinderhortleitung fehlte, wurde ich gleich angestellt. Dreimal die Woche, für jeweils etwa drei Stunden, war ich inzwischen im Fitnesscenter tätig.

Am Aufpassen auf die Kinder hatte ich viel Freude. Da konnte ich mit den Kleinen singen, spielen und Geschichten erzählen. Und wenn ein Kind einmal Mühe hatte, unterstützte ich es mit den Bach-Blütentropfen, wenn die Mutter des Kindes damit einverstanden war.

Immer wieder staunte ich über die Wirkung der Blüten und zugleich konnte ich so weitere neue Erfahrungen sammeln. Meinen heranwachsenden Buben durfte ich in den Kinderhort mitnehmen, so lernte er, mit anderen Kindern umzugehen und hatte zugleich neue Freunde zum Spielen. Diese Aufgabe tätigte ich, bis Kevin in den Kindergarten kam und dann war auch mein Interesse an der Aufgabe im Kinderhort zu Ende.

Massagetechniken und die Metamorphose

Seit mehreren Jahren ging ich in die Massage zu Anton. Er war nicht nur ein einfühlsamer Masseur, er war auch ein interessanter Gesprächspartner für mich.

Die Massagen taten meinem verspannten, oft schmerzenden Körper gut. Der Mann hatte eine Gabe und traf immer die richtigen Punkte; er löste meistens sanft die Verhärtungen aus meinem Körper. Manchmal, wenn die Angst in mir sehr gross war, hatte er viel zu tun, um diese Angstverspannungen wieder lösen zu können. Wenn ich ausser Atem ankam, weil ich einen Angstanfall auf der Fahrt zu ihm im Auto bekommen hatte, verhalf er dem Hyperventilieren, das geschah, indem er mir einen Plastiksack vor den Mund hielt und mich hineinatmen liess. Solange, bis die Atmung sich normalisiert hatte und der ganze Spuck wieder vorbei war.

Er erkannte meine Probleme und reagierte meistens ohne grosse Worte, hilfreich darauf.

Durch ihn lernte ich mich und vor allem meinen Körper spüren. Bei jeder Behandlung und immer wieder fragte er mich, was ich wahrnähme, spüren könne oder wie es sich an gewissen Stellen, die er massierte, anfühlte. Erst viele Jahre später wurde mir bewusst, dass er mit mir mein Körperbewusstsein geschult hatte. Mit seinen Fragen und meinem Nachspüren wurde mit den Jahren mein Körperbewusstsein neu geprägt. Anton war ein Geschenk für mich und zudem ein wahrhaft einfühlsamer weiser Lehrer, der viel mehr wusste, als er sagte.

Eines Tages fragte mich Anton während einer Behandlung, ob ich an einer Massageausbildung interessiert wäre. Er biete demnächst einen Massagekurs für Anfänger an. Ob er sich mich denn als Masseurin vorstellen könnte, fragte ich ihn. Darauf antwortete er: „Ja natürlich, sonst würde ich nicht davon erzählen". In Gedanken versunken, dachte ich: Bei ihm die Massage lernen, er konnte mir immer so viel helfen, er hatte ein so grosses Wissen, er war ein sehr erfahrener, liebevoller und einfühlsamer Therapeut und Mensch. Er hatte auch immer ein offenes Ohr für mich. Und so sagte ich zu ihm: „Gerne würde ich mir das Überlegen" und so entschied ich mich, die Massage bei ihm zu lernen.

Wir waren vier Teilnehmer, zwei Frauen und zwei Männer, und verbrachten viele Wochenenden bei Anton in seiner Praxis. Das Ziel war, als eigenständige Masseurinnen und Masseure die Ausbildung abzuschliessen. Anton brachte uns verschiedene Massagetechniken bei. Das gegenseitige Massieren half mir, die Nähe zu anderen Menschen in fast nackten Körpern zuzulassen.

Am Anfang der Ausbildung hatte ich grosse Hemmungen, ich war damals eher menschenscheu, auch zweifelte ich stellenweise, ob ich das Massieren wirklich jemals beherrschen würde. Der Therapeut motivierte mich, wo er nur konnte, und auch von den anderen Kursteilnehmern bekam ich oft tolle Feedbacks.

In all diesen Ausbildungen bekam ich selbst so viele Massagen und ich wurde immer sensibler in der Wahrnehmung meines Körpers und der Psyche. Das war nicht immer ganz so einfach, oft rebellierte der Körper mit Verspannung oder da mein vegetatives Nervensystem sehr sensibel war, mit Schmerzen, aber auch mit innerer Unruhe. Nicht wenige Male zitterte ich wie Espenlaub am ganzen Körper vor lauter innerer Anspannung oder spürte eine ausgeprägte Kälte, die ganz in mir drinnen zu spüren war. Diese Kälte fühlte sich an, als wäre ich in einem Eisschrank gefangen. Oft machten mir diese Symptome im Körper Angst. Angst, die Kontrolle erneut zu verlieren.

Das Diplom in Körpermassage hatte ich geschafft und noch einen weiteren Aufbaukurs dazu. Zu Hause richtete ich ein Zimmer ein und empfing vorerst einmal Bekannte und Freunde, um diese massieren zu dürfen. Das Lernen machte mir Freude und so beschloss ich, auch noch eine Ausbildung in der Fussreflexzonen-Massage zu machen und so meine Angebote erweitern zu können. Die damalige Massageschule hatte weitere Angebote. Eines davon war die *Metamorphose – Eine Behandlung am Fuss, Hand und Kopf. Diese Ausbildung konnte man bei der Fussreflexzonen-Massage integrieren. Das gefiel mir und ich erlernte auch diese Methode gleich im Anschluss der abgeschlossenen Fussreflexzonen-Massage.

*Metamorphose – pränatale Therapie. Metamorphische Methode nach Robert St. John (1914-1996) ist eine sanfte Methode, die es ermöglicht, selbst alte, ausgediente und einschränkende Lebensmuster zu verändern. Die Metamorphose wird am Fuss, Hand und Kopf durchgeführt. Die Wirkung dieser aus der Fussreflexzonen entwickelten Methode liegt darin, dass sie die innewohnenden schöpferischen Kräfte im Menschen an *spricht. Diese Technik geht in die vorgeburtliche Zeit des Kindes im Mutterbauch und darüber hinaus und unterstützt die Auflösung von Traumata.*

Reiki und das mit Gott

Während der Ausbildung in der Fussreflexzonen Massage lernte ich eine Frau mit dem Namen Rati kennen. Sie war mir gleich sympathisch. Und wir fingen an, uns einmal wöchentlich gegenseitig die Füsse zu massieren. Daraus entstand, was wir damals noch nicht wussten, eine langjährige Kameradschaft.

Eines Tages fragte Rati mich, ob ich Lust hätte, sie in einen Reiki-Kurs zu begleiten. Das sei was mit Energiearbeit. Es nenne sich *Reiki und man lerne im Kurs einiges über Handauflegen sowie die Selbstheilungskräfte im Menschen und bei dem Tier oder Pflanzen zu aktivieren. Spontan und aus dem Bauchgefühl heraus sagte ich: „Ja, gerne komme ich mit zu dieser Reiki Ausbildung". Schon am darauffolgenden Wochenende waren wir zwei Teilnehmerinnen in diesem Kurs.

Dieses Reiki-Handauflegen ging ausgezeichnet und war sehr einfach auszuführen. Es war nicht unsere Energie, die benutzt wurde, sondern die universelle Kraft, sagte die Kursleitung. Am 2. Tag des Wochenendes mussten wir in einer Übung vor jedem der Teilnehmer stehen und etwas zu ihm sagen wie: "Ich Grüsse das Göttliche in dir!" oder so ähnlich und ihn dann umarmen. Oje! Das war aber gar nicht lustig für mich. Das Umarmen hatte ich in der Zwischenzeit gelernt und das ging schon recht gut, aber das mit diesem Gott! Mit Gott hatte ich nun wirklich nichts zu tun. Für mich hatte alles, was mit Gott zu tun hatte, entweder einen kirchlichen Tatsch oder man wollte durch sektiererische Gespräche die Menschen bekehren. Das war meine Vorstellung von Gott.

Bei der uns gebetenen Aufgabe war es mir gar nicht wohl, mein Körper verkrampfte sich. Einmal mehr hatte ich wieder das

Gefühl, in einen Sog von Kontrollverlust zu geraten, was mich erneut ängstigte.

Wir waren etwa 50 Kursteilnehmer, also viele Umarmungen fanden statt. Ungefähr nach der Hälfte der Begegnungen beobachtete ich, wie meine Hemmungen immer mehr wegfielen. Sogar das Wort „Gott" im gesprochenen Satz war plötzlich gar nicht mehr so schlimm für mich. Im Gegenteil, irgendwie empfand ich es sogar als befreiend. In mir war plötzlich eine Freude, die ich nicht beschreiben konnte, diese Freude war einfach da. Diese Übung schenkte mir die erste bewusste Begegnung mit dem Göttlichen im Menschen.

Alles in allem war das Wochenende schnell vorüber und ich konnte danach nicht viel mit diesem Reiki anfangen, irgendwie kam es mir noch etwas suspekt vor.

Und doch geschah es, dass ich mir zu Hause dann täglich für etwa 30 Minuten die Hände auf den Körper legte. Bald bekam ich Freude daran, es tat mir einfach wohl. Oder war es, weil ich mir die Zeit zum Sein nahm, was sich so gut anfühlte? Diese kurze Zeit ganz mir selbst widmen zu können, wurde mir bald zum Heiligtum.

Meine täglichen Rückzugszeiten, die mir so guttaten, wurden nicht sehr gerne gesehen und oft auch kritisiert. Toni zeigte nicht viel Verständnis für meinen alleinigen halbstündigen Rückzug ins Zimmer. Es musste ja jemand unserem Kevin schauen, der noch zu klein war, um ihn alleine zu lassen. Deshalb war es meist nur möglich, wenn Toni zu Hause war.

Reiki = „Universelle Lebensenergie" ist ein Kunstwort, das von Dr. Usui Mikao aus den japanischen Worten: rei (Geist, Seele) und ki (dem chinesischen Qi – Lebensenergie) gebildet wurde. Reiki wird als eine „Energie" erklärt, die in allem, was lebt, vorhanden sein soll. Das Ki im Wort Reiki entspricht dem hinduistischen Prana. Reiki ist ein esoterisches Konzept, nach dem durch das Hand Auflegen und einer speziellen Symbolar-

beit erfolgt. Wodurch die Selbstheilungskräfte beim Lebewesen aktiviert werden können. Es gibt sowohl die Möglichkeit der Reiki-Selbstbehandlung als auch die Behandlung von anderen Lebewesen.

Nun hatte ich eine Art Rhythmus im Leben. Meiner Psyche ging es recht gut, nur im Körper tat es immer irgendwo weh. Die Schmerzen waren ohne ersichtlichen Grund und manchmal auch ganz heftig und dann wieder fast weg, bis sie sich an einer anderen Stelle im Körper wieder zeigten. Ganz weg waren die Schmerzen aber nie. Es war einfach so, niemand in mir machte eine Geschichte daraus.

Gelegentlich durfte ich jemanden massieren oder mit den Bach-Blüten beratend zur Seite stehen. Freude hatte ich, auch wenn ich Tiere mit den Blüten aus der Natur unterstützen durfte. Schon immer liebte ich Tiere und war Abnehmerin, wenn jemand ein Kleintier nicht mehr haben konnte oder wollte. So hatten wir zwei Katzen, viele Meerschweinchen, ein Hase, eine Schildkröte, einige Ratten und einen Degu, den niemand mehr haben wollte. So konnte ich auch meine eigene Erfahrung bei der Begleitung meiner Tiere und mit den Bach-Blüten sammeln.

Die erste bewusste Begegnung mit dem Tod
Der Kater, den ich früher zusammen mit Mike hatte, war schon lange wieder bei mir, als ich damals bei Toni ins Haus einzog, holte ich in derselben Woche mein Kater Mörli zu uns. In der Zeit, als ich mich mit meinem eigenen sterben auseinandersetzte, starb dieser Kater Mörli. Es war das erste Lebewesen, das mir Nahe stand, das den Körper verlassen hatte.
Das Ereignis war wie folgt: Eines Abends wollte ich mit einer

Bekannten ausgehen. An diesem Abend kam Toni früher von der Arbeit nach Hause, er meinte, ich solle meine Verabredung verschieben und heute besser zu Hause bleiben. „Warum?" Wollte ich wissen. Er hatte Mühe beim Sprechen und meinte: Mörli sei gestorben. „Was! Warum!" Fielen mir die Worte aus dem Mund und wo der Kater dann sei, fragte ich? Der Kater habe es noch bis in den Keller geschafft und sei wohl dort gestorben, erzählte mir Toni. Ich wollte den toten Kater sehen, wir gingen zusammen in den Keller und da lag er, ich berührte seinen schon kalten und steifen Körper. Es kam mir gerade so vor, dass Mörli für mich gestorben war, damit ich erkennen oder erfahren durfte, dass der Körper nur die Hülle oder das „Gefährt" der Seele sei. Obwohl der Körper leblos dalag, fühlte es sich für mich so an, als wäre der Kater um mich, jetzt einfach körperlos. Mir wurde bewusst, dass Kater Mörlis Seele oder Selbst unsterblich war. Es war gar nicht schlimm, den toten Kater zu sehen. Es war ein erfahrendes Erkennen, das sich nicht in Worten lohnt, zu beschreiben.

Ich war dankbar für diese Erfahrung, auch wenn Mörli uns allen natürlich sehr fehlte und wir um ihn weinten und trauerten. Wir machten ein Ritual zusammen mit Kevin, mit vielen Kerzen, und verabschiedeten den Katzenkörper. Das war mir sehr wichtig, denn ich wollte dieses Tabu, das ich mit dem Sterben in meiner Familie erlebte, durchbrechen. Oder auf keinen Fall meinem Sohn so weitergeben. Bei jedem noch so kleinen Haustier, dass bei uns verstarb, gab es immer ein Ritual.

Nun war das Thema sterben wahrlich nichts mehr, das mich ängstigte. Es gehörte inzwischen einfach zum Leben und war meistens präsent. Das Thema Sterben war, ohne es zu planen, oft Gesprächsthema, das mich bei den Begegnungen mit anderen Menschen begleitete.
Das Leben kam mir immer mehr vor, wie ein grosses Puzzlespiel, und immer wieder fügte sich ein Puzzleteil zusammen.

Mehr Zeit für mich

Kevin kam in den Kindergarten. Es war eine Zeit der Ablösung und des Loslassens. Nicht ganz einfach war es für mich, meinen Sohn in andere Hände zu geben. Die Veränderung des Tagesablaufes kam mir aber zugute. Das Kinderhüten im Fitnesscenter hatte ich aufgegeben. Fast täglich widmete ich mich meines Selbst, ich las viele Bücher über alles Mögliche im esoterischen Bereich, aber auch Heilsteine, Kräuter und alternative Heilmethoden interessierten mich.

Das Interesse an Steinen führte mich zu einem Ehepaar, das einen Laden mit Heilsteinen führte. Die Frau hatte zudem in ihrem Angebot auch Reiki-Kurse.

In diesen zwei Menschen fand ich so eine Art Lehrer, diese zwei wussten sehr viel auch über übersinnliche Phänomene. Ihr Wissen faszinierte mich so sehr, dass ich, wenn es irgendwie möglich war, die Zeit bei ihnen verbrachte. Wo ich so viel Neues, mir bis dahin unbekanntes, hören und lernen durfte.

Zwar hatte ich immer leichte Bauchschmerzen, wenn ich dort bei den Leuten war, was ich zwar sehr wohl wahrnahm, aber einfach ignorierte. Der Mann faszinierte mich, weil er viel Wissen über Mystisches und Esoterisches hatte und seine Erfahrungen mit mir teilte. Er erzählte viel und oft von Dingen, die ich damals nicht wirklich verstand, erst Jahre später, als ich meine eigenen Erfahrungen machen konnte, wurde mir bewusst, was er mir damals mitteilen wollte.

Es war eine sehr intensive Zeit. Diesen beiden Menschen war ich so angetan, sie nährten mich und stillten meinen Wissensdurst.

Das ging so lange, bis mir klar wurde, dass ich mich von diesen Menschen lösen musste, um meinen eigenen Weg zu finden. Bald darauf geschah es, dass der Mann des Paares eine auch mir bekannte Frau in sexuelle Bedrängnis gebracht hatte. Das bestärkte meinen Entschluss, mich ab da von dem Ehepaar fernzuhalten. Und mein ewiges Bauchweh war somit auch weg. Nach diesem Erlebnis wurde ich achtsamer und konnte meinem Bauch mehr Vertrauen schenken als meinem Kopf.

Mein Bauch wurde so etwas wie ein wahrer Freund, sobald er mit Schmerzen reagierte, konnte ich sofort prüfen und schauen, wo ich mich aufhielt oder was da gerade los war. Oft hatte es energetisch oder mit Bevormundung oder Manipulation zu tun, auf das mein Bauch sofort reagierte.

Die Suche ging weiter

In mir war ein unersättlicher Wissensdurst erwacht. Ich wurde eine ewig Suchende, aber Suchen wonach? Das wusste ich damals nicht.

Eine Bekannte, die ich von den Kursen im Steinladen her kannte, die da auch nicht mehr hinging, fragte mich, ob ich Lust hätte, eine spirituelle Frau kennenzulernen. So traf ich auf Christalina. Sie war Reiki-Meister-Lehrerin, Channeling Medium und machte Erdheilungs-Anrufungen in Gruppen. Durch diese Frau hörte ich vieles über aufgestiegene Meister wie Sanat Kumara, Jesus-Sananda, Saint German und viele andere mehr. Es machte mir Spass für die Erde, etwas machen zu können, indem ich diese Anrufungen auch alleine zu Hause durchführte. Soweit es mir möglich war, nahm ich an ihren Veranstaltungen teil. Meistens durfte ich mit ihr in ihrem Wagen mitfahren, um die Orte zu besuchen, wo die Veranstaltungen stattfanden. Im Auto waren dann noch andere Leute mit uns, meistens Freunde von der Heilerin. Die Gespräche dieser Leute im Auto handelten unter anderem von Ausserirdischen, UFOs, aber auch Dinge wie das Üben durch die Wände zu gehen und dass es einige schon geschafft hätten.

Da ich sehr scheu und still war, wurde ich meist gar nicht wahrgenommen, so kam es mir zumindest vor. Das war gut, denn es interessierte mich brennend, was die da so erzählten.

Vieles im Leben hatte ich gelernt, einfach nur, indem ich zuhörte oder zuschaute. Es war prima, dass die Fahrgemeinschaft mich nicht in ihre Gespräche einbezog. Das Zuhören erweiterte meinen Horizont. Das Gerede über ausserirdische Wesen oder die Vorstellung, dass man sogar durch Wände ging, das konnte ich mir wahrlich nicht vorstellen. Na ja, aber da mein Bauch still und schmerzfrei war und ich ihm in der Zwischenzeit vertrauen gelernt hatte, fühlte ich mich trotz der speziellen Gespräche von diesen Menschen und bei der Heilerin sehr wohl.

Dank der Heilerin war ich dann sogar einige Zeit Mitglied einer Gruppe, die über UFOs und Begegnungen mit ausserirdischen Gesprächen führte. An diesen Treffen hatte es Wissenschaftler, Professoren, Ärzte, UFO-sichtige Menschen und solche, die von Ausserirdischen entführt worden seien, so erzählten diese das auf jeden Fall.

Jeder in der Gruppe teilte seine Erlebnisse mit. Ich hatte nie etwas zu sagen. War aber gerne und interessiert dabei und hörte mir gespannt an, was die anderen zu berichten hatten. In mir war all die Zeit nie ein Kommentar oder eine Wertung dazu. Es geschah einfach nur zuhören.

Bei Christalina machte ich dann die Reiki-Meister-Lehrer-Ausbildung und den dazugehörigen Abschluss. Es war eine sehr intensive Zeit, in der, in mir, dann nochmals vieles hochkam, an Unruhe und Ängsten. Manchmal waren die unguten Gefühle recht heftig, sodass ich sogar Angst hatte, ich könnte den Verstand verlieren. Der Körper war auch oft in Unruhe und zeigte es damals wiederholt mit Zittern, starken Nackenverspannungen und innerer Kälte. In mir war auch der Gedanke, dass das wohl zu viel Energie wäre. Bald überkamen mich Zweifel und es folgte Widerstand gegenüber der Lehrerin. Es war wohl wieder einmal Zeit, mich auch von dieser Mentorin zu verabschieden und alleine weiterzugehen. Durch meine Symptome und das plötzliche Gefühl, dass diese Frau mir nicht guttäte, ging ich da einfach nie mehr hin und fertig. Mit der Zeit ging es mir dann wieder besser und mein Körpersystem beruhigte sich langsam wieder. Das Handauflegen benutzte ich für mich und meine Tiere, gelegentlich auch für meinen Sohn, wenn er über Bauchschmerzen, meistens vor dem Einschlafen, klagte.

Nach diesem Erlebnis dachte ich, es sei jetzt besser, nichts mehr mit Esoterik oder Innenschau zu tun zu haben. Einfach einmal nur sein, und so beschloss ich, mit allem Gelernten aufzuhören. Eine kurze Zeit gelang das mir sogar.

Der innere Drang oder die Suche nach etwas Unbekanntem war aber stärker. Etwas in mir war offen und neugierig auf weitere Erfahrungen, die meine Sehnsucht vielleicht stillen würde. Damals wusste ich nicht einmal, dass es Sehnsucht nach Gottes- oder Selbstverwirklichung war. Oder die Sehnsucht, „nach Hause" in mir selbst zu kommen.

Das Bild von Christus

Die Heilerin hatte mir Jesus nähergebracht, indem sie mir unter anderem auch ein Bild von ihm geschenkt hatte. Das Bild von Christus oder Jesus hing in dem Zimmer, in dem ich meditierte oder für mich sein konnte. Eines Tages beim Betrachten des Bildes geschah es, dass ich mit dem Christus im Bild gedanklich zu sprechen anfing. Und das ab diesem Geschehen immer wieder tat.

In diesen inneren Zwiegesprächen war oft ein starker Schmerz in meinem Herzen, so eine Art Schrei. Und zugleich war da ein, nicht in Worten zu beschreibender, Wunsch. Es war die tiefe Sehnsucht, so wie Christus werden zu dürfen, und ich sagte zu dem Heiligen im Bild: „Lass mich so werden, wie du es warst! Lass mich wahrhaftig erkennen und eine Dienerin Gottes werden, so wie du ein Diener Gottes warst und durch dich, den Menschen die Wahrheit und das Sein entgegengebracht wurde, indem du das wahre SEIN verkörpert und gelebt hast." „Bitte! Lass mich dein Werk tun."

Diese Selbstgespräche mit der göttlichen Instanz in Form dieses Christus-Bildes gab mir einen Halt oder waren eine Stütze für mich. Natürlich und obwohl ich immer wusste, dass die Antworten aus mir selbst kamen. War es schön, daran zu glauben, ich spreche mit Gott in Form von Christus. Immer öfter ergaben sich nun auch innere Gespräche mit Bäumen, Tieren, Steinen und anderen Bildern, wie dann später auch mit dem Bild von Ramana Maharshi. (Damals wusste ich noch nichts von Gurus). Erst viele Jahre später konnte ich dann sagen: „Alle Begegnungen in meinem Leben waren meine Gurus". Diese Gespräche taten mir wohl und ich fühlte mich getragen und genährt.

Eine Zeit lang widmete ich mich dem Sein, ohne neue weitere Kurse zu besuchen. Es entfaltete sich in dieser Zeit eine Intuition in mir, die ich zuvor nicht kannte und das Vertrauen in mich selbst stärkte sich mehr und mehr. Gerne und wenn es die Zeit zuliess, setzte ich mich hin und war einfach still. Einfach nur da, ohne irgendwo hinkommen zu wollen.

Ein Jahr zum Thema Selbstvertrauen

Eines schönen Sommertages kam Ruth, die Cousine von Toni, wieder einmal mit dem Fahrrad angeradelt. Sie blieb zum Tee und im Gespräch erzählte sie mir Folgendes: Sie veranstalte einen Jahreskurs zum Thema „Selbstvertrauen". Ob ich nicht auch Lust hätte dabei zu sein, dabei mein Selbstvertrauen zu stärken, mich noch besser kennenzulernen und mich in einer neuen Gruppe zu erfahren? Sofort hatte ich eine gute Resonanz zu dem, was sie mir mitgeteilt hatte. Mehr Selbstvertrauen könnte ich gut gebrauchen und wieder einmal neue Erfahrungen in einer Gruppe zu machen fühlte sich gut an. Also entschloss ich mich, diesen Kurs, der ein Jahr lang an mehreren Wochenenden stattfinden würde, zu absolvieren. Schon bald war es so weit und der Kurs begann. Neben ganz vielen Übungen und Arbeiten am Körper lernte ich geistiges Heilen und dem Medialen oder der Intuition in mir, mehr zu vertrauen. Es war ein lehrreiches Jahr und tatsächlich gab mir diese Ausbildung mehr Selbstvertrauen und Selbstsicherheit.

Wieder hatte ich Neues erfahren und freute mich über das Erlebte, was mir immer mehr Bewusstsein meines Selbst vermittelte. Auch dieses Gelernte integrierte sich in den Alltag, und ich war ganz zufrieden mit dem, was mir das Leben so schenkte. Eine Übung, die wir als Hausaufgabe bekamen, ist mir geblieben. Die Übung war, tausendmal hintereinander den folgenden Spruch für mich aufzusagen. Die Worte waren: „Egal, was man mir sagt, was man mir antut, ich bin ein wertvoller Mensch!". So nahm ich mir eines Morgens die Zeit und wiederholte den Satz wahrhaftig tausendmal, indem ich viele Streichhölzer hatte und nach jeder Wiederholung ein Hölzchen von links nach rechts vor mich hinlegte. Dieses Aufsagen dauerte gute drei Stunden. Was dabei herauskam und fortan blieb, war, immer wenn ich mich nicht gut fühlte oder minderwertig, kam sofort aus dem Nichts dieser Satz und wiederholte sich in mir. Und gut war es wieder.

Ausbildung zur Pflegeassistentin

Eines Morgens kurz nach dem Aufwachen war plötzlich der Gedanke da, dass ich gerne im Krankenhaus arbeiten würde, und sogleich kam ein weiterer Gedanke: „Was kannst du denn schon? Höchstens vielleicht putzen". Doch das wollte ich nicht. Den Menschen, die im Krankenbett lagen, eine Unterstützung sein dürfen, das wollte ich. „Na ja, da ich aus der Verkaufsbranche kam, war das ohnehin nicht möglich", dachte ich und verwarf diesen Gedanken vorerst wieder.

Als ich dann doch diese verworfene Idee bei meiner Schwiegermutter aussprach, meinte diese: "Mache doch die Ausbildung für Pflegehelferin beim SRK (Schweizer Roten Kreuz). Mit dieser Ausbildung kannst du dann doch sicher in der Pflege in einem Altersheim eine Anstellung finden."

Ganz schön überrascht war ich, dass es da eine Möglichkeit gab für eine Umschulung. Schnell machte ich mich schlau und bald hatte ich die bestätigte Anmeldung von der Schule in der Tasche. Eines wusste ich aber genau: wenn die Pflege mir Spass machen würde, dann wollte ich im Spital und nicht im Altenheim arbeiten, ich liebte es, mit jungen und alten Menschen sein zu dürfen.

In der Pflegehelferinnenschule lernte ich den theoretischen Umgang mit kranken- und pflegebedürftigen Menschen. Im Anschluss an den schulischen Teil folgte ein zwölftägiges Praktikum. Das Arbeiten als Praktikantin in einem Betrieb unserer Wahl war Pflicht für den Ausbildungsabschluss.

Alle Kursteilnehmerinnen und Teilnehmer machten das Praktikum in Institutionen der Altenpflege, doch das wollte ich ja eben nicht. Man wisse nicht, ob es im Krankenhaus möglich sei, eine Praktikumsstelle zu bekommen, hiess es von der Kursleitung. Dann soll ich halt einmal im Krankenhaus anrufen, man glaube zwar nicht, dass ich da Glück haben würde, erwähnte sie nochmals. Meinen Mut zusammengenommen rief ich beim Personaldienst des Krankenhauses in unserer Stadt an und siehe da, ich hatte Glück. Wenige Tage später durfte ich das Praktikum auf der chirurgischen Abteilung im Kantonsspital Winterthur machen.

Sehr herzlich wurde ich am ersten Praktikumstag auf der Abteilung im Krankenhaus empfangen, alles lief wunderbar. So wunderbar, dass ich nach den zwölf Tagen Praktikum sofort eine 40 % Festanstellung bekam. Kevin war nun schon in der Schule und meine Schwiegermutter und Toni übernahmen seine Aufsicht, da ich ab dann oft auch an den Wochenenden am Arbeiten war. Es war einfach perfekt. Das Betreuen der Patienten erfüllte mich mit grosser Freude, die Aufgaben auf der Station waren leicht und schnell war ich im Team integriert. Das Personal war meistens gut gelaunt und oft gab es etwas zum Lachen. Nachdem ich schon eine Weile dort gearbeitet hatte, kam der Impuls noch, die SRK-Ausbildung zur Pflegeassistentin anzuhängen. Auch, um mein pflegerisches Wissen auszudehnen. Diese berufsbegleitende Ausbildung dauerte nochmals zwei Jahre.

Sodann hatte ich bald einen neuen Beruf und einen erfreulichen Job im Krankenhaus. Zu Hause war es harmonisch und alles lief gut im Leben, eigentlich hätte ich ja zufrieden sein können. Aber der innere Drang liess mich weiter suchen, wonach, das wusste ich weiterhin nicht.

Das ewige Streben nach weiterem Wissen liess mich einige

Zeit lang einen Abendkurs zum Thema Psyche besuchen. Darauf folgte ein zweijähriger Abendkurs über physiognomische Menschenkenntnisse nach Carl Huter. In dieser Zeit erfuhr ich vieles über Verhaltensmuster, das Antlitz des Menschen und die verschiedenen Menschentypen kennen. Es war mir nie genug, ich wollte immer noch mehr über alles erfahren, was die Menschen und mich im Inneren ausmacht.

Einmal ging ich an einen Vortrag über transzendentale Meditation von einem Guru namens: Maharishi Mahesh Yogi. Dort lernte ich eine Frau kennen, die einen Steinladen in Winterthur hatte. Gerne nenne ich sie hier Petra. Petra war mir auf Anhieb sympathisch, wir fingen an, uns zu treffen und eine freundschaftliche Zeit mit ihr begann. Manchmal durfte ich Petra im Laden helfen oder an den Messen, wo sie die Heilsteine zum Verkauf anbot, unterstützen. Das war toll, so konnte ich Menschen beobachten und viel über diese vielen verschiedenen Heilsteine lernen.

Emma Kunz, Grotte und der Beginn der Mandalas
Zuerst möchte ich aber hier noch das Erlebnis in der Grotte und mit der Emma Kunz einfügen, bevor ich von Petra weitererzählen werde.

Es ergab sich wie folgt beschrieben: Einmal fragten mich zwei Frauen, ob ich Lust hätte, mit ihnen die *Emma Kunz Grotte zu besuchen. „Sehr gerne", sagte ich spontan. Und das auch, weil ich ohnehin gerne mit diesen zwei mir lieben Leuten zusammen war. Die Frauen kannte ich von der Pflegeassistenten Ausbildung und wir hatten es immer lustig und schön, wenn wir zusammen unterwegs waren.
Wir fuhren gemeinsam mit dem Auto nach Würenlos, wo diese Höhle war. Die Grotte war für uns drei an diesem Morgen reserviert, wir durften uns zusammen 30 Minuten darin aufhalten.

Bald waren wir in der Höhle. An der Stelle in der Grotte, mit der höchsten Schwingung, war es mir nicht angenehm. Und so zog ich es vor, mich auf die dortige Steinbank etwas abseits, die einen Blick ins Freie hergab, hinzusetzen.

Dort sass ich dann und schaute einfach in die Weite. Als die 30 Minuten herum waren, verliessen wir gemeinsam die Grotte und fuhren zusammen in ein nahegelegenes Restaurant, um dort ein Mittagessen einzunehmen. Am frühen Nachmittag gingen wir dann wieder zurück zur Grotte, um noch das Emma-Kunz-Museum neben der Höhle zu besuchen.

Emma war Heilerin und hat mit einem Pendel Mandalas kreiert und so bei den Menschen die Selbstheilungskräfte aktiviert.

Für mich waren all diese Bilder in der Ausstellung nicht fertig. Es kam mir alles, was ich an Zeichnungen betrachtete, etwas suspekt vor. Zum Abschluss, als ich an der Kasse, wo ich eine Ansichtskarte bezahlte, stand, platzte es aus meinem Mund und zu der Frau an der Kasse heraus: "Die Bilder sind ja gar nicht fertig!" Sie schaute mich nur an, sagte aber nichts dazu. Bald darauf machten wir uns auf den Heimweg.

*Emma Kunz, geboren am 23.5.1892 in Brittnau gestorben am 16.8.1963 in Waldstatt. Emma war eine Heilpraktikerin Radiästhesistin und Künstlerin.

**"Aion A" Emma Kunz entdeckte in den Römersteinbrüchen von Würenlos ein Heilgestein, dem sie den Namen "Aion A" gab. Der Begriff "aion" stammt aus dem Griechischen und bedeutet grenzenlos. Damit wies Emma Kunz auf die universellen therapeutischen Möglichkeiten ihres Fundes hin. Die Erde dort weist eine enorm starke Heilwirkung auf. Die heilende Erde ist in Apotheken erhältlich und wird zum Einnehmen und für Wickel verwendet.

***Bovis-Einheiten, Abk. BE, (nicht zu verwechseln mit Broteinheit) wird in der Radiästhesie die Stärke einer Lebens- oder feinstofflichen Energie angegeben. Die Herkunft des Namens Bovis wird André Bovis (1871–1947) aus Nizza zugeschrieben.

Auf der Fahrt nach Hause fühlte ich mich ganz plötzlich krank, alles im Körper tat mir weh, ich hatte kalt bis auf die Knochen und dachte; „Jetzt bekommst du eine Grippe". Völlig schwach und erschöpft kam ich gegen Abend zu Hause an. Eigentlich wollte ich mich hinlegen, aber etwas in mir holte Papier, Bleistift und Zirkel. Zum ersten Mal in meinem Leben kreierte und malte ich ein Mandala, ohne irgendeine Vorlage und ohne überlegen zu müssen. Es geschah einfach durch mich hindurch.

Also keine Grippe, aber der Beginn einer neuen Tätigkeit. Das Kreieren und malen von Mandalas erfüllte mich und machte mir Spass. Jedes Bild, das kreiert wurde, war anders und ich wusste nie zum Voraus, was gemalt wurde, es geschah immer aus dem Moment des Seins. Jedes Mandala bekam während der Gestaltung ein Thema. Natürlich waren es alles Themen, die sich zuerst in mir auflösten oder entfalteten und dann anderen Menschen, die dazu eine gute Resonanz hatten, zugänglich wurden. Mit den Mandalas fing auch das mediale Schreiben an. So kreierte ich auf Bestellung persönliche Seelen-Mandalas mit dem Text, der durch mich kam, dazu. Wenn beim Kreieren der Kopf dazu kam, merkte ich es, weil es plötzlich nicht mehr floss und das Malen oder Schreiben schwierig wurde.

Die Esoterik-Messen

Mit Petra vom Steinladen durfte ich weiterhin an den Messen mithelfen. Sie meinte, ich solle doch die Mandalas an die Esoterik-Messen mitbringen. Was ich natürlich gerne tat. Auf einem separaten Tisch durfte ich die Mandalas präsentieren und, wenn von Kundschaft gewünscht, darüber sprechen.
Es ging nicht lange, da hatte ich die Idee oder den Impuls, einen eigenen Stand an den Messen haben zu wollen. Das war der Beginn meiner Aufgabe als Ausstellerin an Gesundheits- und Esoterikmessen in der deutschsprachigen Schweiz. Zu Beginn ging ich an diese Messen mit den Bach-Blüten-Tropfen und den Heil-Mandalas. Bei diesen Messen schaute ich die anderen

Stände und die Artikel, die zum Verkauf angeboten wurden, immer genau an. Es gab Steine, Schmuck, Engel, Naturprodukte, Handleser, Astrologen, Kartenlegerinnen und vieles mehr, was ich aber auf keiner all dieser Messen fand, waren Naturwesen wie Elfen oder Waldgenome.

Schnell fand ich die passenden Lieferanten und freute mich, weiterhin an den Messen als Ausstellerin teilnehmen zu können, dann noch zusätzlich mit den Elfen, Wichtel und Gnomen. Es waren gegossene bunte Figuren aus Kunststoff in vielen verschiedenen Variationen. Manche Elfen hatten auch ein Thema, wie Feuer, Erde, Luft usw.

An diesen Esoterik-Messen gab es alles Mögliche an Besuchern, meistens waren es Suchende, wonach auch immer. Es gab wunderbare Aussteller, die dem Menschen wohl gesinnt waren und es gab aber auch die anderen, die gegen uns Aussteller wie auch gegen die Besucher manipulativ oder „schwarz magisch" arbeiteten.

Sogar Schwindler gab es an diesen Messen. Auf jeden Fall ein wundervolles Lernfeld für mich. In dieser Zeit lernte ich so viel über die Menschen wie nie zuvor in meinem Leben. Meine Intuition wurde immer stärker und ich konnte mir vertrauen.

Alles, was ich in meinem Leben tat, machte ich, weil ich Freude daran hatte, zudem war ich gerne mit Menschen aller Art zusammen. Und immer war die innere Ausrichtung: "Wie kann ich den Menschen hilfsbereit zur Seite stehen, damit sie ihre blinden Flecken erkennen können und dadurch mehr Freude und Leichtigkeit im Leben erfahren dürfen." Und das aber, ohne sektiererisch oder missionarisch zu sein, das war mir sehr wichtig. Denn jeder Mensch ist für sein Glück selbst verantwortlich. Immer versuchte ich, mich nicht ungefragt in das Leben anderer einzumischen.

Der schwarzmagische Mann

Ein Erlebnis, das ich an einer Messe hatte, möchte ich an dieser Stelle noch niederschreiben.

Eines Tages, an einer Messe, kam ein ganz in schwarz, gekleideter Mann an meinen Stand. Es kam mir so vor, als wolle er mir Schlechtes geben oder tun. So grimmig wie er aussah, mit seinem düsteren Blick, mit all den Tattoos der Teufelszeichen und dem dunklen T-Shirt, mit dem auf dem Kopf stehenden Pentagramm darauf gedruckt. Das alles waren typische Zeichen für schwarze Magie oder Teufelsrituale, das wusste ich damals schon. Dieser Mann und ich standen uns eine ganze Weile gegenüber, nur mit dem Verkaufstisch zwischen uns. Keiner sagte etwas, in diesem Moment war es einfach still in mir, keine Unruhe regte sich. Nur stilles betrachtendes Sein geschah und sofort war die tiefe Erkenntnis in mir: „Keiner kann anders, als es durch ihn macht". Zugleich wusste ich: Es gibt nichts und niemand, der einem Schlechtes tun kann, wenn man mit sich selbst in Frieden und im Reinen ist.

Das war eine grossartige, tiefgreifende Erkenntnis. Jeder darf so sein, wie er ist. Da wurde mir auch einmal mehr klar, wie viel Vertrauen ich in eine höhere Kraft hatte, die mich führt und lenkt und mir all diese Erfahrungen schenkte.

Und so wie der Mann gekommen war, ging er auch schon wieder weiter und liess mich um diese wundervolle Erfahrung und um eine Erkenntnis reicher zurück.

An diesen Messen gab es eine Frau, Marie, nenne ich sie hier. Sie war auch immer an diesen spirituellen Messen für Suchende. Sie war ausgebildete Ärztin, das wusste ich von Petra. Marie bot mediale Sitzungen an den Ausstellungen an, ihre medialen Aussagen waren sehr präzise und klar. Was sie erzählte, traf bei vielen zu oder ein. Einige Male ging ich auch zu Marie in so eine mediale Sitzung. Einmal sagte sie zu mir: In der Zukunft würde ich als Lehrerin oder eine Art Begleiterin für Menschen tätig sein. Das konnte ich mir damals überhaupt nicht vorstellen, damals war ich viel lieber mit den Tieren als mit den Menschen zusammen. Und dann noch Lehrerin, das konnte ich mir beim besten Willen nicht vorstellen.

Von dieser Frau Marie hörte ich das erste Mal von indischen Göttern, Mantras und Mudras (Fingerstellungen). Durch sie lernte ich deren Bedeutungen kennen und fing an, Mantras zu singen. Die Mudras fand ich spannend und wendete diese Fingerstellungen an, bei Schmerz oder innerer Unruhe oder wenn der Atem einmal stockte. Eine gute Unterstützung für Körper und Geist fand ich schon damals. Marie war ebenso eine qualifizierte Astrologin, sie verknüpfte alles miteinander und bot Kurse darüber an. Einige ihrer Schulungen besuchte ich immer voller Neugier. Einmal sagte sie zu mir, ich werde den Menschen Freude ins Leben bringen, das sei meine Lebensaufgabe. Damals konnte ich damit nichts anfangen.

Irgendwann und irgendwie schien mir diese Frau nicht von dieser Welt, denn sie lachte immer überlaut, wenn sie durch all die Räumlichkeiten an den Messen ging und man hörte sie schon von weitem kommen, ich hatte bald das Gefühl, diese Frau transformiert die Energie in den Räumen. Vielleicht war es so, keine Ahnung?

Die Hündin Bonita, das neue Familienmitglied
Die Monate vergingen und in meiner Ehe fing es immer mehr an zu kriseln. Das Tauchen hatte Toni schon längere Zeit durch Surfen ersetzt und das Windsurfen wurde seine Leidenschaft. Ein Hobby, das war ja auch toll, nur konnten wir nichts mehr im Voraus planen, da es immer hiess: "Wenn es Wind hat, gehe ich surfen!" So hatte zwar jeder von uns eine für sich selbst erfreuende Beschäftigung, aber wir hatten einfach nichts Gemeinsames mehr.
In dieser Zeit durften wir einmal für eine Woche einen Dalmatinerhund hüten. Das war toll, danach wollten Kevin und ich einen eigenen Hund in die Familie aufnehmen. Mit diesem Vorhaben hatte ich zudem das Gefühl, unsere Ehe retten zu können und wieder Gemeinsamkeit mit Toni zu finden. Nach etwas hin und her und einigen Tierheimbesuchen fand Toni unsere

neue vierbeinige Mitbewohnerin, ein Schäfer-Collie-Mischling. Wir gaben ihr den Namen Bonita, Bonita ist spanisch und bedeutet hübsch. Dieser Name passte gut zu diesem niedlichen kleinen Welpen.

Dazu möchte ich noch erwähnen: Bonita war noch so klein, dass sie eigentlich gar nicht für Tierheimbesucher zu sehen sein sollte, aber gibt es Zufälle oder Vorherbestimmungen?

Da Toni nicht sehr begeistert war, über ein neues Familienmitglied und auch immer wieder seine Zweifel äusserte, war es wohl genau richtig so, wie es dann geschah. Denn nachdem er die kleine süsse Hündin dort im Heim für Tiere gesehen hatte, verliebte er sich sofort in sie. Er sagte zu Kevin und zu mir: „Entweder diese Hündin oder keinen Hund". Mir war es recht, Hauptsache einen Hund.

Bald durften wir das neue vierbeinige Familienmitglied zu uns nach Hause holen. Bonita war noch sehr jung, als sie zu uns kam, und wir durften und mussten mit der Hündin zusammen viel Neues lernen. Es sah so aus, als bringe die kleine Schöne uns alle wieder näher zusammen, was auch einige Zeit so war. Wir unternahmen wieder mehr gemeinsam. Das war toll. Immer wieder war es danach gut, dass Toni Bonita ausgesucht hatte.

Mit Kind, Hund, Haus, der Arbeit im Krankenhaus und sporadisch den Messen war mein Leben recht ausgefüllt und bald wurde alles etwas zu viel für mich. Also beschloss ich, den Job im Spital aufzugeben, so hatte ich mehr Zeit für alles andere und so ging es dann, ohne mich zu überfordern. Bald kam die Idee, das gelernte Wissen beratend und unterstützend den Menschen und Tieren zur Verfügung zu stellen. Was dann auch immer mehr geschah, ich wurde Beraterin, Heilerin und fing an, meine Bach-Blüten Erfahrung in Kursen anzubieten und das Wissen weiterzugeben.

Bonita und ich verbrachten oft Stunden zusammen im Wald, wo wir mittendrin, ab vom Weg sassen und einfach waren. Das waren immer wunderschöne, nährende Erfahrungen. Bei dem Sein im Wald wurde das ewige Geplapper in meinem Kopf stiller und ich fühlte mich sehr verbunden mit Gott oder der Existenz.

Im Wald unter den hohen Bäumen oder an den Bächen verbrachten wir viele Stunden in einer Art von Meditation. Bonita gefiel es auch, denn sie war dann immer sehr still, aber trotzdem ganz präsent, als Begleiterin und auch als Wachhündin.

Wenn wir Leute hörten, die sich uns näherten, hatte ich oft den Wunsch unsichtbar sein zu können und sagte im göttlichen Zwiegespräch leise: "Bitte, mach, dass diese Menschen uns nicht sehen, damit wir in Stille bleiben dürfen". Irgendwie wurden diese Bitten erhört, denn die Menschen nahmen uns einfach nicht wahr, obwohl sie nahe bei uns vorbeigingen. Auch Bonita war dann immer einfach ganz still, eigentlich ganz gegen ihre Natur, als Wachhündin.

Das Sitzen im Wald lernte mich, aufmerksam der Natur zu lauschen, stiller zu werden und bewusster zu sein. Gerne setzte ich mich aber auch an erhöhte Aussichtspunkte, wo ich dann einfach in die Weite blickten konnte, einfach sein und schauen, ohne dass in mir irgendwelche Kommentare waren.

Bald war es das Jahr 2005 und meine Ehe neigte sich langsam dem Ende zu. Toni und ich fanden uns trotz der Hündin nicht wieder. Er machte damals eine berufsbegleitende Weiterbildung, die ihn sehr in Anspruch nahm, dadurch konnten wir auch nicht mehr gemeinsam in den Urlaub fahren. Die gemeinsamen Urlaube in unserer Ehe vertieften unsere Partnerschaft zuvor immer wieder aufs Neue. Das fiel durch seine Schulpflicht weg und das Ende unserer gemeinsamen Zeit wurde mir immer klarer.

Eines Morgens wusste ich einfach: Die gemeinsame Zeit mit Toni, als mein Ehepartner, neigte sich dem Ende zu. Viel durfte ich all die vergangenen Jahre von und mit Toni lernen, doch es war vorbei. Es gab nichts mehr, was sich in mir durch ihn und unser Zusammensein noch entfalten konnte. Wir hatten keine gemeinsamen Interessen mehr und auch innerlich hatte ich mich von ihm entfernt.

Etwas in mir sagte einfach; „Entweder du bleibst bei Toni, gibst dich auf und wirst vielleicht krank werden und sterben oder du gehst deinen eigenen Weg, zwar ins Ungewisse, aber dafür gesund und erfüllender als in der letzten Zeit."

Natürlich hatte ich keine Ahnung, was nun geschehen würde. Nur eines wusste ich genau, ich hatte nicht den Mut und die Kraft, etwas in meiner damaligen Lebenslage zu verändern. Einmal mehr führte ich ein inneres Zwiegespräch mit Gott oder der Existenz: „Liebe, göttliche Instanz. Wenn du es wirklich willst, gehe ich diesen Weg ins Unbekannte. Ich weiss nicht, wie, wann und was geschehen soll. Aber bitte, was auch immer dein Plan ist, es soll sich zum Wohle aller Beteiligten ergeben. Danke."

Das Ende der Ehe

Das Ende der Ehe kam unausweichlich auf uns zu.
Es war Februar im Jahr 2006, zur Faschingszeit. Da hatte ich einen Traum, der zeigte, dass unsere gemeinsame Zeit nun vorbei war, und so gab ich Toni in meinem Herzen frei. Sollte er bald jemanden Neuen kennenlernen, wäre das richtig. Die Veränderung kam dann schnell. Bald war klar, dass auch er neue Wege gehen wollte. Er hatte eine nette Frau kennengelernt und wollte mehr Zeit mit dieser verbringen.

Es würde kein Zurück mehr geben, das wusste ich intuitiv. Obwohl ich unsicher war und manchmal auch etwas Angst hatte, gab es in mir auch ein unbeschreibliches Vertrauen, auch ohne Genaueres zu wissen. Es war ein Gefühl, von getragen zu sein. In meinen Gesprächen mit dem Göttlichen fand ich Halt und Mut in der damaligen Zeit der Ungewissheit.

Eines war aber gewiss, ich hatte Toni aus Liebe geheiratet und gab ihn jetzt aus Liebe auch wieder frei.
Dankbar war ich für alle Erfahrungen, die ich durch unser Zusammensein machen konnte. Dankbar auch, dass wir zusammen unseren tollen Sohn Kevin haben durften.
Vorerst wollten wir noch in seinem Haus als Wohngemeinschaft zusammenbleiben. Vor allem auch, damit Kevin von keinem El-

ternteil wohnlich getrennt würde. Aber auch das kam anders als einmal gedacht.

Im darauffolgenden Sommer ging ich mit Kevin und Bonita nach Sempach zum Campieren. Wir lebten dort in unserem Wohnwagen. Eigentlich war der Urlaub für zwei Wochen geplant. In der Zeit geschah sehr viel, ich weinte oft und ich konnte und wollte niemanden von meiner Familie sehen. Bald wusste ich, es war ein Ablösungsprozess, der stattfand. Nach einigen Tagen wurde das Weinen weniger, es durchdrang mich eine neue Kraft und ich hatte mehr Klarheit. Bald war es ganz klar, ich konnte und wollte nicht bei Toni bleiben.

Es war an der Zeit, den Neubeginn mit der Wohnungssuche zu starten. Ich ging über das Internet auf dem Campingplatz auf Wohnungssuche und meldete mich bei diversen Verwaltungen in Winterthur für eine kleine Wohnung an.

Aus den ursprünglich geplanten zwei Wochen Ferien wurden dann fünf Wochen. Zurück konnte oder wollte ich, solange es mir irgendwie möglich war, nicht. Es war gut, Abstand von Toni und dem gewohnten zu Hause zu bekommen. In mir wurde die Klarheit noch stärker und ich hatte plötzlich sehr viel Energie, die mich alle Handlungen in Leichtigkeit und mit Freude tun liess.

Es entfaltete sich etwas Neues, noch unbekanntes in mir, dass sich allmählich Ausdruck verschaffte. Tiefe Ruhe und Vertrauen in das Leben waren da und ich fühlte mich innerlich getragen.

In der Zeit auf dem Campingplatz schrieb ich alles auf. Alles, was ich für mein kommendes zukünftiges Leben haben wollte. Was ich brauchte an Wohnung und Platz mit Kind und Hund. Es war eine Bestellung beim Universum oder bei der göttlichen Instanz. Ein ganzes A4 Blatt wurde beidseits beschrieben, alles stand darauf, was ich mir nur ausdenken konnte. Danach faltete ich dieses Blatt zusammen und legte es in eine Schublade und dachte bald nicht mehr daran. Ich vergass das Geschriebene einfach wieder.

Zurück dann zu Hause bei Toni, fand ich in der darauffolgenden Wochen eine kleine Wohnung, in derselben Strasse, in der wir schon lebten. Alles passte, besser hätte es nicht sein können.

Später einmal fand ich dann den Zettel mit der „Bestellung beim Universum", und beim Betrachten des Geschriebenen stellte ich fest, dass alles, was ich damals bestellt hatte, eingetroffen war.

Ein neuer Lebensabschnitt beginnt
Bald darauf schon konnten Kevin, Bonita und ich in die Wohnung umziehen. Toni und meine Schwiegermutter waren an diesem Tag nicht zu Hause, denn für sie war die Situation und Veränderung nicht einfach, was ich auch gut verstehen konnte. Meine Schwester und einige Freunde halfen mir beim Umziehen der wenigen Kisten, meinem Bett und Kevins Möbel. Unter den Helfenden war eine Frau, die ihre ganze Wohnzimmerausstattung loswerden wollte, und so hatte ich am Einzugsabend auch schon Stühle, einen Tisch und einige Wohnzimmerschränke. Einfach perfekt, wie alles sich kreierte. So konnten wir am Abend schon richtig in der neuen Wohnung wohnen. Alles ging einfach und reibungslos über die Bühne. In den folgenden Wochen gewöhnten sich alle an die neue Lebenssituation. Toni und auch seine Mutter kamen gelegentlich zum Essen und Kevin durfte, wann immer er wollte, die Zeit bei seinem Vater und der Grossmutter verbringen. Toni war immer für uns da, wenn wir ein Problem hatten, und er wurde für mich zu einem wahren Freund. Bald wurde unsere Ehe gerichtlich aufgelöst und ich nahm den Nachnamen, den ich als Kind hatte, wieder an.

Bandscheibenvorfall - vom Tun ins Sein

Immer wieder zeigte der Körper mir, wo es lang ging oder besser eben nicht mehr lang gehen konnte. So war es auch damals. Ein starker Schmerz schoss mir in den Rücken, sodass ich nicht mehr gehen konnte. Ein Bandscheibenvorfall liess mich für vier Wochen auf dem Sofa pausieren. Der Arzt meinte, er ginge in Urlaub, ich soll entweder ins Krankenhaus zur Operation oder mit angewinkelten Beinen liegen, bis er wieder zurück sei. Eine Operation kam für mich nicht infrage, da ich ja schon irgendwie wusste, dass es mit meinen Unsicherheiten zu tun hatte und wieder etwas zum Erkennen anstand. Was wusste ich aber nicht! Nur wieder einmal so ein Gefühl.

Also war liegen angesagt. In dieser Zeit durfte ich aufstehen, um zum Klo zu gehen, ansonsten lag ich im Wohnzimmer auf dem Sofa. Das war zwar eine Zeit der Ungewissheit, wie es weitergehen würde, aber zugleich war es eine Erfahrung, die für mich notwendig war. Bonita gab ich in eine Hundepension und Kevin half, wo er konnte. In dieser Zeit lernte ich, Hilfe von anderen anzunehmen. Erst nach etwa der Hälfte der Zeit erkannte ich, dass ich immer noch in der inneren Anspannung des Tuns anstelle der Entspannung lebte. Nun einfach zwar still liegend, dafür mit vielen Büchern um mich. Schliesslich, sollte ja alle freie Zeit zum Lernen genutzt werden. Eines Morgens wurde mir dann bewusst, was ich da machte, und ab sofort las ich nicht mehr. Und fand sogar Gefallen darin, den ganzen Tag auf dem Sofa liegend, aus dem Fenster zu schauen. So bekam ich zum ersten Mal einen Geschmack „von Tun ins Sein". Das war eine tiefe und befreiende Erfahrung für mich. Endlich konnte sich das innere Angetrieben sein Entspannen und bald kam es zum Stillstand.

Natürlich war ich so geprägt und definierte mich ein Leben lang durch Tun, um etwas wert zu sein. Was für eine Wohltat kehrte ein. Einfach sein zu dürfen, ohne irgendwohin kommen zu müssen. Jetzt war ich einfach immer im Moment und schaute, was gerade da war, oft war da gar nichts, kein Gedanke an die Zukunft. Nach dieser Erkenntnis und dem Bewusstwerden ging es dem Rücken täglich besser.

Nach diesem Ereignis mit der liegenden Auszeit wurde ich langsamer als je zuvor in meinem Leben, was ja auch viel Gutes an sich hatte. Nach einundzwanzig Tagen, sagt man, sind die alten Gewohnheiten ausgelöscht und der Mensch hat die Chance, Dinge anders zu machen. So war es auch bei mir. Bald ging es meinem Rücken so gut, dass ich wieder leichte Arbeiten verrichten konnte. Vor allem auch konnte unsere Bonita wieder nach Hause kommen. Sie hatte uns sehr gefehlt in dieser Zeit, umso mehr war dann die Freude des Wiedersehens.

Die Arbeit unter den Engel

Das Leben arrangierte sich für mich so, dass ich eines Tages in der Stadt in einen Laden geführt wurde, wo Engel in jeder Form verkauft wurden. In mir war schon länger die Idee, einen Esoterik-Laden zu eröffnen. Deshalb zog es mich wohl auch in dieses Geschäft. Nach einem netten Gespräch mit der Besitzerin des Ladens verliess ich die Verkaufsstelle mit einem 50 % Arbeitsvertrag und Anstellung in der Tasche.

Was für ein Wunder! So brauchte ich gar nicht selbst anzufangen, dachte ich. Einiges wusste ich schon über Engel, ich hatte darüber gelesen und bereits einige Erfahrungen mit ihnen gemacht.

In der darauffolgenden Woche fing ich an, im Engelladen zu arbeiten. Bonita durfte ich dorthin mitnehmen. Sie schlief in dieser Zeit meistens im angrenzenden Büroraum mit den zwei Dackel-Hündinnen der Chefin, wenn diese auch anwesend war.

Es war eine interessante und sehr lehrreiche Zeit. Oft war ich alleine im Laden tätig, das machte mir dann besonders Spass. Es ergaben sich bereichernde und oft auch beratende Gespräche mit der Kundschaft. Nach einigen Monaten dieser Tätigkeit waren der Wunsch und die Vorstellung eines eigenen Ladens wieder zurück. Es sollte kein Engelladen sein, sondern ein Esoterik-Laden mit Naturwesen. Da sah ich ein Potenzial darin, weil ich keinen Laden weit und breit fand, in dem Elfen verkauft wurden. Wie es ja auch an den Messen der Fall war. Aber vorerst war das ja nur so eine Idee, die in meinen tagträumerischen Gedanken herumschwirrte.

Der eigene Laden
Einige Monate vergingen und ich arbeitete im Engelladen und nebenbei hatte ich einen Raum gemietet, wo ich Beratungen und Reiki anbot. Auch mehrere Naturwesen wie Elfenfiguren und Trolle standen dort zum Verkauf bereit. Es entstand der Name Larena's Elfentraum. Der Name Larena war eines Tages einfach in mir. Die Elfen unter die Menschen zu bringen, war ja der Wunsch oder Traum, darum Larena's Elfentraum. Der Wunsch nach einem eigenen Laden wurde intensiver. Tagelang konnte ich in Tagträumen den Laden kreieren. Ohne eine Vorstellung, wie das ohne Geld gehen sollte.

Doch dann geschah ein weiteres Wunder für mich.

Eines Tages lag ein Brief in meinem Briefkasten von Tonis Rentenversicherung. Darin stand geschrieben, dass ich eine Überweisung von mehreren tausend Franken bekommen würde. Damit hatte ich nun wahrhaftig nicht gerechnet. Was jetzt mit so viel Geld? Dachte ich. Da ich nichts brauchte, wollte ich dieses Geld als meine Altersvorsorge behalten. So waren damals meine Gedanken. Wünsche für mich persönlich hatte ich keine. Die einzigen Wünsche, die ich hatte, war ein leeres Gefäss zu werden oder wie kann ich den Menschen, die es wollen, eine Unterstützung sein, damit sie selbst noch mehr Klarheit und Selbstvertrauen bekommen konnten. Sonst war ich zufrieden mit meinem einfachen Leben, das Geld dazu verdiente ich ja im Engelladen.

Doch wie so oft in meinem Leben gab es eine erneute Wende. Eines Tages, als ich mit Bonita so durch die Strassen meines Wohnortes schlenderte, erblickte ich an einem kleinen

Laden ein Schild, das ich von der Distanz aus nicht lesen konnte, also ging ich näher hin, um es genauer betrachten zu können. „Laden mit zusätzlichen Räumen zu vermieten" stand auf diesem von Hand geschriebenen Zettel. Kurz darauf stand ich in diesem Laden mit mehreren dazugehörenden Räumlichkeiten. Als der Vermieter erfuhr, was ich vorhatte, war auch er von meiner Begeisterung angesteckt. Zumal er natürlich wohl auch froh war, das Lokal schnell weiter vermieten zu können. Es brauchte keine grossen Überlegungen mehr. Ich hatte die Idee ja schon lange durchgedacht und das Geld dazu war nun auch auf meinem Bankkonto. Dann eben nicht für die spätere Rente, sondern für die Möglichkeit, hier ein kleines Zentrum für suchende Menschen aufzubauen und führen zu dürfen, dachte ich.

Irgendwie erfüllten sich immer alle Wünsche, die ich hatte, so auch dieser, oder benutzte die Existenz mich und gab mir all diese Wünsche in Form von Denken? Ich weiss es nicht.

Im Nu hatte ich alles organisiert und das Bestellte war geliefert, um den Laden mit den Geschenken der besonderen Art zu füllen. Das Geschäft wurde Mitte August 2009 eröffnet.

Die Räume wurden als Kurs- und Massageräume eingerichtet und schon bald kamen Referenten und sprachen zu verschiedenen Themen rund um Esoterik und Naturheilkunde. Meine Aufgabe war es, zu vernetzen, zu vermitteln und den Laden zu führen. Es ergaben sich oft tiefe Gespräche mit Suchenden, und ich durfte beratend den Menschen zur Verfügung stehen, wenn diese das wünschten. Oft war ich aber einfach dort und war still im Sein, kreierte Mandalas oder bereitete meine eigenen Kursangebote vor. Wie: Bach-Blüten für Mensch und Tier, Pendeln, Tarot Karten legen, Numerologie, Matrix-Quantenheilung und andere Kurse. Die angebotenen Meditationen entfalteten sich zuerst in Form von Fantasiereisen, später dann zum stillen Sein.

Das Sterben und der Tod - meine Begleiter

Das Wissen um die Endlichkeit des Körpers begleitete mich seit dieser Öffnung (erwachen) im April 1993.

Nach der jahrelangen Auseinandersetzung mit meinem eigenen Sterben und Tod war die Angst vor dem Sterben längst aufgelöst. Wo auch immer ich hingeführt wurde, waren die Gespräche, oft über das Sterben. Natürlich hatte ich nie einen Plan, darüber zu sprechen, es ergab sich einfach immer so.

Im Laufe der Zeit entfaltete sich das Interesseverstorbene Seelen ins Licht zu begleiten. Das Geschah, indem ich mir mental vorstellte, eine Lichtbrücke zu erstellen, worüber die körperlosen Seelen dann ins Licht gehen konnten.

Durch das Erspüren von Energie, an meinem Körper oder die erfahrene Energieveränderung im Raum, spürte ich einfach, wenn eine körperlose Form da war.

Die Bestätigungen dafür gaben mir die anwesenden Menschen, indem sie über die Verstorbenen zu sprechen anfingen. Meistens waren die Hinterbliebenen noch in der Trauerphase. Es zeigte sich dadurch, dass diese Menschen sich von ihren lieben Verstorbenen, auch verstorbenen Tieren bislang nicht lösen konnten oder wollten. Bald machten sich verstorbene Seelen bei mir zu Hause bemerkbar.

Dadurch wurde das Vertrauen in die unsichtbare Welt geschult und immer stärker. Die Möglichkeiten für solche Erfahrungen boten sich mir einfach an. Durch das Gespräch konnten sich die Zurückgebliebenen vielfach lösen und es wurde ihnen leichter zumute. Genau wusste ich nicht, was geschah, das Einzige, was ich feststellen konnte, war, dass sich die Energie nach dem Gehen der körperlosen Seelen wieder normalisierte.

Seelenbefreiung und Orte energetisch reinigen

Wenn es mir die Zeit erlaubte, fuhr ich an Plätze, wo in der Vergangenheit einmal Kriege geführt wurden. Dort bat ich dann die Seelen, die bislang nicht im Licht waren, über eine mentale Brücke, so sie wollten, ins Licht zu gehen.

Manchmal verbrachte ich Stunden an solchen Schlachtplätzen, in einem meditativen Zustand.

Einmal wurde ich beauftragt, nach Weggis am Vierwaldstättersee zu kommen, um an einem bestimmten Ort im Dorf die Energie zu reinigen und die Schwingung durch das Malen eines Mandalas zu erhöhen.

Diesen Auftrag nahm ich gerne an. So kam es wie folgt beschrieben. Da ich schon früh in Weggis eintraf, blieben mir noch einige Stunden Zeit, bis zum Treffen mit den Leuten, die mich gerufen hatten. Also ging ich etwas im Dorf spazieren. Noch nie zuvor war ich an diesem Ort, ziellos liess ich mich von meinen Füssen tragen, ohne einen Plan zu haben, wo es lang gehen sollte. So ging ich eine Weile langsam durch die Strassen, an einer bestimmten Stelle wurde es mir plötzlich übel und es stellten sich mir alle Nackenhaare zu Berge. Intuitiv wusste ich, dass ich am Ort meines Auftrages stand, wofür ich gekommen war. Einen Moment blieb ich stehen und da es sich schwer anfühlte und mich sehr müde machte, verliess ich den Ort.

Zur frühen Abendstunde traf ich dann das Ehepaar, dessen Mann mich gerufen hatte. Der Herr wollte mir den Ort noch vor Anbruch der Dunkelheit zeigen. So gingen wir zusammen los und exakt an derselben Stelle, an der ich am Mittag schon alleine war, blieb er mit mir stehen. Hier sei die besagte Stelle. Zufall oder göttliche Führung? Wieder einmal mehr konnte ich auf meine innere Führung vertrauen. Um den Ort zu reinigen und dessen Schwingung zu erhöhen, malte ich in den darauffolgenden Tagen das Mandala dafür. Wie ich das von dem Ehepaar zuvor beauftragt bekommen hatte.

Viel verstand ich nicht von Schwingungserhöhung und von Bovis Einheiten. Das Ehepaar jedoch war darin geschult. Sie prüften die Energie und waren überrascht und glücklich, dass sich der Ort nun in einer viel höheren Schwingung befände als vor dem Malen der geometrischen Formen des Mandalas. Wie auch immer. Mir war schon lange bewusst, ich war einfach Werkzeug und tat, was sich in mir gut anfühlte, die göttliche Instanz oder die Existenz macht sein Werk durch mich hindurch und alles geschah einfach zum Wohle aller. Am darauffolgenden Morgen fuhr ich dann wieder zurück nach Hause.

Da ich vor dem Sterben, dem Tod und den Verstorbenen keine Angst mehr hatte, entwickelte sich eine enorme Kraft in mir. Viele Zusammenhänge und Dinge wurden einfach klar ersichtlich, ohne dass ich etwas dafür studieren musste. Immer wenn ich intuitiv oder instinktiv etwas brauchte, war es da oder ich wusste es einfach, ohne zu wissen, warum ich es wusste.

Für mich war es jedes Mal ein schönes Erlebnis, die Menschen zu sehen, die loslassen konnten. Sie erhielten sofort mehr Lebenskraft und ihr Gesicht fing an zu strahlen. Manche richteten sich körperlich auf, als sei nun eine Last, die sie zuvor getragen haben, abgefallen. Es war mir immer wichtig, bei allem, was sich mir an Arbeiten anbot, diese in Frieden, harmonisch und vor allem nach bestem Wissen und Gewissen zu tun. Ich hatte im Laufe der Zeit gelernt, zu fragen, anstelle zu interpretieren oder zu denken, ich wüsste, was im Gegenüber vorging oder gar, was ihm guttäte. Das konnte und wollte ich nicht interpretieren, lieber fragte ich nach.

Heute weiss ich einfach, manchmal braucht der Mensch Stützen in irgendwelcher Form, sei es ein Stein, ein Bild, ein Gott, ein Engel oder eben auch eine geliebte verstorbene Seele. Jedoch irgendwann löst sich jede Stütze auf, so verstärkt sich das Vertrauen in das nicht Wissen und so geschieht Freiheit.

Noch eine erlebte Geschichte mit meiner damals schon verstorbenen Schwiegermutter. In meiner Wohnung sammelte sich im Laufe der Jahre viel Sammelsurium an, und ich war gerade in einer immer einmal wiederkehrenden Phase des Aussorttierens. So ergab es sich, dass ich jede Schublade und alles in der Wohnung auf den Kopf stellte und was ich nicht mehr brauchte oder haben wollte, entsorgt wurde. Bei der damaligen Aktion ging es auch darum, mich von alten Erinnerungen zu lösen, und eine solche alte Erinnerung war auch meine Schwiegermutter Trude. Trude schenkte mir oft und gerne Dinge, die sie selbst anfertigte oder auch kaufte. Zwar schöne Dinge, aber die wollte ich nun einfach nicht mehr haben. Also sammelte ich alles, was ich von ihr fand, zusammen. Weil es schöne und gute Geschenke waren, packte ich sie in Papiertüten, um sie dann in der Brockenstube abzugeben, damit sich andere Menschen daran erfreuen könnten. Als ich nichts mehr fand von der Trude, stellte ich die Papiersäcke im Wohnzimmerflur auf den Boden hin, damit ich sie am darauffolgenden Tag dann wegbringen konnte.

Das Leben wollte es wohl so, dass genau an diesem Tag Toni, mein ehemaliger Ehemann spontan zu uns zum Abendessen kam. Nach dem Essen machte er sich auf, um zu gehen. Als er im Flur genau auf der Höhe der Papiertüten war, fielen die Tüten um und alles darin Gesammelte fiel heraus und lag Toni vor dessen Füssen. Da er die Taschen nicht berührt hatte, kam es mir so vor, als wollte Trude ihrem Sohn zeigen, was ich da tat. Na ja, man kann ja Glauben, was man will, vielleicht einfach auch nur Zufall? Etwas perplex war ich schon über diesen Vorfall.

Ein Seelenwechsel gibt es das?

Bonita war nicht nur eine tolle Hündin, sie war auch eine Beschützerin und half, wo sie nur konnte. Wir waren ein Team, ich konnte immer auf sie zählen. Wenn jemand von den Klientinnen traurig war oder weinte, kam sie und setzte sich demjenigen an die Füsse oder legte sich unter den Stuhl. Sie kam, ohne dass ich sie je dafür gerufen hätte. Oder sie knurrte, wenn eine Person uns nicht gut gesinnt war. Aber bei Lärm oder Streitereien verzog sie sich schnell, denn das mochte sie nicht.

Mit der Hündin Bonita gab es ein Ereignis, das sich in ihren jungen Hundejahren ereignet hatte, dass ich hier erzählen möchte.

Bonita kam als Welpe zu uns, jedoch war sie von Anfang an nicht ganz gesund. Sie hatte immer wieder Phasen, in denen sie sich kaum bewegen konnte, vor Schmerzen jaulte und wir sie zum sich entleeren nach draussen tragen mussten. Solche Situationen dauerten an und vergingen erst nach einigen Tagen dann wieder. Es waren so etwas wie Schübe, wo sie dann am ganzen Körper vor Fieber zitterte und es nur aufhörte, wenn wir sie mit Tüchern zudeckten. Dick eingepackt, sodass nur noch der Kopf hervorschaute, lag sie dann gebettet, bis es ihr wieder besser ging.

Es stellte sich heraus, dass sie eine unheilbare virale Krankheit hatte. Dieses Virus würde langsam alle ihre Gelenke deformieren, hiess es beim Tierarzt. Diese Krankheit sei so etwas, wie wenn Menschen Gicht oder Rheuma-Schübe hätten, nur seien bei dieser Krankheit am Schluss dann auch die inneren Organe davon betroffen und sie werde daran dann sterben. Nun beachteten wir so gut es ging, dass sie nicht nass herumlag. So ging das recht gut und die Schübe wurden weniger. Trotz allem war die Hündin voller Lebensfreude, wenn ihr Körper ihr nicht gerade einen Streich spielte, tollte sie herum und rannte über Stock und Stein. Es war immer eine ansteckende Freude, ihr zusehen zu dürfen.

Doch eines Tages dann war Bonita wieder so schlecht beieinander, dass ich mir sogar grosse Sorgen um ihr Leben machte. Es war fast nicht mitanzusehen, wie Bonita beisammen war.

In einem nahegelegenen Dorf kannte ich eine homöopathische Heilerin, ihr erzählte ich, wie es Bonita ging. Sie sagte, ich solle, neben Schmerzmitteln den Hund zusätzlich mit Reiki-Handauflegen behandeln und gab mir ein homöopathisches Mittel mit, das ich dann der Hündin verabreichte. Am selben Abend ging es Bonita aber nicht besser, sondern zunehmend schlechter. So ergab es sich, dass ich mich neben sie auf den Boden setzte. Alle andern im Haus verzogen sich zum Schlafen in ihre Zimmer und es wurde still im Haus.

Da sass ich einfach bei ihr, der sterbenden Hündin, so dachte ich zumindest und wurde auch still. Ich betete; „Es soll das geschehen, was jetzt für ihr höchstes Wohl geschehen möchte". Mir war bewusst, sollte nun das Leben von Bonita vorbei sein, so wollte ich sie, so gut ich das konnte, begleiten und dann auch gehen lassen. Im Laufe der Nacht sank ich in einen meditativen Zustand. Ich schlief nicht, war einfach entspannt und hörte der Atmung der Hündin zu.

Plötzlich war da eine Energie im Raum spürbar, die nicht in Worten auszudrücken war, ich dachte, jetzt stirbt meine vierbeinige Gefährtin. Es war ganz still im Raum, keine Bewegung, kein Ton, nichts, als hätte die Welt den Atem angehalten. Nach einem Moment dieser Stille, der sich für mich sehr lange anfühlte, atmete Bonita laut aus und kurze Zeit später wieder ein und dann wieder regelmässig weiter.

Irgendetwas hatte sich verändert, es kam mir so vor, als hätte die kranke Hundeseele ausgeatmet und eine neue Hundeseele eingeatmet. Gibt es so etwas wie einen Seelenwechsel? Fragte ich mich. Mein Verstand rebellierte und ich hörte ihn in mir sagen: „Ach du, mit deiner blühenden Fantasie!" Der Verstand konnte sagen, was er wollte, mein Gefühl sagte: da ist eine andere Seele in diesem Hundekörper. Bonita fing an, sich zu entspannen, und es war wahrhaftig so, dass es ihr ersichtlich besser ging.

Am nächsten Tag wollte ich mein Erlebnis mit jemandem teilen, der mich vielleicht nicht auslachen würde. So fuhr ich zu der Heilerin ins Dorf. Sie kam lächelnd auf mich zu und noch bevor ich etwas sagen konnte, sagte sie: „Bonita geht es besser, nicht wahr?" Eine andere Seele hätte die vergangene Nacht von Bonita Besitz genommen, die alte Seele wäre müde gewesen und sei ins Licht zurückgekehrt. Ich solle nun beobachten und mir bewusst machen, dass die neue Seele sich zuerst an die Umgebung gewöhnen müsse. Alles sei jetzt gerade noch neu für diese andere Hündin im alten Körperkleid. Oh, da hatte ich richtig gefühlt, denn sie bestätigte mir das Geschehen. „Oder waren wir beide etwas zu fantasievoll?"

Das Leben nahm seinen Lauf. Die vielen Erlebnisse und Erfahrungen der vergangenen Jahre verhalfen mir, bewusster zu leben und liessen mich immer mehr bewusst werden. Wenn ich meinem Herzen vertraute, ging es mir gut und das Leben war leicht und freudig. Wenn der Kopf etwas wollte, wurde es schnell anstrengend und ich ging, wenn ich nicht achtsam war, dann halt einen Umweg, den ich mir auch hätte ersparen können. Oder doch nicht? Vieles war mir bewusst geworden und ich lebte achtsamer denn je. Liebte die Wahrheit und zog mich von oberflächlichen Menschen immer mehr zurück.

Vegetarische Ernährung
In jungen Jahren lebte ich sehr ungesund, ass oft Schokolade und ernährte mich von Fast Food und Keksen. Fleisch war zwar noch nie mein Leibgericht und doch ass ich es. Als ich dann später in all den esoterischen Büchern las und auch in Kursen vernahm, dass Fleisch zu essen nicht spirituell sei, verbot ich mir das Essen von gekochten Tieren. Es ging nicht lange und ich wurde zunehmend schwächer. Die Energie wurde weniger und ich hatte oft Gelüste nach Fleisch. Nach einiger Zeit fing ich dann wieder an, mir vereinzelt Fleisch im Speiseplan einzubauen, und mein Körper kam wieder zu Kräften.
Je mehr ich die Wahrheit leben konnte und bei mir angekommen war, ohne auf andere zu hören, verliess mich auch der Gedanke an Fleisch oder dieses zu essen. Nie wieder ass ich seit damals Fleisch. Einige Zeit später fiel der Fisch dann auch noch

weg. Die Ernährung und das Leben wurden immer einfacher und reiner. Aber wohlverstanden! Ohne dass ich es angestrebt hätte, wurde es einfach zu einem natürlichen Geschehen, ohne darüber gross nachzudenken.

Im Laufe der Zeit wurde die Ernährung immer einfacher und eintöniger, heute ist es Gemüse bis auf wenige Ausnahmen gekocht, Früchte, Hülsenfrüchte und etwas eiweissreiches Getreide. Weizenmehl und weisser Zucker gibt es nur noch, wenn es nicht anders geht, in meinem Haushalt ist es auf der Einkaufsliste gestrichen worden. Und doch gibt es keine Sturheit beim Essen, es gibt auch keine Verbote, einzig hat mein Körper mich gelernt, was ihm guttut und was weniger.

Nur das Trinken von koffeinfreiem Kaffee und ab und zu das Essen von Süssspeisen sind derzeitig noch geblieben. Wer weiss, vielleicht geht das dann auch einmal noch?

Ein Kurs in Wundern
Es war im Jahre 2010. Mein Beschluss stand fest, ich wollte nichts Neues mehr lernen, zumindest keine Kurse mehr besuchen, einfach nur noch sein. Aber trotz meines Beschlusses hatte das Leben natürlich wieder andere Pläne, als nur zu sein für mich.

Kurze Zeit nach meinem Beschluss lernte ich zwei nette Frauen kennen. Auch sie waren mit Mandala malen beschäftigt. Wir verstanden uns auf Anhieb sehr gut und trafen uns immer einmal wieder zum Tee trinken.

Einmal erzählten sie mir, dass sie am Buch *Ein Kurs in Wundern lesen und durcharbeiten seien. Dieses Buch habe 365 Übungen und würde ein Jahr Zeitaufwand benötigen, da an jedem Tag eine der Übungen gemacht werden sollte. Die Zwei erzählten, dass die ernsthafte Beschäftigung mit dem "ein Kurs in Wundern Buch" alle EGO-Anhaftungen auflösen lässt. Von diesem Buch hatte ich schon gehört.

Während die Frauen so davon sprachen, hatte ich eine sehr

gute Resonanz dazu und ein warmes Gefühl im Bauch. Ich wusste, dass dieses Buch kostspielig zum Kaufen war, weil ich das schon einmal bestellen wollte. Dieses Buch könne ich mir momentan nicht leisten, es sei mir viel zu teuer, sagte ich zu ihnen. Sofort streckte mir eine der beiden ein Exemplar des dicken blauen Buches entgegen und ich erfuhr, dass sie es nicht mehr benötigten, weil sie noch ein zweites Exemplar hätten. Gerne könne ich ihnen dieses tolle Buch zu einem mir möglichen Preis abkaufen. Was ich dann auch freudig tat.

Alsbald fing ich an, dieses „Wunderbuch" Tag für Tag durchzuarbeiten.

Obwohl ich nichts mehr lernen wollte, konnte ich nicht anders, als mich jeden Tag auf den Kurs zu freuen. Ich arbeitete jede Übung mit viel Disziplin durch. Gut war, dass ich in Kontakt mit den zwei Frauen war, denn am Anfang verstand ich überhaupt nichts von dem, was darin geschrieben stand. Mein Kopf rebellierte immer wieder. Die Frauen sagten zu mir: Ich solle einfach lesen, ich müsse nichts verstehen oder begreifen. Nur einfach weiterlesen und es werde dann schon noch besser verständlich werden. Der Verstand sei halt so geprägt, dass er verstehen wolle, aber in diesem Buch gäbe es mehr zu erfahren, als zu verstehen. So las ich dann beruhigt einfach jeden Tag weiter. Trotz der anfänglichen Schwierigkeiten machte mir der Kurs nach wie vor Spass. Das Vertrauen in das Selbst oder das Absolute wurde in diesem Jahr vertieft und die Anhaftung weiter befreit.

Ein Kurs in Wundern = Aus dem Englischen übersetzt - A Course in Miracles ist ein im 1976 erschienenes Buch von der Autorin Helen Schucman, der Kurs ein Lehrplan für diejenigen, die eine spirituelle Transformation anstreben. Das grösste "Wunder" ist der Akt, ein vollständiges "Bewusstsein für die Gegenwart der Liebe" im eigenen Leben zu erlangen.

Das Erlebnis mit der Existenzangst

Zur Auflösung der Existenzangst oder der Angst, kein Geld für die monatlich anfallenden Kosten zu haben, machte ich viel. Natürlich immer in der Hoffnung, dass sich diese endlich einmal auflösen würde. Oder ich könnte wenigstens besser mit diesem schrecklichen Gefühl sein. Der Wunsch, dass die Angst endlich einmal aufhören würde, war gross. Hatte sich doch sonst in meinem Leben schon so viel gelöst oder war mir bewusst geworden. „Aber was könnte ich dagegen tun?", waren meine Gedanken.

Alles, was irgendwie vielleicht zur Auflösung führen könnte, wurde angestrebt. Es waren oft auch verschiedene Übungen. So lernte ich Affirmationen, die ich dann, wenn die unguten Gefühle mich vereinnahmten, aufsagen konnte. Einmal war es ein Mantra von Lakshmi, einer hinduistischen Göttin für Reichtum. Das Mantra in der Sanskritsprache wiederholte ich dann vierzig Tage lang jeweils 108-mal hintereinander. Und das nicht nur einmal und natürlich immer in der Hoffnung, die Existenzangst würde gehen. Vielleicht half es ja sogar? Jedenfalls hatte ich etwas zu tun, um das Denken und das Gefühl der Geldsorgen etwas unterbrechen zu können.

Die Angst war da, obwohl es oft gar keinen Grund gegeben hätte. Mir war zwar bewusst, dass es nur der Verstand war, aber es geschah halt einfach und fühlte sich so miserabel an. Vor allem auch, wenn die Existenzangst mich in der Nacht überkam.

Ein Schlüsselerlebnis dazu möchte ich hier noch erwähnen. Eines Tages; das Geldkonto war fast leer und viele Rechnungen, die zu bezahlen waren, stapelten sich auf meinem Bürotisch. Als ich am Monatsende dann vor den Rechnungen sass, bekam ich ein sehr unangenehmes Gefühl und hatte sofort Bauchschmerzen. Wie es schon oft zuvor geschah, aber damals, dann war ich mir wohl dessen mehr bewusst und dadurch geschah Folgendes: Etwas in mir blieb zum ersten Mal ganz bewusst, es geschah wahrnehmendes Betrachten dessen, was gerade war. Da war der Schmerz im Bauch und das beklemmende Angstgefühl, Atmung geschah, zugleich aber wurde in der Unruhe eine tiefe Stille wahrgenommen. Alles durfte einfach sein. Das Ganze passierte in einem kurzen Bruchteil von ein paar Sekunden. Und siehe da: das beklemmende Gefühl, die Unruhe und der Schmerz waren weg, einfach weg! Wie war das denn nun möglich? Fragte ich mich und musste einfach lachen, ja laut lachen! Das war ja der Hammer! Einfach alles weg! Und was blieb, war die angenehme Stille, die sich in mir ausgebreitet hatte. Es war, als sei eine Seifenblase geplatzt.

Diese Erfahrung war das Schlüsselerlebnis. Sofort war klar: Es ist alles nur eine Illusion. Alles nur ein Traum. Ein aufgeblasenes Gedankengebilde, das im „Sein des Momentes betrachtend" nicht erhalten bleiben konnte. Und wohlverstanden, die Rechnungen konnte ich bezahlen und es hatte sogar noch fünf Rappen auf dem Konto.

Seit dem damaligen Erlebnis war das Geld immer mal wieder auf sogar null, aber es war nie mehr diese ganz grosse Angst um die Existenz wie vor diesem prägenden Erlebnis.

Unwissentlich geschahen übernatürliche Kräfte (*Siddhis)
Im Laufe der Zeit gab es einige Ereignisse, die mir damals unerklärlich waren. Mitunter geschahen Dinge, die ich nicht erklären konnte, suchte aber auch nicht nach Erklärung, sondern nahm es einfach so hin. Erst viele Jahre später, als ich in Indien war, wurde mir bewusst, dass das übernatürliche Kräfte waren, die damals geschahen.

Einige Erlebnisse damit habe ich hier niedergeschrieben. Einmal hatte ich eine Arbeit als Inventierende in verschiedenen Lebensmittelläden. Wir bildeten immer Gruppen von Fahrgemeinschaften, um an die Orte zu kommen, wo die Inventuren stattfanden. Damals sollte ich um 18:00 Uhr abgeholt werden. Doch kein Auto kam, um mich mitzunehmen, ich wartete und wartete, es stellte sich heraus, die Gruppe hatte mich einfach vergessen. Viel zu spät machte ich mich mit meinem eigenen Wagen auf den Weg. Ausgerechnet an diesem Abend dauerte die Fahrzeit zur Filiale vierzig Minuten lang, und zu spät dran war ich ohnehin. „Na ja, jetzt einfach nicht zu schnell fahren, halte dich an die Geschwindigkeitsvorschriften", sagte ich zu mir. Aber zu spät kommen, war mir immer so eine unangenehme Sache. Im Stillen bat ich um göttliche Hilfe: "Bitte Gott, lass mich zur richtigen Zeit dort sein." Gesagt und schon wieder vergessen, fuhr ich so schnell ich durfte, ohne auf die Uhr zu schauen, in Richtung Arbeitsziel. Als ich ankam und dann erst wieder auf die Uhr schaute, traute ich meinen Augen nicht, ich war zur richtigen Zeit dort. Ein Ding der Unmöglichkeit, wie ist das denn jetzt passiert? Fragte ich mich. Na ja, ich dankte Gott und eilte in die Verkaufsstelle hinein. Im Laden war der Chef gerade erst am Einteilen der Arbeiten, und keiner merkte, dass ich erst gerade zur Türe hineingekommen war.

Noch ein weiteres Erlebnis, da ging es um das Wetter oder den Nebel. Einmal war ich mit einer damaligen Freundin auf dem Pilatus, einem hohen Berg in der Mittelschweiz. Wir blieben über Nacht auf dem Berg, schlafen konnten wir im dortigen Hotel.

Es war Nachmittag, als wir einen Weg etwas abseits von den anderen Menschen gingen, um an einen dortigen Aussichtspunkt zu gelangen. Als wir dort ankamen, war dichter Nebel, der uns die Sicht in die Weite verdeckte. Zum Spass und ohne zu überlegen, sagte ich zur Freundin: „Komm, wir blasen den Nebel weg, damit wir die Aussicht geniessen können". Gesagt, getan, ich blies einfach in den Nebel hinein.

Gleich darauf beschäftigte ich mich nicht mehr mit dem Nebel, sondern schaute einem grossen Käfer zu, wie dieser an einem Grashalm hochstieg. Da stupfte mich die Begleiterin und sagte: „Wie hast du das gemacht?". „Was gemacht?", fragte ich. Sie zeigte in Richtung Tal und siehe da, der Nebel war weggeblasen und wir konnten die tolle Aussicht ins Tal geniessen. Reiner Zufall oder doch nicht?
Ich nahm solche Geschehnisse zwar zur Kenntnis, aber ich stu-

dierte nicht gross, warum das geschah, es war einfach, wie es war.

Manchmal geschah das mit dem Wetter auch, wenn ich eine grosse Sehnsucht nach Sonne hatte oder mir kalt war. So sprach ich dann zum Himmel und bat ihn, mir etwas wärmende Sonne zu geben. Und jedes Mal vergass ich die bitte wieder, weil es ja auch nicht lebensnotwendig war und doch immer wieder stellte ich verwundert fest, wenn die Sonnenstrahlen mich dann innert kürzester Zeit erwärmten.
So ging es auch meistens, wenn ich mich in Indien aufhielt und wenn es mir extrem heiss war. Da bat ich dann den Wind, mir bitte etwas Kühlung zu verschaffen, und siehe da, vielfach kurze Zeit später verschaffte der Wind meinem Körper Kühlung mit seiner Brise. Solch eine Bitte geschah immer spielerisch und ohne Erwartungen. Nur wenn es eintraf, bedankte ich mich natürlich bei der Existenz.

Zu den übernatürlichen Kräften kommt mir noch etwas aus meiner Kindheit in den Sinn.
Es war an einem Nachmittag, ich war etwa elf Jahre alt. Wir Kinder aus dem Quartier trafen uns draussen, wie so oft, um zusammen die Zeit zu verbringen. Damals war ein Junge mit dabei, der mindestens einen Kopf grösser war als ich. Er neckte mich ununterbrochen, ich fand das nicht lustig, auf meine Bitte hin, er solle aufhören, mich anzufassen und zu stören, reagierte er einfach nicht.
Nach einer Weile wurde es mir wohl zu bunt, denn es geschah mir das unerklärliche Phänomen, dass der besagte Junge plötzlich auf der anderen Seite vom hüfthohen Gartenzaun stand und mich mit ganz verwunderten Augen ansah. Wie das geschah, war mir unerklärlich, aber egal. Der doofe Junge nervte mich nie mehr. Da ich es mir selbst nicht erklären konnte, beliess ich es dabei.

Noch eine Geschichte aus vergangener Zeit dazu.

Einmal im Haus bei Toni erneuerte ich im Garten unser Tiergehege, wo wir einen Hasen, Bimbo, die Schildkröte von meiner Schwiegermutter und fünf Meerschweinchen hielten. Beim Arbeiten an dem Gehege, das schon fertig montiert war, kam mir die Idee, den in der Nähe liegenden Findling-Stein, dessen Grösse den Umfang von etwa zwei Basketball-Ballen hatte, in dem Gehege haben zu wollen. Aber wie? Es war unmöglich, diesen riesigen Stein zu tragen, der viel zu schwer war. Und trotzdem wollte ich den Stein jetzt dort drinnen haben. Kein Mensch, der mir hätte helfen können, war zu Hause. So sprach ich halt, mehr aus Verzweiflung, als dass ich daran glaubte, dass so etwas funktionieren könnte, zu den Naturwesen: „All ihr geistigen Helfer: Naturwesen, Feen, Elfen und aufgestiegenen Meister, ich bitte euch, mir zu helfen diesen Stein zu heben, um ihn dann in das Gehege fallen zu lassen." Und siehe da! Der Stein liess sich wahrhaftig heben, und zwar ging das ohne grossen Kraftaufwand, so als wäre es ein kleiner, leichter Stein. Unglaublich, aber wahr. Natürlich bedankte ich mich für den Dienst und die Kraft, wie auch immer das ging, interessierte mich nicht. Ich war einfach nur dankbar und froh, dass ich nun den Gitterdeckel anbringen konnte und dann die Tiere in ihr neues Gehege hereindurften.

Irgendwie war mir klar, wenn «der Kopf» das wollte, geschahen solche übernatürlichen Dinge nicht.

Einmal ergab es sich, dass ich aus dem Moment und wie immer ungeplant, die Wohnung etwas am Umgestalten war. Dazu wollte ich einen Kasten aus einem Zimmer in ein anderes bringen. So dachte ich: na gut, das wird schon gehen. Doch als ich mit dem Kasten in den Armen dann dastand und den Raum wechseln sollte, merkte ich, wie mich die Kraft dazu verliess. So stand ich da und hatte die Wahl, den Kasten fallen zu lassen, und ich konnte nicht mehr weiter umstellen, da ich dann mich selbst ins Zimmer gesperrt hätte, weil dann der Kasten den Ausgang versperrt hätte. Oder, wie schon einige Male zuvor, bat ich jetzt einfach nur um die Kraft, den Kasten aufzustellen und sprach auch zu meinem Rücken: Er solle jetzt einfach durchhalten. Und siehe da! Die Kraft war zurück. Es gab wahrlich einfach einen Kraftschub und der Kasten stand da, wo er hinsollte. In der darauffolgenden kurzen Verschnaufpause dachte ich: Unsere mediale Kraft ist unbeschränkt und sagte laut: „Danke dir, Gott oder Existenz!" und in den Sinn dazu kam mir Jesus. Der sagte ja schon: „Bittet und es wird euch gegeben" so durfte ich es einmal mehr erfahren.

Siddhi's oder diese übernatürlichen Kräfte zu erlernen, hat meiner Ansicht nach nichts mit Befreiung, oder Selbst-Verwirklichung zu tun. Sie fördert eher die Anhaftung an ein persönliches EGO. Die erlebten Geschichten mit den übernatürlichen Kräften (Siddhi's) sollten nicht als etwas Besonderes gelten, sondern als eine mögliche Erfahrung, die jedem passieren kann, angesehen werden. *Siddhi Sanskrit Siddhi= aussergewöhnliche Fähigkeit, übernatürliche Kraft bedeuten. Die acht bekanntesten Siddhis sind: aṇimā f. Kleinheit (sich winzig machen können), mahimā f. Grösse, garimā Schwere, laghimā f. Leichtheit, prāpti f. Erlangen (alles bekommen), prākāmya n. (unwiderstehlicher) Wille, īśitva Herrschertum, vaśitva n. Unterjochungsfähigkeit. Siddhi steht manchmal auch für das Erlangen des höchsten Ziels im Yoga, für die Selbst-Verwirklichung die Gottes-Verwirklichung.*

Der Lehrer der mich zu Ramana Maharshi brachte

Der Weisheitslehrer, der mir Indien und Ramana Maharshi näherbrachte.

Die zwei Freundinnen, die mir das Buch, ein Kurs in Wundern gegeben hatten, gingen schon länger zu einem deutschen Weisheitslehrer in den Satsang. Der Lehrer bot auch Stille-Retreats in Deutschland an. Die Frauen forderten mich schon seit einiger Zeit immer wieder auf, zu diesem Weisen mitzukommen. Aber ich hatte einfach keinen Impuls, etwas Neues zu erfahren. Es war gut so, wie es gerade war. Das für mich sein und den Kurs durchzuarbeiten war genug. Die zwei Lieben besuchten auch seine Stille Retreats und erzählten danach immer sehr begeistert davon, ich hörte mir das einfach an und hatte keine Resonanz dazu.

Doch dann geschah es so: Das ewige Tun forderte mich gerade wieder einmal heraus, ich war arbeitsmüde und die Idee nach einer Auszeit machte sich in mir immer öfter bemerkbar. Geld war aber keines da, um wegfahren zu können, also blieb diese Idee einfach ein unerfüllter Wunsch. An meinem siebenundvierzigsten Geburtstag schenkte mir meine liebe Schwester überraschend einen Gutschein für eine Woche Urlaub nach meiner freien Wahl. Als ich so überlegte, wo ich denn am liebsten hinfahren würde, wusste ich: wenn weg, dann in die Stille. Sofort kam mir dieser Weisheitslehrer, von dem die zwei Frauen gesprochen hatten, in den Sinn.

Das Angebot, eine Woche in Stille mit ihm in Deutschland zu verbringen, hatte plötzlich eine gute Resonanz in mir. Also meldete ich mich per E-Mail bei dem Weisen für die Stille-Woche nach Weihnachten in Deutschland an.

Bis zu diesem angemeldeten Retreat ging es noch einige Wochen.

Eines Tages fing ich zu zweifeln an und so sprach ich zu mir selbst: „Ist es gut, mit einem Menschen, den du nur vom Hörensagen kennst, einfach eine Woche deine Zeit zu verbringen? Ist das wirklich nötig und sinnvoll? Vielleicht bist du dann ja enttäuscht, oder der Mann ist gar nicht weise oder nicht wahrhaftig"

und so weiter tönte es in mir. Na gut, um solche Gedanken aufzulösen, beschloss ich, den Weisen noch vor Weihnachten zu
besuchen und an so einem Satsang teilzunehmen. Was auch
immer dieses Satsang war, damals hatte ich keine Ahnung, worum es da ging. Bald darauf, an einem Sonntag, durfte ich mit
den zwei Freundinnen zu diesem Lehrer nach Zürich mitfahren.

Der erste Satsang Besuch

Im Raum dann angekommen, war da dieser Mann, gross,
ohne Haare auf dem Kopf und irgendwie hatte er eine aussergewöhnliche Ausstrahlung. Als der Anlass, genannt Satsang
(Sat = Wahrheit, Sanga = gemeinsam mit einem Meister) begann, schaute mir der Lehrer lange Zeit in die Augen und ich
schaute einfach zurück. Es war zwar eine ungewohnte Situation, aber ich fühlte mich gut dabei. Manche Teilnehmer stellten
dem Lehrer dann Fragen und er gab Antworten darauf.

Viel verstand ich nicht davon, was die erzählten, oft wurden
dabei (mir damals unbekannte) Worte, in einer fremden Sprache, verwendet. Auch akustisch hörte ich alles eher schlecht.
So sass ich nun in diesem Raum, bei diesen Menschen und war
einfach. Zunehmend wurde mir bewusst, dass es in meinem
Kopf immer stiller wurde, das fühlte sich gut an. In mir ent-
spannte sich etwas, das ich zuvor nicht einmal als Anspannung
wahrgenommen hatte. Es fühlte sich sehr wohl an.

In der Mittagspause kam der Lehrer dann auf mich zu und
wir gingen den Weg zum Restaurant gemeinsam. Ich fragte ihn,
ob er „das da" schon lange mache? Mir war zu dem damaligen
Zeitpunkt nichts bekannt über Erwachen, Erleuchtung oder Verwirklichung. Wenn ich zuvor einmal davon gelesen hatte,
dachte ich immer, das seien Seelen, die nach dem Tod aufge-
stiegen waren und den Menschen aus der geistigen Welt dienend zur Seite standen. Mehr war mir nicht bewusst darüber.
Und weiter fragte ich: „Muss ich verstehen, was da gesprochen
wird? „Nein, du musst nichts verstehen, bei dir ist eine grosse
Öffnung, sei einfach mit uns", antwortete er.

Was auch immer damit gemeint war, wusste ich damals oder bisher nicht. Aber zum ersten Mal in meinem Leben hatte ich das Gefühl, mit jemandem zu sein, der mich vollends wahrnahm. Es fühlte sich einfach gut an mit diesem Menschen.

Der Weise wusste schon, dass ich Kursräume in meinem Laden für Veranstaltungen vermietete. Das erfuhr er vorgängig von den zwei lieben Frauen. Im Gespräch vereinbarten wir auch in Winterthur, in meinen Räumlichkeiten, Satsang anzubieten. So durfte ich dann zugleich auch für die Zusammenkünfte mit dem Weisen, die Organisation übernehmen.

Am Nachmittag setzte ich mich dann nochmals in den Raum und genoss die Stille in mir, ohne grosses Interesse daran zu haben, was die anderen Teilnehmer so beschäftigte.

Nun standen dem kommenden Stille-Retreat beim Weisen keine zweifelnden Gedanken mehr im Weg. Bald war es so weit und wir fuhren zu viert im Auto nach Deutschland. Meine Schwester kam damals auch mit uns mit.
Man traf sich dreimal täglich, für zwei Stunden, zum Satsang und der Rest der Zeit verbrachte man, ohne zu sprechen. Das war eine neue, interessante Erfahrung für mich. Viel wurde über *Advaita-Vedānta gesprochen und über das Erwachen und die Befreiung. Dadurch geschah es, dass in mir ein weiteres neues Bewusstseinsfeld geöffnet wurde. Indem ich mich selbst immer noch besser verstehen lernte oder ich mich darin klarer und bewusster erkennen konnte.
In den Satsangs bestand auch die Möglichkeit auf der persönlichen Ebene gerade anstehendes mit dem Lehrer zu betrachten und oft erhielt man im Gespräch oder auch im stillen Augenkontakt mit dem Weisen, mehr Klarheit über sich Selbst. Nun verstand ich auch immer besser, wer dieser Mensch war. Ein befreiter oder erleuchteter Meister. Auch erfuhr ich, dass es göttliche Gnade sei, wenn einem das geschieht. Entweder der Mensch erwacht in das unpersönliche SEIN oder nicht. Machen könne man das nicht.
Wie auch immer, in dieser Woche wurde mein Denken viel

stiller. Zugleich nahm ich ein Rauschen in meinem Kopf wahr, es war nicht sehr laut, aber es war immer da. In der direkten Begegnung mit dem Lehrer war es verstärkt, blieb aber auch, als ich wieder zu Hause war. Am Ende des Stille-Retreats war ich stiller, fühlte mich gelassener und mit mehr Verständnis, wovon der Weise sprach und nahm das mit zurück und in den Alltag mit Kind, Hund und Laden.

Die rauschende Stille in mir hielt noch einige Tage an, verblasste allmählich, war aber nie mehr ganz weg, so wie es noch vor der Begegnung mit dem Weisheitslehrer war.

Advaita-Vedānta = Nicht-Dualität-Nichtzweiheit. Der bekannteste Gelehrte des Advaita-Vedānta war Shankara (ca. 788–820 n.Chr.) Durch das Überwinden von avidya (Unwissenheit) und Maya (Illusion) kann der Mensch diese Wahrheit erkennen, das Selbst vom Nicht-Selbst befreien und Moksha (Erlösung) erlangen. Vertreter des modernen Neo Advaita versuchen, Non-Duales durch Erfahrungen zu vermitteln.

Am Buch, ein Kurs in Wundern blieb ich dran und dazu fing ich, an Bücher von erleuchteten oder verwirklichten Menschen zu lesen. Dank des Internets konnte ich damals von Advaita-Vedanta und auch über den Weisen *Ramana Maharshi aus Indien sehen und hören.

*__Ramana Maharshi__ bedeutet „Grosser Weiser", Geburtsname
Venkataraman geboren am 30.12.1879 in Tiruchuli Südindien, gestorben am 14.4.1950 in Tiruvannamalai, Indien. Er war ein indischer Guru.

Ramana Maharshi lebte schweigend, antwortete aber auf Fragen von spirituell Interessierten Er war ein Vertreter des Advaita Vedānta des 20 Jh. Er empfahl Ratsuchenden, die nach einer Übung fragten, die Methode Atma Vichara die Ergründung des Selbst auf Grundlage der Frage: „Wer bin ich?". Dutzende westliche Satsang-Lehrer berufen sich heute auf ihn und sehen in ihm ein Vorbild.

Bhagavan Sri Ramana Maharshi erreichte spontane Selbst-Verwirklichung im Alter von sechzehn Jahren in Madurai. Sechs Wochen nach diesem grossen Wandel kam er am 1. September 1896 in Tiruvannamalai an. In den folgenden 54 Jahren seines Lebens verliess er Tiruvannamalai nicht mehr. Zuerst verbrachte er etwa 10 Monate an verschiedenen Orten in der Stadt, oft sass er im Arunachaleswara-Tempel, zog dann nach Gurumurtam und einen Mango-Hain drei Kilometer entfernt.1898 kam Sri Ramana zu einem Tempel genannt Pavalakunru auf einem Ausläufer des Berges Arunachala. Kurze Zeit später zog Sri Ramana in die Virupaksha Höhle, wo er die nächsten 17 Jahre die meiste Zeit stillschweigend zubrachte. Während seines Aufenthaltes in der Höhle scharten sich immer mehr Verehrer um ihn. Unter ihnen waren Sivaprakasam Pillai der den jungen Heiligen mit der berühmten Lehre „WER BIN ICH?" bekannt machte. Gambhiram Seshayya, die „Selbst-Erforschung" und Kavyakanta Ganapati Muni, war bekannt für seine Tapas (spirituelle Praxis). Kavyakanta gab dem jungen Heiligen den Namen **BHAGAVAN SRI RAMANA MAHARSHI**. Im Jahr 1916 kam Sri Ramana's Mutter, um dauerhaft bei ihrem Sohn zu bleiben. Ein Verehrer von Sri Ramana baute etwas weiter oben am Berg den Skandasramam wo die Gemeinschaft dann hinzog, um dort zu leben. Nach dem Tod seiner Mutter entstand um das Grab der Mutter am Fusse des Berges Arunachala sein Ashram, der heute noch viele Besucher von nah und fern anzieht.

Immer wieder kam nun der Lehrer für Satsang nach Winterthur. Mit Freude organisierte ich für ihn diese Anlässe, er gab jeweils einen Tag lang dreissig minütige Einzelsitzungen und dreimal dann Satsang für etwa zwei Stunden. Während der Zeit der Einzelsitzungen machten wir jeweils zwei Stunden Mittagspause und gingen zusammen essen. Wir hatten viel Spass, lachten viel und es ergaben sich auch klärende Gespräche für mich. Dadurch lernte ich den Mann immer besser kennen.

Er lebte das vor, wovon er sprach und er war ein wahrhaftiger Lehrer für mich.

Es ergab sich dann so, dass ich an vielen seiner Stille-Retreats in Deutschland teilnehmen konnte.

Oft buchte ich einfach schon, bevor ich das Geld zusammen hatte. Wenn ich den Impuls hatte, an einem Retreat teilzunehmen, kam das Geld immer irgendwie oder irgendwo daher. Wohlgemerkt, ohne dass ich irgendjemanden um Geld gebeten hätte.

So durfte ich lernen und erfahren, dass „die Schöpferkraft es immer möglich macht". Manchmal kam das Geld sogar erst am letzten Tag vor dem Beginn der Auszeit. Und wenn ich einmal hin- und hergerissen war, ob ich gehen soll oder nicht, hatte ich einfach kein Geld dafür und wusste dann auch, dass es nur der Kopf wollte, aber es nicht anstand, am Seminar teilzunehmen.

Somit war ich dann ohne zu hadern, in Frieden mit der Situation und blieb zu Hause.

Es war eine sehr intensive Zeit und es gab immer wieder Momente, in denen ich identifikationsloses Sein bewusst erfahren durfte.

All die gesprochenen Sanskrit-Worte wurden mir geläufiger und ich erfreute mich sehr an dieser heiligen Sprache.

Durch das bessere Verstehen der Worte konnte ich die Bücher von Sri Ramana Maharshi, Ramakrishna Paramahamsa, Osho, Papaji (Harivansh Lal Poonja), und all den vielen anderen indischen Meistern geläufiger lesen und begriff immer mehr die Wahrheiten und die Botschaften darin.

Der Sommer im Jahre 2011

So verging die Zeit und bald war wieder Sommer. Es war in der Zeit der langen Sommerferien. Kevin war mit seinem Vater in den Süden gefahren und weil im Laden über die Ferientage nichts los war, keine Kurse stattfanden und mir langsam das Geld ausging, meldete ich mich auf ein Inserat, um verschiedene regionale Tageszeitungen auszutragen. Fünf Wochen arbeitete ich täglich, ausser Sonntag, in den frühen Morgenstunden und ging von Haus zu Haus. Es machte mir Freude, in der Dunkelheit, wenn die Menschen noch schliefen, die bestellten Zeitungen in die Briefkästen der Abonnenten zu legen.

So geschah es, dass ich bei jeder Wetterlage herausmusste. In meinen Gesprächen mit Gott oder der Existenz bat ich um trockenes Wetter und wurde wohl erhört, denn bis auf einmal regnete es manchmal vorher oder nach meiner Arbeit, aber nicht während des Austragens der Zeitungen. Nie wurde eine Zeitung nass abgeliefert.

Ein Erlebnis möchte ich hier aber doch noch erzählen, es war wie folgt: an einem Morgen war ein heftiges Unwetter, es regnete in Strömen, Blitz und Donner wechselten sich ab. Oje, an diesem Morgen stand es aber schlecht mit der Idee, trockene Zeitungen abzuliefern. Mein Zwiegespräch lautete an diesem Morgen wie folgt: „Oh Gott, ich kann doch nicht nasse Zeitungen abliefern, die Menschen möchten sicher ein trockenes Leseblatt bekommen. Bitte, bitte, lass die Zeitungen trocken bleiben". Als ich dann an diesem besagten Morgen die letzte Zeitung abgeliefert hatte, war ich patschnass bis auf den Leib, alles war aufgeweicht und ich hatte kalt. Und plötzlich wurde mir bewusst: Ich habe ja um trockene Zeitungen gebeten, was auch der Fall war, aber ich hatte vergessen, mich mit einzubeziehen, dass auch ich trocken bleiben durfte. Na ja, das war dann halt das Ergebnis meiner unachtsamen „Bestellung beim Universum". Und ich musste lachen, wie präzise die Existenz doch zuhörte, nicht wahr?

Ein Geschenk Gottes oder der Existenz? Zu dieser selben Sommerzeit ergab es sich, dass ich nichts zu tun hatte, ausser früh aufzustehen und herausmusste wegen der Zeitungen. Anstelle von Ferien wollte ich wenigstens die Zeit im Sein, und am liebsten an der frischen Luft draussen, geniessen können.

In Winterthur gibt es einen Aussichtsort namens Goldenberg, auf dem man über die ganze Stadt blicken kann. Da hat es auch ein Restaurant mit einer schönen Gartenterrasse. Ich liebte es, damals dort zu sitzen, etwas zu trinken und einfach in die Weite zu schauen. Einfach nur zu schauen und das am liebsten Stundenlang. Es war mehr als erholsam, es war wie Urlaub für meine Seele.

Die Situation damals war aber überlagert mit Existenzängsten und somit hatte ich kein Geld, um da im Restaurant etwas zu trinken. So ergab sich wieder ein göttliches Zwiegespräch mit dem Inhalt in etwa: „Ich würde sehr gerne eine tägliche Auszeit in diesem Restaurant geniessen können und bitte um etwas Geld, damit ich dort auch was zu trinken bestellen kann". Denn ohne etwas zu konsumieren, war es nicht erlaubt, sich dort aufzuhalten.

Und so geschah es weiter; am nächsten Morgen nach dem Verteilen der Zeitungen ergab es sich, dass ich mit Bonita an einem nahen Fluss spazieren ging. Am Wasser entlang hatte es einige Bänke, wo die Menschen sich niedersetzen konnten.

Wie gewohnt wollte ich mich auf eine der Sitzbänke setzen und noch etwas dem Wasserrauschen zuhören oder einfach mit Bonita etwas dort sein. Als wir einer Holzbank näherkamen, sah ich etwas Blaues unter der Bank liegen; beim genauen Betrachten erkannte ich, dass es eine hundert Franken Note war. Um mich schauend suchte ich nach Leuten, die das Geld verloren hatten, da war aber weit und breit keine Menschenseele zu sehen. Da setzte ich mich auf die Bank und wartete, vielleicht würde ja jemand, der sein Geld sucht, zurückkommen und dann würde ich es ihm aushändigen. Aber es kam niemand. In mir hörte ich sagen: „Das Geld ist für dich. So kannst du nun den Ausblick über die Stadt in diesem Restaurant geniessen und du hast Geld, um dir etwas zum Trinken kaufen zu können. Oh, vielen Dank", sprach ich leise.

Ja und das tat ich dann auch jeden Morgen. Wenn das Wetter es zuliess, spazierte ich mit der Hündin dorthin und genoss von der Gartenterrasse des Restaurants aus, den Weitblick. Die Augen schweiften über die Stadt und in mir wurde es still. Jeden Morgen kam ich dann, nach dieser Auszeit erholt und voller Energie, zurück nach Hause.

Damals war mir nicht bewusst, was mir heute alles bewusst ist. All diese Dinge, die mir immer wieder geschahen, liessen die Gedanken still werden und das Vertrauen in das nicht Wissen stärkte sich fortlaufend.

Ich fand dann später nochmals Geld, das niemandem zurückgegeben werden konnte und durfte dadurch meine Auszeit auf dem Goldenberg verlängern.

Der Sommer verlief zu meiner Zufriedenheit und es war eine befreiende, wundervolle Erfahrung, dort über der Stadt sitzen zu dürfen und viele Stunden ziellos in die Weite zu blicken.

Der neue Name

Wieder einmal war der Lehrer nach Zürich gekommen, um mit uns zusammen im Satsang zu sein. Nach einem erfüllenden Tag und beim Verabschieden des Weisen sprach es aus meinem Mund und das ohne es davor geplant zu haben: „Bitte würdest du mir einen neuen spirituellen Namen geben?" Es eile aber nicht damit, hängte ich noch hinten an und machte mich auf den Heimweg.

Bei unserer nächsten Begegnung bekam ich von ihm den Namen Nishcala. Was so viel bedeutet wie: „In sich ruhend, von Veränderungen nicht betroffen". So benutzte ich den neuen Namen. Mir war klar, dass ein spiritueller Name hilfreich sein konnte, um die Vollendung der Bedeutung des Namens zu erreichen.

Nach einigen Monaten mit diesem Namen ging ich in einem weiteren Satsang zum Lehrer und sagte zu ihm: Ich hätte einfach das Gefühl, dieser Name sei nicht ganz stimmig für mich, ich wisse aber nicht warum. Er schaute mir lange und tief in die Augen und dann plötzlich sagte er: „Mā (Mutter) komme noch dazu, zum Namen Nishcala. Also Mā Nishcala". Als ich das hörte, empfand ich eine tiefe Berührung in meinem Herzen und in meinen Augen standen Tränen.

Ab diesem Ereignis wurde ich die Mā Nishcala und die Leute im Satsang nannten mich dann so.

Zu Hause oder bei der Familie blieb ich aber immer die Renate.

Da ist ja gar niemand

Für im August 2011 hatte ich mich schon wieder für ein Stille-Retreat beim Meister in Deutschland angemeldet. Einige Zeit noch vor dem Retreat fing ich an, meine Wohnung zu räumen und alles, was ich nicht mehr brauchte, zu entsorgen. Vieles wurde damals weggegeben. Jedes Gestell, jeder Schrank und jede Schublade, wurde durchgeschaut. Bis alles picobello, bis in die letzte Ecke geputzt und entrümpelt war. Ein Tag vor der

Abreise ins Retreat war ich fertig damit. Es fühlte sich an, als sei etwas zu Ende. Aber was, das konnte ich nicht sagen, es war nur so ein Gefühl. Jedoch tauchte dann noch der Gedanke auf und zugleich hörte ich es in mir sagen; „Wenn du jetzt stirbst, ist alles geordnet, geregelt, aufgeräumt, entsorgt und sauber."

Am nächsten Tag dann, gegen Abend in Deutschland ange-kommen, durften wir bei dem ersten Abendessen noch reden, danach wurde geschwiegen. Oft wurde gelacht in den Retreats, was mir immer sehr gefiel und mein Gemüt nährte. Manchmal war das Seminar aber auch eine ganz ernste Sache und es gab oft auch Tränen. Je nachdem, was sich gerade in den einzelnen Teilnehmern zu erkennen gab und um Befreiung verlangte.

Das Wetter war gut und so ging ich jeden Morgen vor dem Frühstück spazieren. Beim Gehen passierte oft tiefgreifendes Erkennen in mir, das war schon längere Zeit so und nicht nur in den Retreats. An diesem einen Morgen hatte es in meinem Kopf viele Gedanken und eine Traurigkeit machte sich bemerkbar. Beim Gehen geschah es plötzlich, dass ich in einen Zustand fiel, in dem ich vollkommen im Herzen war, und zugleich be-merkte ich, dass kein einziger Gedanke mehr war. Es war wie ein Ruhen im Stillen Ozean der Gedankenlosigkeit. Es war wun-derschön, dieses Geschehen. Alsbald war aber das Denken zu-rück und die Traurigkeit war auch wieder da. Und wieder im Herzen weilend, war alles erneut wie weggeblasen.
Diese Erfahrung war grossartig für mich als Vieldenkerin. So war es mir nun möglich, bewusst im Herzen und ohne zu den-ken, weilen zu können.

Genau in dieser Retreat Woche wurde ich oder der Körper 48 Jahre alt. Niemand wusste davon und das war mir sehr recht, denn ein „Geburtstags-Tamtam" mochte ich damals gerade nicht.
Und darauf folgte der Tag, den ich wohl in meinem ganzen Leben nie mehr vergessen werde.
Es war der 18. August 2011. Der Tag begann für mich wie

immer mit Spaziergang, Frühstücken und anschliessendem Zusammenkommen im Gruppenraum für Stille und zum Satsang.

An diesem Morgen sass ich in der vordersten Reihe, direkt zu Füssen des Weisheitslehrers. Zuerst waren wir alle in Stille, darauf folgte ein Musikstück und dann sagte der Meister: "Haltet eure Augen geschlossen". Sinngemäss, wie ich mich noch erinnern kann, führte er uns meditativ in einen ausgedehnten Bewusstseinszustand. Wir sollen uns ausdehnen, soweit das Universum reiche. In dieser Ausdehnung erkannte ich plötzlich oder wusste ich einfach: DA IST GAR KEINE PERSON! Gar kein ich.

Es ist schwierig und eigentlich gar nicht möglich, das was geschah, in Worte zu fassen. Ich sah in dieser Meditation, dass da niemand war, keine Person, nichts Persönliches, es wurde erkannt: da gibt es gar nichts Eigenständiges, Persönliches oder Separates in diesem Universum. Alles ist das EINE Selbe.
Etwas in mir erschrak bei dieser Erfahrung, ich öffnete wohl etwas verstört die Augen. Mein Blick suchte sofort den Weisen, seine Augen waren schon auf mich gerichtet, er lächelte und nickte mir nur bejahend zu. Es kamen mir Tränen aus Verunsicherung hoch und ich fragte ihn: "Ja und jetzt? Wenn da niemand ist? Wo bin ich? Wer bin ich? Bin ich, du oder sonst, wer?" In diesem Moment war ich einfach nur verwirrt. Er lachte und sagte: "Nein, keine Angst, du bist so lange, wie dein Körper atmet, mit ihm verbunden, jedoch ohne persönliche Anhaftung an ihn zu haben". Er schaute mir einige Zeit lang noch in die Augen und sagte dann: Es werde sich nun zeigen, ob diese Öffnung ins Erwachen bleibe oder ob erneute Anhaftung an den Körper geschehen würde. Weiter sagte er noch: Das, was jetzt möglicherweise kommen werde, nenne man, „die dunkle Nacht der Seele" und könne recht verwirrend sein. „Weisst du, Mā Nishcala, jeder Teilnehmer hier im Raum strebt nach diesem Erwachen. Keiner kann es machen. Wenn es geschieht, dann ist das die göttliche Gnade". In mir sagte etwas und ohne es laut auszusprechen: "Da hast du jetzt den Frieden in der Stille, weisst nichts von Erleuchtung oder Erwachen, hast keine Idee

darum und auch kein bewusstes Streben danach. Und genau dir geschieht diese Gnade oder dieses Erwachen, wie die hier das nennen, und was nun?"

Einen kurzen Augenblick blieben wir noch still und dann wendete sich der Meister wieder der ganzen Gruppe zu, um ihre auftauchenden Fragen zu beantworten.

Der Satsang an diesem Morgen war dann auch bald zu Ende. Das Denken in mir wurde immer lauter oder mehr und mehr, es war wie ein Wasserfall, der einen starken Regen erlebte. Es machte mich unsicher, zumal so viel Denken auf einmal geschah. Keine Person, niemand da und trotzdem ganz viele Gedanken, das war schon speziell. In der Mittagspause an diesem besagten 18. August war das Denken so viel, ja so krass, dass ich zu einer Frau ging, die auch am Retreat teilnahm und gerade draussen an der Sonne sass. Von Leuten hatte ich früher schon erfahren, dass sie so eine „Erwachte" Person wäre. So brach ich das Schweigen und sprach zu ihr: "Das ist jetzt aber ganz schön verrückt, dieses Denken, so viele Gedanken auf einmal, nicht zu glauben". Sie antwortete mir: "Ja, das ist so, geh einfach, wenn es dir zu viel denkt, ins Herz und fühle bewusst den Herzbereich oder nimm wahr, wie die Atmung geschieht". Das rasante viele Denken werde jetzt wohl einige Zeit dauern und so sein. Das wäre, weil etwas wieder eine persönliche Anhaftung kreieren wolle, sagte sie noch.

Wie froh war ich, dass ich das im Herzen sein, wie zuvor in dieser Woche schon erfahren hatte, und ich nun vom Kopf weg und im Herzen weilen konnte. Da, wo kein Denken war. Es war wie ein Abtauchen in die Tiefe des Ozeans. Oben waren die Gedanken als Wellen, die gerade einem „Tsunami" gleichkamen, am Werk. Im Ozean nach unten gesunken, konnte ich der Atmung zusehen, solange bis ich wieder nach oben getrieben wurde. Und aufs Neue, sobald es mir bewusst wurde, konnte ich mich wieder sinken lassen. Mit dem Fokus auf den Herzbereich im Körper und der Atembeobachtung ging es dann recht gut. Das half mir und die Gedanken wurden so etwas weniger. „Gott sei Dank".

Bald war das Retreat zu Ende und der Alltag kehrte zurück,

jedoch nie mehr wie vor diesem Retreat und dieser weiteren nun bewussten Öffnung.

Erst im Laufe der Zeit durfte ich dann erkennen, dass die Loslösung (oder das Erwachen) schon damals bei diesem erwähnten Ohnmachtsanfall im 1993 passiert war. Nur war ich damals durch die Unwissenheit so verwirrt und natürlich fand ich mich als Person einfach all die langen Jahre nicht mehr. Es erklärte sich mir dann langsam alles, was mir im Laufe der zurückliegenden Jahre geschehen war. Dank des Ereignisses bei dem Weisen im Retreat und seiner Unterstützung danach, liess mich all das Geschehene, zwar langsam, aber stetig bewusster werden.

Schnell zeigte sich mir nach dem Retreat, wenn ich mit Leuten ins Gespräch kam, war da ein Erkennen der Situationen und ein freies Erklären der Dinge. Etwas in mir wusste einfach, was es braucht, damit das Gegenüber sich besser erkennen oder erforschen konnte. Es gab Antworten auf Fragen, die ich nie und nimmer hätte wissen können, und trotzdem waren die Antworten da, diese waren wahr, und meistens klar und einfach zu verstehen.

Nun waren da aber immer noch *Vāsanās = Tendenzen und Neigungen. Die dann immer bewusster gesehen oder festgestellt wurden. Die Überlagerungen und geprägten Muster wurden schneller erkannt und der befreite Ausdruck bekam immer mehr Kraft.

*Vāsanā bedeutet Wunsch, Verlangen, Neigung oder Idee, Vorstellung, falsche Vorstellung. Je mehr Bewusstsein den Menschen durchdringt, umso besser erkennt er die Vāsanās falschen Vorstellungen oder ungünstigen Neigungen. Durch das Erkennen werden diese nicht mehr bedient und lösen sich im Bewusstsein auf. Vāsanā's, von denen sich ein spiritueller Aspirant lösen sollte, um Freiheit zu erlangen.

Später wusste ich dann auch, dass, wenn dieses Erwachen geschieht, es aber noch lange keine Verwirklichung ist. Lieber spreche ich heute von Öffnungen, nicht von Erwachen. Meiner Ansicht nach und auch aus der Erfahrung mit den suchenden Menschen ist es einfach so, dass sobald jemand eine Öffnung hat, das Erkennen leichter wird. Es zeigte sich mir als Beispiel: ein schwarzes Loch, das alles, was eine Person ausmacht oder gemacht hat, dort hineinzieht und am Schluss nur noch das Selbst, das durch eine menschliche Form wirkt, beständig bleibt. Das nennt sich dann Selbst- oder Gottesverwirklichung. Das Bewusstwerden geschieht individuell und erlebt jeder Erwachte in seinem Tempo.

So steht es auch geschrieben in den heiligen Schriften: „Einem von einer Million Menschen passiert ES als plötzliches Geschehen und dieser Mensch erfährt sofort und immerwährend die totale vollständige Verwirklichung". Bei anderen kann es über Jahre der Selbsterforschung immer klarer erfahren und erkannt werden, bis es nichts mehr zu erkennen gibt und er ein lebend Befreiter ist.

Gut zu erkennen, dass keiner anders kann, als er tut, und die Gnade wohl viele Wege kennt, um dem Lebewesen Befreiung zu schenken.

Der Gedanke, ein leeres Gefäss für Gott zu werden, war nun stärker denn je. Es war wie ein Sog in mir, der alles, was noch da war, langsam aber stetig in dieses „schwarze Loch" hineinzog oder sich zu erkennen gab und auflöste.

Die Wochen vergingen und in mir entfaltete sich Bewusstsein, es war eine Leichtigkeit und Freude ohne Grund, die sich in mir breit machte. Die Freude war still und liess in mir ein grundloses immerwährendes Lächeln entstehen. Das Vertrauen ersetzte die zuvor noch übrig gebliebene Angst. Was aber nicht hiess, dass da nicht noch Neigungen waren, wie beispielsweise die Existenzängste oder Unsicherheiten aus der Vergangenheit, die mich steuerten. Da war bisher nicht alles bewusst und deshalb wurde nach Neigungen gehandelt, doch mit der Zeit erkannte ich das immer deutlicher. Was aber dann nicht immer so war, dass die Person nicht trotzdem in eine noch geprägte Handlung ging. Es war einfach handeln oder nicht handeln, das durch die Form geschah und immer bewusster und klarer wurden die Prägungen erkannt.

Der Weise kam weiterhin zu mir in den Laden, um Satsang anzubieten. In ihm sah ich immer weniger den Lehrer, da die Fragen, die auftauchten, die Antworten auch meistens in mir selbst offenbarten. Der Mann war nun eher wie ein grosser Bruder für mich. Einer, der den weglosen Weg schon ein grosses Stück vorangegangen war. Was mir natürlich sehr zugutekam, wenn doch einmal etwas unbeantwortet blieb, in den neuen Erfahrungen, ohne dieses Persönliche.

Ich las immer noch viel, meist aus heiligen Schriften wie: Bhagavad Gita, Upanischaden, Yoga Vasista und Tripura Rahasya. Oder befasste mich mit Büchern von Befreiten und Meistern. Darunter waren die Worte von Jesus oder Buddha aber auch Schriften von Anandamay Ma, Ramana Maharshi, Nisargadatta Maharaj, Jiddu Krishnamurti, Papaji (H.W.L. Poonja), Raphael und Bücher von Adi Shankaracharya, Meister Eckart, Bede Griffiths auch alle Bücher von Meister M (Mario Manthese), und von vielen anderen. Meister M durfte ich später dann einige Male direkt erleben. Beim Sitzen in der Halle mit vielen anderen wurden mir lange und befreiende Samadhi-Zustände geschenkt.
Es ergab sich, dass ich in den folgenden Jahren viele verschiedene Meister, Satsang Lehrer oder sogenannte Befreite besuchte. Jeder von ihnen hatte einen anderen Ausdruck und doch sprachen alle von dem Einen selben. Es gab Menschen, denen ich im Stillen begegnete, manche, die transformierend wirkten und andere, zu denen ich keine Resonanz hatte.

Ich suchte auch Befreite auf, die nicht sprachen. Darunter waren auch transformierende Erfahrungen, in denen ich zeitweilig in einem Samādhi-Zustand verbrachte. Samādhi oder einen Zustand, in dem ich nichts mehr mitbekam, aber auch nicht geschlafen hatte. Dieses Geschehen nennt man *Savikalpa

Samādhi. Das kann man nicht machen, es kann einer Person in fortgeschrittenem Stadium der Befreiung geschehen.

In diesem Zustand, so liess ich mir sagen, verbrenne es im System Dinge, ohne Wissen zu müssen, was sich aus dem System befreit. Und natürlich, wie in meinem Fall, lösten sich die Anhaftungen an die geprägte Kontrolle in den Samādhi Zuständen immer mehr auf. Die Kontrolle war in meinem System sehr stark geprägt, und zwar seit frühester Kindheit.

Savikalpa Samādhi entspricht Samprajnata Samādhi. Was aber bedeutet das Sanskritwort Savikalpa Samādhi? Samādhi ist der überbewusste Zustand. Ein sehr gesammelter Zustand des Geistes ("Sama" heisst "Sammlung"), indem keine einzelnen Gedanken mehr da sind, Zeit, Raum und Ego (Subjekt-Objekt-Beziehung) verschwinden. In Savikalpa ist noch Vikalpa dabei. "Sa" heisst "mit". Vikalpa kann heissen Zweifel, Gedanke, Unterscheidung. Savikalpa heisst, es ist noch etwas Unterscheidung da. Das Absolute wird noch nicht voll erfahren.

Aufgeben des Ladens

Seit diesem Geschehen im August, im Retreat in Deutschland und dem dadurch noch klareren und bewussteren Erkennen des Selbst, konnte ich immer weniger hinter den Referenten stehen, die all diese Kurse und Vorträge, zu esoterischen Themen, in meinen Räumlichkeiten anboten.

Der Laden bekam bald den Namen „Zentrum für Bewusst-Sein". Die Esoterik Bücher wurden mit Schriften von Meistern oder befreiten Menschen, die über Selbsterforschung berichteten, ausgewechselt und die Elfen und Trolle wurden durch Klangschalen und Meditationszubehör ersetzt, das zum Verkauf angeboten wurde.

Alles, was mir zuvor wichtig erschien, fiel langsam aber stetig und immer mehr weg. Nicht nur das Werken als Vermittlerin oder das Vernetzen für Andere machte keine Freude mehr. Ich konnte auch keine Geister mehr vertreiben oder verstorbene Seelen ins Licht begleiten. Irgendwie passte nichts mehr.

So veränderten sich langsam die Angebote und es gab vermehrt Veranstaltungen zum Thema über das Buch: „Ein Kurs in Wundern". Manchmal kam auch jemand, der Lach-Yoga veranstaltete oder es gab astrologische Beratungen oder Handlesen, das ging noch.
Es gab immer weniger Referenten oder keine Themen mehr, die ich damals vertreten konnte. Meinerseits wurden die vormals geführten Mediationsreisen durch Stille und Seine Angebote ersetzt. Oder man traf sich in kleinen Gruppen, um sich der Selbsterforschung, einer Art von Satsang, zu widmen.

Die Mandalas malte ich fortan, aus der Stille des Seins, und wenn es ein Thema gab, kam das erst, nachdem das Bild fertiggestellt war und wenn ich darüber meditiert hatte. Die Bach-Blüten, Kurse und einige alternative Angebote blieben noch bestehen.
Am liebsten war ich nur noch im stillen Sein oder mit Menschen, die nach der Wahrheit suchten. Die Leute, die sich für

die phänomenale Welt interessierten, fanden immer weniger den Weg in den Laden. Dadurch sah ich die Aufgabe, mit dem Laden und den Kursräumen, in der bestehenden Grösse immer weniger.

Der Umsatz ging wohlweislich zurück und bald musste ich mir Gedanken machen über die finanzielle Zukunft. Die Überlegung, das Geschäft aufzugeben, wurde immer stärker.

Bald war in mir die klare und definitive Entscheidung, so schnell wie möglich alles aufzugeben. Sofort wurde es leicht und warm in meinem Herzen. Die Leichtigkeit zeigte mir auf, dass das Ganze unbewusst zu einer Last geworden war.

Und so entschied es sich in mir, die Lokalitäten auf Ende des Jahres 2012 zu kündigen. Darauffolgend blieben mir dadurch noch drei Monate Zeit, um das Geschäft aufzulösen und den Laden zu räumen.

Januar 2013, Die erste Reise zu Ramana Maharshi
Zuerst ging es aber im Januar 2013 mit dem Weisheitslehrer aus Deutschland und der Gruppe nach Indien. Um dort bei Ramana Maharshi in Tiruvannamalai die Zeit verbringen zu dürfen. Schon im Juni des vergangenen Jahres hatte ich mich entschieden, mit der Gruppe des Satsanglehrers nach Indien zu reisen, um dort drei Wochen mit Meditation und Satsang zu verbringen. Durch das Lesen und Hören von Sri Ramana Maharshi war mir dieser sehr nahegekommen. Ich sah seit einiger Zeit in ihm meinen Meister. Es war toll, dass ich mit der Gruppe reisen konnte, denn alleine hätte ich mich damals niemals getraut.

Schon einige Tage vor Beginn der Reise war ich sehr nahe am Wasser gebaut. Auf der Reise fühlte ich mich sehr durchlässig und war innerlich zutiefst berührt. Es war wohl auch, weil ich wahrhaftig auf dem Weg in dieses mir unbekannte Land und zu meinem Meister unterwegs war.

Als wir dann nach vielen Flugstunden in Chennai (früher Madras) gelandet waren und aus dem Flieger stiegen, war es sehr heiss und die Luft roch anders als zu Hause. Insgesamt waren wir sieben Leute aus der Schweiz, die zusammen angekommen waren. Wir bestiegen für die Fahrt nach Tiruvannamalai einen kleinen Reisebus, der uns als Taxi mit Chauffeur zur Verfügung gestellt wurde. Der Fahrer, der uns zum Ziel brachte, manövrierte den Wagen souverän durch die mit Autos, Mofas, Menschen und Tieren vollgestopften lärmigen und stickigen Strassen.

Die Stadt Tiruvannamalai liegt in einem südlichen Teil von Indien und im Staat namens Tamil Nadu. Die Fahrt vom Flughafen dauerte vier Stunden und ging in Richtung ins Innere des Landes. Diese erste Fahrt durch Indien war mir ein unvergessliches Erlebnis, denn ich kam nicht nach mit schauen. Es war so sehr anders als in der ruhigen und geregelten Schweiz. So etwas hatte ich zuvor noch nie erlebt. Es war vom ersten Moment an eine Faszination, die mich im Herzen tief berührte und auch auf dieser erlebnisreichen Fahrt war ich wieder den Tränen nahe.

Nach vierstündiger Reise kamen wir dann im gebuchten Hotel Ramana Towers an. Nach einigem Hin und Her hatte dann jeder, bis auf zwei Männer der Gruppe und ich, eine Schlafmöglichkeit. Wir drei mussten noch warten, da sie zuerst noch unsere Zimmer herrichten mussten. Die zwei Jungs konnten zum Glück gut Englisch sprechen. Und sie regelten alles mit dem Pass und so weiter für mich. Ich verstand die Sprache einfach noch viel zu wenig und fühlte mich dadurch unsicher, wenn es um wichtige Dinge ging.

Die anderen von der Gruppe und einige aus Deutschland, die auch schon angekommen waren, wollten in der Nähe essen gehen. Wir sollen dann nachkommen, sagte man uns. Als wir dann unsere Zimmer hatten, wollten wir uns den anderen der Gruppe anschliessen, jedoch fanden wir diese nicht an dem zuvor abgemachten Ort.

So gingen wir drei dann zur Hauptstrasse, dort wollte einer der Männer in einem Laden noch etwas gegen die Mücken einkaufen. Der Shop war aber auf der anderen Seite der Strasse, also mussten wir diese Fahrbahn überqueren. Aber die war so stark befahren, dass ich mir nicht vorstellen konnte, wie es möglich wäre, diese Strasse verschont zu überqueren. Gut, dass die zwei Jungs nicht zum ersten Mal in Indien waren und sich mit dem Verkehr schon auskannten. Der eine der Männer sagte auf meinen Ausdruck des Zweifelns hin: „Hei meine Liebe, das ist Indien, da musst du einfach im Fluss sein und dann geht hier alles!" Er nahm mich an der Hand und führte mich heil durch den Verkehr auf die andere Strassenseite. Diesen Satz vergass ich nie mehr und den gebrauchte ich noch oft, auf meinen späteren Indienbesuchen.

Das Sein dort bei Ramana war grossartig. Alles war so extrem anders als zu Hause, und ich liebte es einfach, den Menschen zuzusehen.

Der grosse Weise Ramana Maharshi, obwohl dieser schon im Jahr 1950 verstorben war, war hier immer noch sehr präsent und seine Energie vertiefend spürbar. Sein Foto hing an vielen Orten, sogar auch an Strassenlaternenpfosten, so war er, wenn in mir etwas um Erkennen oder Befreiung verlangte, immer gerade da. Manchmal empfand ich das Bild lächelnd, aber stellenweise auch ganz streng, wohl immer das, was ich gerade brauchte, drückte sich durch seinen Blick auf das Bild in mir aus. Oft ging ich alleine und ohne bestimmtes Ziel in der Gegend herum. Ich spazierte einfach, wo mich meine Füsse hinführten. Oder ich setzte mich in dem Ramana Ashram irgendwo hin und schaute dem regen Treiben von den Menschen und Tieren zu. Morgens war ich immer ganz früh wach, noch vor Sonnenaufgang setzte ich mich auf die Dachterrasse des Hotels, um zu meditieren. Dort fühlte ich mich dem Berg. *Arunachala, dessen Kontur sich am dunklen Himmel abzeichnete, sehr nahe.

*Arunachala

Arunachala bedeutet wörtlich der rote Berg Aruna = rot, Achala = Berg Arunachala wird auch Arunagiri = Hügel des Lichts genannt. Symbolisch steht Arunachala für die wärmenden Sonnenstrahlen der Morgendämmerung, die er in unsere verschlossenen Herzen bringt. Arunachala - der heilige Berg Südindiens ist ein bedeutender Pilgerort in Tamil Nadu. Unzählige Sadhus zog es schon zu ihm. Es heisst, dass Arunachala die Manifestation Shivas dem Zerstörer und Erneuerer geweiht sei. Am Vollmond jeden Monats umrunden tausende indische und westliche Pilger den Arunachala zu Fuss (Pradakshina. Bekannt ist Arunachala im Westen vor allem durch den indischen Heiligen Ramana Maharshi, der in den Höhlen Arunachalas lange Zeit lebte und meditiert hatte. Zu Füssen Arunachalas wurde später dann der Ramana Ashram gebaut. Im Laufe der Jahrhunderte haben Heilige und Jnani den Arunachala besucht. Er soll das Ego zerstören und lässt den Suchenden die wahre Natur des Selbst erkennen und ihn so von Maya (Illusionen) der Welt zu befreien.

In den frühen Morgenstunden, wenn es noch dunkel war, war es zwar ruhiger als bei Tag, aber nie ganz still. Man hörte Hunde, die bellten oder Pfauen, die von den Bäumen herunter krächzten, aber auch der Heilige der Rezitationen der Veden ausübte. Auch einige hupende Fahrzeuge waren immer zu hören. Aber wie schon erwähnt, der Lärm war bedeutend weniger, solange es noch dunkel war. Da sass ich oft stundenlang alleine auf der Hotel-Terrasse und war einfach versunken im Sein. Eines Morgens wurde mir bewusst, dass diese vielen oft undefinierbaren neuen Geräusche bei mir das Denken ausschalteten. Der Verstand hat aufgegeben, ewig herausfinden zu müssen, was oder wer da Laute von sich gab. Und es entfaltete sich in dem Lärm, eine Gedankenstille, die mir bewusstwurde. Diese Erfahrung zeigte mir, dass keiner sagen muss, im Krach kann man nicht meditieren. Es offenbarte mir das Gegenteil, der Verstand hatte mal nichts mehr zu plappern. Oder war es einfach, dass es nun bewusst war?

Das zu Tränen gerührt sein, begleitete mich die ganze Zeit in Indien und kam meistens, wenn ich alleine war, einfach nur irgendwo sass oder meistens bei der Begegnung mit den Bildern von Ramana. Wenn ich irgendwelche Fragen hatte, setzte ich mich vor ein Bild des Meisters und im stillen Zwiegespräch vernahm ich die Antwort in mir. Zugleich wurde es angenehm warm in meiner Herzgegend. Das Rauschen in meinen Kopf war in Indien recht laut, was ich als gute Botschaft hinnahm.

Einmal nahmen mich einige aus der Gruppe mit, zu einem *Darshan von einer Frau namens Sri Siva Sakthi Ammaiyar. Als die Frau den Raum betrat, in dem wir schon eine Weile auf sie warteten, war wieder diese Berührtheit. Die Tränen drängten sich in meine Augen und mein Herz schmerzte. Es war eine Sehnsucht, die sich in mir stark bemerkbar machte. Dieses Gefühl liess mich alles Weltliche vergessen. Die Siva Shakti, wie sie viele nannten, schaute jedem einzelnen in die Augen und machte mit ihren Händen individuelle Bewegungen dazu. Als sie mir in die Augen schaute, fühlte es sich an, als ginge etwas in meinem Herzen noch mehr auf. Es war eine schöne Begegnung mit ihr, die ich dann zu späterer Zeit noch einmal geniessen konnte. Als ich zum dritten Mal dann zwei Jahre später nochmals dorthin ging, hatte ich keine Resonanz mehr zu ihr. So erging es mir dann oft im Leben, wenn etwas in mir transformieren wollte, so wurde ich an die Menschen oder Orte geführt. Bei denen blieb ich, solange es still war oder ich tiefe Bewusstseinszustände erleben konnte; wenn das nicht mehr geschah, ging ich dann einfach nicht mehr hin.

Darshana bedeutet das Sehen eines erleuchteten Yogis, Yogini oder Heiligen und gleichzeitig von ihm gesehen zu werden, sowie der daraus entstehende Erhalt seines Blickes. Es kann aber auch das sich Versenken beim Betrachten eines Götterbildes bedeuten.

Die Tage in Indien bei Ramana Maharshi vergingen wie im Flug und schon bald hiess es Abschied nehmen von diesem heiligen Ort, an dem Ramana gelebt hatte und an dem auch heute seine Präsenz noch so deutlich wahrnehmbar war. Abschiednehmen von Ramana und auch vom heiligen Berg Arunachala, den ich damals einmal mit der Riksha umfahren hatte. Die Sage war: Wer einmal den Berg umrundet hat, kehre wieder zurück.

Mit drei anderen Leuten aus der Gruppe fuhren wir nach Chennai, wo wir noch zwei Nächte verbrachten, bis unser Flieger zurück in die Schweiz flog. Eine Frau aus unserer kleinen Gruppe hatte zwei indische Freunde, und diese zeigten uns während des Aufenthalts einige schöne Orte in der Umgebung von Chennai. Wir besuchten den Sri Radha Krishna Temple von ISKCON in Chennai, fuhren zu einem Ort namens *Adyar, dort zeigten uns die zwei Begleiter einen der wohl grössten Banyan-baum der Welt.
Dieser Baum wuchs auf dem Campus der Theosophischen Gesellschaft. Dieser Baum war so riesig, leider war es nicht möglich, ihn zu umrunden. Wir konnten seinen Umfang nicht wirklich eruieren, zumal auch ein Teil abgesperrt und für Touristen nicht zugänglich war.

*Adyar Banyan Tree

Der 450 Jahre alte riesige Banyan-Baum in Adyar in Chennai, Tamil Nadu, Indien, auf dem Gelände des Hauptsitzes der Theosophischen Gesellschaft, unter dem Menschen Diskurse von Grössen wie Jiddu Krishnamurti, Annie Besant der Theosophischen Gesellschaft und Maria Montessori hörten.

St. Thomas Church

Im Vorort Guindy von Chennai; innerhalb der Reichweite des internationalen Flughafens Chennai befindet sich eine herausragende Sehenswürdigkeit unter den am meisten geweihten und darüber hinaus hinreissenden Kultstätten der Stadt. Wie von Enthusiasten angedeutet, lebte hier der heilige Thomas, der ein Anhänger von Jesus war.

Mamallapuram

ist vielleicht der beliebteste Strand an der Ostküste Indiens. Es hat Denkmäler, die zum UNESCO-Weltkulturerbe gehören. Es ist auch bekannt als Mahabalipuram (Stadt Mahabali).

Fast zuletzt gingen wir noch in einen Bioladen, um einiges an Gesundem, das wir für zu Hause brauchen konnten, einzukaufen. An der Kasse beim Bezahlen schenkte mir der indische Verkäufer dort eine CD mit einem Bild von einem schönen, sehr strahlenden Mann darauf. Der Name auf dem Cover war ISHA, der heute als Sadhguru weltbekannt ist. Mehr über ihn dann aber später in diesem Buch.

Am darauffolgenden Morgen brachten uns die zwei indischen Freunde an den Flughafen, und bald sassen wir im Flieger zurück in die Schweiz.

Wieder zurück in der Schweiz war ich wochenlang sehr müde, es kam mir vor, als transformiere es noch weiter in mir, was zuvor in Indien alles angekurbelt wurde. Oder holte ich den Schlaf nach, den ich in Indien nicht gebraucht hatte? In Ramanas Gegenwart schlief ich jeweils etwa vier Stunden und schon war ich wieder hellwach.

Mir blieben dann noch einige Wochen, um das Geschäft aufzulösen. Die Satsangs für den Weisheitslehrer organisierte ich weiterhin, dann aber in einem Yoga-Studio in der Nähe vom alten Ort. Im Studio befanden sich die passenden Räumlichkeiten, die man auch tageweise mieten konnte.

Auch ich selber fing an, in kleinen Gruppen Stille und Zusammensein in Wahrheit (Satsang) anzubieten.

Nach der Ladenauflösung, es war Frühjahr, musste mein Sohn Kevin in die Rekrutenschule. Dieser Militärdienst dauerte mehrere Wochen. In dieser Zeit kam er dann nur an den Wochenenden nach Hause. Das traf sich gerade gut, denn dadurch hatte ich, unter der Woche, die Wohnung für mich alleine. So fing ich an, die Veranstaltungen bei mir zu Hause durchzuführen. Solange bis kurz bevor Kevin wieder nach Hause kam. Da fand ich dann auch einen Raum, den ich mieten konnte, ganz in der Nähe. Um dort weiterhin die Treffen durchzuführen und unter anderem auch wieder die Bach-Blüten Kurse anbieten zu können.

Der Tag des Abschiedes von dem Satsang Lehrer

In den Satsangs beim Weisen hatte ich immer mehr das Gefühl, nicht mehr dort hinzugehören. Es geschah kein befreiendes Erkennen oder keine Vertiefung mehr, und es wurde auch nicht mehr stiller, wenn ich mit ihm war.

So kam der Tag, an dem ich die Organisation für seine Satsangs weitergab und mich dann auch einige Zeit später von ihm und der mir lieb gewordenen Gruppe ganz verabschiedete.

Auch heute denke ich mit liebevollen Gedanken an ihn.

Es war doch eine längere und intensiv, erfahrende Zeit mit ihm. Unsere Begegnungen haben mich vieles erkennen lassen, und was ich nicht vergessen werde, dank des Weisen bin ich zum grossen Meister Ramana Maharshi nach Indien geführt worden.

Bonita verlässt ihren Körper

Ab März 2013 ging es der Hündin Bonita immer schlechter. Schon als ich sie damals im Februar, nach meinem Indienaufenthalt, von der Hundepension zurückgeholt hatte, hatte sie Mühe beim Gehen und sackte mit ihrem Hinterteil oft ein.

Alsdann ging ich mit ihr zur Akupunktur, die Therapie stabilisierte und stärkte ihre Hinterbeine, sodass sie wieder etwas besser gehen konnte. Im Juni fing sie erneut an, Kraft zu verlieren und sackte oft an den Hinterläufen ein. Es ging ihr zunehmend schlechter, sie fing auch an, unruhig zu werden und erbrach oft mehrmals, auch in der Nacht.

Eines Morgens nach einer weiteren sehr unruhigen Nacht wusste ich, dass es nun Zeit war, sie zu erlösen, aus diesem ungesunden deformierten Hundekörper. Ich schaute mir dabei zu, wie ich der Ärztin telefonierte und ihr die Situation schilderte. Sie kannte Bonita gut und meinte: Es sei die richtige Entscheidung, die ich jetzt treffe. Die Frau Doktor wollte, laut den Röntgenbildern, die Hündin schon vor einem Jahr einschläfern. Bonita aber war damals noch so verspielt und managte ihren Körper gut, da hatte ich bislang nicht das Gefühl, dass sie gehen wollte. Am besagten Tag aber wussten wir wohl beide, dass es Zeit war, den Körper abzulegen und für mich, dass es hiess Abschied zu nehmen. So rief ich Kevin im Militär an und teilte ihm die Situation mit. Das war nicht einfach, ich wusste, es musste heute geschehen und er hatte keine Gelegenheit, ihr noch adieu zu sagen, das war schlimm und tat mir im Herzen des Mitgefühls weh. Aber es duldete keinen Aufschub mehr und so geschah es auch.

Meine 9-jährige vierbeinige Gefährtin verliess am 28. Juni 2013 um sechzehn Uhr ihren Körper.

Es war traurig und auch Weinen geschah, die Hündin fehlte mir sehr, das war klar.

Obwohl Schmerz um den Verlust in mir war und weinen geschah, konnte ich nicht leiden.

Nach diesem Geschehen war mir bewusst, dass das Selbst, das durch die Form wirkt, nicht leiden konnte. Es war einfach niemand da, nur die alte Erinnerung an früheres Leid zeigte sich, ohne eine Resonanz darauf zu haben. Und trotzdem weinte ich, wahrhaftig eine neue spezielle Situation. Bei jeder weiteren danach erlebten Angelegenheit war Mitgefühl immer da, aber Mitleid erschien nicht mehr.

Es folgten einige Tage des Abschiednehmens und der Loslösung der Gewohnheiten, des Tagesablaufes mit Bonita. Nach einiger Zeit der Neuorientierung und Änderung der Tagesstruktur wohlweislich ohne Hund nahm das Leben seinen Lauf. Ab dem Zeitpunkt hatte ich keine Aufsichtspflicht mehr. Kevin war in der Armee, Bonita war nicht mehr.
Nur Wuschel der Kater, war noch geblieben, aber der zeigte mehr mir, was er haben wollte.

Hier möchte ich noch ergänzen: Auch eine befreite Person wie zum Beispiel Ramana weinte, wenn er etwas Trauriges oder Berührendes sah oder las.

Viele Menschen haben das falsche Bild, dass ein Befreiter nicht weinen sollte, sonst wäre er kein Befreiter.
Aber das stimmt nicht. Weinen geschieht auch bei ihm, nur gibt es keine Anhaftung an das Weinen, wie zum Beispiel Leiden.

Die Bewegungsunfähigkeit oder Samādhi
Der Gedanke, das leere Gefäss zu werden, war immer noch in mir und dadurch die Ausrichtung nach der Wahrheit und der Selbstreflexion gegeben. Schon seit langer Zeit war mir das Sitzen in Stille zum freudigen Start in den Tag geworden. Jeden Morgen war ich früh wach und setzte mich ein bis zwei Stunden zur Meditation hin. Das geschah immer absichtslos.

Nun gab es immer häufiger Zustände, in denen ich mich nicht mehr bewegen konnte, der Körper war wie ausgeschaltet, in dieser Zeit war ich zwar bei vollem Bewusstsein, jedoch war der Impuls für Bewegung einfach abgestellt. Wie ein Stein lag oder sass ich dann da, wo ich war, solange das eben anhielt.

Obwohl ich bewegungslos auf dem Bett lag oder irgendwo sass, war es mir sehr wohl, es war ein stilles, tief versenktes Sein. Auch ein Zeitgefühl gab es in diesem Zustand nicht mehr. Weil ich die Augen, wenn das geschah, nicht öffnen konnte, lag ich einfach, bis es wieder vorbei war; dieses Geschehen dauerte immer etwa 45 Minuten. Damals konnte ich mir das nicht erklären und ich hatte auch keinen Impuls, mit anderen darüber zu sprechen. Es war einfach so, ich wusste ja auch nie, ob das wieder kommt oder nie mehr.

Erst einige Jahre später und nach weiteren solchen Ereignissen wusste ich, diese Bewegungsunfähigkeiten waren Zustände von Samādhi oder Versenkungen. Diese Zustände halfen mir, die stark geprägte Kontrolle in meinem System von Mal zu Mal aufzulösen.

In diesen Samādhis Zuständen konnte ich mich nicht bewegen, war aber bei vollem Bewusstsein. Es gab aber auch solche, wo ich gänzlich, ohne Bewusstsein war, darüber dann später in diesem Buch.

Beginn der Arbeit als Sitzwache im Krankenhaus

Es war Oktober im Jahre 2013, da fing für mich die Arbeit als Sitzwache im Krankenhaus an. Diesen Job konnte ich ausführen, wenn ich Zeit und Lust dazu hatte, sofern jemand gebraucht wurde und ich schnell am Telefon war. Fast täglich gab es auf meinem Mobiltelefon Mitteilungen für mögliche Einsätze. Der Schnellste, der antwortete, durfte die Aufgabe übernehmen.

Die anfallenden Arbeiten waren unterschiedlich. Mal kam man an ein Bett eines unruhigen oder verwirrten Menschen. Oder zu an Demenz erkrankten Patienten mit Angststörungen. Es gab auch die Menschen, die nach Operationen im *Delir waren und somit Betreuung brauchten. Aber auch Einsätze in Zimmer von sterbenden Menschen, zu Patienten, die einen Suizidversuch hinter sich hatten, sowie auch zu geistig behinderten Personen, wurden wir Sitzwachen gerufen.

Wir wurden meistens zur Nacht oder Spätschicht bestellt. Da diese Menschen nicht alleine gelassen werden konnten und die Pflege zu wenig Zeit hatte, all diese Kranken eins, zu eins, zu betreuen.

So war dieser Job immer eine neue Überraschung, und ich wusste immer erst, wenn ich vor Ort war, was auf mich zukam. Oder zumindest, wofür ich eingesetzt wurde. So war die neue Aufgabe sehr abwechslungsreich, aber oft auch eine Herausforderung, die Sensibilität und eine schnelle Auffassungsgabe erforderte.

Als Sitzwache gab es Situationen, in denen sich der Patient immer wieder den Venenkatheter herausziehen wollte und ich verantwortlich war, dass die Nadel im Arm blieb. Diese Arbeitsschichten waren dann meistens unruhig für beide Parteien. Auch wenn ein Patient durchstartete und handgreiflich werden wollte, waren das nicht die freudigsten Stunden. Zum Glück durfte ich jederzeit der Pflege klingeln oder wenn das nicht mehr ging, weil ein verwirrter Patient vielleicht schon meine Hände erwischt hatte, blieb mir dann nichts anderes mehr übrig, um in solchen Fällen dann laut rufend, um Hilfe zu bitten. Oft erlebte ich aber auch, dass es zu Beginn von der Pflege hiess: Der Patient sei sehr unruhig oder schlage um sich und er würde auch beissen. Wenn ich dann eine Weile im Zimmer bei solchen Menschen ruhig sass und einfach nur beobachtete, wurde die Atmosphäre friedlicher und Spannungen im Zimmer oder im Kranken lösten sich und der Patient schlief oft auch ein. Das Betrachten aus dem Moment, ohne zu denken, und das daraus rasche Handeln half mir oft in diesem Job bei den manchmal nicht ganz einfachen Aufgaben.

Es gab zwar diese anspruchsvollen Zeiten, aber zum Glück auch viele Nächte, wo ich still in einem Zimmer sass und dem schlafenden Patienten beim Atmen zuhören durfte. So blieben mir oft einige Stunden, in denen ich einfach sein konnte.

Eine Zeit lang kam ich immer wieder in das Spitalzimmer von sterbenden Menschen und so geschah es auch, dass ich beim letzten Atemzug des Menschen dabei sein durfte. Es war immer so etwas wie ein heiliger Moment der Stille, der passierte. Es war wie ein Innehalten von allem, was gerade war, so als hätte jemand die Stopptaste gedrückt. Es gab auch Situationen, wo ich den Impuls hatte, in ein Zimmer hineinzuschauen, weil ich wusste, dass der Patient darin dem Tode nahe war und oft verliess er dann genau in dieser Zeit gerade seinen Körper. Immer wieder hatte ich das Gefühl, dass das Göttliche mich hier oder dort haben wollte und mich mit den Impulsen des Wohlgefühls lenkte. Das Vertrauen, immer zur richtigen Zeit am richtigen Ort sein zu dürfen, hatte sich schon lange gefestigt und die Zweifel waren fast nicht mehr.

Manchmal durfte ich auch als Hauptnachtwachen-Hilfe mitarbeiten. Da war ich dann in den Nächten entweder auf allen chirurgischen oder medizinischen Abteilungen im Haus unterwegs. Und wurde dort, wo es Hilfe benötigte, gerufen und eingesetzt. Zwar hatte mein Körper mit dem umgekehrten Wach-Schlafrhythmus öfter etwas Mühe, aber das ging halt nicht anders. In der Nacht wach zu sein, hatte immer etwas Besonderes, denn nachts war die Welt im Krankenhaus meist still, alle sprachen leiser und oft gingen wir auch langsamer durch die leeren Spitalgänge. Zu diesen Zeiten gab es keine unnötigen Handgriffe und nur, was dem Patienten zum Wohle eines guten Schlafes diente, wurde ausgeführt.

So hatte ich einen abwechslungsreichen Job und daneben genug Zeit, um auch zu Hause mit den Menschen sein zu dürfen, die in den Gruppen Satsang oder zu Einzelgesprächen kamen.

*Das **Delir**, lateinisch Delirium, veraltet ‚Irresein‘; von Lira ‚Furche im Ackerbeet‘, delirare aus der Furche geraten‘, ‚von der geraden Linie abweichen‘, ‚verrückt sein‘ ist ein akuter Zustand von Verwirrtheit und bezeichnet ein ätiologisch unspezifisches hirnorganisches Psychosyndrom, das im ausgeprägtesten Fall einen lebensbedrohlichen Zustand darstellen kann.*

Ein neuer Lebensabschnitt beginnt

Kevin kam zurück aus dem Militär und zog bald in eine eigene Wohnung um. Nicht ganz freiwillig, es wurde etwas schwierig, mit einem Jugendlichen, der andere Interessen hatte, als die Stille und das Meditieren, zusammen in einem Haushalt zu leben. Ich wusste einmal mehr, dass ich meinen Weg alleine weitergehen musste, wenn ich ganz wahrhaftig und ein vollkommen leeres Gefäss werden wollte.

Natürlich war diese Trennung auch mit Abschiedsschmerzen verbunden. Und ich musste mich zuerst an das Leben, ohne meinen lieben Sohn, gewöhnen.

Keiner kam nunmehr täglich zur Tür hinein oder nach Hause. Ich lernte, ihn gehen zu lassen und wusste, es war gut so. Sonst wäre es nicht geschehen. Nachdem ich mich zuerst auch nach etwas Kleinerem umgesehen hatte, wo ich günstiger leben könnte, merkte ich aber schon bald, dass ich doch lieber dortbleiben wollte, wo ich seit Längerem lebte. Zumal ich dort genau die Infrastruktur hatte, die ich mir vorstellte und brauchte. Die Räumlichkeiten wurden in einen Gruppenraum und ein Massagezimmer umgestaltet. Ich staute all meine privaten Sachen in das kleinste Zimmer und so konnte ich die Leute empfangen und musste nichts Zusätzliches mehr mieten.

Nun konnte ich mich ganz der Befreiung widmen und meditieren, wann immer mir danach zumute war. Keine „Familien-
Verpflichtungen" mehr. Jedoch brauchten die alten Neigungen
noch etwas Umgewöhnung, bis sie sich immer mehr legten. Ich
kochte immer noch für zwei Personen. Die Gedanken: das
muss ich dann Kevin erzählen, wenn ich Heim komme ver-
schwanden erst mit der Zeit und dann auch noch. Durch die
neuen Lebensumstände wurde es noch stiller um mich. Ich
lebte sehr zurückgezogen, denn zu sagen hatte ich auch nicht
mehr viel. Ausser im Satsang, da staunte ich selbst noch lange,
wenn es meist und oft durch mich hindurch sprudelte, wie bei
einem Wasserfall. Die Worte, das Erklären oder Erzählen geschah einfach durch mich hindurch.

März 2014, meine Mutter mit dem bösartigen Tumor

Ein Tumor an ihrer Nase wuchs rasant, innert wenigen Wochen war keine Nase mehr zu sehen, nur noch so eine Art Blu-
menkohl. Es bildeten sich fortlaufend weitere kleine Tumore an
der Nase. Nach Gewebeproben wurde beschlossen, eine Reihe
Bestrahlungen an der Nase durchzuführen. Damit die Strahlen-
therapie durchgeführt werden konnte, bekam sie noch eine vorgängige riesige Zahnbehandlung, bei der ihr viele Zähne her-
ausoperiert wurden. Obwohl sie mit der Zeit der Strahlenbe-
handlungen keinen Speichelfluss mehr hatte, sich alles in Mund
und Rachen entzündete, sie auch kaum mehr schlucken
konnte, hörte man sie nie jammern, Mutter ertrug das einfach
alles.

Der Tumor ging mit den Bestrahlungen zwar zurück und die
Nase zeigte sich wieder wie zuvor. Aber die Nebenwirkungen
waren sehr stark und sie verlor schnell an Gewicht, sodass sie
hospitalisiert werden musste. Dort wurde sie dann über einen
Schlauch im Magen künstlich ernährt. Bald folgte eine Blasen-
entzündung und auf der Lunge hatte sie auch einen bakteriellen

Infekt, der trotz Antibiotika nicht mehr weggehen wollte.

Mama wurde zusehends schwächer und schwächer. Ihr Lebenswille war sichtlich am Schwinden, sie hatte keine Kraft mehr, aber vor allem wollte sie auch nicht mehr.

Sie sagte: Sie habe ihr Leben gelebt und nun wünsche sie sich sterben zu dürfen. Das Lebenslicht wich allmählich aus ihr. Sie wollte keine weiteren Behandlungen mehr und so fand man glücklicherweise einen Platz in einem Pflegeheim, das einen ausgezeichneten Ruf in der Stadt hatte.

Ein Ereignis möchte ich noch erwähnen, weil es für mich speziell war. Es hat sich wie folgt zugetragen: Im Heim, dann und da sie nicht mehr alleine aufstehen oder gehen konnte, half ich ihr oft vom Bett auf den nebenstehenden Nachtstuhl, damit sie sich entleeren konnte. Sie war sehr schwach, so transferierte ich sie vorsichtig, in dem ich sie umarmte und mit meinem eigenen Oberkörper hielt. Meine Knie stützten ihre Knie, damit diese nicht einknicken konnten. So ging das normalerweise einwandfrei, doch dieses eine und letzte Mal war es anders. Während ich sie in meinen Armen stützend hielt, um sie zu drehen, verlor sie einen Moment lang ihr Bewusstsein, ich merkte es, weil sie nicht wie gewohnt mithalf, als ich ihr dadurch in die Augen schaute, war sie weggetreten. Ich rief: „Mama Hallo!", doch sie reagierte nicht auf mein Zurufen, ihre Augen starrten ins Nichts.

Alles geschah in einem kurzen Augenblick, dann war sie wieder da. Aber irgendetwas hatte sich verändert, ich kann es nicht in Worte fassen, nur so ein Gefühl.

Das Spezielle daran war, dass mir in diesem Moment die Geschichte mit Ramana Maharshi und Annamalai Swami in den Sinn kam, die sich damals folgendermassen ereignet hatte: An einem Morgen half Annamalai Swami Sri Bhagavan Ramana in dessen Badezimmer beim täglichen Bad. Madhava Swami und

Annamalai Swami gaben ihm die übliche Ölmassage. Nach dem Bad stellte Madhava Swami eine Frage: „Bhagavar, die Leute, die Ganja Lehiyam (ayurvedisches Mittel, dessen Hauptbestandteil Cannabis ist) nehmen, erleben eine Art Ananda (Glückseligkeit). Von welcher Art ist diese Glückseligkeit? Ist es dasselbe, von der die heiligen Schriften sprechen?" „Ganja zu nehmen ist eine sehr üble Gewohnheit", antwortete Ramana. Dann lachte er laut, ging zu Annamalai Swami umarmte ihn und rief: „ Ananda! Ananda! So benehmen sich diese Ganja-Esser." Annamalai Swami erzählte: „Es war eine kurze Umarmung. Mahadev Swami erzählte mir später, Bhagavan habe mich etwa zwei Minuten lang fest in die Arme genommen. Nach wenigen Sekunden verlor ich jedes Bewusstsein meines Körpers und der Umgebung. Ich war nicht bewusstlos, nahm aber einfach nichts mehr von dem wahr, was um mich herum vorging". Annamalai Swami erlangte Befreiung durch die Umarmung von Ramana. Er verliess mit Bhagavans Zustimmung noch am selben Tag den Ashram und zog nach Palakottu, der an den Ramana Ashram angrenzt. Er sagte: „Ich möchte alleine leben und meditieren." Teil-Auszug aus dem Buch: Leben nach den Worten Sri Ramana Maharshi von David Godman

Nach diesem Geschehen war Mama noch mehr in Frieden und bereit für die grosse Reise oder den Übergang in das körperlose Sein.

Ein Tag bevor sie starb, wollte Mutter noch einige Male im Bett aufsitzen und bat mich, sie umarmend zu halten, was ich auch gerne tat. Wir waren uns nie zuvor körperlich so nahe, wie in diesen letzten Stunden ihres Lebens.

So umarmten wir uns gegenseitig und es war nährend für uns beide. Da waren wir dann einfach, solange bis sie sich, geschwächt und wegen der Anstrengung, wieder hinlegen musste. Als wir beide wussten, dass das Ende nahe war, fragte ich sie, ob sie noch einen Wunsch hätte? Sie sagte: „Nein, ich habe mein Leben gelebt, es gibt keine Wünsche mehr, alles ist erfüllt und es ist gut, bald sterben zu dürfen". Wir besprachen noch ihre Beerdigung und sie sagte, welches Kleid man ihr anziehen solle. Sie meinte freudig: da sie nun schlank geworden wäre, ginge ihr das schöne Festkleid wieder, das sie damals zu meiner Hochzeit mit Toni vor mehr als 20 Jahren trug. Als sie das sagte, erstrahlte ein Leuchten in ihren Augen und ein Lächeln der Freude war auf ihrem Gesicht zu sehen. Weiter fragte ich sie, ob sie noch vor etwas Angst habe, und sie sagte: „Vom Sterben habe ich keine Angst, nur wenn der Körper ins Feuer zur Kremation geht, bei diesem Gedanken fühle ich etwas ängstliche Unsicherheit". Das war das Letzte, das ich am Abend vor ihrem Todestag aus ihrem Mund gesprochen hörte. Am nächsten Tag verliess sie ihren Körper mit 78 Jahren und machte ihren Geburtstag auch gleich zu ihrem Todestag.

Im Beisein meiner Schwester und mir atmete sie einfach aus und nicht mehr ein. Es war ein so friedlicher Übergang, schon im Sterbe-Prozess nahm ich sie immer stiller und schöner wahr.

Als sie dann nach vier Tagen kremiert werden sollte, hatte ich den Drang, ins Krematorium zu fahren und dabei zu sein, wenn die verstorbene Mutter im Sarg dem Feuer übergeben werden sollte. Als ich ankam, sagte der Bestatter dort: Sie hätten Verspätung und die Kremation sei um etwa eine halbe Stunde verzögert. Wenn ich wolle, bringe er die verstorbene Mutter in die angrenzende Kapelle.
Da ich keine Umstände machen wollte, sagte ich zweimal, nein, das sei nicht nötig. Der Mann aber liess nicht locker und so geschah es dann, dass er den Sarg in die Kapelle brachte und extra für mich öffnete. Was ich dann sah, berührte mich sehr tief im Herzen. Meine Mutter war schöner denn je. Der zwar leblose Körper hatte ein Strahlen und ihr Gesicht, ein Lächeln, so sanft und lieblich sah sie aus. Wahrhaftig ein solches Geschenk, das ich noch in letzter Stunde durch sie erfahren durfte.
Dieses letzte Bild werde ich wohl immer in meinem Herzen

tragen. Auch wenn sie mir fehlte, war auch Freude in mir.

Ich denke, in ihrer letzten Lebensphase hatte sich noch sehr viel in ihr befreit, so konnte sie friedlich und ohne Last oder Anstrengung ihren Körper verlassen. Sie war sich sehr bewusst und bereit für den Übergang ins Körperlose.

Für mich war sie, im körperfreien Sein, auch gleich nicht mehr anwesend, was ich beim Tod meines Vaters und anderen nicht so wahrnahm. Bald war die Beerdigung und als der Alltag wieder eingekehrt war, bemerkte ich, dass sich eine neue Kraft in mir ausdehnte.

Etwa drei Wochen später, dann auch das noch.

Eines Abends im November kam ich, wie gewohnt, nach getaner Krankenhausarbeit zu Hause an. Normalerweise begrüsste mich ein lautes Miau von Wuschel dem Kater, der zuerst einmal seinen Anspruch auf Streicheleinheiten einforderte. Doch an diesem Abend, als ich im Dunkeln die Tür öffnete, war es drinnen ganz still. Als ich dann das Licht einschaltete, lag vor mir der wohl an Herzstillstand gestorbene Vierbeiner. Oje, nun reicht es aber langsam, dachte ich, nun sind alle hinübergegangen. Innerlich wünschte ich meinem langjährigen Begleiter alles Gute für seine Reise ins Nirvana.

So war ich nun alleine in dieser Wohnung, ja, es brauchte mich niemand mehr. Einsam fühlte ich mich dadurch aber nicht. Damals wusste ich bislang nicht, dass die Existenz oder wer auch immer andere Pläne als Tiere hüten, mit mir vorhatte.

Einer Unsicherheit stellen und nach Indien reisen

Als ich einige Tage, nachdem ich dann alleine gelebt hatte, einmal mein vergangenes Leben so betrachtete, kam die Frage in mir auf: „Gibt es da noch etwas, das dir im Leben schwerfällt oder Mühe macht?" Sofort gab ich mir selbst die Antwort: „Ja, da gibt es noch etwas, und zwar das alleine Reisen in fremde Länder". Der Gedanke daran liess meinen Bauch sogleich unruhig werden. Natürlich, wie schon oft zuvor wusste ich, dass sich da noch etwas entfalten wollte, und zwar die Befreiung der Idee, nicht alleine ins Ausland reisen zu können. Schnell spürte ich, dass sich da noch eine Überlagerung befreien wollte. Alleine Reisen? Wohin denn im Ausland? Ich konnte mich hervorragend selbst aushalten und in der Schweiz alleine Reisen. In Urlaub fahren war nichts Neues und wurde auch immer wieder gemacht, wenn es Zeit und Geld zugelassen hatte. Aber da, wo ich die Sprache nicht kannte? Soll ich mich dem wirklich stellen? Natürlich war klar, entweder stelle ich mich jeglicher auftauchenden Unsicherheit oder ich würde irgendwo festgesteckt bleiben. 'So als würden Wolken vor der Sonne bleiben'. Und mit Wolken konnte ich wahrhaftig keine totale Befreiung erlangen.

Mir war bewusst, dass die totale Befreiung verlangte: sich allen Ängsten und Unsicherheiten zu stellen. „Na gut!", sprach ich mir selbst zu, denn oft war ich ja in Zwiegesprächen mit Gott oder der Existenz. Der Satz „Dein Wille geschehe!" half mir immer wieder, wenn etwas anstand, das sich befreien wollte. Bei der darauffolgenden, nach innen gerichteter Frage: „Wenn ich mich dieser Unsicherheit entledigen wollte und mich dem alleine ins Ausland Reisen stellen würde, wohin sollte dann die Reise gehen?". Sofort war die Antwort in Form eines ganz klaren Gedankens in mir: „Zu Ramana Maharshi nach Indien!" Bei solch klaren Antworten gab es keine Zweifel, was aber nicht hiess, dass der Verstand seine Bedenken nicht äusserte. Das ist ja sein Job, nicht wahr? Er brachte alle alten Erinnerungen und Zweifel und produzierte in Zukünftiges, was vielleicht geschehen könnte.

Was das Denken so alles hervorbrachte, ich konnte nur immer wieder darüber staunen. Gut konnte ich das aber schon mit Abstand betrachten.

Und so geschah es, dass ich anfing, mir Gedanken über die Reise nach Indien zu machen.

Die Reise wurde auf den Januar 2015 geplant und sollte mir einen Aufenthalt von etwas mehr als zwei Wochen ermöglichen. Die Planung brachte mir neue Erkenntnisse und einige Herausforderungen, denen ich mich immer wieder aufs Neue stellen durfte. Um den finanziellen Teil musste ich mich nicht kümmern, da die verstorbene Mutter uns drei Kindern einen Geldbetrag hinterlassen hatte. Womit ich mir dieses Vorhaben ermöglichen konnte.

Bis zum kommenden Januar, und wenn die Zeit es zuliess, lernte ich die englische Sprache.

Am 21. Januar 2015 war es so weit, meine Reise nach Indien und zugleich die Reise nach Vertiefung und der inneren Wahrheitssuche, was ich damals noch nicht wusste, begann. Still, mit freudigem Herzen und mit der göttlichen Unterstützung des Vertrauens im Gepäck, machte ich mich auf den Weg zum Flughafen in Kloten. Auch mit dem Ziel, meine noch vorhandene Unsicherheit zu überwinden. Die Reise ging zuerst bis nach Dubai, dort ein Zwischenstopp mit Umsteigen in ein anderes Flugzeug und weiter dann nach Chennai. Alles ging gut, bis auf eine Szene auf dem zweiten Flug von Dubai nach Chennai. Im Flugzeug von Dubai nach Chennai (Madras) hatte ich einen Fensterplatz in einer dreier Sitzreihe gebucht. Der Sitz neben mir gehörte einem jungen Inder und am Gang sass eine jüngere Frau, sie kam aus Italien, erfuhr ich von ihr.

Der Inder suchte sofort das Gespräch mit mir, wollte wissen, wo es hinginge, so viel konnte ich verstehen und ich sagte ihm, so gut es ging, mein Reiseziel sei der heilige Berg Arunachala, dort ginge ich in den Ramana Ashram, um zu meditieren. Er zeigte sich begeistert, da ihm der Ort und auch Ramana wohl ein Begriff war. Das Gespräch endete und er wendete sich an die Italienerin, somit hatte ich meine Ruhe.

Mir war aufgefallen, dass der Inder nach Alkohol roch, dachte mir aber nicht viel dabei. Während des Fluges bemerkte ich dann aber, dass der Inder immer wieder trank. Er hatte wohl im Duty-free-Shop Alkohol eingekauft, dem er sich nun heimlich bediente.

Irgendwann wurde der Mann, der Italienerin neben ihm, wohl lästig. Sie schaute dem Anschein nach, Hilfe suchend, zu mir hinüber. So sagte ich zu unserem gemeinsamen Sitznachbarn: „Hey Stopp, you are drunken!" Er schaute mich an, sagte aber nichts dazu. Doch dann ging alles ganz plötzlich und sehr schnell. Er wurde unruhig, verlangte nach Wasser und weil er das nicht gleich vom Kabinenpersonal bekam, tickte er völlig aus. Innert ganz kurzer Zeit waren sechs Leute von der Besatzung bei uns. Sie wollten den Inder beruhigen, aber der konnte nicht beruhigt werden und wurde nur noch ausfälliger.

Einer der Flugbegleiter gab mir das Zeichen, den Sitz zu verlassen und zu ihnen zu kommen. Die Italienerin war schon aufgestanden, sie hatte sichtlich Angst vor dem ausrastenden Inder.

Interessant für mich war, zu beobachten, wie ich völlig ruhig, ja unbeteiligt blieb. In mir war es einfach still, als laufe ein Film, in dem ich zuschaute und gar nichts damit zu tun hatte. Es blieb frei von Angst in mir und ich hatte keine Resonanz einer Reaktion auf dieses Geschehene.

Der Inder war zwar am Toben, liess mich dabei aber unbeachtet und in Ruhe. Nachdem das Flugpersonal den Mann raus bugsiert hatte, konnte ich die Sitzreihe verlassen. Wir zwei Frauen bekamen andere Plätze und der Inder übernahm unsere Sitze, wo er liegend dann sofort einschlief. Ich war in Frieden mit allem und schlummerte auch noch einige Zeit bis zur Landung.

Nächste Episode.

Dann am Flughafen Chennai angekommen, mit dem Gepäck in der Hand, ging ich aus dem Flughafengebäude. In der Erwartung, dass der Taxichauffeur aus Tiruvannamalai, den ich vorgängig schon gebucht hatte, dort irgendwo stehen würde. Abgemacht war, dass er draussen auf mich warten würde. Und damit ich ihn erkennen könne, würde er einen Zettel in der Grösse eines A4 Blattes, mit meinem Namen darauf geschrieben und vor sich hinhaltend, stehen.

Da draussen waren Hunderte von Indern, um angekommene Menschen abzuholen. Langsam ging ich an dem Gitter, das als Absperrung diente, entlang und las all diese vielen Namenszettel, die von den Menschen dort gehalten wurden. Mein Name stand nirgendwo geschrieben, oder hatte ich ihn einfach übersehen? Nochmals ging ich suchend zurück, jedoch stand mein Name wirklich nirgends geschrieben. Schon etwas merkwürdig war es, so als weisse Frau alleine da zu gehen und danach zu stehen, in diesem fremden Land, unter Hunderten von wartenden, hauptsächlich männlichen Indern. In mir war es aber auch bei dieser Szene ruhig.

Ich sprach in Gedanken zu Gott und sagte zu ihm: „Was hast du jetzt vor?", zugleich fühlte ich mich getragen und war auch neugierig, was nun geschehen würde.

Also stand ich dort ohne Taxi und ohne mich in Englisch gut verständigen zu können. Kaum stand ich wieder am Anfang, wo ich zuvor zum Flughafengebäude hinausgekommen war, stand auch schon ein junger Inder bei mir und dieser fragte mich freundlich: "Taxi?" "No, No!" kam es aus meinem Mund und mit einem Achselzucken sagte ich: "Taxi from Ramana Ashram" und zog nochmals die Schultern hoch. Er begriff sofort und fragte mich: "Phone Nummer?" Ich antwortete "Oh, ah, Yes!" Zum guten Glück hatte ich die Tasche vom Ramana Ashram umgehängt. Sofort kam mir in den Sinn, dass auf der Umhängetasche eine Telefonnummer darauf geschrieben stand. Diese zeigte ich dem netten Inder. Der Boy wählte diese Nummer, telefonierte kurz und gab mir danach die Information: Das Taxi sei mit einer Stunde Verspätung unterwegs, ich könne hier darauf warten. Der freundliche Inder arbeitete an seinem T-Shirt Aufdruck zu entnehmen, bei einer Taxifirma dort am Flughafen. Er zeigte mit dem Finger auf einen dortigen Fenstersims, der zum Sitzen diente. Er würde auf das Gepäck aufpassen, meinte er. Ich verneinte kopfschüttelnd und deutete ihm, dass ich den Koffer neben mir haben wollte. Als Dank gab ich ihm zwei grössere Rupien-Scheine, die ich glücklicherweise schon gewechselt hatte. Vermutlich war es mehr Geld als er in einem Tag verdienen würde, aber das war mir dann und gerade eben egal. Ich war einfach dankbar, dass er mir so absichtslos behilflich gewesen war. Mit einem von Herzen kommenden: „Thank You, Thank You so very much!" Dazu faltete ich meine Hände vor der Brust zu einem Namaste und verabschiedete mich so von ihm.

Da sass ich dann und schaute dem Kommen und Gehen der vielen Menschen zu. In mir war es still und eine Freude war in meinem Herzen.

Eine gute Stunde später rief jemand meinen Namen. Es war der Chauffeur, der mich nach Tiruvannamalai fahren würde.

Auf der Fahrt zum Reiseziel konnte ich zum wiederholten Male nur staunen, über das bunte und vielfältige Treiben Indiens. In mir war ein Gefühl von nach Hause zu kommen.

In Tiruvannamalai angekommen, durfte ich die ersten drei Nächte im Ramana Ashram wohnen. Die Leitung des Ashrams stellte mir ein nettes Zimmer zur Verfügung.

Täglich durfte ich an drei Mahlzeiten zusammen mit den anderen Gästen und vielen der Ashram-Bewohner teilnehmen. Das leckere indische Essen wurde auf einem Bananenblatt serviert und zum Essen sassen fast alle Leute, wie auch ich, am Boden. Gegessen wurde mit der rechten Hand, das war zuerst etwas schwierig, aber ich schaute es einfach den Einheimischen ab und so ging es dann recht gut. Das Mahl wurde schweigend eingenommen. Das war optimal so, da ich es gewohnt war und es mir wohltat, in Stille zu essen und zu sein. Auch sonst sprach ich nur, wenn ich etwas gefragt wurde. Ein Gespräch zu führen, wäre ohnehin nicht möglich gewesen, mit meinen wenig erworbenen Englischkenntnissen. Es war wunderbar, ich konnte mich irgendwo hinsetzen und stundenlang dem bunten indischen Treiben zusehen. Es war eine gute Art der Meditation für mich.

Frühmorgens um halb fünf ging ich jeweils für 2-3 Stunden in die Halle, wo Raman zu Lebzeiten verweilte, um dort zu meditieren. Nach den drei Tagen im Ashram zog ich ins Ramana Tower Hotel um. Dort kannte ich mich ja schon aus, da ich beim ersten Indienbesuch mit der damaligen Gruppe auch bereits dort übernachtet hatte.

Zuvor noch in der Schweiz hat mir eine Frau erzählt, dass es in der *Virupaksha-Höhle eine hohe Energieschwingung hätte und das Sitzen dort transformierend und befreiend sein könne. Sie empfahl mir, oft dorthin zu gehen, um dort zu meditieren oder zu sein.

*Virupaksha-Höhle, *Ramana Maharshi lebte dort als junger Swami 17 Jahre lang von 1899 bis 1916. Die Virupaksha-Höhle in Tiruvannamalai wird nach dem Heiligen Saint Virupaksha (ein Name von Lord Siva „der alles Beobachtende" bedeutet) benannt. Er kam aus Karnataka und lebte vor ca. 400 Jahren am Arunachala. Als sich für Saint Virupaksha die Zeit näherte, seinen Körper zu verlassen, bat er seine Anhänger, ihn allein in der Höhle zurückzulassen. Am nächsten Tag, als seine Verehrer zurückkehrten, fanden sie den Körper in Vibhuti (heilige Asche) umgewandelt. Die Virupaksha Höhle vibriert in der Schwingung von Pranava dem kosmischen Urklang OM-AUM.*

Wie es sich für mich anfühlte, wollte ich dort dann selbst herausfinden. Zu dieser Höhle gab es zwei Wege. Der eine Weg ging vom Fusse des Berges bis zum *Skanda Ashram hinauf und von dort hinunter Richtung Stadt. Wo etwas unterhalb die Virupaksha Höhle lag, in der Ramana damals einige Zeit gelebt hatte. Der andere Weg ging an der Hauptstrasse in Richtung Stadt entlang, bis zu einem grossen Tempel in der Stadt und dort dann bergaufwärts. Fast täglich machte ich den Gang zur Höhle, meistens ging ich durch die Stadt, so konnte ich auf dem Weg das lebendige Treiben von Menschen und Tieren beobachten.

Die Energie in der Höhle war wahrhaftig vertiefend. Oft ging ich am Morgen zur Höhle und blieb bis am frühen Nachmittag dort. Ein Teil der Zeit verbrachte ich in der Höhle in Meditation, danach sass ich immer noch draussen und schaute einfach dem Treiben der Affen, der Hunde und dem Kommen und Gehen der Menschen zu. Die Energie dort versenkte mich in einen sehr tiefen und entspannten Zustand.

Da ich fast jeden Tag dort war, beobachtete ich auch den Mann, der die Virupaksha Höhle beaufsichtigte. Er war ein sehr achtsamer und pflichtbewusster Angestellter des Ashrams. Mit den frechen Affen kam er gut zurecht, die akzeptierten ihn wohl als Chef. Täglich kamen Hunde, denen er von seinem Essen abgab. Ebenso fütterte er auch täglich die Mungos und Eichhörnchen, die dort lebten, mit etwas Reis. Er war sehr bedacht, dass in der Höhle und auch ausserhalb geschwiegen wurde. Dazu ermahnte der Mann die sprechenden Leute freundlich, sie sollen schweigen oder gehen.

Ich fühlte mich sehr wohl in seiner Gegenwart. Mit der Zeit fing Surya (so nenne ich ihn hier) an, mir auch von seinem Essen zu geben. Auch er meditierte täglich, für etwa eine Stunde, in der Höhle. Seine Aufsichtspflichten vernachlässigte der indische Herr aber nie. Im Laufe meiner Aufenthalte dort lernten wir uns etwas kennen und blieben in Online-Kontakt, auch als ich wieder zurück in der Schweiz war. Ich sah in ihm einen Heiligen und er wohl genauso eine in mir. Unsere entstehende Freundschaft basierte auf gegenseitigem Respekt und hatte nichts mit

Sexualität zu tun. Das war für uns beide kein Thema, wir suchten beide dasselbe Eine oder die absolute Befreiung unseres Selbst.

***Skanda Ashram** - Ein Ort, der für Ramana Maharshi gebaut wurde. Von 1916 bis 1922 lebte er dort, nachdem die Virupaksha-Höhle zu klein wurde und nachdem seine Mutter bei ihm lebte. Der Ashram ist weiter oben am Berg Arunachala und wird heute noch vom Ramana Ashram erhalten und gepflegt wie die Virupaksha-Höhle auch. 1916 schlossen sich seine Mutter Alagammal und sein jüngerer Bruder Nagasundaram, Ramana an und zogen gemeinsam von der Vriupaksha-Höhle zu dem grösseren Skanda Ashram, wo sie bis zum Ende des Jahres 1922 lebten. Seine Mutter wurde Sannyasin. Ramana Maharshi begann damit, ihr ernsthafte persönliche Unterweisungen zu geben, und seine Mutter übernahm die Leitung der Ashram-Küche.*

Ramana Maharshis jüngerer Bruder, Nagasundaram, wurde später auch Sannyasin und nahm den Namen Niranjanananda an. Er wurde als Chinnaswami (der jüngere Swami) bekannt.

Wenn ich nicht in der Virupaksha-Höhle war, sass ich gelegentlich im Skanda Ashram oder meistens irgendwo im Raman Ashram, dort konnte ich Ramana nahe sein. Seine Präsenz war für mich sehr spürbar, wirkte befreiend auf mein ganzes Körpersystem und liess den Geist schweigen.

Zuvor in meinem Leben war ich noch nie jemandem begegnet, der eine solche transformierende Wirkung auf mich hatte, oder war es mir jetzt einfach bewusster?

Wenn ich nicht zur Höhle ging, ergab es sich manchmal, dass ich einfach irgendwo stand, weil ich nicht wusste, wo es hingehen sollte. Also stand ich und wartete einfach, bis ein Impuls kam, in eine Richtung zu gehen.

Einmal ging ich meditativ 14 km um den Berg Arunachala. Den Blick hatte ich nur auf den Strich, auf der rechten Strassenseite, der als Fussgängerweg diente, gerichtet und umrundete in etwa vier Stunden und vollkommen in mich gekehrt den Berg. Oder ich ging morgens, wenn es noch nicht so heiss war, ein Stück barfuss den Berg hoch. Mir fiel auf, dass, wenn ich achtsam und mich nur auf das Gehen konzentrierte, ich wie ein junges Reh ging. Sobald ich aber nicht mehr achtsam war, weil mich das Denken einholte, konnte ich erfahren, wie es ist, die Zehen aufzuschlagen oder sogar zu stolpern.

Auf dem Weg zum Hotel hatte es immer einige Bettler. Manchmal kamen mir Tränen, wenn ich einige Rupien in ihre Hände legte. Es berührte mich wohl, weil ich in ihnen das höchste Göttliche sah.

Immer wieder berührten mich diese Begegnungen mit der Existenz, ob in Form eines Bettlers oder eines Tieres, das auf mich zugesprungen kam und gestreichelt werden wollte.

Eines Nachts, als ich schon im Hotel wohnte, erwachte ich mit hohem Fieber, der ganze Körper schmerzte, mir war Übel und ich musste mich sogar übergeben. Immer wieder fiel ich in einen Zustand von einer Art fast Bewusstlosigkeit, und dann wieder, schlief ich ein. Der Körper war schwach und so lag ich einfach stundenlang, unbeweglich im Bett und wartete, was wohl geschehen würde. Dem ungewissen Hingeben müssen, ohne es kontrollieren zu können, und zugleich war aber auch kein Impuls da, etwas kontrollieren zu wollen. Eine eigenartige für mich neue Erfahrung, ich dachte: „Okay, wenn ich nun sterbe, merkt es kein Mensch, erst wenn ich dann nicht nach Hause komme, wird mein Fehlen bemerkt werden". Trotz dieser Gedanken war in mir einfach Frieden, es möge geschehen, was geschehen möchte, dachte ich. So nach dem Motto: „Dein Wille geschehe!"

Nach drei Tagen war der Spuck vorbei. Zwar war ich noch etwas schwach in den Beinen, aber das Fieber war weg und ich konnte wieder ein wenig Nahrung zu mir nehmen und behalten.

Wieder ging ich zu Ramana in den Ashram oder zur Höhle, um zu meditieren und zu sein.

Nishkāma ein neuer bedeutender Name

Schon länger hatte ich das Gefühl, ich sollte mich von dem Namen Mā Nishcala, der mir der Deutsche Satsanglehrer damals gegeben hatte, trennen. Mir war schon bewusst, dass es auch um die Ablösung von diesem Lehrer ging. Die Zeit unseres Zusammenseins war vorüber. Schon vor Indien hatte ich in der Kontemplation nach einem Namen gefragt, da blieb es aber einfach still.

So geschah es dann in Indien: ich sass in der Nähe von Ramanas Mahasamadhi (die Stelle, wo der Leichnam des Weisen bestattet war) und meditierte oder war einfach still am Sitzen. Meine Augen waren geschlossen, urplötzlich war der Name *Nishkāma in meinem Kopf. In Gedanken wiederholte ich den Namen einige Male und spürte der Energie des Namens nach. Dabei fühlte es sich in meinem Herzen warm und freudig an.

Zurück im Zimmer, wo ich Internet hatte, fand ich die Bedeutung des Namens heraus. Geschrieben waren mehrere Bedeutungen, aber für mich war die Wichtigste davon selbstloser Dienst. Ja, das hatte eine gute Resonanz. Gerne wollte ich ja dieses leere Gefäss werden und sein. Das, was ich in Jesus sah oder auch in Ramana. Es freute mich, dass ich bei Ramana (oder vielleicht sogar von Ramana?), diesen Namen bekam.

So wurde ich Nishkāma (gesprochen Nischkaama) und benutzte ab da diesen neuen, für mich stimmigen und so hoffte ich natürlich auch, unterstützenden Namen.

Die Zeit in Indien und bei Ramana dem Weisen *Jnani vom Berg Arunachala neigte sich dem Ende zu.

In die Schweiz zurück kam ich dann ohne Episode oder Zwischenfälle, wie ich es beim Hinflug erlebt hatte.

Somit konnte ich nun alleine ins Ausland reisen und diese vormalige Unsicherheit hatte sich ab damals auch aufgelöst.

Nishkāma in Sanskrit selbstloser Dienst ohne irgendwelche Wünsche und Erwartungen oder auch wunschlos, ohne Eigennutzen. Nishkāma ist also uneigennütziges oder wunschloses Handeln. Der Name kommt von Nishkāma Karma, ist ein Aspekt von Karma-Yoga, dem Yoga des Handelns. Der andere Aspekt ist verhaftungsloses Handeln und Gleichmut in Erfolg und Misserfolg.

Jñānī in Sanskrit = Wissender, Weiser, Gelehrter; einer, der durch Jnana-Yoga die Verwirklichung gefunden hat, jemand, der erkennt; jemand, der die höchste Erkenntnis hat.

Zurück in der Schweiz kehrte schnell der Alltag wieder ein. Ramana war mir nun auch zu Hause noch näher als vor der Indienreise. So besorgte ich mir jedes Buch, das ich von oder über den Meister geschrieben finden konnte. Vor allem aber interessierten mich die Berichte der Menschen, die mit den grossen Rishi, Ramana vom Arunachala gelebt hatten und darüber berichteten.

Seit längerer Zeit nahm ich ein Summen in meinem Kopf wahr. Dieses Summen verstärkte sich, wenn ich an heiligen Plätzen oder mit transformierenden Menschen war. Bei dem Beobachten oder Innehalten und nach dem Ton hören bemerkte ich, dass dann keine Gedanken mehr da waren. In Indien, in der Präsenz von Ramana oder dem Berg Arunachala war dieses Summen immer intensiviert. Das führte dazu, dass ich den Impuls oder den Wunsch hatte, sooft es mir möglich sein würde, dort in Indien die Zeit zu verbringen. Was mich veranlasste, das nächste Datum für eine weitere Indien Reise zum Weisen, auf den kommenden Mai festzulegen.

Das Leben arrangierte sich für mich so, dass ich oft in Meditation versank, die heiligen Schriften las oder einfach freudig tat, was gemacht werden musste.

Das Interesse, an weltlichen Dingen teilzunehmen, war verschwunden.

Einmal in der Woche kamen einige Leute und wir sassen zusammen in der Stille oder es wurden Fragen gestellt, die nun durch Nishkāma aus dem Sein heraus beantwortet wurden.

Im Mai durfte ich dann wieder zu Ramana nach Indien fliegen. Die Reise verlief ohne Zwischenfall, und der Taxichauffeur
wartete auch schon am Flughafen auf mich. Damals durfte ich
die ganzen 10 Tage im Ashram wohnen. Das freute mich sehr,
so konnte ich die Zeit mit Meditation, Sein am Berg oder in der
Virupaksha Höhle nutzen, ohne mich um das Essen kümmern
zu müssen.

Surya, mein indischer Freund, zeigte mir bei dem damaligen
Aufenthalt einige Tempel und heilige Plätze in und um Tiruvannamalai. Manchmal durfte ich ihn begleiten, wenn er, nach getaner Arbeit, in der Stadt noch etwas zu besorgen hatte. So
lernte ich immer mehr von den indischen Bräuchen und Sitten
kennen. Oft sass ich aber auch wieder bei Ramana im Ashram
und schaute still dem täglichen Treiben zu. Ramana war mir
sehr nahe und berührte mich im Herzen, wann immer ich sein
Bild betrachtete oder ich an ihn dachte. Die Hunde legten sich
oft in meine Nähe, und wir waren einfach zusammen still.
Zu dieser Zeit war es nicht nur ruhiger an Gedanken und
mehr Summen in meinem Kopf, es arbeitete an meinem *Herz-
chakra und am *Stirn-Chakra, zwischen den Augenbrauen. Es
waren starke Vibrationen, die sich aber meistens angenehm an-
fühlten, nur gelegentlich schmerzte es zwischendurch auch einmal heftig im Körper.
Die zehn Tage in Indien waren schnell vorüber und wieder
einmal mehr hiess es Abschied nehmen. Abschiednehmen von
Ramana, Surya, den Tieren und der mir lieb gewordenen Ort
oder Indien. Dort, wo die Existenz oder Gott mir so nahe war.
Hier konnte *Bhakti gelebt werden, auch Meditation war hier
kein Fremdwort. In der Schweiz waren Stille und Meditation
eher noch seltsam. So empfand ich es damals auf jeden Fall.
Als es Zeit war, zurückzufliegen, fuhr mich der Taxifahrer Gane-
shan, ohne auf der Fahrt einmal zu hupen, das war in Indien
wahrhaftig eine Seltenheit, sicher zum Flughafen. Niemals,
wann auch immer ich in Indien war, hatte ich ein ungutes Gefühl
oder machte schlechte Erfahrungen in diesem Land aller Möglichkeiten.

__Chakras__ = Sieben der Chakren, die angenommenen Haupt-energiezentren des Menschen, werden entlang der Wirbelsäule bzw. in der senkrechten Mittelachse des Körpers lokalisiert. Sie seien durch den angenommenen mittleren Energiekanal verbunden, den Shushumna-Nadi, durch den auch die Kundalini-Kraft aufsteigt. Diese Kundalini, die zugrunde gelegte potenzielle Kraft jedes Menschen, ruhe vor diesem Prozess „wie eine Schlange zusammengerollt" im untersten Zentrum, dem Muladhara-Chakra. Verschiedene Lehren und Schulen variieren in ihren Auffassungen bezüglich Details wie Anzahl und genauer Lokalisation der Chakren, meist geht man heute, besonders im Yoga, von einem System mit sieben Haupt-Chakras aus.

__Bhakti__ ist das ganz natürliche Bedürfnis des Menschen, Gott zu dienen und seinen Plan zu befolgen. Um in Bhakti gefestigt zu sein, braucht man Tugend, Unbeirrbarkeit, Hingabe, Furchtlosigkeit und die Befreiung von dem Ego.

Der Ausdruck Nishkāma entfaltete sich immer noch freier durch die Form.

Es wurde erkannt, dass keiner anders kann, als es durch ihn und in der momentanen Situation macht. So entfaltete sich das Selbst immer mehr in mir und fand durch das Sprechen und Handeln seinen Ausdruck. Mein Wesen verfeinerte sich zunehmend, wurde durchlässiger und immer noch sensibler auf Unwahrheiten, Manipulation und dadurch wurden die EGO-Fallen des Menschen klarer erkannt. Dass da nichts Persönliches war, was man hätte lernen können, war ganz offensichtlich. Die Antworten in dem Moment der Frage waren einfach da, ohne dass zuvor überlegt werden konnte. Immer mehr durfte ich den Zustand der unbegrenzten Freiheit bewusst erleben. Wahrhaftig, das nennt sich göttliche Gnade.

August 2015 – erneut zu Ramana, nach Indien

Wieder ein kurzer Aufenthalt von 10 Tagen, mehr freie Tage hatte ich nicht zur Verfügung, weil ich im Krankenhaus nicht länger fehlen konnte. Aber besser kurz, als gar nicht, waren meine Gedanken. Einfach bei Ramana sein, um die weitere Transformation in seiner Präsenz dort zu nutzen. Wiederholt besuchte ich häufig die Virupaksha-Höhle, sass im Ashram draussen mit den Hunden und schaute dem lebhaften Treiben zu oder meditierte in der Halle. Sprechen geschah nur, wenn man mich etwas fragte. Gerne suchte ich aber auch die Einsamkeit auf, so fand ich einige Plätze am Arunachala wo sich keine Menschenseele aufhielt. Dort sass ich dann oft und lange Zeit an diesen Orten in der Natur, lauschte den Vogelgesängen, den etwas entfernten Hupkonzerten der Autos, beobachtete die spielenden Affen und spendete den Eichhörnchen einige Erdnüsse, die sie bald zutraulich abholten. Gerne blickte ich auch in die Weite und nahm zugleich die Stille des Seins, in meinem Inneren war. Manchmal war ich in Zwiegesprächen mit der höchsten oder göttlichen Instanz.

Einmal, so erinnere ich mich, musste ich weinen. Weinen vor lauter Sehnsucht, ganz zu Hause im Selbst ankommen zu dürfen. Es schrie in mir „Mögen sich doch bitte in mir alle persönlichen Anteile auflösen!" Das war ein stiller, ganz starker Schrei, der mir sogar physisch im Herzen wehtat. So stark war das Verlangen, nach totaler Verwirklichung des Selbst. „Bitte, ich tue, was auch immer es verlangt dazu!" So sprach ich im Stillen. Dann war es wieder vorbei und meistens nach solchen Ereignissen wurde mir mehr Klarheit oder Erkenntnis und Befreiung von Überlagertem geschenkt. Diese Ereignisse können auf dem Papier nur ansatzweise beschrieben werden, denn sie waren so stark, dass ich jedes Mal dafür gestorben wäre und natürlich hatte ich nie zuvor eine Idee darum, es war einfach und plötzlich da, der Schrei und der Schmerz.

Surya zeigte mir wiederum weitere für mich neue Plätze in Tiruvannamalai. Er nahm mich mit in den Tumult der Stadt und wir besuchten die Tempel von diversen Göttern rund um den Berg Arunachala.

Unsere Freundschaft vertiefte sich mehr und mehr, es war, als kämen zwei so verschiedene Menschen zusammen, um gegenseitig die andere Kultur kennenzulernen. Oder um zusammen nach der Befreiung zu streben. Mittlerweile konnte ich auch besser englisch, was mir nicht nur Vorteile einbrachte, denn die Leute wollten nun oft mit mir sprechen.

Mit den einheimischen Verkäuferinnen und Verkäufern oder den Restaurantbesitzern, wo ich gelegentlich einkehrte, erlebte ich stets einen freundlichen Umgang.

Mit der Zeit fing man sich zu grüssen an und das nicht nur am Verkaufsstand, sondern auch über die Strasse riefen die Leute schon, wenn sie mich sahen und winkten mir lachend zu. Für mich entstand eine Art Familie, ohne nähere Kontakte zu pflegen, alleine und doch zusammen, das gefiel mir ausgezeichnet. Das nährte damals noch eine geprägte Bedürftigkeit in mir.

Diese Stadt in diesem Indien wurde mir mit jedem Aufenthalt bei Ramana heimischer. Es kam unvermeidlich der Impuls, einmal längere Zeit dort bleiben zu können und mich der Meditation und der Stille des Seins zu widmen. So fragte ich schon vor dieser Reise bei der Arbeit nach unbezahltem Urlaub und bekam diesen für zwei Monate ab Oktober desselben Jahres bewilligt. Bevor es nach Hause in die Schweiz ging, und da ich ja schon wusste, dass ich dann ein Zimmer brauchte, suchte ich und fand ein schönes Zimmer. Das Zimmer war in einer nahegelegenen Pension in der Siva Shakti Strasse, das ich damals dann schon buchte. Für so lange Zeit würde ich nicht im Ashram leben können und es war auch gut so denn so konnte ich die Mahlzeiten individuell und nach meinen Bedürfnissen einnehmen und den Impulsen folgend dann die Tage verbringen, ohne auf die Zeit schauen zu müssen.
Wieder in der Schweiz.

In der Zeit von August bis Anfang Oktober arbeitete ich so oft es ging, damit ich genug Geld verdienen konnte, um den finanziellen Engpass des unbezahlten Urlaubs überbrücken zu können.

Einige Menschen kamen weiterhin und regelmässig zur Stille und zum Satsang zu mir nach Hause. Einen fixen Preis für Satsang gab es nicht, es hatte aber eine Spendenbox, in der die Besucher etwas hineinlegen konnten. Dieses Geld konnte ich immer gut gebrauchen, um alle anfallenden Kosten zu decken.

Gerne arbeitete ich auf Spendenbasis, aber immer wieder merkte ich, dass unsere westlichen Menschen oder in dieser Kultur dies nicht so gewohnt waren, so gab es im Laufe der Jahre einmal fixe Preise und ein anderes Mal wieder nicht.

Der lange Aufenthalt bei Ramana in Indien

Vom 7. Oktober bis am 3. Dezember war der damalige Aufenthalt geplant. Wie schon so oft erwähnt, fand ich Zeit, um zu meditieren und zum Sein, in der Virupaksha-Höhle, am Berg oder an diversen Orten im Ramana Ashram.

Damals wohnte ich in einem gemieteten Zimmer eines Gästehauses mit netten Vermietern.

Eines Abends, als ich im Ashram draussen nahe beim Office sass, kam eine deutsche Frau, die mir schon etwas bekannt war, auf mich zu und fragte mich, ob ich ein Zimmer in der Jahresmiete haben wolle? Bei ihr im Haus sei ein schöner Raum, mit Sicht auf den Berg Arunachala, für 2500 Rupien monatlich, frei geworden. „Nein, das habe ich nicht vor", sagte ich zu ihr. Noch einige Worte ausgetauscht und schon ging die Frau ihres Weges.

Kaum war sie fort, fing bei mir das Gedankenkarussell an. Es rechnete, überlegte und ich kam zum Schluss: wieso eigentlich nicht? 2500 Rupien, das waren damals so in etwa fünfundvierzig Schweizer Franken monatlich für ein Zimmer, das ich permanent haben konnte. Das konnte ja ich mir sogar leisten, es hätte viele Vorteile und ich würde mit leichtem Gepäck reisen können, dachte ich damals.

Also besuchte ich am nächsten Morgen die Frau in diesem Haus, um das Zimmer besichtigen zu können. Es war ein kleiner Raum, zwar schön, mit Dachterrasse, aber doch sehr winzig. Es überzeugte mich nicht und gleich darauffolgend beim Gespräch mit dem Vermieter stellte sich heraus, dass das Zimmer inzwischen auch schon wieder weitervermietet sei. Okay, dann muss es wohl nicht sein, dachte ich.

Am nächsten Tag erzählte ich das Erlebte Surya. Er meinte, er hätte viele Freunde und er würde sich nach einem freien Zimmer für mich umhören. Fortan ging ich, mit Augen ausgerichtet auf „to let" (zu vermieten) Plakate, aufmerksam an Häusern und Hauseingängen vorbei. Vor allem durch die Strassen in der Nähe vom Ramana Ashram. So entdeckte ich ein Haus, es hatte ein Plakat am Tor mit „to let" (zu vermieten) und anderes dazu geschrieben. Da ich aber nicht gut Englisch lesen konnte, schloss ich aus dem Plakat, dass die Wohnung im Erdgeschoss zum Mieten frei wäre. Schade, dachte ich: Das Obergeschoss wäre es gewesen, was mir gefallen hätte, mit einer Dachterrasse und direktem Blick auf den Arunachala.

Na ja, warum auch sollte so etwas Tolles gerade für mich frei sein? Dachte ich. Damals war ich gerade unterwegs zu Patricia, einer Amerikanerin, die auch Deutsch sprach. Sie habe einen Hausteil zu vermieten, ich solle da mal hingehen, sagte mir der Inder. Denn Surya war mit der Frau schon lange befreundet. Sie lebe schon viele Jahre in Indien und habe früher einmal für den Ramana Ashram gearbeitet. So war ich damals auf dem Weg zu ihr. Bald fand ich Patricias Haus. Ich rief nach ihr und sie kam heraus. Als Erstes sagte sie zu mir: "Ich habe einen Teil von meinem Haus zu vermieten, aber zuerst möchte ich dir ein anderes Objekt zeigen. Komm mit!" Wir gingen die Strasse zurück, wo ich zuvor hergekommen war. Bei dem schönen Haus, das ich zuvor verworfen hatte, blieben wir stehen, sie zeigte nach oben und sagte: "Sieh, in diesem Haus ist der Ganze obere Stock frei geworden, dazu gehört die Dachterrasse und der gedeckte Sitzplatz vor dem Eingang". Wie Verwundert ich nun war, John sei ein Niederländer, er lebe im Erdgeschoss und auch er spreche Deutsch, erklärte sie mir. John war sogar zu Hause und er liess uns die Wohnung im oberen Stockwerk besichtigen.

Du meine Güte! Da staunte ich nicht schlecht, zuerst kam

ein grosses Wohnzimmer, nebenan, eine schöne Küche, ein Schlafzimmer mit freiem Blick auf den Berg Arunachala und ein modernes Badezimmer mit Dusche und westlicher Toilette.

Beim Anblick des grossen Wohnzimmers wusste ich, dass wenn ich diese Wohnung haben könnte, das grosse Wohnzimmer als Raum der Stille dienen würde. Da könnte ich mich mit Menschen für Stille-Meditationen treffen.

Als ich John meine Gedanken mitteilte, meinte er: Das müsse zuerst mit den Mitbewohnern im Nebengebäude besprochen werden. „Ja, das geht in Ordnung", sagte ich. Am nächsten Tag war das Treffen, zu dem ich wohl auch als Schau-Objekt bestellt wurde. Ich hatte den Eindruck, John wollte eigentlich keine Fremden Leute im Haus ein und aus gegen sehen. Aber zudem wollte er auch nicht unangenehm auffallen.

Zu dieser Zusammenkunft kam ein Inder, den ich schon im Ashram gesehen hatte. Er war ein heiliger Mann, ganz in Weiss gekleidet und sehr sympathisch mit seinem freundlichen Lachen. Er begrüsste mich sehr herzlich, natürlich mit Respekt und den zusammen gefalteten Händen vor der Brust und dem Wort "Namaste!"

Die andere Person war eine Frau aus Italien, auch mit ihr fand eine sehr liebevolle Begrüssung statt. Ich erzählte ihnen, dass ich gedenke, Stille-Meditationen in der Wohnung anzubieten und nur teilzeitig im Haus leben würde.

Der Inder meinte: „Welcome, I am glad that you will be here in our House. "(Willkommen, ich freue mich, dass du in unser Haus kommst).

Die Italienerin bot mir gleich ein Bettgestell an und sagte, sie sei erfreut, wenn ich es benutze und wir Nachbarinnen sein würden.

John organisierte daraufhin ein Treffen mit dem Vermieter der Wohnung, um alles Schriftliche zu erledigen. Der Vermieter war ein älterer Inder, der froh war, wenn wir uns um das Haus kümmerten. Das Geld für die Miete wollte er für ein Jahr und im Voraus bezahlt haben. Bald hatte ich den Mietvertrag in der Tasche.

So hatte ich die für mich, schönste Wohnung im Ort und zugleich ein zweites Zuhause in Indien.

Meine Idee war, einen Teil des Jahres in der Schweiz und den anderen Teil des Jahres bei Ramana zu leben. Das fühlte sich damals sehr stimmig an.

Schnell waren ein paar wenige nötige Gegenstände in der Stadt gekauft. Am wichtigsten war eine gute Matratze für den Rücken. Mein Rücken war die Schwachstelle im Körper und zugleich aber auch eine gute Meldestation.

Da mein Kopf oft Dinge wollte, die wohl nicht für mich geplant waren, zeigte sich einfach der Rücken mit Schmerzen. Manchmal sogar mit einem Bandscheibenvorfall, soviel hatte ich schon gelernt und war darum immer bedacht und achtsam, welche Zeichen er mir jeweils gab.

Im Gästehaus, wo ich noch wohnte, verabschiedete ich mich von den Pensionsleuten, und dem Einzug in die neue Wohnung stand nichts mehr im Weg.

Schnell freundete ich mich mit den zwei Hunden an, die in der für mich neuen Strasse wohnten und uns Bewohner als Familie adoptiert hatten. Was zur Folge hatte, dass sie uns immer begrüssten, wenn wir kamen oder gingen und zudem die Gegend gut bewachten. Die Streifenhörnchen, die im Baum vor dem Haus und auf dem Dach wohnten, waren neugierig und wurden schnell zutraulich. Natürlich bekamen diese täglich eine Portion Erdnüsse von mir.

Ich liebte es, die frühen Morgenstunden noch vor Sonnenaufgang auf dem Dach zu sitzen, um den Geräuschen zu lauschen und in die Weite zu blicken und zugleich die innere Stille des Seins wahrzunehmen. Bis ich mich dann später wieder auf den Weg machte, um anderes zu erleben.

Surya kam mit mir in die Stadt, um einige Utensilien für die Wohnung zu besorgen. Wir gingen auch zum Schlüsseldienst, damit ich einen zweiten Schlüssel anfertigen lassen konnte. Einmal rief er den Elektriker, um in der Wohnung noch einige nötige Dinge zu verrichten. Es war immer interessant zu beobachten, wie achtsam der indische Mann mit allem und jedem umging. Dafür, was ich von ihm alles erfahren durfte, lernen konnte und zu sehen bekam, war ich ihm sehr dankbar.

Damals war es schon länger Regenzeit in diesem Landesteil. Der Regen liess viele Bäche und kleine Seen entstehen. Wo zuvor alles staubig und ausgetrocknet war, entstanden zu dieser Zeit sogar kleine Wasserfälle. Alle Wasserreservoire liefen über und oft musste man im Wasser gehen, weil die Strassen zu Flüssen geworden waren. Jeden Abend hatte ich zum Einschlafen ein Konzert der Frösche, die draussen vor dem Schlafraum in verschiedenen Variationen quakten. Ich hörte in ihrem Gequake nur immer das Wort „Perfekt" und schlief damit friedlich ein.
Die Zeit verging und die Reise zurück in die Schweiz stand schon bald bevor. Es war Ende November und ich fragte mich, ob ich den Flug um eine Woche später verschieben sollte? Doch ich verwarf den Gedanken wieder, weil dieser mit hohen Umbuchungskosten verbunden gewesen wäre.

Doch dann passierte Folgendes: Zwei Tage blieben mir noch, bis es zurück in die Schweiz gehen sollte, darum wollte ich schon das Taxi für die Fahrt zum Flughafen in Chennai bei Tom, einem Bekannten, der für uns Westler Taxis und Reisen arrangierte, bestellen. Dafür rief ich ihn von meinem mobilen Telefon an. An dem anderen Ende der Leitung sagte Tom: "Vergiss es!" "Was vergiss es?", fragte ich. Der Flughafen steht unter Wasser und da ginge diese Woche gar nichts mehr. Alle Flüge seien annulliert worden und der Flughafen in Chennai sei geschlossen.
"Oh!" Kam es aus meinem Mund, er sagte, ich könne es ja einmal in Bangalore versuchen, ob ich da einen Flug bekäme, aber das sei dann eine längere Fahrt dorthin. Er habe keine Zeit, ich solle selbst schauen, wie ich das organisieren könne und verabschiedete sich von mir am Telefon. „Und jetzt?", fragte ich mich, „Du wolltest ja länger bleiben", hörte ich es in mir sagen. Nach langem Hin und Her ging ich zu Kumar einem indischen Mann, der für Westler Organisationen machte und auch Deutsch sprach. Aber der sagte ebenfalls, ich müsse selbst schauen. Dadurch kam eine weitere Unsicherheit in mir

zum Vorschein. Ja, das war jetzt aber echt schwierig, da ich nicht gut Englisch sprechen konnte, stand ich vor einem grossen Problem. Nach längerem Überlegen rief ich bei der Fluggesellschaft in der Schweiz an, dort kam ich aber nicht durch. Es sah so aus, dass alles, was ich ausprobierte, nicht funktionieren wollte. Aber das musste ja einen Grund haben, aber welchen? fragte ich mich. Also bat ich Ramana, Gott oder die Existenz, um Hilfe. Und siehe da, schon hatte ich eine Telefonnummer im Internet von der Fluggesellschaft in Delhi gefunden. Da mir keine andere Wahl blieb, rief ich dort an. Mit meinem gebrochenen Englisch versuchte ich, der Dame am anderen Ende der Leitung zu erklären, was mein Problem war. Irgendwie verstand diese mich und fragte, wann ich fliegen wolle, ich sagte am 10. Dezember. Das war das Datum eine Woche später, als der schon gebuchte Flug gewesen wäre. Nach einigen Wiederholungen, die die Frau machen musste, war ich mir sicher, alles richtig verstanden zu haben, und sie sagte noch, sie sende mir das Ticket per E-Mail zu. Was sie dann auch tat und es mir dadurch bestätigte, dass ich alles richtig verstanden hatte. Danke vielmals, sagte ich noch innerlich, zu wem auch immer. Wieder hatte ich mich durch dieses Ereignis einer Unsicherheit stellen können. Yes. Und der vorangegangene Gedanke, eine Woche zu verlängern, hatte sich manifestiert, und das Umbuchen kostete nicht einmal etwas. Denn die Frau von der Fluggesellschaft sagte zuvor, es sei ja nicht mein Verschulden. So erfreute ich mich über die geschenkte Woche bei Ramana am Berg.

Als ich dann eine Woche später beim Einchecken stand, staunte ich nicht schlecht. Auf der Waage lagen die Koffer mit viel zu viel Gewicht, doch die Dame am Schalter sagte gar nichts dazu. Normalerweise kostete in der Economy Klasse jedes Kilo mehr als erlaubt, eine Menge Geld. Und als ich nach erhalten der Bordingkarte sah, dass darauf Business stand, sagte ich zu der Frau: „Entschuldigung Madam, sie haben etwas verwechselt, ich habe Economy Klasse gebucht." Die Frau antwortete freundlich lächelnd: „Das ist Okey, die Economy Klasse ist voll ausgebucht, guten Flug auf Wiedersehen." Und

sie winkte den nächsten Passagier zu sich, was mich weitergehen liess. Oh, in meinem Leben war ich noch nie in der Business Klasse geflogen, das hätte ich mir niemals leisten können.
So wurde mir eine weitere Erfahrung im Leben geschenkt?

Das Leben schenkt, wohl allen Menschen und so auch mir,
immer wieder neue Überraschungen.
Nicht immer nur positive, manchmal auch schmerzhafte,
vielleicht damit man bewusster wird. Und besser erkennen
kann, wenn Muster, Prägungen oder Überlagerungen in einem
wirken und sich so durch das Bewusstwerden befreien können.

So geschah es mir ja auch, als ich damals in Indien, bei der
deutschen Frau den Raum anschaute, der ja dann gar nicht frei
war. Dazumal half ich aus meinem geprägten „lieb sein" Muster
heraus der Dame eine sehr schwere Kiste die Treppe hinuntertragen. Ein Gedanke damals war: „Du bist schön doof! Wieder
dein Altes geprägtes Muster" aber zu spät.
Der Fuss knackste und es hatte wohl etwas verrenkt darin,
dachte ich und liess mir natürlich nichts anmerken.
Der Fuss schmerzte zwar, aber das war dann halt einfach
so, es wurde darum kein Theater gemacht.

Seit 1993 hatte ich immer irgendwo im Körper Schmerzen,
das war oft einfach so, mit dem lebte ich. Früher oder am Anfang der ewigen Schmerzen damals, ging ich noch zum Arzt,
wenn diese heftig waren, um abzuklären was da los war. Man
fand nie etwas heraus, es sei psychosomatischer Natur und mit
dem müsse ich leben, gab der Arzt mir zur Antwort. Damals
fühlte ich mich dann nicht ernst genommen und zugleich auch
als Simulantin abgetan. So legte ich mir den Satz; „Das wird
schon irgendwie wieder" zu. Der Schmerz lernte mich aber auch
Achtsam zu werden. Dem Körper das zu geben, was er braucht
um gesund zu bleiben. Und bei grossem Schmerz sah ich auch
immer klarer, dass oft ein Richtungswechsel im Leben anstand.

Obwohl es die ersten Jahre mit Schmerzen oft lange, dauerte bis ich den Richtungswechsel erkennen konnte. Immer wieder wurde mein Körpersystem energetisch verändert, was sich mit starken Schmerzen und auch grosser Hitze in den Chakren und an allen möglichen Stellen im Körper bemerkbar machte.

Einmal ging ich dann aber doch wieder zum Arzt. Es war so: Seit einiger Zeit hatte ich in der Herzgegend immer wieder sehr starke Schmerzen oder ein unangenehmes Ziehen. Einige Tage lang, war ich mit diesem wehtun, doch dann wurden die Gedanken immer mehr und der Verstand fing an Horrorszenarien aufzuzeigen, der war immer mehr in Unruhe. Und so kam der Impuls dem ein Ende zu setzen und ich ging zum Kardiologen, zur Abklärung. Es wurde ein EKG mit Belastung gemacht und alles untersucht. Alles sei in Ordnung hiess es. „Siehst du, habe es ja gewusst, da ist nichts, jetzt kannst du aber wieder still sein", sagte ich zu meinem Verstand. Die Erkenntnis was der Verstand mit seinem Denken alles anstellen kann, war mir einmal mehr bewusst und um die kardiologische Erfahrung war ich reicher.

Immer mehr konnte ich darauf vertrauen, wenn etwas einen Arzt brauchte, geschah die Handlung durch die Form und hatte nichts mit dem denkenden Karussell zu tun. Dann stand es einfach an, aus welchen Gründen dann auch immer und konnte gar nicht, nicht getan werden.

So vertraute ich einfach den Impulsen, die von Moment zu Moment da waren.

Kündigung der Arbeitsstelle oder doch nicht?
Mit dem Job in der Schweiz, der Wohnung in Indien und der Idee, einige Monate im Jahr bei Ramana leben zu wollen, kam ich nicht ganz klar. Irgendetwas musste sich verändern, dachte ich zumindest, aber was, das wusste ich nicht. Beim genauen Betrachten dessen erkannte ich, dass es mir wichtiger war, in Indien Zeit verbringen zu können, als die Sicherheit einer Festanstellung zu haben. Also beschloss ich bei der nächsten Ge-

legenheit meine Vorgesetzte davon, in Kenntnis zu setzen und ihr mein Vorhaben der Jobkündigung zu erläutern, um danach die Kündigung im Personalbüro abzugeben.

Bald kam der Tag, an dem wir beide im Einsatz auf der Abteilung waren. So geschah es dann am frühen Morgen in der Küche auf der Abteilung. Gerade war ich mit dem Vorbereiten des Frühstücks für die Mitarbeiter beschäftigt, als meine Chefin in die Küche kam, um Tee zu kochen. Wir kamen ins Gespräch über belangloses, was genau gesprochen wurde, weiss ich nicht mehr. Aber ich erinnere mich noch genau, dass ich zu ihr sagte: „Du bist wahrlich eine tolle Chefin". Was auch wirklich der Wahrheit entsprach. In dem Moment stand sie schon in der Türe, um herauszugehen, da drehte sie sich mir zu und sagte zu mir: „Danke gleichfalls und wir brauchen dich hier. Und eines möchte ich dich bitten, du bleibst einfach hier bei uns! Gerne gebe ich dir unbezahlten Urlaub, soviel du willst, aber bleibe einfach bei uns!" Sie drehte sich zum Gehen um und weg war sie. Ich stand in der Küche, als hätte mich ein Blitz getroffen, Tränen der Berührung standen mir in den Augen. Was war das denn nun? Ein Wunder? Fragte ich mich selbst.

Am Nachmittag, beim schon länger angesagten Gespräch, wollte ich meine Kündigung bei ihr aussprechen. Da es doch sicher nicht möglich wäre, wochenweise in Indien zu sein und eine feste Anstellung zu pflegen. Was für ein Wunder! Sagte es nochmals in meinen Gedanken und eine grosse Dankbarkeit war in mir. Unglaublich, immer wieder kam es anders, als ich dachte.

Das Gespräch am Mittag verlief so, dass ich, als es fertig war, die ersten drei Monate Urlaub schon auf dem Zettel bewilligt hatte und weitere Wochen folgen durften. Soviel ich eben haben wollte. Mir war klar, dass es ein Geschenk Gottes oder der Existenz war. Da es im ganzen Krankenhaus so etwas gar nicht gab. Oder zumindest war mir so etwas noch nie zu Ohren gekommen.

So nahm das Sein im Leben seinen weiteren Lauf. Alles geschah immer mehr aus dem Moment, was getan wurde, geschah in Gleichmut, Gelassenheit und mit stiller Freude.

Die Existenz meint es gut

Täglich meditierte ich, machte Sadhanas (Übungen), und las, wenn die Zeit mir blieb, in den Schriften wie; Yoga Vasishta, Tripura Rahasia, Was bin ich? Und andere, für mich heilige Bücher.

Die Arbeit im Krankenhaus machte mir Spass und wenn die Sonne schien, gönnte ich mir das Sitzen draussen, wo auch immer ich gerade war.

Es geschah immer noch, bewussteres mir selbst zuschauen, damals war oft noch Staunen über das bewusste Erkennen und Erfahren.

Die Leichtigkeit des Seins wurde mir immer deutlicher gewahr. Auch die Gedanken setzten sich immer schneller in die Materie um. Vielleicht ein Beispiel dazu.

Einmal kam der Gedanke an ein paar neue Schuhe, weil die alten vom vielen darin gehen, ausgetreten und aus der Form geraten waren. Schnell vergass ich den Gedanken aber wieder, es war wohl anderes wichtiger, als mich um Schuhe zu kümmern, und übrig Geld dazu war ohnehin gerade keines da. Einige Tage später ging ich in die Stadt, um einige Besorgungen zu machen. An Schuhe dachte ich dabei nicht. Als ich an einem Laden vorbeikam, zog es mich hinein, siehe da, es war ein Schuhgeschäft. Da nahm ich ein einziges Paar Schuhe aus dem Gestell, probierte diese an und die Schuhe passten gleich wie angegossen und waren sehr bequem. Als ich daraufhin das Preisschild betrachtete, war der Preis zu hoch für mein damaliges Budget. Da die alten Schuhe aber wirklich durch waren, entschied ich mich, mir diese bequemen und passenden Schuhe zu leisten. So würde ich halt dafür das Essensgeld ausgeben. So gäbe es dann einfach Reis zum Essen, dachte ich, und ging mit den Schuhen zur Kasse, um diese zu bezahlen. Die Kassiererin tippte die Schuhe und sagte die Hälfte des angeschriebenen Preises. „Da stimme etwas nicht", sagte ich zu der Verkäuferin, der Schuh sei viel teurer angeschrieben. Sie erklärte mir, dass genau an diesem Tag alle Schuhe zum halben Preis verkauft würden. „Ah ja?", antwortete ich. Wieder einmal mehr konnte ich einfach nur Danke sagen. Danke der göttlichen Instanz oder der Existenz.

Oft passierten mir solche Dinge. Immer wieder wurde mir gezeigt, dass es keinen Grund für ein Mangeldenken gab und trotzdem wurde ich immer einmal wieder davon überlagert. Existenzangst war ein grosses Thema in meiner Prägung und das wohl nicht nur in meiner.

Ob sich das jemals ganz verflüchtigen würde, wusste ich damals nicht, hätte mir das aber schon sehr gewünscht.

Die Reise mit einer Gruppe zum Arunachala

Anfangs Februar 2016 ging die Reise wieder zu Ramana Maharshi nach Tiruvannamalai in Südindien. Dieses Mal reiste ich mit einer kleinen Gruppe von fünf Leuten zum Berg. Dort wollte ich den mich begleitenden Leuten alles zeigen und nach Möglichkeit bei mir in der Wohnung Stille anbieten.

Die Menschen kannte ich alle schon recht gut, sie waren alles Wahrheitssuchende und auch sie wollten sich in der Präsenz von Ramana der Befreiung widmen.

Täglich trafen wir uns am Nachmittag in der Wohnung, um gemeinsam eine Stunde in der Stille zu weilen.

Natürlich zeigte ich ihnen auch viele Orte, wo sie sich aufhalten konnten. Am Abend gingen wir meistens zusammen in einem Restaurant in der Umgebung essen. Wo sich dann auch Gespräche der Selbsterforschung ergaben.

Es war schön, miterleben zu dürfen, wie es den Menschen bei Ramana erging. Mir war wichtig, dass jeder auf seine eigenen Impulse achten konnte und das machte, was ihm gefiel oder dorthin ging, wo er eine Resonanz dazu hatte.

Nach drei Wochen machte sich die Gruppe auf den Heimweg zurück in die Schweiz, und ich blieb alleine zurück.

Mein indischer Freund Surya hatte im Dezember des vergangenen Jahres einen Bandscheibenvorfall am Rücken. Er konnte dadurch nicht mehr arbeiten und wurde damals nach Bangalore in ein ayurvedisches Spital gefahren, wo er einige Wochen therapiert wurde. Danach blieb er bei seiner Familie. Diese lebte in einem kleinen Dorf in der Nähe vom Flughafen Bangalore im Staat Karnataka. Wir waren fast täglich in Kontakt über das Telefon, so wusste ich immer, wie es ihm ging. Manchmal war er deprimiert und unsere Gespräche taten ihm dann sehr wohl. Oft sprachen wir über die Selbst-Befreiung und die Hingabe, und er bekam wieder neuen Mut, um mit dem, was gerade war, in Frieden zu kommen und dem nicht Wissen aufs neue Vertrauen zu schenken.

Der Besuch bei der Familie in Bangalore

Schon länger hatte ich die Idee, Surya bei seiner Familie in Yenagunte besuchen zu gehen. Bei einem Telefonat erwähnte ich meine Überlegung des Besuches, was er sofort sehr begrüsste. Ja, ich könne kommen und seine Familie kennenlernen. Darüber würde er sich sehr freuen, meinte er. Also arrangierte ich über Tom eine Taxifahrt von 5 Stunden nach Bangalore für das darauffolgende Wochenende. Am Donnerstag wollte ich hinreisen und am Sonntag dann mit dem Zug zurück, da würde Surya dann mit zurückreisen. Zu dieser Zeit war eine gemeinsame Freundin aus Deutschland im Ramana Ashram zu Besuch. Die Frau hatte Surya, Cranio-Sakral-Therapien und Massagen angeboten, dieses Angebot wollte er unbedingt annehmen, natürlich in der grossen Hoffnung, sie könne seinen Rücken kurieren, damit er wieder im Ashram wohnen und arbeiten könnte.

Am Donnerstag pünktlich um fünf Uhr früh wurde ich abgeholt. Der Taxichauffeur sprach nur gebrochen englisch und war mit Surya in telefonischem Kontakt, so musste ich mich um nichts kümmern und konnte schweigend die üppig grüne Landschaft auf unserer Fahrt bewundern. Mutig war ich schon, dachte ich, früher hätte ich mir all dieses alleine herum Reisen niemals vorstellen können, da war ich von viel zu grosser Angst geprägt. Die Angst hatte schon lange dem Mut Platz gemacht. Was auch immer ich in meinem Leben anstellte, war die Ausrichtung nach Gott- oder Selbstverwirklichung und zugleich die Frage: wie kann ich anderen unterstützend zur Seite stehen, damit sie sich selbst erkennen können. Alles Weltliche interessierte mich schon lange nicht mehr. Das waren so meine Gedanken auf der Fahrt zu Surya.

Die Zeit im Taxi verging wie im Flug, und bald waren wir dort. Es fand eine herzliche Begrüssung statt, ich wurde allen Familienmitgliedern vorgestellt oder vielleicht besser präsentiert. Bestimmt war vor mir noch nie eine weisshäutige Frau dort. So wurde ich zur Attraktion. Auch später kamen immer wieder Leute zu Besuch und bald hatte mich wohl das halbe Dorf in Augenschein genommen. Mir war das egal, es war auch für mich interessant zu beobachten, wie es zu und herging in dieser

Familie, an diesem fremden Ort. Zuerst gab es aber zu essen, obwohl ich gar nicht hungrig war, musste ich einfach essen.

In Südindien hat das Essen einen sehr hohen Stellenwert. Selten wurde ich gefragt, wie es mir ginge, aber ständig fragte man mich, ob ich schon gegessen hätte.

Einmal ergab es sich zuvor und am Berg Arunachala, dass ich ohne Frühstück zur Virupaksha Höhle kam, damals ging ich noch vor Sonnenaufgang los und wollte am Berg meditieren, das Essen war mir dann nicht wichtig, zumal ich auch keinen Hunger verspürte. Oft liess ich dann das Frühstück weg. Wie auch an diesem Tag des Geschehens. Als mich dann ein Inder fragte: „Do you had breakfast?" (Hast du gefrühstückt?) und ich verneinte, sprang er davon und kam kurze Zeit mit einigen Bananen zurück, die ich in seinem Beisein essen musste. Ich denke, im Süden von Indien muss keiner verhungern, so habe ich es zumindest erlebt.

Nun aber weiter bei der Familie von Surya.

Die Familie hatte für mich eine ehemalige Vorratskammer als Zimmer hergerichtet, und als ich einzog, roch es noch nach frischer Farbe. Das Bett hatten sie von Freunden ausgelehnt, das erfuhr ich aber zum Glück erst im Nachhinein, denn das wäre mir nämlich nicht recht gewesen. Als ich aufgegessen hatte und meine Sachen im Zimmer verstaut waren, bat mich Surya in ihrem kleinen Duschraum, mich zu waschen. Geduscht hätte ich schon, sagte ich, aber er meinte, wir gehen in den Tempel, also wasche dich. Andere Bräuche, andere Sitten und viele davon kannte ich einfach noch nicht. Zum Glück verstand ich aber schnell, was gemeint war, nämlich dass man dem Göttlichen im Tempel nur gewaschen oder rein gegenübertritt. Auch dieses kleine Dorf hatte natürlich einen eigenen Tempel, da gingen wir dann hin. Der dortige Priester machte für uns eine Puja. Der Vater und der 3-jährige Neffe von Surya waren auch im Tempel anwesend, und sie halfen dem Heiligen bei der rituellen Zeremonie. Danach zeigte mir der indische Freund die Kokospalmen Plantage und das darunter angepflanzte Gemüse, das von seinem Vater bewirtschaftet wurde. Mein Eindruck war, dass der Vater sehr gläubig war und sich am liebsten dem Familienleben entzogen hätte, aber das ging nicht. Einer musste ja für die Familie aufkommen. Surya und dessen Bruder taten es beide nicht. Der Bruder verbrachte oft Zeit im Ashram von Satya Sai Baba (1928-2011) einem weltberühmten Heiligen in Puttapharti, Satya war ein Siddha und konnte Vibhuti heilige Asche sowie Goldschmuck materialisieren.

Die Mutter der Familie sprach mit mir sehr gebrochen englisch. Was ich daraus entnahm war, dass sie nur noch an Gott und dem Gebet interessiert war. Sie war sehr liebevoll im Umgang mit jedem und allem. Sie sagte zu mir, ich würde mit meinem Besuch Glück in ihr Haus bringen. Darauf konnte ich nichts antworten, da ich wusste, es geschieht für jeden nach seinem Glauben. Hauptsache es geht den Menschen gut bei ihrem Glauben, dachte ich. Jedes Lob, das mir gegeben wurde, ging direkt weiter an die göttliche Instanz, als sei ich ihr Werkzeug. So fühlte es sich für mich jedenfalls immer an.

Am Abend bat Surya mich, einen Teil der Familie mit dem Wagen zu einem **Siridi Sai Baba** (Bild) Tempel zu fahren. „Es sei nur eine ganz kurze Strecke, ich solle das doch bitte tun" meinte mein Freund. Oje, wieder das „lieb sein" Muster, aber dieses Mal war es mir ganz bewusst und trotzdem setzte ich mich ans Steuer. Das ging aber nicht wie gewünscht, ich hatte grosse Mühe, auf der richtigen Strassenseite zu fahren. Mein Kopf hatte es nicht einfach und es erforderte grosse Konzentration. Die Gewohnheit spielte mir Streiche, aber irgendwie kamen wir doch dort an. Nach dem Besuch des heiligen Ortes würgte ich dann beim Anlassen den Motor des Autos ab, nichts ging mehr. Da standen wir nun, in mir war es still, nur die Gedanken; „Jetzt bin ich mal gespannt, was kommt". Das war schon genial, das Geschehen in mir so beobachten zu dürfen, früher wäre ich bestimmt in Angst und Panik geraten. Surya rief einen dortigen Mann um Unterstützung, aber der konnte uns auch nicht helfen. Nach einer Weile sprang der Motor einfach wieder an. In der Zwischenzeit war es dunkel geworden und es folgte nach kurzer Fahrt ein gefährliches Fahrmanöver von mir. Da meinte der Inder: Es sei wohl besser, wenn er das Steuer übernehmen würde. Das war mir sehr recht, denn da gab es keine Strassenlaternen wie bei uns in der Schweiz, es war wahrhaftig stockdunkle Nacht und das Auto hatte nur ganz schwaches Licht. Surya übernahm das Steuer und obwohl er noch keine Prüfung hatte, fuhr er viel besser als ich zurück und wir kamen heil zu Hause an. Autofahren in Indien lasse ich lieber sein, war mein Beschluss nach diesem Abenteuer.

Es war interessant, sich in diesem Familienleben einfügen zu dürfen, ich half, wo Hilfe angesagt war oder sass still und als Beobachterin des Geschehens. Im Haus lebten die Grossmutter, deren Alter keiner genau wusste, die Eltern und zurzeit die Schwester mit ihrem kleinen Jungen und der etwa 6 Monate alten Tochter. Der Bruder war nicht anwesend, so hatte es genügend Platz für uns alle. Das Essen wurde am Boden serviert, wie es in indischen Familien üblich war. Und es wurde mit den Händen gegessen, was ich damals zum Glück schon recht gut beherrschte. Die meiste Zeit verbrachte man draussen, wo andauernd irgendwelche Gäste daherkamen und wieder gingen. Meistens sprachen die Leute in Kanada, die dortigen Landessprache, ausser sie fragten mich etwas, dann auf Englisch. Mir war das sehr recht, denn so konnte ich einfach still sein und beobachten. Dort bei diesen Menschen wurde mir bewusst, wie viel ich verstand, ohne die Sprache zu kennen, einfach nur durch das aufmerksame Beobachten.

Zu dieser Zeit und allgemein in Indien war ich meistens in Weiss gekleidet. Weiss war für mich ein Zeichen der Reinheit und verkörperte das Leben als *Sannyasin.

Sannyasin ist eine von der spirituellen Suche bestimmte Lebensart. Sein ganzes Streben ist auf Moksha, die Befreiung vom Karma und vom Kreislauf von Geburt und Tod durch Vereinigung mit Gott oder der höchsten Wirklichkeit gerichtet.

Am darauffolgenden Tag wurde ich dann, aber meiner weissen Kleidung entledigt und in ein goldenes Festkleid, es war ein Seidensari gesteckt. Ein Teil der Familie, Vater, Mutter, eine Tante, der kleine Junge der Schwester und ich fuhren mit dem Auto, zwei Stunden entfernt, in einen Tempel zu einer indischen traditionellen Hochzeit. Natürlich verstand ich erst, als wir dort waren, worum es ging. Alleine oder ohne Surya den Tag mit dieser fremden Familie zu verbringen, das war eine weitere bereichernde Erfahrung. Der Inder blieb zu Hause, er hatte anderes zu tun. Obwohl ich kein Wort verstand, von dem, was gesprochen wurde, fühlte ich mich sehr wohl bei all diesen fremden Menschen und Bräuchen. Der kleine Junge freundete sich mit mir an, er suchte die Nähe, indem er immer wieder meine Hand hielt oder mir oft auf dem Schoss sitzen wollte. Er nannte mich Anthi (Tante) und bald nannten mich alle anderen auch Anthi. Es war wunderbar zu beobachten, wie viel Vertrauen da war. Es kamen nie Zweifel auf, egal, was ich erlebte, ich wusste immer, es ist Gottes Wille, der alles lenkt und mir diese Erfahrungen schenkt. Am letzten Tag bei der Familie gingen Surya und ich wiederholt in den Tempel und verbrachten den Tag bei der Familie und deren Freunden oder mit Gesprächen über Gott und Ramana.

Am Abend brachte ein Cousin von Surya uns mit dem Auto zum Bahnhof in Bangalore, wo wir den Nachtzug nach Tiruvannamalai bestiegen. Die Zugfahrt war ein weiteres erfreuliches Erlebnis. Wir hatten seltsamerweise ein Abteil für uns ganz alleine, bald schlief ich bei dem monotonen Schaukeln des Waggons ein. In den frühen Morgenstunden erreichten wir den Bahnhof unseres Zieles, den Berg Arunachala. Gemeinsam fuhren wir mit einer Riksha vom Bahnhof bis zum Ramana Ashram und dort trennten sich unsere Wege. Er ging in sein Zimmer im Ashram und ich in meine Wohnung, um mein Gepäck dort zu deponieren, bevor ich zur Meditation in den Ashram ging.

Im Ashram traf ich auf die deutsche gemeinsame Freundin von dem Inder und von mir, sie hatte Surya ja schon angeboten, seinen Rücken zu behandeln. Er setzte ganz grosse Hoffnung auf Ursina, so nenne ich hier diese Frau. Wir vereinbarten, die Behandlung in meiner Wohnung durchzuführen, da hatte es Platz und war ruhig. Wir wollten auch jeweils vor oder nach der Behandlung eine Weile in Stille zusammen meditieren. Zur Meditation kamen dann meistens auch Lucie und Phila, zwei Frauen aus der Schweiz. Lucie und ich wohnten damals in der gleichen Stadt. Ursina und Lucie kannte ich schon aus gemeinsamen Satsang Retreats. Phila, so erfuhr ich, war auch an der Wahrheit interessiert.

Wir vier Frauen waren in dieser Zeit oft zusammen unterwegs. Wir gingen schweigend auf dem inneren Pfad um den Berg, der durch die schöne Natur ging. Damals war der Pfad gerade einmal wieder geöffnet, kurz nach unserer Zeit am Berg wurde der Weg, wegen was weiss ich nicht genau, leider wieder gesperrt. Oder wir gingen aussen herum der Strasse entlang. Wir sassen zusammen in Stille an manchen schönen Plätzen in der Umgebung, gingen zusammen Essen und unterhielten uns, wenn wir nicht schwiegen, über Befreiung und Selbsterforschung. Es war schön, mit diesen Frauen unterwegs sein zu dürfen. Wir suchten alle nach Gott oder der Selbstverwirklichung.

Einmal machten wir alle zusammen einen Tagesausflug nach Pondicherry ans Meer und liessen uns den Besuch des Grabes von Sri Aurobindos und der Mutter nicht entgehen. Das Grab war geschmückt mit wunderschönen Blumen. Es war eine wunderschöne Energie dort, und wir blieben ein Stündchen, um dort in Stille zu sitzen. Auf unseren Erkundungstouren ergaben sich tiefe Gespräche, aber wir hatten auch Spass zusammen und lachten viel, wir waren eine super Truppe. Wenn bei einer etwas lief, erkannte es eine andere und so geschah Erkennen und Befreiung der Überlagerungen. Es war eine tolle und bereichernde Zeit, die viel zu schnell verging.

Mère   Sri Aurobindo

Aurobindo *Ghose geboren am 15.8. 1872 in Kolkata gestorben am 5.12. 1950 in Pudcherry Er war Philosoph, Hindu-mystiker, Yogi und Guru er verbindet in seiner Person die humanistische Bildung und das Wissen des Westens mit den Weisheitslehren und spirituellen Traditionen Indiens.*

Mirra Alfassi*, auch als die Mutter bekannt, wurde in Paris am 21.02.1878 geboren. Sie lebte viele Jahre in Indien, ihr spiritueller Partner war Sri Aurobindo. Sie führte seine Idee aus und gründete den Auroville. am 17.11.1973 starb sie in Puducherry Sie ist die Begründerin vom Projekt Auroville*

Das gemeinsame Grabmahl
oder Mahasamadhi von Mutter Mirra Alfassa und Shri Aurobindo im Ashram heute ein bedeutendes Gebäude in Pondycherry an der Ostküste von Südindien. Und dort sind heute noch die Wohnräume der beiden Gründer.

Surya ging es nach den ersten Behandlungen besser, aber dann doch wieder schlechter. Er hatte den Rücken wohl überfordert, mit seinem ihm Gutes tun wollen. Oder war einfach seine Erfahrung in der Familie, mit den kleinen Kindern, noch nicht zu Ende?

Er sagte einmal zu mir, er wisse nicht, ob er Kinder haben wollte oder sollte. Nun hatte er Kinder, zu Hause bei seinen Eltern. Er passte oft auf diese auf, wenn er dort war, und er half sogar bei der Erziehung der Kinder mit. Surya unterstützte so gut er konnte, auch seine Mutter in der Küche. Auf sein Bitten hin lernte sie ihm das Zubereiten und das Kochen verschiedener indischer Gerichte. Damit wenn es einmal nötig würde, er einen eigenständigen Haushalt führen müsste, oder wenn Surya nicht mehr im Ashram leben könnte. Wenn sein Rücken nicht bald wieder gesund würde, könnte ihm das blühen. Der Ashram duldete nur Menschen, die dort auch mithelfen konnten, und ob das jemals wieder ging, wusste damals niemand. Obwohl er etwas haderte wegen seines Rückens, war das Leben in der Familie eine lehrreiche Erfahrung für ihn.

Bald entschied er sich aufgrund der Verschlechterung des Rückens, zurück nach Bangalore zu fahren. Dort blieb er dann noch für einige weitere Monate.

Wir blieben in Kontakt und telefonierten fast täglich. Meine Aufgabe war wohl, ihm die positive Lebenseinstellung zu vermitteln und Humor in seine Leidensgeschichte zu bringen. Was ich gerne tat, so es mit Leichtigkeit durch mich geschah. Als Ausgleich lernte ich weiter die englische Sprache und die indischen Sitten von ihm kennen.

Die Tage in Indien vergingen zwar, aber mir blieb immer noch Zeit. Meistens ging ich frühmorgens um vier Uhr zur Meditation in den Ramana Ashram, um diese Zeit waren nur ganz wenige Menschen in der Meditationshalle und ich genoss die Ruhe und die stille Vertiefung im Sein mit Ramana.

Der stille Schrei nach vollkommener Befreiung

Einmal ging ich nach der Meditation zurück in meine Wohnung. Wie ich es gelegentlich tat, liess ich über mein Handy spirituelle Musik ertönen. Plötzlich geschah es, dass ich beim Hören des Liedes State of Grace von Asher Quinn weinen musste. Wiederholt aus lauter Sehnsucht nach der Gottes-Verwirklichung weinte ich Krokodilstränen. Es war wieder dieser innere, stille Schrei. Im inneren Zwiegespräch mit der höchsten Instanz bat ich um die totale Befreiung meiner Selbst. Es war scheinbar so wichtig, bewusst zu werden, um zu erkennen, was noch an persönlichen Überlagerungen in mir war. Es war kein Leiden, es war die Sehnsucht oder es könnte auch ein starkes Heimweh nach Gott genannt werden. Das Geschehen dauerte damals eine ganze Weile, als es dann vorbei war, fühlte ich mich erneut wie reingewaschen.

Keiner kann anders, als es durch ihn geschieht!

Eines Morgens kurz nach diesem Ereignis, mit dem Lied, sass ich im Tee Shop gegenüber von dem Ramana Ashram und trank einen Tee, wie ich das fast täglich tat.

Gerne setzte ich mich dorthin, denn dort konnte ich dem Treiben auf der Strasse zusehen und zugleich in mir die Stille spüren. Die Menschen dort wussten schon lange, dass ich nicht sprechen wollte und dadurch liessen sie mich in Ruhe. Ich war einfach so am Sein und beobachtete das Treiben. In und um mich war es friedlich. Da war plötzlich in mir die glasklare Erkenntnis, dass die Menschen, die Tiere und die Natur alle EINS sind, jeder hat in sich dasselbe Licht, das durch die Form (Körper) strahlt und wirkt. Sofort war total bewusst: KEINER kann anders, als es durch ihn hindurch geschieht. Alles ist wahrhaftig ein unpersönliches Geschehen. Es war wie nochmals eine Öffnung oder Einsicht in mir, die sehr tiefgreifend war.

Dieses Erfahrene ging nie mehr weg und es ist immerwährend bewusst: Keiner kann anders, als es durch ihn tut! Seit diesem Erkennen gab es nie mehr Wertung über andere oder über mich selbst. „KEINER KANN ANDERS ALS ES DURCH IHN GESCHIEHT." Wiederholt ist auch diese tiefgreifende Erkenntnis nicht zu beschreiben, nur wer sie selbst erlebt, weiss, was ich wahrhaftig zu schreiben versuchte.

Am letzten Tag, bevor ich am Abend abreiste, besuchte ich nochmals die Ashrams von den drei schon verstorbenen Verwirklichten, die zu ihren Lebzeiten dort Ashrams entstehen liessen, die heute noch existieren. Und deren transformierende Präsenz immer noch zu spüren ist.

So ging ich zuerst zum *Yogi Ramsuratkumar und setzte mich dort noch eine Weile in die grosse Halle. Gerne lauschte ich den Klängen des Gesanges, der ohne Unterbruch zu Ehren des Verstorbenen von seinen Anbeterinnen und Anbetern gesungen wurde.

Danach ging ich zum Ashram von *Sri Seshadri Swamigal, einem Weisen Siddhar, der neben dem Ramana Ashram bestattet war. Dort umrundete ich, wie immer, wenn ich dort war, sein Grab dreimal und setzte mich dann am hinteren Teil des Grabes noch kurz auf einen Stuhl, der vor dem Bild einer heiligen Frau stand. Ihr Name war mir nicht bekannt, sie wirkte mit ihrem Blick in meinem Herzen, also verehrte ich auch diese Heilige.

Zu guter Letzt ging ich noch in den mir lieb gewordenen Ashram von Ramana, dort verweilte ich an verschiedenen Orten. Bevor ich mich auf den Heimweg zum Packen machte, blieb ich bei dem grossen Bild von Ramana in der alten Halle noch lange stehen. Und sprach mit dem Meister in Stille, bedankte mich für seine Führung und seine transformierende, befreiende Begleitung.

Zum Schluss verneigte ich mich tief und ging von dannen. Beim Verlassen des Geländes kamen die Hunde angerannt, so als wollten auch diese sich noch von mir verabschieden, was mich natürlich sehr freute. Denn diese Vierbeiner waren mir immer wieder nette Begleiter, wenn ich mich im Ashram aufhielt. „Bis zum nächsten Mal", sagte ich zu ihnen; „Lebt wohl, ihr Lieben!" „Gebt auf euch Acht!"

In meiner indischen Wohnung zurück packte ich meine restlichen wenigen Sachen zusammen. Dank der Wohnung konnte ich nun wahrlich mit leichtem Gepäck reisen.

Bald hupte der Taxifahrer vor dem Haus und meine Heimreise in die Schweiz ging los.

Einiges möchte ich an dieser Stelle noch ergänzend niederschreiben.
Über Tiruvannamalai, die Stadt im südlichen Teil von Indien. An diesen heiligen Ort in Indien hat es im Laufe der Jahre viele Weisen hingezogen. Der Berg Arunachala liess viele nicht mehr gehen. Die zwei weiteren bekannten Ashrams von *Yogi Ramsurat Kumar und **Sri Seshadri Swamigal dieser befreiten Weisen waren in der Nähe von Ramana Ashram. Beide der Weisen waren mir im Laufe der Aufenthalte dort in Indien nähergekommen und sie haben mich tief im Herzen berührt.

*Yogi Ramsuratkumar

Yogi Ramsuratkumar geboren am 01.12.1918 in Nardara, gestorben am 20.02.2001 in Tiruvannamalai. Ein Vorfall führte ihn dazu, nach der Ursache für Leben und Tod zu suchen. Er reiste 1947 und 1948 zum Aurobindo Ashram nach Pondicherry, zum Ramana Ashram in Tiruvannamalai und zum Anandashram in Kanhangad. Im Jahr 1952 verwirklichte er das Selbst und blieb dann in Tiruvannamalai an diversen Orten und zuletzt dort, wo sich heute sein Ashram befindet. Der Yogi sang zu seinen Lebzeiten das Rama Mantra als „Om Sri Ram Jai Ram Jai Jai Ram" damit verwirklichte er das Selbst nach einer Woche ständigen Wiederholen des Mantras. Heute ertönt im Ashram das Mantra: „Yogi Ramsuratkumar Jaya Guru Raya".

Versenkung im Ashram von Yogi Ramsuratkumar

Dank Surya lernte ich viele heilige Orte um den Ramana Ashram und um den Berg Arunachala kennen. Im vergangenen Jahr führte er mich auch zum Ashram des verstorbenen Yogi Ramsuratkumar. Dort befindet sich ein Rundgangweg, der um den ganzen Ashram führt und der dem *Girivalam (Bergumrundung) des Arunachala gleichkommt, stand es dort auf einem Schild geschrieben.

Es bereitete mir Freude, im Stillen diesen Rundweg zu gehen, wie auch an diesem einen Tag, von dem ich erzählen möchte. Nach dem dreimaligen Umrunden des Ashrams setzte ich mich zu den singenden Leuten in die grosse Halle, wo sich auch Yogirams Grabstätte befindet.

Bei Yogi Ramsuratkumar singen die Devotees den ganzen Tag das Lied: „YOGI RAM SURAT KUMAR, YOGI RAM SURAT KUMAR, YOGI RAM SURAT KUMAR, JAYA GURU RAJA" und das im Wechselgesang. Das heisst, jemand singt die Strophe vor und alle anderen wiederholen danach das Vorgesungene und das ging den ganzen Tag so.

Da es dort Stühle hatte, setzte ich mich auf einen davon in der hintersten Reihe, etwas abseits und weg von den singenden Menschen. Einen Impuls, mitzusingen, hatte ich nicht, sondern lauschte still den Klängen des heiligen Gesanges. Nach einer Weile versenkte es mich in ein tiefes, entspanntes Sein. In diesem Zustand hörte ich zwar alles und war bei vollstem Bewusstsein, konnte mich aber nicht mehr bewegen. Weder die Augen öffnen noch den Speichel hinunterschlucken.

So sass ich dann und war in diesem bewegungslosen Sein. Später erfuhr ich, dass es eine Art von Samādhi war.

Als dieses Sein, wie aus Stein, vorbei war, dachte ich, es wären etwa 20 Minuten gewesen, aber als ich auf die Uhr schaute, waren mehr als zwei Stunden vergangen. Noch eine Weile blieb ich sitzen, wartete, bis ich wieder schlucken konnte, um aus meiner mitgebrachten Wasserflasche, mit der Flüssigkeit, meinen Mund zu befeuchten und zu trinken. Allmählich liessen sich auch meine steifen Glieder wieder schmerzfrei bewegen. Erst als alles wieder gut funktionierte, ging ich meines Weges.

Nach diesem Ereignis fühlte ich mich gereinigt und wie neu, in Worten ist DAS nicht zu beschreiben.

Was blieb, war der Gesang: „YOGI RAM SURAT KUMAR, YOGI RAM SURAT KUMAR, YOGI RAM SURAT KUMAR, JAYA GURU RAJA." Es sang den ganzen Tag in mir, das war wohl auch die Absicht des Singens im Ashram.

Es wird auch *Japa genannt und hilft, das unnütze Denken auszuschalten. Yogi Ramsuratkumar wurde ja damals beim Singen des „Om Sri Ram Jai Ram Jai Jai Ram" Selbst-Befreiung oder Erleuchtung geschenkt.

*Japa in Sanskrit von flüstern, murmeln) ist lautes, leises oder auch nur gedankliches Wiederholen eines Mantras, Gebets, Gottesnamens oder Rezitation heiliger Schriften. Es handelt sich um einen Begriff aus dem Hinduismus. Jedoch wird Japa auch im Sikhismus und Buddhismus praktiziert. Japa kann unter Zuhilfenahme eines Rosnenkranzes oder ähnlichen Kette, wie eine Mala oder auch Japamala genannt, praktiziert werden.

Erklärung zu verschiedenen Samādhis (Versenkung)

Es gibt sehr viele verschiedene Beschreibungen zu Samā-dhi, das habe ich beim Suchen nach Erklärungen für dieses Buch bemerkt. Gerne möchte ich mich an die Erklärung von dem Meister Ramana Maharshi halten.

Das Wort Samādhi wird in der spirituellen Literatur des Ostens oft gebraucht: Es steht für einen fortgeschrittenen Zustand der Meditation, in dem das Selbst bewusst erfahren wird, oder eine tiefe, ungebrochene Versunkenheit in dem Objekt der Meditation geschieht. Viele Stufen und Unterkategorien des Samādhi sind beschrieben worden, wobei die verschiedenen Schulen und Religionen dazu neigen, ihre eigene Terminologie zu entwickeln. Gewöhnlich hat Ramana Maharshi die verschiedenen Samādhi in folgende drei Gruppen eingeteilt: (Der Text wurde entnommen aus dem Buch: Sei, was Du bist! Herausgegeben von David Godman)

Sahaja-Nirvakalpa-Samādhi. Dies ist der Zustand des *Jnāni, der endgültig und unwiderruflich sein Ego ausgelöscht hat. Sahaja bedeutet „natürlich", Nirvakalpa „ohne Unterschied". Ein Jnāni oder Selbst-Verwirklichter benimmt sich in diesem Zustand ganz natürlich wie gewöhnliche Menschen auch. Da er weiss, dass er das Selbst ist, sieht er keinen Unterschied zwischen sich und den anderen und auch nicht zwischen sich und der Welt. Für einen solchen Menschen ist alles eine Manifestation des unteilbaren Selbst.

Kevala-Nirvakalpa-Samādhi. Dies ist die Stufe, die der Selbstverwirklichung vorausgeht. Es ist ein vorübergehendes, anstrengungsloses Selbst-Gewahrsein, aber das Ego ist bis jetzt nicht vollständig ausgelöscht. Dieser Samādhi, ist gekennzeichnet durch eine Abwesenheit des Körperbewusstseins. Obgleich es in diesem Zustand zu einem vorübergehenden Gewahrsein des Selbst kommt, ist man in diesem Zustand nicht in der Lage, Sinneseindrücke aufzunehmen und sich in der Welt zu betätigen. Kehrt das Körperbewusstsein zurück, so stellt sich auch das Ego wieder ein.

Savikalpa-Samādhi. In diesem Zustand wird Selbst-Gewahrsein durch ständige Anstrengung aufrechterhalten. Die Dauer des Samādhi ist völlig abhängig von der Anstrengung, ihn zu erhalten. Wenn die Aufmerksamkeit nachlässt, beginnt das Selbst-Gewahrsein zu verschwinden.

Wer kann Samādhi erreichen?

Zusammenfassend: Jeder kann Samādhi erreichen, aber es erfordert eine Kombination aus innerer Bereitschaft, kontinuierlicher Praxis und spirituellem Verständnis. Es ist nicht an bestimmte Religionen, Kulturen oder äussere Umstände gebunden. Sondern an die Tiefe der inneren Transformation.

Jeder Mensch, unabhängig von seinem Hintergrund, kann Samādhi erreichen, wenn er bereit ist, sich auf den spirituellen Weg vollends einzulassen und geschieht auf natürliche Weise, wenn sich die EGO-Anhaftungen und Illusionen am Auflösen sind.

Samādhi ist keine Erfahrung, die durch ein wenig Übung erreicht werden kann. Niemand kann Samādhi erreichen, wenn er nicht eine sehr, sehr reine Seele mit einem reinen Herz ist.

Wie der Mensch, der dringend einen Weg sucht, um aus einem brennenden Haus zu entkommen, muss der Aspirant das glühende Verlangen verspüren, sich aus dem Feuer von Samsara zu befreien. Nur dann kann er in die tiefe von Samādhi eintreten.

Anandamaȳī Mā

Anandamaȳī Mā lebte von 30.4.1896 bis 27.8.1982. Einiges von dem, was Ānandamaȳī Mā über Samādhi gesagt hat, oder im Buch „Leben und Weisheit der glückseligen Mutter Ananda-mai Mā" über sie geschrieben wurde, das habe ich über all die Jahre persönlich erlebt. Ānandamaȳī Mā sagte darüber: „Die Intensität der inneren Glückseligkeit liess ihr Antlitz rot erglü-hen. Ihre Wangen glänzten in himmlischem Licht und ihre Stirn drückte die klare Heiterkeit göttlicher Stille aus. Alle physischen Reaktionen waren aufgehoben, doch aus jeder Pore ihres Kör-pers strahlte ein ungewöhnliches Leuchten, eine stumme Be-redsamkeit stiller, innerer Offenbarung." Ānandamaȳī Mā war eine religiöse Führerin und zählte zu den bekanntesten hindu-istischen Frauen Indiens des 20. Jahrhunderts. Unter ihren An-hängern waren Persönlichkeiten wie Indira Gandhi. Ihr Einfluss auf die Gesellschaft zeigt sich bis heute in der Verehrung ihrer Grabstätte (samādhī), das gewöhnlich den männlichen Meis-tern vorbehalten ist. 1917 begann sie ihr sechsjähriges Sad-hana. Zuerst sprach sie den Namen des Gottes Vishnu „Hari" als Mantra, weil ihre Eltern Vishnuiten waren. Ihr Mann war ein Anhänger des Yoga-Gottes Shiva, worauf sie zum Mantra

„Shiva" überging. Sie tanzte zu den Mantras und verweilte anschliessend in einer ruhigen Meditation. Nach einigen Monaten begann sie mit Körperstellungen des Yoga (Asanas), die ihr angeblich spontan einfielen, ohne dass sie sie je gelernt hätte. Sie visualisierte Formen verschiedener Gottheiten, identifizierte sich mit ihnen, dachte ihre Namen als Mantra und dadurch wurde die „Kundalini-Energie" in ihr aktiviert.

Mit Ānandamayī Mā fühle ich mich sehr verbunden, in ihrer Biografie fand ich viele Antworten auf meine Fragen, die mir kein lebendes Wesen geben konnte. Darüber war ich sehr dankbar, denn es bestätigte mir, dass es wahr war, was in mir an Antworten aufkam. Es stärkte mein Vertrauen in das Sein des Ewigen nicht Wissens und des Geschehen-Lassens. Die Kontrolle wurde im Laufe all dieser Zustände über die vielen auch noch folgenden Jahre aufgelöst.

Hier zwei Bücher die ich an dieser Stelle empfehlen möchte:

Leben und Weisheit der Glückseligen Mutter Anandamayī Mā, Hrsg. Chandravali D. Schang / ISBN: 978-3-935937-84-9

Mein Leben mit Anandamayi Ma, Aus den Tagebüchern von Atmananda, Ram Alexander / ISBN: 978-3-9820260-9-1

*Sri Seshadri Swamigal

Sri Seshadri Swamigal lebte von 22. Januar 1870 bis 4. Januar 1929, Er war auch als "Heiliger mit goldener Hand" bekannt und er war ein indischer Weiser, der in Tiruvannamalai lebte. www.swamigal.com/guru&you.htm.

Als Kind hatte er spontane Trance-Zustände. Im Alter von vier Jahren erhielt er seinen Spitznamen "Goldene Hand": Eines Tages besuchten Seshadri und seine Mutter ein Geschäft, das Bronzestatuen von Göttern verkaufte. Im Laden hob der Junge eine Krishna-Statue auf und fragte seine Mutter, ob sie diese kaufen könne, um für Krishna Pujas auszuführen. Der Händler dachte, dass das strahlende Kind selbst Krishna ähnlich sei, gab die Statue her und verweigerte jegliche Bezahlung. Am folgenden Tag verkündete der Händler, dass der Junge wahrhaftig Glück verheissend sei - denn sein ganzer Bestand von 1.000 Statuen wurde (aufgrund der Berührung durch den Jungen) an einem Tag verkauft. Diese Neuigkeiten verbreiteten sich schnell in der Stadt; und von diesem Moment an war der Junge als "Der mit der goldenen Hand" bekannt. Dies verschaffte ihm den Namen "Thanga Kai" (Goldene Hand). Im Alter von 14 Jahren verstarb sein Vater unerwartet. Kamakoti Sastrigal brachte die Familie darauf nach Vazhur, wo Swamiji seine

Erziehung beendete. Als er 17 Jahre alt war, verstarb auch seine Mutter, und Seshadris Onkel kümmerte sich fortan um ihn und seinen jüngeren Bruder Josiar. Im Alter von 19 Jahren begegnete er Sri Balaji Swamigal, einem wandernden Heiligen aus Nordindien, der Seshadri als Sannyasin initiierte und ihn in den Mahavakyas unterrichtete. Kurz darauf bereiste Seshadri diverse Orte in Tamil Nadu, bis er schliesslich im Alter von 19 Jahren nach Tiruvannamalai gelangte. Seshadri Swamigal zog für eine Spanne von 40 Jahren nach Tiruvannamalai; ein Asket mit völliger Geringschätzung von Namen und Form. Während seines Lebens und in seinen Lehren betonte Sri Seshadri andauernd die Herrlichkeit des Arunachala. Oft sprach er über die Besonderheiten der Arunachala Kshetra. Er sagte zum Beispiel: "Dies ist der Ort, an den Swami und Ambal alle einladen und Befreiung gewähren. Lord Krishna legt sein Sudarshana Chakra, eine göttliche Waffe, beiseite, um seine Flöte zu spielen. Diese hörend, kommt Lord Shiva, der sich im Berg befindet, heraus und tanzt." Sri Seshadri hatte eine tiefe Hingabe zu Gott; besonders in den Formen der Göttin Kamakshi, Lord Ramas sowie Arunachala. Sri Seshadri war ein grosser Verehrer der Shaktis (weiblichen Kraft). Tief versunken in Samadhi praktizierte er seinen Körper nicht wahrnehmend. Tod Sri Seshadri: er starb am 4. Januar 1929. Sein Körper wurde nicht verbrannt, sondern beerdigt - so wie es bei Heiligen Brauch ist, sein Grab ist im Ashram neben dem Ramana Ashram. Seshadri gab damals, als der junge Ramana im Tempel versunken sass, Ramana den Namen Brahma Swami.

Die mystische Begegnung mit Sri Seshadri

Seshadri der verstorbene Weise, lebte zu Zeiten von Ramana. Sein Ashram liegt neben dem Ramana Ashram.

Fast täglich ging ich in diesen Ashram, um ihm und der Amma dort meine Ehrerbietung zu geben. In einer Halle hatte es drei verschiedene Bilder von Seshadri, die nebeneinander im Raum aufgehängt waren. Auf einem Bild war er jung, einem Mittel und einem als älterer Mann abgebildet.

Vor jedem der Bilder blieb ich stehen und verneigte mich mit einem inneren Namaskaram. Einmal blieb ich bei dem mittleren Bild hängen, ich konnte seine Augen nicht sehen. Zugleich fragte ich Seshadri in Gedanken: „Warum kann ich deine Augen nicht sehen?", und sofort kam die Antwort: „Bist du schon wahrhaftig bereit, meine Augen zu erblicken?". Das konnte ich nicht beantworten, hatte aber das Gefühl, es fehlt noch etwas. Irgendwie hatte es eine Bedeutung, das spürte ich, aber welche, wusste ich damals nicht.

Erst als das Bewusstsein mich noch mehr erkennen liess und ich gereift war, konnte ich dann eines Tages seine Augen sehen. Damals hörte ich ihn sagen: „Es ist vollbracht!" und sein Gesicht im Bild lächelte mich freudig an. So erschien es mir jedenfalls.

Zur Verehrung und zum Abschied bedankte ich mich innerlich. Äusserlich verbeugte ich mich, indem mich auf die Knie niederging. Danach verliess ich den Heiligen voller Dankbarkeit. Natürlich kann man das Geschriebene hier nur im Herzen spüren und nicht mit dem Kopf oder Verstand nachvollziehen.

Im Juni knackt es wiederholt in meinem Fuss

Die Monate nahmen ihren Lauf, weiterhin suchte ich die Stille, war oft in Meditation versunken und einmal wöchentlich traf ich mich mit Leuten, um uns gemeinsam der Stille und der Selbsterforschung zu widmen. Erst auf den Herbst war der nächste Indienaufenthalt geplant. So bewirtschaftete ich meinen kleinen Blumen, Gemüse und Kräuter Garten, die Arbeiten im Krankenhaus erfreuten mich nach wie vor und mit meinem Leben war ich ganz zufrieden, wie es sich für mich arrangiert hatte.

Bei einer Spätschicht im Betrieb, als ich etwas vom Boden auflesen wollte, das mir zuvor hinuntergefallen war, gab es in meinem rechten Fuss einen hörbaren Knacks und zugleich einen Schmerz. Da ich es ja gewohnt war, wie schon erwähnt, dass der Körper immer irgendwo Schmerzen hatte, beachtete ich den Vorfall zuerst nicht weiter und verrichtete meine Arbeit bis zum Schichtende fertig. Manchmal, denke ich, war ich auch nicht mehr so schmerzempfindlich, weil das Leiden schon länger aufgehört hatte. So war dann halt einfach Schmerz.

Als der Schmerz im Fuss aber über Tage anhielt und ich beim Gehen eine Fehlhaltung einnahm, blieb mir der Gang zum Arzt nicht erspart. Im Stillen hatte ich die Ahnung, dass sich wiederholt ein Richtungswechsel anbahnte. Nur so ein Gefühl mehr wusste ich nicht. Vermutung auf eine Verrenkung im Mittelfussknochen wurde diagnostiziert und der Arzt schrieb mich für einige Tage arbeitsunfähig, mit der Bemerkung: den Fuss stillzuhalten, um zu sehen, ob es besser würde.

Mir war bewusst, dass alles, was auch immer geschah, mit Befreiung und Erkennen der wahren Natur zu tun hatte. So blieb ich zu Hause und widmete mich der Meditation, spirituellen Übungen und den Schriften, wie auch schon vor der Krankschreibung, nur jetzt, durch die mir geschenkte Zeit, noch intensiver.

In dieser Zeit zu Hause surfte ich auch immer einmal wieder im Internet herum und dort erfuhr ich die nächste erlebte Geschichte mit einem weiteren Weisen und Meister.

Sadhguru Jaggi Vasudev

Sadhguru Früher ISHA genannt ist geboren am 3.9.1957 in Mysore, Karnataka, Indien. Bekannt als Sadhguru, ist ein indischer Yogi, Mystiker und Bestsellerautor. Er gründete die Isha Foundation, eine Non-Profit-Organisation, die Yoga-Programme auf der ganzen Welt anbietet und an sozialen Initiativen, Bildung und Umweltinitiativen beteiligt ist.

Begegnung mit Sadhguru Jaggi Vasudev

Sadhguru begegnete ich zum ersten Mal über eine DVD im Jahre 2013. Die CD in einer Hülle mit Isha's Foto darauf (damals nannte man Sadhguru noch ISHA) überreichte mir ein Inder in einem Bio-Shop in Chennai. Auf dem Film sprach Isha in Tamil, seiner Muttersprache, die ich nicht verstand und somit konnte ich nichts damit anfangen. Die DVD CD von Sadhguru landete bei mir zu Hause, irgendwo in einer Schublade.

Im Januar 2015, als ich damals wieder nach Indien kam, hing ein riesiges Plakat von ihm am Eingang der Stadt von Tiruvannamalai. Das Bild wurde an zwei Häusern befestigt, so gross war es. Es war wohl irgendeine Werbung, denn das geschriebene darunter war wiederholt in der fremden Sprache.

Damals schaute er mich an, mit seinen beeindruckenden Augen und seinem strahlenden Gesicht. Oh Hallo, dachte ich und verneigte mich innerlich und herzlich vor ihm, was ich oft tat, wenn ich Heiligen begegnete. Weiter sagte ich im Stillen: „Schön, dass du mich auf diesem Weg hier an diesem Ort und so nah bei Ramana Maharshi und dem Shiva geweihten Berg Arunachala begrüsst."

Der muss wohl berühmt sein, dass sein Bild hier so gross aufgemacht hängt, waren noch meine weiteren Gedanken. Dann vergass ich ihn wieder.

Später, dann wieder in der Schweiz, als ich einmal etwas im Netz und auf YouTube herum surfte, stiess ich auf einen Videoclip von Sadhguru, darauf sprach er in englischer Sprache. Es freute mich, dass er die englische Sprache benutzte, so konnte ich ihn übers Internet besser kennenlernen und seinen für mich nun verständlicheren Worten lauschen.

Die Zeit verging und ich war mittlerweile schon viele Stunden mit Sadhguru damals noch ISHA über das Internet unterwegs und lernte zugleich die englische Sprache besser verstehen, da seine Clips oft Untertitelt waren, was sehr zu meinem Vorteil war. Bald sah ich in ihm eine Art Meister für mich. Da ich sehr kritisch war und immer die Fehler bei sogenannten Meistern suchte und bei Sadhguru einfach keine fand. Alles, was er sagte, hatte bei mir eine tiefe Wahrheitstreue darin und eine gute Resonanz. Zudem hatte er ein grosses Wissen zu allen möglichen Themen. Bei ihm fand ich Antworten, die ich sonst nirgendwo bekommen hatte. Oft berührte er mich auch einfach in meinem Herzen.

Es wurde Mai und eines Tages vernahm ich, dass Sadhguru Jaggi Vasudev anfangs Juli nach Berlin für Satsang kommen würde. Was für eine Überraschung, ihn in Europa antreffen zu können, das wäre eine tolle Chance, Sadhguru persönlich erfahren zu können, dachte ich. Aber genau an diesem Datum war ich bei der Arbeit geplant. So sagte ich damals zu mir in einem inneren Gespräch: „Okay, sollte ich da hindürfen, finde ich mit Leichtigkeit eine Person, die mir meinen geplanten Arbeitseinsatz übernimmt".

Aus Erfahrung wusste und vertraute ich auf die Leichtigkeit des Geschehens, so als gingen Türen auf und alles arrangierte sich für mich. Wenn es nicht sein sollte, würde das ganze Vorhaben schwer und energieraubend werden und die Idee, Sadhguru zu erfahren, würde sich auflösen. Also nahm ich das Telefon und rief meine Arbeitskollegin an, um sie zu fragen, ob sie meinen Arbeitseinsatz übernehmen könnte und ich für sie an einem von ihr gewünschten, Datum arbeiten würde. „Ja klar" meinte diese, sie gab mir auch gleich ihr Wunschdatum bekannt, dieses Datum passte auch für mich ausgezeichnet. Freudig bedankte ich mich bei ihr und schon war die Leitung wieder frei.

Somit konnte ich den Flug nach Berlin und das Hotel dort schon buchen und musste mich dann vorerst um nichts mehr kümmern. Damit gab es auch für meinen Kopf kein unnötiges Denken.

Damals wusste ich noch nicht, dass ich anfangs Juli, wegen des Fusses, immer noch krankgeschrieben war.

Satsang mit Sadhguru, in Berlin

Als ich dann im Juli den Satsang von Sadguru in Berlin besuchte, waren noch weitere hunderte von Menschen dort. Der Anlass mit dem Inder wurde im Tempodrom, einer grossen Veranstaltungshalle, durchgeführt. Alles war super organisiert. Die Helfer von diesem Event waren alles ISHA Volunteer, das heisst; Sadhgurus weltweite Helfer. Alle diese Menschen waren ausnahmslos sehr zuvorkommend, hilfsbereit und freundlich. Bis zur Türöffnung hatten wir noch Zeit, so setzte ich mich in eine Ecke, auf einen dortigen Stuhl und beobachtete die Menschen und das dortige Treiben. In mir war es still, in dem bewussten Betrachten des Geschehens genoss ich das Sein im Hier und Jetzt.

Pünktlich zur angesagten Zeit wurden die Türen zum Saal geöffnet und die Menschen suchten ihre Plätze auf. Da das eine einmalige Gelegenheit war, mit Sadhguru sein zu können, wollte ich es mir nicht entgehen lassen und kaufte vorgängig einen Platz seitlich von der Bühne, wo ich den Yogi gut sehen konnte. Bald kam der Weise in seiner strahlenden Gestalt und der Satsang begann. Man konnte Sadhguru Fragen stellen, diese beantwortete er, mit ansteckender Freude und mit viel Humor, oft lachte die ganze Halle bei seinen ausführlichen Erklärungen. Für mich waren die Fragen nichts Neues. So genoss ich einfach das Sein und beobachtete freudigen Herzens Sadhgurus Gesten, und zugleich spürte ich, wie seine Stimme in meinem Körper eine starke Vibration auslöste. Kurz vor Schluss gab es noch eine Meditation. Dazu wurden wir von Sadhguru aufgefordert, gerade zu sitzen und die Augen zu schliessen. Was ich auch tat. Im Saal wurde es still und der Yogi fing an zu singen. In dem Moment, als sein Gesang ertönte, fing mein ganzer Körper unkontrolliert zu schütteln an. In der Körpermitte, entlang der Wirbelsäule und den Chakren wurde es ganz heiss, Tränen liefen mir die Wangen hinunter und mein Herz brannte wie Feuer. Ich liess einfach geschehen, was geschehen wollte, war aber tief berührt von dieser Reaktion in meinem Körper. So etwas hatte ich nicht erwartet und hatte so etwas auch noch nie zuvor erlebt. Wahrhaftig war das ein transformierendes Erlebnis. Was sich aber dann erst recht im Nachhinein noch herausstellte. Als die Stimme von Sadhguru verstummt war, war es nochmals einen Moment lang ganz still im Saal. Danach stand der Weise auf und verabschiedete sich mit gefalteten Händen vor der Brust zu einem Namaskaram. Während er dort auf der Bühne stand, schaute er noch einmal langsam von links nach rechts ins Publikum, das sich nun auch erhoben hatte und die Hände ebenfalls gefaltet vor der Brust hielt. Noch einmal kurz die Augen geschlossen, dann verliess dieser wahrhaftige Meister gemächlich den Saal. Ich war sehr berührt von dieser Begegnung, aber vor allem von dem Gesang in der Meditation, die er mit uns machte. Innerlich verneigte ich mich tief und dankte Sadhguru und Gott oder dem Selbst, dass ich dem Weisen begegnen und diese Erfahrung machen durfte. Die Leute strömten schon aus der Halle und auch ich machte mich langsam auf den Weg nach draussen.

Die Vibration hielt noch eine Weile in meinem Körper an und

es war wieder vertieft die Stille wahrnehmbar und das Summen im Kopf vernahm ich wieder stärker. Draussen setzte ich mich auf eine Bank und blieb dort noch lange Zeit einfach sitzen. Vielleicht auch ein wenig in der Hoffnung, Sadhguru noch einmal sehen zu können. Diese Erwartung wurde aber nicht erfüllt und so ging ich dann irgendwann zurück in mein Hotelzimmer, das sich ganz in der Nähe befand. Zurück im Zimmer legte ich mich, genährt von dieser Begegnung, zufrieden ins Bett und schlief die ganze Nacht tief und fest. Die Hitze im Körper zeigte sich auch am Morgen und hielt, was ich damals noch nicht wusste, noch längere Zeit an.

Da mein Flug erst in zwei Tagen war, hatte ich Zeit, die Stadt Berlin etwas kennenzulernen. Bald sass ich in einem Bus mit der Aufschrift Sightseeingtour, was Stadtrundfahrt in Deutsch hiess. Und anschliessend verbrachte ich den Tag sitzend, schauend und auch den gebrochenen Fuss schonend. Nur manchmal wechselte ich den Bus und als ich ein Schiff entdeckte, besichtigte ich die Stadt auch noch auf dem dortigen Fluss. Alles in allem ein Tag, den man auch wieder vergessen konnte. Tags darauf machte ich mich dann auf zum Flughafen und kam zufrieden und mit einer wahrhaftig bereichernden Erfahrung mehr zurück nach Hause. Einige Jahre später durfte ich Sadhguru in Genf noch zweimal an weiteren Anlässen begegnen und auch da spürte ich seine kraftvolle Energie, und das schon eine Weile bevor er den Raum betrat. Wahrlich eine transformierende Begegnung mit dem Höchsten.

Beim zweiten Anlass damals in Genf nächtigten wir zufällig im selben Hotel wie Sadhguru, was mir eine Nacht mit sanfter Ganzkörpervibration schenkte, wo ich zwar nicht schlief aber am Morgen trotzdem ausgeruht war. Natürlich hofften wir, ihn beim Frühstück nochmals anzutreffen, was dann aber nicht der Fall war. Er sei schon vor Sonnenaufgang weitergereist, hiess es bei der Nachfrage an der Rezeption im Hotel.

Diese Vibrationen, die Gedankenstille oder das Summen in meinem Kopf, die mir in den Begegnungen mit Meistern (ob lebenden oder schon den Körper verlassenen Weisen) zeigte, zeigte mir immer klar, dass diese eine hohe und für mich noch weiter transformierende Schwingung hatten, die mein System nutzten konnte.

Sadhguru verfolge ich heute noch sporadisch, da er wahrlich nicht nur ein grosser Meister ist, er ist auch ein Vernetzter für die Menschen, ob es spirituell Suchende sind, aber auch weltlich engagierte Menschen kann er mit seinen Vorhaben. Und für das Erhalten der Erde berufen.

Wieder zu Hause brannte es noch weiter in meinem Körper. Vermehrt hatte ich dann wieder diese Versenkungen (Samādhi) der Bewegungslosigkeit, die immer etwa eine Stunde dauerten. Da lag ich dann und war in einem zwar bewussten Zustand, aber nichts bewegte sich so, als wäre keine da, die auch nur einen Finger krümmen könnte oder vielleicht auch wollte.

Damals hatte ich immer noch keine klare Erklärung für diese Geschehnisse. Wohlverstanden, auch wenn das vielleicht etwas aussergewöhnlich erklingt, es war ein Zustand, in dem es sehr angenehm war. In dieser Zeit nach Sadhguru arbeitete es in meinem Körper verstärkt. Vor allem in den Chakren, und das zeigte sich mit Hitze und Vibrationen, manchmal auch mit leichten Schmerzen.

Nun wusste ich ja schon, dass diese Zustände nicht schlimm waren und konnte gut damit sein.

Mutter Meera

Mutter Meera ist eine spirituelle Persönlichkeit, sie ist keine Lehrerin im gewöhnlichen Sinn. Sie ist eine Verkörperung des weiblichen Aspekts des Göttlichen, der göttlichen Mutter auf Erden. Sie ist kein Guru, der Schüler annimmt. Mutter wurde 1960 in Süd-Indien, im Staat Telangana, geboren.
Heute lebt die Mutter in einem kleinen Dorf in Limburg, in Deutschland wo sie auch Darshan gibt.

Mutter Meera

Einige Zeit später vernahm ich, dass Mutter Meera eine weitere heilige Inderin, in der Nähe von Olten, in der Schweiz, Darshan gab. Auch da hatte ich den Impuls, hinzugehen. An dem besagten Tag war ich mit vielen anderen zum heiligen Blick dort. Wir waren in einem Saal, in dem die Stühle wie in einem Theater aufgestellt waren. In der Mitte des Raumes war ein roter Teppich ausgerollt und jeder Besucher durfte Meera persönlich begegnen. Zu dieser Begegnung begab man sich nach der Aufforderung der Mitwirkenden, hintereinander und auf den Knien rutschend auf dem Teppich in Richtung zur Bühne, wo die Frau sass. Die Heilige legte jedem Einzelnen ihre Hände auf die Schulter und zum Schluss sah sie einem in die Augen, dann schloss sie ihre Augen und man wusste, dass der Darshan vorbei war. Sofort begab man sich wieder schweigend an seinen Sitzplatz und wartete da, bis jeder den persönlichen Blick erhalten hatte.

Es war eine wunderschöne Begegnung mit Mutter Meera. Spüren konnte ich im direkten Kontakt mit ihr aber nichts. Doch danach, wieder auf dem Stuhl sitzend, fiel ich in einen sehr tiefen und lang anhaltenden Versenkungszustand. Es war, seit ich diese Zustände erleben durfte, die tiefste und längste Versenkung (Samādhi ohne Gewahrsein), die ich in der Präsenz dieser weisen Frau erleben durfte. Der Anlass dauerte drei Stunden, danach machte ich mich wieder auf den nach Hause weg. Danach fühlte ich mich erquickt und in freudigem SEIN vertieft. Was auch zu Hause wiederum noch einige Zeit anhielt.

Gerne erzähle ich meine Erlebnisse den Menschen, die das Selbst erforschten oder die Wahrheit suchen. Und Teile in den Satsangs meine Erfahrungen und das Wissen darum mit den Besuchern. Natürlich immer damit auch andere Menschen sich, wer weiss, darin erkennen können oder dass sie schon wissen, wenn ihnen solche Dinge auch passieren. Wenn die Leute, die zu mir kommen, auch an anderen Orten ihre Erfahrungen machen konnten, begrüsse ich das und es ist gut so. Obwohl jeder immer willkommen ist, fühle ich mich frei, ungebunden und ohne Anhaftungen an die Teilnehmer oder allgemein an Menschen. So ist es mir immer eine grosse Freude, wenn auch andere Menschen ihre eigenen Erfahrungen bei solch transformierenden Weisen und Begegnungen machen können. Meine Ansichtsweise war und ist schon lange: Jeder wird dahin geführt, wo er hingehört, entweder für eine Transformation oder eine Erfahrung, um sich deutlicher zu erkennen.

Mein Spruch dazu ist: „Höre auf dein Herz und folge ihm". Der Kopf kann nur aus Vorstellungen hinaus reagieren. Das

Herz oder auch der Bauch brauchen nicht zu wissen, sie tun einfach. Mir ist klar, dass der Mensch oft ein „ja aber" findet.

Auch so kann der Mensch erkennen, ist er von Angst geprägt, oder ist er zu fest kontrolliert oder was auch immer, nicht Werten, nur erkennen.

Und bitte werte NIE über dich selbst, denn du „Mensch" bist das Wichtigste, Edelste und wahrhaftig Göttlichste, was es gibt. Und das ist WAHR, denn ist es nicht so, wenn es dir gut geht, geht es allen um dich herum auch gut. „Liebe deinen Nächsten wie dich selbst!" Funktioniert meiner Ansicht nach umgekehrt. „Liebe dich selbst, dann kannst du auch deinen Nachbarn lieben".

Das wollte hier nur so nebenbei eingefügt werden. Nun aber weiter zu der erlebten Erzählung.

Auflösung von der damaligen Sicherheit
Einige wenige Tage später, nach Sadhguru und Mutter Meera, ergab es sich, dass der Lehrer aus Deutschland wieder einmal bei uns in der Gegend zum Satsang war. Da ich nun vermehrt diese bewegungslosen Zustände bekam, hatte ich den Impuls, bei ihm eine Einzelsitzung zu buchen. Dort wollte ich mit ihm über diese Bewegungslosigkeit sprechen und erhoffte, endlich eine Erklärung dafür zu bekommen.
Auf meine Frage in unserer Begegnung hatte die Antwort, die er mir gab, keine stimmige Resonanz, es seien Traumata oder so etwas, sagte er. Da interpretierte ich einfach, dass er diese Zustände nicht selbst erlebt hatte und deshalb darüber nichts wusste.
So beliess ich es dabei und fragte nicht mehr weiter. In un-

seren letzteren vergangenen Begegnungen kam es schon immer einmal wieder zu der Frage in mir: Glaubst du jetzt ihm oder vertraust du jetzt dir selbst? Und ich durfte lernen, mir zu vertrauen. Immer wieder erlebte ich auch bei Menschen im Satsang in diversen Gruppen, wie die Leute alles eins zu eins dem Lehrer glaubten, ohne sich selbst wahrzunehmen oder das Gesprochene zu prüfen.

Was aber nicht damit gemeint ist, dass der Weise nicht die Wahrheit spricht, da es ohnehin immer nur aus dem Moment des Seins heraus geschieht. Aber manchmal spricht ein Weiser auch genau darum, Dinge, damit der Mensch lernt, sich selbst zu vertrauen. Oft hörte ich Leute Dinge sagen wie: „(Name unwichtig), hat gesagt", und dann wurde das einfach ohne zu prüfen übernommen oder nachgeplappert und das dann oft, ohne es selbst erfahren zu haben. Da fragte ich dann gerne solche Menschen: „Und was meinst du?". Oder was ist deine eigene Meinung oder Erfahrung dazu?". Das wussten sie dann nicht.

Meiner Ansicht nach wird sich jeder, der Befreiung sucht, irgendwann von allem lösen müssen. Denn Befreiung hat keine Anhaftung, sonst wäre es keine Befreiung, nicht wahr? Was aber nicht heisst, dass man sich nicht mit Menschen treffen darf oder soll, sondern es werden keine Bindungen, woran auch immer, mehr geschaffen. Denn jegliche Bindung wird sich lösen wollen. Sogar die familiären Verstrickungen werden sich dem Menschen lösend oder klärend zur Verfügung stellen. Was, solange es nicht erkannt wird, auch sehr schwer sein kann. Aber keine Angst, jeder bekommt die Möglichkeit, solche Erfahrungen erleben zu dürfen und zudem immer mehr Mut und Vertrauen hindurchzugehen und dadurch freier leben zu können. Dafür lohnt es sich alleweil, denn der wahrhaftige Sucher sucht ja das wahre immerwährende „zu-Hause-sein", um dort weilen zu können. Oder im Selbst zu verschwinden. Oder Befreiung des Persönlichen zu erlangen. Oje, dafür gibt es viele Ausdrücke, jedoch kann es nur erlebt und nicht beschrieben werden.

Aber nun wieder zurück zur Erzählung, in der Begegnung mit dem Lehrer.

Wir schauten uns lange Zeit schweigend in die Augen und plötzlich war es da. Meine allertiefste Existenzangst kam hoch, ich wusste es einfach, dafür war ich wohl hingegangen. Diese Angst war so tief vergraben. Obwohl ich sie immer wieder einmal zu spüren bekam, erkannte ich, dass es jetzt Zeit war und diese sich jetzt bewusst Befreiung verschaffen wollte. Wohl auch, weil ich jetzt so weit transformiert war, dass ich es aushalten konnte, so quasi ohne daran zu sterben.

Diese tiefste Unsicherheit, die zuvor noch vergraben war, bekam jetzt eine Chance zur Befreiung. All die Begegnungen mit Ramana Maharshi, Sadhguru, Mutter Meera und dem Weisen aus Deutschland, sie alle verhalfen meinem System, dass es sich noch weiter transformieren und öffnen konnte.

Mein ganzes Körpersystem fing zugleich wieder an zu glühen. Zum Lehrer sagte ich: „Jetzt wird es sich zeigen, ob diese tiefe Prägung sich erlösen darf oder ob die Türe sich doch wieder schliessen würde. „Warum diese Hitze?", fragte ich den Weisen noch. Er meinte: Es sei das Feuer der Verbrennung. Er erwähnte noch, dass Raphael über dieses Feuer in seinen Büchern geschrieben hat. Im Stillen und ohne es auszusprechen, dachte ich: Das Brennen ist gut und es wird sich zeigen, was nun kommen möchte. Und eines wusste ich: sollte diese Überlagerung sich auflösen, dann würde ich erst befreit und noch wahrhaftiger leben können. Denn diese Prägung war mitunter kollektiv und darum zusätzlich auch so stark, das war mir schon bewusst.

Mein Körper glühte wie bei Sadhguru und ich wusste, bei ihm in Berlin hat es dieses Tor geöffnet und nun in der Begegnung mit dem Weisen, in der Einzelsitzung, wurde die Türe noch weiter aufgeschoben. Etwas wollte diese Türe schnell wieder zuschieben, aber es war zu bewusst, das ging nicht mehr. Also musste oder durfte ich diese Hitze ertragen lernen. Der Brennpunkt war im Nabel Chakra und breitete sich im ganzen Körper aus. Intuitiv wusste ich einfach, jetzt allem Raum geben, was sich zeigen wollte.

Zu Hause dann brauchte ich immer Taschentücher zur Hand, weil mir diese Hitze den Schweiss aus allen Poren meines Körpers trieb. So als wäre ich in einer Dauersauna. Aber nicht nur das, es kam mir so vor, als hätte sich eine Schleuse mit Gedanken geöffnet, so viele Gedanken kamen, als wollten diese einfach raus. Gut kannte ich das schon von der Öffnung damals im August 2011 in dem damaligen Retreat. So sass ich einfach stundenlang in Meditationsposition und schaute diesem verrückten Kopf-Karussell zu. Es geschah kein Aufspringen auf das Denken, es wurde einfach betrachtet.

So ging es fast zwei Wochen. Hitze zusammen mit Gedanken, die keinen Sinn ergaben.

Dann aber wurde das Denken langsamer, die Gedanken erhielten eine Art Ordnung und es wurde die momentane Lebenssituation betrachtet und hinterfragt. Also nahm ich dann Papier und Stift und schrieb auf, was zum Überdenken in mir war.

Das war Folgendes, und alles mit einem grossen Fragezeichen: die Wohnung? Die Festanstellung im Krankenhaus? Die Satsang Gruppe und die Einzelbegegnungen? Die Sitzwache? Das Auto? Und das Leben in Indien?

Alles, was Überlagerungen oder besser, mit der finanziellen Lebenssituation und der Existenzangst zu tun hatte. Diese oben erwähnten Dinge wurden auf das Blatt geschrieben. Im Bewusstsein war auch, dass meine Mutter und Grossmutter schon mit Existenzangst zu tun gehabt hatten. Der Wunsch nach Auflösung davon war da, aber wie? Das wusste ich nicht, zumal ich seit Jahren bei existenzieller Unruhe mit Affirmationen arbeitete. Ein solcher Spruch oder eine Affirmation davon war: "Ich Bin, Ich Bin, Ich Bin, bei der Kraft Gottes. Ich Bin die Auferstehung und das Leben meiner finanziellen Freiheit und Unabhängigkeit." Diesen Satz wiederholte ich dann so lange, bis die Unruhe in mir wieder still war und immer wieder aufs Neue, sobald die Angst hochkam und das über Monate, wenn nicht Jahre.

Obwohl ich schon einige Schlüsselerlebnisse, die ich auch im Buch beschrieben habe, erleben durfte, war die ängstliche Unruhe, zwar nie mehr so gross, aber halt nicht weg. Damals ging es aber um die totale Auflösung, so fühlte es sich zumindest an.

Nun aber zurück zum Geschehen, mit dem betrachten und überdenken der Lebenssituation, die alles, momentan gelebte damals, infrage stellte. Und das waren sechs Hauptpunkte, die um Klärung drängten.

So sass ich dann oft am Boden, an meinem Meditationsplatz und ging Punkt für Punkt durch. Das war eine mehrtägige Prozessarbeit, die in mir stattfand. Angefangen mit der Wohnung zu behalten oder aufzulösen. Nach der Kontemplation zu diesem Thema beobachtete ich, wie ich Toni (mein ehemaliger Mann) anrief und ihn fragte: ob es möglich wäre, den Sommer hindurch bei ihm im Wohnwagen leben zu können, im Winter würde ich dann jeweils in Indien sein. So sprach es aus meinem Mund. Toni aber meinte: Er würde sich mal überlegen, welchen Platz er mir anbieten könne, der Wohnwagen zum ständigen Leben sei keine gute Lösung. Nach dem Beenden des Gespräches wusste ich sogleich, diese vorangegangene Handlung und das Gespräch war eine geprägte und totale Kopfgeschichte. Gut, es so schnell zu erkennen, dachte ich. Und verwarf diese Idee gleich wieder. Das kam, das war klar, von den geprägten und den noch vorhandenen Neigungen (Vasanas) nach Sicherheit. Also das mit dem Wohnwagen war somit gestrichen, es kam nicht infrage, dem Kopfgedanken zu folgen. Es war zum Lachen, wie der Verstand oder das Persönliche in eine Handlung ging und es aber danach sofort erkannt wurde und schon war es um die Ecke. Zu mir sagte ich aber noch: So, jetzt aber achtsam bleiben! Dann erkennst du nämlich gleich schon, bevor du in Kopfhandlungen gehst, dass es das nicht bedarf. Bleibe im Herzen, das zeigt dir nun den Weg oder die richtige Lösung und habe einfach Vertrauen. YES antwortete ich zu mir selbst.

Also betrachtete ich danach jeden der sechs Punkte genauer und kontemplierte darüber, ohne zu vergessen, auf das Herz oder den Bauch zu hören.

1.Punkt - Die Wohnung? Ja, da fühlte ich mich wirklich wohl, da war ich trotz Nachbarn im Block, sehr für mich und konnte zu Hause arbeiten. Hatte genügend Platz, um mit kleinen Gruppen im Satsang sein zu dürfen. Verfügte über ein Zimmer, das eingerichtet war für Gespräche und Körperarbeit. Hatte ein kleines Zimmer mit dem wenig Privaten, das ich brauchte. Und zu guter Letzt war die Wohnungsmiete gar nicht so teuer, für das, was die Räumlichkeiten mir gaben. Also Wohnsituation bleibt! YES! Ein Haken kam auf den Zettel.

2. Punkt - Die Festanstellung im Krankenhaus? Oh, gehofft hatte ich, es käme ein; „Ja, bleib da!" hörte aber die innere Stimme sagen „Job kündigen!". „WAS! Nein, bitte nicht!" sagte es in mir. Okay. Das liess ich dann einfach einmal so stehen. Natürlich hatte ich innerlich die Hoffnung, dass es sich mit der Kündigung noch anders entscheiden würde. Das war ja schliesslich meine damals einzige finanzielle Sicherheit.

3. Punkt - Die Gruppen- und Einzelbegegnungen? Ja, das darf so bleiben und weitergehen, hiess es sofort in mir. Das hatte Kraft und es wurde warm in meinem Herzen. Zusammensein mit Menschen, die nach der Wahrheit und Befreiung ihrer Selbst suchten. Natürlich aber auch solche, die gerade in einer Krise steckten. Solchen Leuten ein Anker oder eine Vermittlerin sein zu dürfen, das hatte eine gute und starke Resonanz in mir. Dazu gab es ein ganz klares YES.

4. Punkt - Sitzwache auf Abruf (SMS)? Auch da ein klares JA, da ich bei diesem Job selbst entscheiden konnte, wann ich gehen wollte. Zwar nichts Sicheres, aber immerhin. Es war schon so, wenn ich Lust hatte zu arbeiten, war ich die Erste mit dem Rückruf und hatte den Job und konnte arbeiten gehen. Wenn ich unsicher war oder gerade mal wieder Mangelgedanken hatte, kam ich bestimmt nicht durch oder es kam schon gar keine SMS. Ein gutes Übungsfeld, das mich in den Jahren lernte, dass die Gedanken sich umsetzten. Aber auch, dass die Existenz den Menschen, wie auch mich, zur rechten Zeit am richtigen Ort haben möchte.

5. Punkt - Das eigene Auto? Das gebrauche ich für mögliche Hausbesuche, um schwere Gegenstände zu transportieren oder wenn ich in die Retreats fahren durfte. Zudem gab es eine

gewisse Freiheit. Da brauchte es keine lange Überlegung, also ein klares JA, zu behalten.

6. Punkt - Indien? Da kam weder ein Ja noch ein Nein. Nun dann, vorerst gab es da also einmal ein Fragezeichen.

Bei dem Durchdenken all dieser sechs Punkte bemerkte ich, dass der Verstand sehr ruhig und behilflich wurde und zwar ohne ein Kopfkarussell zu veranstalten. Es war wie ein Meeting. Das war eine spezielle Erfahrung. Was auch immer später dann folgen würde. Es geschah schon im Durchgehen der Punkte eine Art Loslösung der Anhaftung an diese geprägte Existenz-angst. Es brannte zwar noch weiter in meinem Körper, aber das Denken wurde nun ruhiger.

Bis auf das mit der Kündigung von der Festanstellung. Das war ja noch nicht geklärt und musste dann zu gegebener Zeit wiederholt überdenkt werden. Daran wollte ich vorerst nicht denken. Natürlich wusste ich, dass Kneifen nicht ging. Diesem Punkt würde ich mich früher oder später stellen müssen. Und Indien, da war es einfach still und war wohl damals nicht so wichtig, das schon genauer zu betrachten.

Damals war ich immer noch wegen meines schmerzenden Fusses krankgeschrieben. Man hatte durch eine Aufnahme mit Magnetresonanz (MRI) festgestellt, dass der rechte Fuss am Mittelfuss-Knochen gebrochen war. Die Ärztin meinte, es wäre ein Übermüdungsbruch, der mindestens 3 Monate, bis der Knochen wieder zusammengewachsen sei, dauern würde. Am besten sei es, wenn ich nun an Krücken gehen würde, um den Fuss zu schonen.

Was ich damals auch tat, und so verbrachte ich die Zeit oft im Sitzen oder mit Sadhanas.

Mit den Jahren war ich sehr diszipliniert geworden, liebte das lange Sitzen in Meditation, das Mantra singen, machte täglich Wechselatemübungen, Pranayama (Atmung). Oft war ich aber auch mit dem „Wer Bin Ich?" von Ramana Maharshi, das ich erst in fortgeschrittener Losgelöstheit der Person wirklich ver-stand, unterwegs. Wenn immer möglich, machte ich meine *Sa-dhana's am Morgen und am Abend. Die Yoga-Übungen, so gut es mit dem Fuss gerade ging. Morgens erlaubte ich mir mindestens zwei Stunden, der Meditation zu widmen, lieber schlief ich weniger lang, als dass ich nicht meditieren konnte. Es war nicht nur zur Gewohnheit geworden, es war einfach pure Freude für mich. In dieser Zeit fühlte ich mich Gott oder der Existenz sehr nahe und fand oft Antworten auf Fragen in mir. Oder es klärten sich Dinge, bei denen ich zuvor nicht einmal wusste, dass es da etwas zu klären gab. Auch wurde beim Meditieren in aufrechter Sitzhaltung der Körper ins Lot gebracht. Das äusserte sich damit, dass es oft im Brust- und Halsbereich laut knackte und ich dabei wieder neu aus- oder aufgerichtet wurde.

*Sadhana von der Wurzel 'sadh', 'geradewegs auf ein Ziel zugehen, bezeichnet spirituelle Disziplin, die unternommen wird, um ein bestimmtes geistiges Ziel zu erreichen. Diese Ziele können sein, Erleuchtung zu erlangen, Befreiung (Moksha) aus dem Kreislauf des Samsara zu erlangen oder Nirvana zu erreichen.

Den Job künden?
   Einige Tage waren vergangen, das Brennen wurde weniger, das Denken wurde wieder stiller, nur der Gedanke an das Aufgeben der letzten Sicherheit mit der Festanstellung im Krankenhaus wartete auf Klärung. Es war ein Zwiespalt in mir. Ein Teil sagte: "Du kannst diesen Job nicht beenden, du bist ja ohnehin krankgeschrieben, niemand ist so doof, ein Arbeitsverhältnis im Krankheitsfall zu kündigen. Und überhaupt, wovon willst du dann deine Rechnungen bezahlen?" Und die andere Stimme sagte: "Befreiung oder aufgehen in Gott heisst: Vertrauen in das nicht Wissen zu haben und die Unsicherheit kann nur durch die Erfahrung aufgelöst werden." Ich nahm beide Stimmen klar wahr und liess einfach geschehen, was geschehen wollte, es war ein zusehen und abwarten, ob es zu einer Handlung käme oder nicht. Nicht lange war das warten und ich schaute mir

selbst zu, wie die Kündigung geschrieben wurde. Auch da sagte der eine Teil in mir: "Das gibt es doch nicht, du bist verrückt, du spinnst wohl!" Die andere Stimme blieb ruhig und gelassen und es regte sich sogar ein bisschen Freude im Herzen, bei dem Gedanken frei von einer festen Anstellung zu sein.

Als die Kündigung dann fertig geschrieben war, war der Gedanke da: sollte dieses Schreiben wirklich in Kraft treten und sich umsetzen wollen. Dann würde ich gerne mein Vorhaben zuerst meiner Vorgesetzten mitteilen, damit sie genügend Zeit hatte und gleich schon anfangen konnte, einen Ersatz zu suchen. So hatte ich das Gefühl, ihr das schuldig zu sein. Irgendwie kam es aber in den darauffolgenden Tagen nicht in eine Handlung, um den Kontakt mit der Chefin aufzunehmen. Die Kündigung lag auf dem Tisch und etwas in mir war nun sogar gespannt, ob es überhaupt und wenn dann, wann das Schreiben abgegeben würde.

Immer wieder kam aber auch der Gedanke: „Du bist verrückt!", und zugleich wurde die Vorstellung, ohne diese Anstellung sein zu dürfen, kreiert und hatte bald mehr Kraft. Es ging ja auch um die Befreiung von Anhaftungen.

Die Zeit verging, bis es schliesslich kurz vor Monatsende im August in die Handlung ging.

In einem Gespräch über das Telefon teilte ich der Vorgesetzten mein Vorhaben, die Anstellung zu kündigen, mit. Sie war keineswegs erfreut und meinte, es wäre unverantwortlich, im Krankheitsfall den Job zu kündigen. Jedoch wusste sie sehr wohl, dass es mir ernst war mit dem Entschluss und sagte zu mir: "Wenn ich dich nicht so gut kennen würde und weiss, dass du tust, was du tun musst, würde ich dich für verrückt erklären." Ich solle es mir doch nochmals überlegen, meinte sie am Schluss unseres Gespräches. Doch da gab es nichts mehr zu überlegen, das war mir nun ganz klar.

Die Existenz oder Gott hatte andere Pläne mit mir, welche wusste ich nicht, aber das Vertrauen ins nicht Wissen war nun stark genug.

Mit der Kündigung in der Tasche machte ich mich auf den Weg zur Personalabteilung, warum das geschah, konnte ich mir nicht erklären, denn normalerweise bringt man eine Kündigung nicht persönlich vorbei, sondern schickt diese eingeschrieben mit der Post. Aber was war bei mir schon normal? Was konnte man da machen?

Also gab ich die Kündigung dort ab, mit der Meinung, ich hätte eine zweimonatige Kündigungsfrist, das hiess bis am 31. Oktober. Am Schalter des Personalbüros erfuhr ich dann aber, dass ich eine dreimonatige Frist hätte. Da mir alle geleisteten Dienstjahre angerechnet wurden, sagte man mir dort, das wusste ich zuvor nicht.

Na ja, ich dachte nur, was soll das dann jetzt? Aber sagte: „Okay, dann noch einen Monat länger." Irgendwie war es aber komisch, dass sich das nun so ergab. Also schickte ich mich in den Gedanken, noch einen Monat länger zu arbeiten. Es war ja nicht schlimm, aber halt doch ungewöhnlich, dieses Geschehen. Nun denn, es wird schon für etwas gut sein, wofür auch immer, da hatte ich keine Ahnung. Das waren einfach meine damaligen Gedanken dazu.

Da der Fuss ja noch nicht verheilt war, hatte ich noch ein Zeugnis bis Mitte September und danach gerade anschliessend einen Monat unbezahlten Urlaub.
So hatte es sich alles schon vor der Abgabe der Kündigung arrangiert.

Bald war es Mitte September und Indien, mit einer nächsten Reise zu Ramana und dem heiligen Berg Arunachala, kam wiederholt auf mich zu.

Indien und die Geschichte mit dem Haus

Mitte September, hatte ich für einen Monat unbezahlten Urlaub bekommen, den ich in Indien verbrachte. Damals ging ich an Krücken und konnte keine langen Strecken zurücklegen. So sass ich dann täglich stundenlang irgendwo bei Ramana Maharshi im Ashram, auch um den Fuss weiterhin zu schonen. Trotz des indischen Lärms war in mir wieder diese vertiefte angenehme Stille. Es war, als hätte auch das Denken Urlaub. Nur im Körper, vor allem in der Mitte der Augenbrauen, wo sich das "dritte Auge" oder Ajna oder Stirn-Chakra befindet, vibrierte es fast andauernd und sehr stark. Es fühlte sich an, als hätte ich eine zu enge Brille auf der Nase, was sich über den ganzen Stirnbereich ausdehnte. Manchmal strömte auch eine Energie von leichten Wellenbewegungen durch den ganzen Körper, das war ganz sanft und von aussen nicht sichtbar.

Dem Meister Ramana konnte ich im Ashram wahrlich nahe sein. Oft wenn ich sein Bild betrachtete, das überall in vielen verschiedenen Variationen in den inneren Räumen des Ashrams hing, fing ein innerliches Zwiegespräch mit dem Heiligen im Bild an. Meistens, wenn ich eine Frage an den Weisen hatte, kam mir die Antwort darauf schnell in den Sinn. Aber es gab auch Zeiten, in denen ich keine Antworten erhielt, dann wusste ich immer, entweder habe ich unnützes gefragt oder ich musste alleine die Erfahrung dazu machen. Dann schaute er auf dem Bild auch ganz ernst. Ansonsten lächelte er mich einfach liebevoll, aber klar an. Das klingt vielleicht etwas komisch, aber es war einfach so, dass die Bilder, auch von anderen Heiligen, beim Betrachten, sich in meiner Wahrnehmung immer wieder veränderten und ich Antworten auf meine Fragen bekam. Ob das nun in meinem Verstand ablief oder diese Weisen in den Bildern mir die Antworten gaben? Das zu urteilen, muss ich jedem Leser selbst überlassen.

Für mich waren auch Bäume, Steine oder Tiere Möglichkeiten, um Antworten auf meine Fragen zu bekommen. Es waren gute Stützen für mich. Natürlich nur, wenn ich mit ihnen in Kontemplation oder innerem Gespräch war. Oft hörte ich Ramana zu mir sagen: „Meine Tochter". Ja, das wollte ich sein. Seine Tochter oder die Tochter von Gott. Für mich bedeutete das rein, klar, wahr und ehrlich zu mir selbst und daraus auch zu anderen Lebewesen sein zu dürfen.

Surya war bisher nicht zurückgekehrt von seiner Familie aus Bangalore. Seinem Rücken ginge es besser, sagte er mir bei einem Telefongespräch, und er würde noch vor Ende meiner Indienzeit nach Tiruvannamalai zurückkommen. Ich freute mich auf ein Wiedersehen. Er war mir sehr ans Herz gewachsen und ich war gespannt, was mit ihm geschehen würde. Sein Rücken war noch nicht so gut, dass er im Ashram schon wieder hätte arbeiten können. Wenn er nicht bald wieder schmerzfrei wäre, dann würde er dort vermutlich nicht bleiben können. An mehr wollte ich dann aber nicht denken. Sonst wäre nur ein Kopfkarussell angegangen, das nicht nötig war.

Bis zu der Begegnung mit Surya ging es noch Tage. So verbrachte ich die meiste Zeit schweigend und beobachtend, meine Lieblingsbeschäftigung in Indien. Vereinzelt gab es auch spontane Gespräche mit einem suchenden Menschen über Selbsterforschung oder Befreiung. Das schätzte ich dort, denn im Ashram hatte es viele Suchende nach der Verwirklichung ihrer Selbst.

Durch das viele Beobachten der Menschen wusste ich schon gut, wer wie unterwegs war. Das stundenlange Betrachten, wo immer ich mich aufhielt, liess mich vieles bewusst und vertraut werden, so auch die Ashram-Bewohner oder die Leute, die wie ich auch immer wieder dorthin geführt wurden. Es gab viele herzliche Begrüssungen, die fanden meistens mit einem lächelnden Kopfnicken oder mit der stillen Gestik, einer leichten Neigung des Kopfes und einer ganz kurzen Sequenz mit Schliessen der Augenlider statt. Je nach Präsenz des Gegenübers. Oft aber auch mit der Hand aufs Herz.

Da ich so viel im Ashram herum hängte, wurden auch die kleinen Affen so zutraulich, dass diese gerne auf mir herumturnten. Oder der Pfau pickte mir aus der Hand Erdnüsse. Die Hunde waren treue Freunde und unter anderem, wenn mal nötig, auch beschützende Begleiter. Obwohl sie es wohl wie ich, einfach genossen, in Stille zusammen zu weilen. Ohne Hunde konnte ich mich nicht im Ashram bewegen, sie fanden mich, wo auch immer ich gerade sass. Der einzige Ort, wo ich ohne die Vierbeiner verbrachte, war in der Meditationshalle. Dort hatte es eine Tür, die nach jedem Eintreten der Besucher wieder zuging. Da durften die Hunde nicht rein, sonst bekamen sie Ärger. Der Ablauf im Ashram war immer der Gleiche. Die Pujas oder heiligen Gesänge waren täglich und zur selben Zeit, und ab vier Uhr nachmittags trafen sich dort viele Westler und natürlich auch indische Menschen, man sprach leise oder lauschte den vedischen Gesängen.

Surya kam zurück und bekam einen Tag nach seiner Ankunft im Ashram den Bescheid vom Management, dass er nicht mehr länger dortbleiben könnte. Aufgrund seiner Rückenbeschwerden würde der Ashram ihn nicht mehr weiter beschäftigen können und er solle sich nach einer anderen Lebensmöglichkeit umsehen.

Seinen Zimmerschlüssel vom Raum im Palakothu solle er in einer Woche bei der Ashram-Leitung im Büro zurückgeben.

Als er mir das bei unserem Treffen später mitteilte, bot ich ihm spontan meine Wohnung an. Somit hätte er vorerst einmal eine Bleibe. Es ergab sich genau richtig, denn an dem Tag, wo Surya aus dem Ashram hinausmusste, ging mein Flieger am Abend zurück in die Schweiz.

Wir wussten beide, dass es richtig war, was nun geschah, obwohl Surya etwas haderte mit der damalig momentanen Situation. Was ja auch verständlich war, da er ja schliesslich doch zwölf Jahre bei Ramana gelebt und gearbeitet hatte. Nicht nur als Arbeiter im Ashram, es war auch seine liebgewonnene Ashrams-Familie, die er jedoch verlassen musste. Nun würde Surya das erste Mal im Leben wirklich auf sich alleine gestellt sein, das dachte ich zumindest.

Er nahm mein Angebot an, in der Wohnung zu leben, bis er wusste, in welche Richtung es bei ihm gehen würde. Gut hatte ich damals, beim Unterschreiben des Mietvertrages, in einer geistigen Umnachtung den Vermieter gefragt: Ob Surya falls es einmal nötig wäre, in der Wohnung leben dürfe. Natürlich nur, wenn ich nicht anwesend wäre. Denn im Vertrag stand und wurde auch ausdrücklich erwähnt, dass ich die Wohnung während meiner Abwesenheit nicht untervermieten dürfe. Da Surya mir als Übersetzter und Unterstützer damals bei allem mit dem Vermieter behilflich gewesen war und dadurch der Besitzer ihn auch etwas besser kennengelernt hatte, willigte der Vermieter damals ein. Aber nur bei Surya würde er diese Ausnahme der Untervermietung machen, erwähnte der Vermieter damals.

Zufall? Oder wusste Gott oder die Existenz damals schon, was kommen würde?!?
Aber klar war uns auch, dass es später eine andere Lösung geben musste, da ich nicht mit dem Inder zusammen leben wollte oder konnte, wenn ich im Januar dann zurück sein würde.

Die Idee eines Projektes
In mir war ja schon länger die Idee, mich in Indien teil zeitig niederzulassen. Um dort mit Menschen, die nach der Wahrheit suchten, sein zu können. Die Idee war ein Haus zu mieten, um indischen Sadhus und Suchende, auch westlichen Menschen, Raum zu bieten, wo diese meditieren oder sich austauschen könnten. Für ein solches Projekt brauchte ich aber einen Inder. Am besten einen heiligen Inder, der alles managen könnte, was das organisatorische Projekt betraf. Dafür war Surya der geeignete heilige indische Mann, so dachte ich damals.
So ergab es sich, in der letzten Woche meines Aufenthaltes in Indien, dass ich anfing, wenn ich die Strassen entlangging, nach einem Zimmer für Surya Ausschau zu halten. Etwas Passendes fiel mir aber nicht in die Augen.

Als ich währenddessen einmal aus meiner Wohnung auf die Strasse trat, war Patricia gerade draussen in ihrem Garten. Patricia hatte mir damals die Wohnung vermittelt, sie war in der Zwischenzeit in das Haus gegenüber von meiner gemieteten Wohnung eingezogen. Da die Frau, die zuvor dort wohnte, wieder zurück nach Deutschland gegangen war, um dort zu leben. Nach kurzer Begrüssung, und ohne etwas dabei zu denken, fragte es spontan aus meinem Mund: „Liebe Patricia, hast du zufällig ein Zimmer, das du Surya vermieten könntest?" Anstatt mir eine Antwort zu geben, lud sie mich in ihr Haus ein. Sie bot mir eine Tasse Tee an und fragte mich, ob ich das ganze Haus mieten wolle. Es wäre ihr zu gross und sie suche jemanden, der das Haus mit den Möbeln darin übernehmen würde. Oh, was war das denn nun? Dachte ich, sprach es aber vorerst nicht laut aus. Obwohl mir sofort mein Fuss mehr Schmerzen angab, ohne dass ich ihn reizte oder mich an etwas anstiess, war die Vorstellung an das eigene Haus mit separatem Eingang für den Inder vorzüglich und so missachtete ich den Schmerz im rechten Fuss einfach.

Patricia erwähnte, Karl Renz hätte in seinen Anfangszeiten in diesem Haus damals schon Satsang angeboten. Dafür sollte es unter anderem ja auch genutzt werden können, dachte ich. Das Haus bot mehrere Möglichkeiten an, um im kleinen Rahmen mit meiner damaligen Idee schon starten zu können. Es würde niemanden stören, wenn die Menschen kamen und gingen.

Mein Projekt bekam mehr Raum, um sich umzusetzen, dachte ich. Die Begeisterung von der Möglichkeit bald einziehen zu können, war gross, nur eines war etwas schwer im Herzen, das waren diese vielen Möbel im Hause, die nicht gerade meinem Stil entsprachen. Jedoch ohne diese zu übernehmen, hätte die Frau das Haus nicht weitergegeben, das sagte sie auch deutlich genug.

Nach dem Tee trinken und dem nochmaligen Besichtigen der Räumlichkeiten verabschiedete ich mich und eilte in den Ashram, um Surya davon zu erzählen. Dabei erwähnte ich auch, ihn gerne als Hauswart anzustellen. Er könne dort in der Wohnung, die im Haus dabei war und einen separaten Eingang hatte, wohnen. Seine Aufgabe wäre, das Haus und den Garten in meiner Abwesenheit zu betreuen und zu pflegen. Der Inder wollte sich ein eigenes Bild vom Ganzen machen und so vereinbarten wir einen weiteren Besichtigungstermin mit Patricia. Als wir gemeinsam zur Besichtigung gingen, begegnete uns vor dem Eingang eine Schlange, ich war überrascht, da ich noch nie eine Schlange so nahe gesehen hatte, schenkte dem Ereignis damals aber keine weitere Beachtung.

Alles war perfekt, auch der Inder konnte sich mein Angebot vorstellen, nur er war bei weitem nicht so begeistert wie ich. Warum, das stellte sich dann bald heraus. Es kam zum Vertrag mit dem indischen Hausbesitzer. Patricia bezahlte ich schon die Hälfte des Geldes, was sie für die Möbel haben wollte. Billig waren die Möbel nicht, zumal diese schon sehr alt waren, aber da ich das Haus haben wollte, bezahlte ich, ohne etwas dazu sagen zu können.

Abgemacht wurde, dass Patricia weg war, wenn ich im Januar zurückkommen würde, sodass ich dann gleich umziehen und einziehen könnte.

So würde Surya so lange, bis ich zurückkam, noch in der alten Wohnung bleiben können.

Am letzten Tag, bevor ich am Abend abreiste, besuchten wir zusammen noch eine Ungarin, die in Indien lebte. Eine nette Frau, die Surya schon länger kannte. Wir wurden zum Essen in ihr Haus eingeladen. Das Haus lag fast direkt am Arunachala in einer wunderschönen Gegend. Bei dem Sein mit den beiden kam der Gedanke auf, dass sich da bei den Zweien etwas am Anbahnen wäre. Konkretes zeigte sich nicht, es war nur wieder einmal so ein Gefühl. Wenige Stunden später ging es mit dem unterzeichneten Vertrag in der Tasche und der Vorstellung im Kopf, dass sich nun das Projekt oder die Idee mit dem Haus Umsetzung verschaffen würde, zurück in die Schweiz.

Zu Hause teilte mir Surya dann bald telefonisch mit, dass er mit der Ungarin zusammen wäre und er mit ihr noch nicht zuvor gelebte Erfahrungen machen würde. Das freute mich zwar für ihn, aber der Gedanke, dass er dadurch vielleicht nicht in dem neuen Haus einziehen würde, freute mich weniger. Aber kommt Zeit, kommt Rat, dachte ich für mich.

Und so geschah es dann:

Wenige Tage zurück, bekam ich eine E-Mail von Patricia, in dem ich vernahm, dass sie das Haus nun doch nicht aufgeben wolle und es ihr leid täte, mich enttäuschen zu müssen. Oh! Zuerst war ich überrascht und dann musste ich einfach nur laut loslachen, ich lachte und lachte und es war so ein Witz. Ich sah alles, was geschehen war, nun bewusst und wie in einem Film nochmals ablaufen. Zugleich wusste ich, es muss nicht sein, es war alles nur so eine Idee, die nun wie eine Seifenblase geplatzt war und ich erkennen konnte. Der Fuss, der sich zeigte, die Schlange, die ungutes präsentierte und der Inder, der nun wohl andere Pläne hatte und zu guter Letzt wurde mir bewusst, dass alles im Hintergrund aus der geprägten damaligen Existenzangst entstanden war. Das Projekt war schon eine gute Idee, aber nur, wenn so etwas frei entstehen würde und nicht des günstigen Lebens willen. Und der Gedanke, diese alten schweren Möbel nicht "Mein" nennen zu müssen, erleichterte mich enorm.

Es fühlte sich plötzlich einfach alles so leicht und frei an. So ruhig und leicht, als wäre eine mir zuvor nicht wahrgenommene Last abgefallen.

Patricia schrieb ich in einem E-Mail zurück: Es ist, wie es ist! Und ich würde dann im Januar das schon bezahlte Geld bei ihr wieder zurückholen. Es war schön, einmal mehr zu erleben, wie ich mit ihr und allem in Frieden war und wusste: Keiner kann anders, als es durch ihn tut.

Das Leben ging weiter. Wieder widmete ich mich weiterhin der Meditation im Stillen Sein, machte meine Sadhanas. Der Fuss liess mich wieder schmerzfrei gehen und so freute ich mich bald wieder zurück zur Arbeit ins Krankenhaus gehen zu dürfen, um die restlichen Wochen bis zum Vertragsende im Team mithelfen zu können. Doch wie schon so oft kam es anders, als ich damals dachte.

Immer noch hatte ich einige Tage frei, bis es wieder zur Arbeit ging. So geschah es an einem sonnigen Nachmittag, da pflückte ich Unkraut in meinem kleinen Garten, das Unkraut, das sich unkontrolliert ausgebreitet hatte, während ich in Indien war. Beim Bücken oder der ungewohnten Bewegung zwickte es mir eins in den unteren Rückenbereich und ein starker Schmerz durchfuhr mich. "Nicht schon wieder!" sagte ich. Dieser Schmerz war mir gut und als unwohl bekannt. Es tat sehr weh und fühlte sich nach einem weiteren Bandscheibenvorfall an.

Und so war es dann auch, mir blieb nur der Gang zum Arzt. Der wollte mich gleich operieren, wozu ich dann aber gar keine Lust hatte. Zumindest nicht so schnell. Ich ahnte schon, dass wieder etwas anderes im Spiel war, was auf eine Richtungsänderung hinwies, aber noch wusste ich damals nicht genau, was es mir zeigen wollte. Nur operieren, da war ein ganz klares NEIN dazu. Dann halt ein Depot setzen, mit Cortison Spritzen in den Rücken, war ein weiterer Vorschlag vom Arzt. Auch das fühlte sich nicht stimmig an. So verliess ich die Arztpraxis mit dem Wunsch, mir Zeit für eine Entscheidung zu lassen.

Zu Hause nahm ich die entzündungshemmenden Schmerzmittel und wollte dann schauen, ob es auch ohne all diese Vorschläge vom Arzt gehen würde. Obwohl es schmerzte, war auch hier wieder kein Leiden. Die Tabletten nahm ich ein, weil ich wusste, die Entzündung des Gewebes musste abschwellen, damit es einigermassen gehen würde. Was aber definitiv nicht ging, war arbeiten im Krankenhaus. So rief ich bei meiner Chefin an und erzählte ihr meine momentan verzweifelte Situation und auch, dass ich die Arbeit so vergessen könne. Ach! So war es nun halt einfach einmal.

Das Vertrauen war da, dass alles, was geschah, für etwas gut sein würde, auch wenn ich das nicht immer gerade schon erkennen konnte. Das Leben hatte schon so viele Male andere Pläne für mich bereit, als mein Kopf dachte. Da war die Bereitschaft, meinem Rücken das zu geben, was er brauchte, um wieder gesund zu werden. Zu sein mit dem, was gerade war oder sich von Moment zu Moment zeigen würde.

Was nicht alles geschieht im Leben!

Den Mut zur Entscheidung und Umsetzung der Kündigung brachte mir schliesslich noch eine grosse finanzielle Überraschung. Meine liebe Chefin hatte in der Zwischenzeit, nach unserem letzten Telefongespräch, arrangiert, dass meine vorgängige unbezahlte Urlaubszeit als Krankheitsausfall gutgeschrieben wurde. Da ich dann noch einen Bandscheibenvorfall kreierte, bekam ich sogar bis Ende Januar, also die dreimonatige Kündigungszeit, einen vollen Lohn von der Krankenzusatzversicherung. Fazit: die ein Monat längere Kündigungszeit schenkte mir einen weiteren zusätzlichen vollen Lohn. Arbeiten aber konnte ich bis zum Ende der Anstellung nie mehr.

Unglaublich aber wahr, durfte ich einmal mehr zusehen, was geschieht, wenn auf das Herz gehört wird und nicht auf das ewige Blabla des Verstandes mit seiner Besserwisserei. So hatte ich genügend Geld, um meine Rechnungen zu bezahlen und um im Januar für weitere vier Wochen die Zeit in Indien verbringen zu dürfen.

Der Rücken brauchte lange, bis es ihm langsam aber stetig besser ging. In dieser Zeit kam ich zur Klarheit, in Indien alles aufzugeben. Das Haus war ja schon wieder weg, die Wohnung war bereits gekündigt und Surya hatte nun diese Freundin aus Ungarn, mit der er neue für ihn wichtige Erfahrungen, machen konnte. Es fühlte sich gut an und ich war froh, dass sich nun alles klärte.

Geplant war, die Wohnung schnell aufzulösen. Aufgrund meines Rückens und da es am bequemsten war, buchte ich im Hotel Ramana Towers ein Zimmer. Im Januar reiste ich dann, mit einer kleinen Gruppe von fünf Leuten, wieder nach Indien. Die Mitreisenden waren Leute aus dem Satsang in der Schweiz.

Surya und die netten Leute aus der Schweiz halfen mir tatkräftig bei der Auflösung der Wohnung mit. Der Inder durfte bei seiner neuen Freundin einziehen und alles nahm einen wundervollen Lauf. Sogar die Wohnung konnte gleich weitervermietet werden und ich hatte nicht noch zusätzliche Kosten damit.

Nach dem Auflösen der Wohnung hatte ich das starke Bedürfnis, mich für drei Tage im Hotelzimmer zurückzuziehen, um zu meditieren und einfach zu sein. Was ich dann auch tat. Dem Rücken ging es zusehends besser und ich bekam eine neue Ausrichtung. Sitzen, wie zuvor, ging einfach nicht mehr. Dadurch lernte ich, eine neue aufgerichtete Haltung einzunehmen, was mir innere und zugleich äussere Stabilität ermöglichte.

Mitte Februar ging es dann zurück in die Schweiz, endlich wieder einmal ohne eine Idee im Kopf zu haben. Damals wusste ich nicht einmal, ob ich jemals zu Ramana und nach Indien zurückkehren würde.

Kein Wunsch, keine Idee, alles war gut, wie es gerade war. Die Telefonate mit Surya blieben noch, wurden aber immer weniger. Hätte der Ashram ihn nicht entlassen, wäre es für ihn niemals zu dieser Erfahrung mit einer Frau gekommen und in seinem Inneren wäre vielleicht immer der unerfüllte Wunsch geblieben.
Ja, das Leben bringt alles, was es an Erfahrung zur Befreiung bedarf. Auch jeder Wunsch bekommt zur richtigen Zeit entweder Erfüllung oder durch das Betrachten wird festgestellt, dass dieser nicht mehr stimmig ist und somit wird die Idee oder der Wunsch fallen gelassen. Die Existenz oder Gott findet viele Wege! Das ist so.

Nun war ich ohne feste Anstellung, nur die Sitzwache war geblieben. Diese Arbeitsweise lernte mich nun wirklich in die göttliche Existenz und in das nicht Wissen zu vertrauen.

In der Sitzwache waren wir an die etwa 50 Leute, die zur selben Zeit, meistens um 8 Uhr morgens, eine SMS erhielten, mit der Nachricht, wann es einen Einsatz bedurfte.
Der Erste, der durchkam, hatte den Job. Dabei konnte ich das Vertrauen immer wieder aufs Neue gestärkt erfahren.

Das geschah so: zum Voraus wusste ich schon, wann ich arbeiten konnte oder wollte. Oft schlich sich aber zu Anfang unbewusst noch die geprägte Existenzgeschichte ein. Es war nicht mehr Angst, aber noch die Vasanas (Neigungen) der alten Muster davon. So wurde mein Bewusstsein immer mehr gestärkt und das ging wie folgt: Wenn ich beim Aufwachen, dem Impuls des Wohlgefühls gefolgt, entschied, zur Sitzwache gehen zu wollen, war ich zu 99 % die Erste, die durchkam und den Job hatte. Wenn ich unbewusst war und aus der gewohnten Neigung heraus versuchte, auf die SMS anzurufen, war die Leitung besetzt oder ich zu spät und es hiess: Sie hätten schon jemanden gefunden. Oft kam aber nicht einmal eine SMS an diesem Tag. Diese Lernerfahrungen dauerten aber viele Monate, bis sie ganz bewusst waren und die alten Neigungen fast nicht mehr bedient wurden. Manchmal, wenn ich dann den Job nicht bekam, obwohl ich aus dem Herzen entschieden hatte, stellte es sich meistens heraus, dass ich tagsüber anderenorts gebraucht wurde.

Auch nach Monaten, ja fast Jahre später stellte ich noch fest, dass diese Neigungen einfach immer wieder bei Unachtsamkeit sich Ausdruck verschaffen wollten. Das war oder ist einfach so, weil es sehr starke Prägungen sind und meiner Ansicht nach auch noch etwas Kollektives der Menschheit mitwirkend beinhaltet. Der Verstand gibt nicht freiwillig auf, dazu muss der Mensch zuerst bewusst werden. Irgendwann hatte ich keinen Anspruch mehr, dass das jemals ganz aufhören würde, denn es wurde doch schon recht schnell gesehen, meist bevor es zu einer Handlung kam.

Es durfte auch sonst immer wieder erfahren werden, was geschah, wenn der Kopf entschied und nicht das Herz. Der Kopfentscheid war Arbeit mit Anstrengung oder schwierigen Patienten. Was ich dann immer erst beim Geschehen und nachträglichen Betrachten feststellte.

Beim Herzentscheid war die Arbeit immer leicht und gut, oft konnte ich in Stille sein und die Zeit für mich selbst nutzen. So wurde ich geschult in Achtsamkeit und mir wurde noch vieles bewusster. Durch das Gewahr werden wurde ich der Prägungen noch bewusster und die Überlagerungen, die noch waren, fielen immer mehr weg. Also immer weniger Wolken (Gedanken), die die Sonne (wahre Natur) verdeckten.

Regelmässig fand nun Satsang und Stille bei mir zu Hause statt. Es gab Menschen, die kamen regelmässig, andere sporadisch und noch andere kamen einmal und nie wieder.

Das Sein mit den suchenden Menschen zeigte mir, dass niemand einen Plan zu haben braucht und im richtigen Moment das richtige Geschehen passiert. Die Worte sich von Moment zu Moment zum Ausdruck brachten, oder es nichts zu sagen gab. Es war wahrhaftig ein unpersönliches Geschehen, das durch die Befreiung der Überlagerungen immer noch deutlicher erkannt wurde.

Alles Interesse an einem Leben im Aussen, viel weiter weg. Die Ernährung wurde Sattwisch oder rein. Der Körper bekam, was er brauchte, im Inneren wie auch im Äusseren. Das Streben nach einem achtsamen, bewussten und einfachen Leben blieb nach wie vor sehr stark in mir. Das mit dem Essen war aber nie fanatisch, auch wurde mal etwas Süsses aus weissem Zucker oder weisses Weizenmehl gegessen, obwohl es mir nicht immer guttat. Denn Tamas und Rajas wurden in der Regel, so gut es ging, gemieden.

Wenn ich dann aber doch einmal Lust auf ein Stück Patisserie, wie zum Beispiel eine Cremeschnitte, hatte. Diese war gefüllt mit fetter Vanillecreme und obendrauf eine Schicht mit dickem Zuckerguss. Sodass ich nach dem Verzehr der Schnitte kurze Zeit später eine so grosse Müdigkeit erfuhr, dass ich das dann bald auch fallen lassen konnte.

Weissmehl gab es auch nur noch in ganz seltenen Ausnahmefällen und immer dann, wenn ich irgendwo eingeladen war oder im Restaurant einmal eine Pizza ass.

Das weisse Mehl verursachte mir stets Magenschmerzen, so konnte ich leicht und gut darauf verzichten.

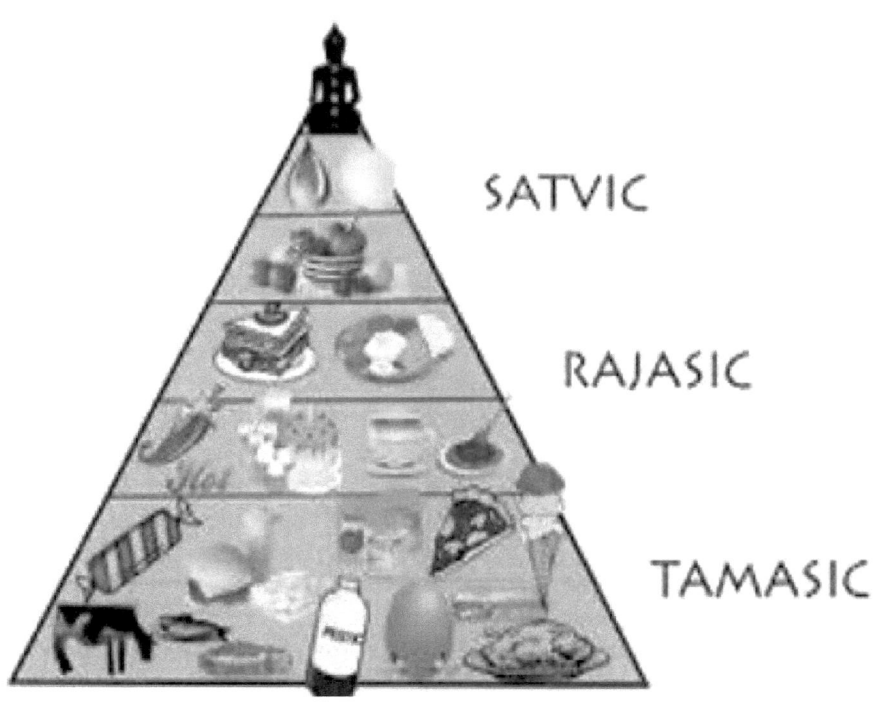

Der Begriff **Guna** *(Sanskrit) wird übersetzt mit Worten wie: Schnur, Faden; später: Eigenschaft, Qualität. Triguna beschreibt nach dem philosophischen Konzept des indischen Samkhya die Qualitäten jener Kräfte, aus denen die Urmaterie des Prakriti zusammengesetzt ist.*

Durch drei wesentliche Eigenschaften oder Kennzeichen (Gunas) charakterisiert: Tamas (Trägheit, Dunkelheit, Chaos), Rajas (Rastlosigkeit, Bewegung, Energie) und Sattva (Klarheit, Güte, Harmonie). Um das Selbst zu realisieren, empfiehlt es sich, Sattwische oder satvic Kost zu sich zu nehmen, der Grund dafür ist auch, dass sich der Mind oder Geist beruhigt.

Die Pilgerreise nach Italien

Oder eine weitere und neue Erfahrung mit dem Göttlichen oder mit der Existenz bahnt sich an.

Es kam eine Zeit, in der das Interesse an Indien, der östlichen Philosophie und den dazugehörigen Schriften in den Hintergrund trat.

Und dann passierte Folgendes. Eines Tages dachte ich, ich könnte mich ja wieder einmal mit der Bibel befassen. Aber ich hatte gar keine, und gerade keine Zeit, mir eine zu beschaffen. Es war auch nur so ein Blitzgedanke. Aber siehe da, einige Tage später hatte ich ein kleines Paket ohne Absender im Briefkasten, das an mich adressiert war. Als ich es öffnete, staunte ich nicht schlecht. Es war eine kleine Bibel. Unglaublich, aber wahr, deutlicher konnte man mir nicht zeigen, dass es an der Zeit war, mich wieder mit den Worten Jesus zu beschäftigen. Was ich dann auch tat.

Die Hingabe an das Göttliche in Jesus war damals schnell wieder da und sehr stark. Was sich durch innere Gespräche ausdrückte und auch im Satsang sprach ich damals oft über die Aussagen von Jesus. Ich las zum wiederholten Male die Schriften von Jesus in dieser Bibel. Es war so klar, was er gesagt hatte, jedoch wurde mir auch bewusst, dass nur wenige wirklich verstanden, was er mit seinen Aussagen gemeint hatte. Wie beispielsweise „Keiner kommt zum Vater, denn durch mich". Zuerst müssen wir rein und bewusst werden, also Jesus gleich, damit wir Gott erkennen können. Oder wir erkennen uns, so erkennen wir Gott. Und so weiter, das würde ein eigenes Buch füllen, darüber zu schreiben.

Da kam mir auch Folgendes in den Sinn. In früheren Jahren hörte ich von Padre Pio und Franz von Assisi. Die gaben mir das Gefühl von wahrer Heiligkeit, nicht wegen der Kirche, sondern wegen der Geschichten, die ich von ihnen gelesen hatte. Ihre Liebe zu den Menschen und den Tieren faszinierte mich.

Der heilige Franziskus oder Franz von Assisi mit seinen Geschichten und der Predigt mit den Tieren war mir damals bekannt. Padre Pio, von ihm wusste ich nur, dass er Stigmata

(Wundmale wie Jesus am Kreuz hatte, die oft bluteten) hatte und er sehr weise war. Und dass beide in Italien gelebt und gewirkt hatten und auch heute, könne man die Präsenz oder Energie von den Verstorbenen an ihren gelebten Orten in Italien noch spüren.

So ergab es sich nach dem Lesen der Worte von Jesus in dieser Bibel und den Gedanken an die italienischen Heiligen, dass plötzlich der Wunsch da war, nach Italien zu reisen. Um die Orte von diesen Dienern Gottes zu besuchen. Natürlich auch in der stillen Hoffnung um weiteres Erkennen und Befreiung. Die Suche nach wahrhaftiger Gottesverwirklichung liess mich immer weitere bewusstere Erfahrungen machen. Oder war es der Wunsch, auch eine Dienerin Gottes sein zu dürfen? Dafür wäre ich einmal mehr gestorben! Solche Gedanken waren damals gerade so in mir.

Na schön, die Idee mit Italien, aber wie soll ich dahin kommen? Mit dem Auto? Das hatte keine gute Resonanz, mit dem Zug? Auch nicht, da ich mich mit Zügen nicht gut auskannte und ich auch beim Nachforschen keine guten Bahnverbindungen fand. Aber vor allem wurde es mir im Herzen schwer. So wusste ich, es müsse nicht sein, noch andere Bahnverbindungen zu suchen. Kurz darauf, in einem Zwiegespräch mit der göttlichen Existenz, sagte ich: „Okay. Sollte es sein, dass ich nach Italien reise, dann bitte ich um die richtigen und klaren Impulse, sodass alles in Leichtigkeit geschehen und sein darf. Herzlichen Dank!"

Und wiederholt kurze Zeit später geschah es dann wie folgt: Als ich so im Internet herum surfte und zuerst nicht genau wusste, wonach ich suchen wollte, war plötzlich der Gedanke da: „Gib einmal Busreisen Italien ein, was ich sofort machte. Unglaublich, aber wahr. Auf dem Display des Computers erschien als das Erste auf der Seite bei Google: Pilgerreise nach Italien, Assisi (hl. Franziskus, Klara) – Cascia (hl. Rita) – S. Giov. Rotondo (hl. Patre Pio) – Monte Sant'Angelo – Loreto (Haus Hl. Familie). Abfahrt auch ab Zürich. Da staunte ich nicht schlecht. Was die Existenz nicht alles zum Wohle des Menschen bereithält, dachte ich noch.

Zürich wäre gut und schnell erreichbar, und die Reise in Italien würde sieben Tage mit einem Reisebus stattfinden. Grandios! Lange musste ich nicht überlegen. Es war perfekt und die Reise startete schon in drei Tagen. Als ich anrief, um mich anzumelden, hiess es dann aber: „Wenn ich bereit wäre, mit einer anderen Person das Zimmer zu teilen, könnte ich an dieser Reise teilnehmen". Das wollte ich aber auf keinen Fall. Nicht weil ich das nicht hätte durchführen können, sondern weil ich auf mein Bauchgefühl vertraute und das Gefühl ganz klar Nein sagte.

Nach der Beendigung des Telefonates wollte ich das Ganze gerade wieder vergessen. Aber da klingelte das Telefon, und die Dame von der Pilgerfahrt war wiederholt am Apparat. Sie teilte mir mit: „Es sei nun doch möglich, mit dem Zimmer für mich alleine." Und fragte im Anschluss, ob ich die Reise gleich buchen würde? Zu überlegen gab es nichts mehr, und so meldete ich mich entschlossen an. Nun stand der Reise nichts mehr im Wege. Bald packte ich den Koffer und schnell war es Zeit zur Abreise.

Am Montagmorgen, 17. April 2017, in der Frühe, es war Ostermontag, ging die Reise los. Unser Reisebegleiter war ein Pater Bruno aus einem Benediktiner-Kloster, so meine ich mich zu erinnern. Im Reisebus hatte ich einen Fensterplatz neben einer älteren netten Frau.

Der Bus war besetzt mit ca. 50 Pilger und Pilgerinnen. Während der Fahrt begriff ich erst, wo ich gelandet war. Die Menschen im Bus waren alle sehr gläubige Katholiken. Wohl war ich die einzige nicht Katholikin, das merkte ich, als die Gesellschaft anfing, den Rosenkranz zu beten. Der katholische Glaube war mir vor der Reise gänzlich unbekannt. Wieder einmal mehr wurde ich unwissend an Dinge herangeführt, um meinen Horizont zu erweitern und Neues kennenzulernen.

Nach vier Stunden Fahrt kam schon der erste Halt, um einer kirchlichen Messe, die der Pater Bruno abhielt, beizuwohnen.

Nur ich selbst wusste, dass ich in dieser Gesellschaft eine

Aussenseiterin war. Obwohl ich die Bräuche und Sitten dieser Gemeinschaft nicht kannte, geschweige dann noch auf Anhieb verstand, fühlte ich mich sehr wohl in der Gruppe. Hier konnte ich meine wahre Heiligkeit still ausleben, ich fühlte mich Gott sehr nahe. Gut war meine Sitznachbarin auch so still wie ich, so konnte ich einfach sein und beobachten, wenn die Teilnehmer ihre Gebete und Rituale abhielten.

Franz von Assisi

*Auch **Franziskus von Assisi genannt**, geboren als Gio-vanni di Pietro di Bernardone, geboren im 1181, oder 1182 in Assisi, Italien, gestorben am 3.10.1226 in der Portiuncula-Kappelle unterhalb der Stadt. Er war der Begründer des Ordens der Min-derbrüder (Ordo fratrum minorum, Franziskaner und Mitbegrün-der der Klarissen. Er wird in der römisch-katholischen Kirche als Heiliger verehrt. **Franziskus**, lebte nach dem Vorbild Jesu Christi. Diese Lebensweise zog gleichgesinnte Gefährten an, was zur Gründung der Minderen Brüder führte, deren Orden rasch wuchs. Trotz grosser Widerstände während der ersten Jahre seines Wirkens wurde er von der katholischen Kirche schon zwei Jahre nach seinem Tode heiliggesprochen.*

Gegen Abend kamen wir in Assisi an. Dort bezogen wir unsere Zimmer in einer netten Pension, ich durfte das Zimmer wirklich alleine geniessen. Natürlich war ich auch eine Aussenseiterin, da ich beim Essen das Fleisch ablehnte und den Wein auch verwehrte. Manch eine oder einer schaute etwas seltsam. Der Pater Bruno war ganz okay, er liebte und lebte seinen Beruf, in der Berufung als Diener Gottes. Schön, das erleben zu dürfen, auch sonst war es mir sehr wohl in seiner Nähe. Täglich machte er mindestens eine Messe für die Gruppe. Und immer gab es auch eine Segnung. Ein Gefühl sagte mir, dass ich das nicht erhalten dürfe, da ich nicht eingeweiht war. So ergab es sich, dass ich, mit Pater Bruno, den Weg zur Besichtigung einer Kirche ging und ihm mitteilte, dass ich keine Katholikin sei. Und fragte ihn, ob das ein Problem wäre, wenn ich an seinen heiligen Messen teilnähme. Darauf antwortete er mir freundlich: "Sei willkommen!" Nur der Weihung dürfe ich nicht beiwohnen, da ich keine Kommunion hätte, meinte er. Nun war es geklärt und in den Messen setzte ich mich immer ganz hinten in die Kirchenbank, so merkten die anderen gar nicht, dass ich das Abendmahl nicht entgegennahm. Diese Pilgerwoche war sehr nährend, da ich so nahe bei und mit Gott sein konnte. Bei den Gläubigen jedoch menschelte es sehr. Bei so einigen konnte ich ihre Scheinheiligkeit erfahren, indem sie so nett beteten und Gott verehrten und fast im gleichen Atemzug ganz unschön bis arg über ihre Mitmenschen herzogen und schimpften. Dem sah ich einfach und wertfrei zu, denn ich wusste ja: Keiner kann anders, als es durch ihn macht. Und trotzdem würde ich mit solchen Menschen nicht mein Leben verbringen wollen.

Was mir nicht gefiel, an diesem Glauben oder so habe ich es mitbekommen, dass wir alle Sünder seien, nur Jesus nicht. Da er uns unsere Sünden abgenommen hätte. Und nur Jesus konnte Befreiung erlangen, wir Menschen können das nicht. Das war mir zu viel Dogma und klar als Machtspiel zu erkennen. Was mir gefiel, waren die vielen schönen Statuen in den Kathedralen von den Heiligen wie Maria und Christus.

An den Abenden, wenn die Gesellschaft beim Wein sass, war es für mich Zeit, mich zurückzuziehen, um zu meditieren oder zu kontemplieren in Gesprächen mit Jesus oder Gott.

In Assisi besuchten wir die Orte, wo der Heilige Franziskus lebte und wirkte. In der Kirche, in der seine Gebeine aufbewahrt waren, konnte ich gar nichts spüren. In einer anderen Kirche aber, da wo Franziskus damals gestorben sei, da war für mich seine Energie sehr spürbar. Das drückte sich aus, als ich alleine auf einer Kirchenbank sitzend in einen tiefen Zustand von Versenkung fiel. Sehr lange konnten wir nicht in Assisi bleiben und schon bald fuhr der Bus weiter.

Die heilige Rita von Cascia

Rita geboren als Margherita Lotti, geboren im 1381 in Roccaporena, gestorben am 22. Mai 1457 in Cascia war eine italienische Nonne. Als junge Frau wollte Margherita Lotti bei den Augustinerinnen eintreten, wurde aber gegen ihren Willen verheiratet. Erst nachdem ihr gewalttätiger Gatte ermordet worden und ihre beiden Söhne an der Pest gestorben waren, konnte sie, ihrem ursprünglichen Wunsch folgend, 1407 in das Kloster der Augustinerinnen in Cascia eintreten, wo sie ein Leben in strengster Entsagung und Busse führte. Später erhielt sie als Stigma die Dornen Krone. Fest der hl. Rita von Cascia in San Benedetto in Piscinula in Trastevere, 2013. Rita von Cascia gilt als Schutzpatronin der Metzger und wird in aussichtslosen Anliegen, bei Examensnöten und gegen Pocken angerufen. Dem Patrozinium der heiligen Rita sind zahlreiche Kirchen unterstellt, darunter eine in Miramar (Havanna).

Gegen Abend kamen wir dann in Cascia an. Da wirkte damals die heilige Rita. Wir besuchten die Kirche mit dem Schrein der Heiligen und anderntags dann das angrenzende Augustinerinnenkloster, in dem sie 40 Jahre lang gelebt und gewirkt hatte. Vor ihrem Tod empfing sie das Stigma der Dornenkrone an der Stirne, sie starb am 22. Mai 1457. Bald nach ihrem Tod sollen sich zahlreiche Wunder ergeben haben. Dafür wurde sie später dann heiliggesprochen. Heute wird Rita immer noch „als Helferin in aussichtslosen Nöten" angerufen. Der Legende nach erzählt, blühte in ihrem winterlichen Garten zu Roccaporena während ihrer letzten Krankheit eine Rose. Jährlich kommen am 22. Mai viele Gläubige mit einer Rose zu ihrem Grab in dieser Kirche, die wir besuchten.

In der Kirche sass ich dann, in der vordersten Kirchenbank Direkt vor mir war der offene Sarg mit dem verstorbenen Körper der Heiligen Rita. Hinter einer Glasscheibe, die den Sarg umgab, lag sie schön angezogen und mit den Händen auf dem Bauch liegend, aufgebahrt. Ihre Hände waren nicht verwest und sie hatte eine strahlende Aura um sich.

Kurz nachdem ich mich dort hingesetzt hatte, fiel ich in einen versenkten Zustand. Obwohl ich wahrnahm, was um mich herum geschah, konnte ich mich wieder nicht bewegen. Es war, als wäre ich ein Stein aber tiefe Stille war in mir. In der Kirche waren nur die von unserer Gruppe, andere Menschen waren nicht anwesend. Warum war unklar, vielleicht auch, weil es schon gegen Abend zuging.

Angesagt war eine heilige Messe, die unser Pater im Untergeschoss der Kirche abhalten würde. Alle gingen zur Messe, nur ich sass da wie in Stein gemeisselt, so blieb ich halt sitzen, versunken und in Verbindung mit der heiligen Rita. Meine Stirn fing an zu brennen wie Feuer, es fühlte sich an, als wäre es eine Wunde. War es ein Brennen, wie es Rita erlebt hatte, mit dem Dornenstigma? Ging es mir noch durch den Kopf. Wie auch immer, es geschah einfach.

Nach ziemlich langer Zeit spürte ich eine Hand auf meiner Schulter, langsam öffnete ich die Augen und blickte hinter mich. Ein Mann aus der Pilgergruppe stand bei mir. Die Gruppe hätte, nachdem sie schon fast abgefahren seien, bemerkt, dass ich fehlte. So solle ich nun aber sofort kommen und wir eilten zu dem wartenden Bus nach draussen.

Die Stirne spürte ich auch später im Bett noch, zwar schwächer, aber immer noch vibrierte es. Am nächsten Morgen gingen wir nochmals in die Kirche und wieder hielt der Pater Bruno eine hl. Messe ab. Auch dieses Mal blieb ich in der Kirche vor der heiligen Rita sitzen, dort meditierte ich aber, ohne dass es mich wieder so tief versenkte. Nach einer Weile ging ich noch etwas draussen spazieren, schaute den Tauben dort zu und schon bald kam die Pilgergruppe aus der Messe und wir besichtigten noch kurz das an die Kirche angrenzende Augustinerinnenkloster. Danach ging es im Reisebus weiter nach San Giovanni Rotondo und zu Padre Pio.

Pater Pio

Pater Pio, italienisch Padre Pio; bürgerlich Francesco Forgione, geboren am 5.5.1887 in Pietrelcina, gestorben am 23.9.1968 in San Giovanni Rotondo in der italienischen Provinz Foggia. Pio war ein Kapuziner und Ordenspriester. Ab 1918 zeigten sich bei ihm Stigmata, auch soll er über die Gaben des Heilens, der Prophetie und der Seelenschau verfügt haben. Was Anlass für mehrere teils kirchliche, teils medizinische

Unter-suchungen war. In kritischen Veröffentlichungen werden die Stigmata auf natürliche Ursachen zurückgeführt und Pios Wirken teils sehr negativ bewertet. Papst Johannes Paul II. sprach Pio von Pietrelcina 1999 selig und 2002 heilig. Um Pater Pio entwickelte sich bereits zu Lebzeiten ein Kult; er gilt als einer der beliebtesten Heiligen Italiens.

Der Heilige Pater Pio von Pietrelcina hatte fünf Stigmatisationen auch «Wundmale Christi» genannt, angeblich in Ekstase empfangen. Er trug sie genau 50 Jahre und 3 Tage, bis zu seinem Tod am 23. September 1968. Der süditalienische Kapuziner ist damit einer von 13 Stigma-tisierten, die von der katholischen Kirche heiliggesprochen wurden.

Vor dem Mittag ging die Fahrt mit dem Bus weiter nach San Giovanni Rotondo, da wo Padre Pio (1887-1968) zu seinen Lebzeiten gewirkt hatte.

Erst am Abend erreichten wir dann unser Ziel. Wir wurden für zwei Nächte in einer Pilgerherberge in der Nähe der Kirche untergebracht. Da, wo der verstorbene Pio von Pietrelcina, wie er auch genannt wurde, aufge-bahrt lag. Wir bekamen noch ein Abendessen und bald lag ich im Bett und war zufrieden, wie alles lief.

Am nächsten Morgen dann, hiess es, der Tagesablauf sei wie folgt: Zuerst Aufenthalt am Gnadenort, dann heilige Messe, Besuch des Kapuzinerklosters mit der Sterbezelle des heiligen Padre Pio, geführter Museums-Rundgang, Besuch der Kirche San Pio und der mit eindrucksvollen Mosaikbildern ausge-schmückten Krypta, wo auch der Schrein des Heiligen sei. Und die Zeit nach dem Mittagessen stehe zur freien Verfügung. Es gäbe erst am Abend, dann noch eine Messe in der Herberge.

Im Rundgang durch das Museum blieben wir an einem Ort stehen. Dort erklärte die Museumsführerin uns einige Dinge. Ich stand genau mit Blick auf eine Jesusstatue, bei der sich Jesus an einem Holzkreuz festhielt. Es war nicht ein leidender Jesus, sondern ein sehr kraftvoller, mit freundlichem Blick, so schien er mir jedenfalls. Beim Betrachten des Heiligen war es, als käme Jesus aus dem Holz mir entgegen, er hielt mich mit seinem klaren Blick in festem Bann. Den Erläuterungen der Frau, die uns durch das Museum führte, konnte ich nicht mehr folgen. Dieser Jesus nahm mich so stark in Besitz, so war ich nur noch in Kontakt mit der göttlichen Instanz durch diese schöne hölzerne Jesusfigur. Es war wieder ein Zustand, einer Art von Versenkung, denn alles um mich herum verschwand, nur die Figur war präsent und mein Körper bebte leicht. Beim Versuch dieses Geschehen zu beschreiben, würde ich sagen, Jesus leuchtete buchstäblich, aber eigentlich kann man solche Erlebnisse nicht beschreiben, sondern nur selbst erfahren, um dadurch zu verstehen.

Die Führung ging weiter und ich wollte später alleine nochmals dorthin zurückgehen.

Wir gingen dann noch zu dem Schrein, dorthin, wo Padre Pio aufgebahrt lag. Dann war die Führung beendet und wir hatten den Rest des Tages zur freien Verfügung.

Zuerst brauchte ich aber etwas zu trinken. Dazu ging ich in ein Kaffee gegenüber der Kirche. Als ich dann so vor meinem Getränk sass und einfach war, kam eine Frau, etwa in meinem Alter, an meinen Tisch. Sie fing an, mir von Indien und Ramana Maharshi zu erzählen. Nichts ist unmöglich! Das dachte ich. Sogar in Italien kam plötzlich auch Ramana dazu. Etwas seltsam fand ich das ja schon. Aus heiterem Himmel an einem anderen Ende der Welt, dass plötzlich jemand mir fremder von meinem geliebten Meister zu erzählen anfing. Dieses Gespräch zeigte es mir einmal mehr, wie klein die Welt doch war und wie vernetzt alles ineinander verwoben und wenn wir nach Selbstverwirklichung streben oder auf der Suche nach Gott sind, öffnen sich uns unvorstellbare Möglichkeiten und werden uns immer wieder wundervolle weitere Erfahrungen geschenkt. Wir tauschten noch eine Weile aus und schon ging jede wieder seines Weges. Was blieb, war die Liebe im Herzen, vermischt mit Ehrfurcht und freudiger Berührung.

Am frühen Nachmittag, nach dem gemeinsamen Mittagessen mit der Gruppe, machte ich mich alleine auf den Weg zurück zur Kirche. Zuerst ging ich in das Museum zu Jesus am Holz, während ich dort sass, fing es in meinen Handflächen an zu brennen und ein starker Schmerz war in meinen Händen zu spüren. So als durchbohre etwas meine Handflächen. Nach einiger Zeit machte ich mich auf zu dem Schrein des Heiligen in diesem Raum, mit den vielen tausend vergoldeten Marmorteilchen. Da machte ich mich zuvor schon auf ein langes Anstehen gefasst, denn am Morgen bei der kurzen Besichtigung der Kirche war mir aufgefallen, dass dort eine Tafel mit der geschriebenen Wartezeit stand. Da dachte ich noch: „Oh, ja, da muss man lange anstehen", aber schliesslich kam ja wohl jeder, um den Heiligen Pater Pio aufgebahrt dort liegen zu sehen, dachte ich.

So kam ich dann dort an und siehe da, es war wie ein Wunder oder hatte die göttliche Instanz das für mich wieder arrangiert? Es war noch vor mir ein Mann und nach mir war niemand mehr, der wartete. Unglaublich, aber wirklich wahr. So durfte ich einen langen Moment mit dem Heiligen Padre Pio alleine, ja ganz alleine sein. Es war eine starke Schwingung, die von dem verstorbenen Heiligen, der da aufgebahrt hinter einer Glasscheibe lag, ausging. In meinem ganzen Körpersystem vibrierte es und meine Hände brannten zum wiederholten Male sehr stark. In mir schrie es stumm, aber im Herzen schmerzend: „Bitte Gott, lass mich so reinen Herzens sein wie du oder Pio es sind! Bitte lass mich ein leeres Gefäss sein, damit ich dir vollends dienen kann, als deine Tochter!"

Als der Herzschmerz dann weg war, waren hinter mir auch wieder Menschen am Warten, bis sie an den Schrein des Heiligen Padre kommen konnten, also ging ich weiter.

Noch etwas benommen setzte ich mich in der Kirche auf einen Stuhl, vor eine lebensgrosse Figur des Berühmten. Dort blieb ich in der Meditation sitzen. Als ich aus der meditativen Versenkung zurück war und auf die Uhr schaute, waren zwei Stunden vergangen, ohne dass es mir so lange vorkam. Das Zeitgefühl hatte sich wohl aufgelöst.

Am Abend, wieder zurück im Pilgerhaus, ging ich in die dortige kleine Kapelle und wollte etwas meditieren. Ich setzte mich auf einen Stuhl nahe dem bunten Glasfenster. Zuerst betrachtete ich die Zeichnungen im Fenster der Kirche und war ganz schön erstaunt über das, was ich da sah.

Ein Fenster zeigte genau den Jesus, der sich am Holzkreuz hielt, der so hinaustrat. Wie ich ihm zuvor in dem Museum begegnet war, war zudem auf dem Bild auch Padre Pio zu sehen. Der Heilige Mann blickte zu Jesus und die Strahlen, die von Christus ausgingen, endeten als *Stigmata bei Padre, und zwar an seinen beiden Händen und an der Gegend links unter der Brust. Gezeichnet waren die Stigmata, soviel ich mich zu erinnern vermag, als blutende Wunden an diesen Stellen. Beim Betrachten dieses Fensterbildes brannten mir zum wiederholten Male die Handflächen. Es hätte mich nicht mal gewundert, wenn es zu bluten angefangen hätte. Erklären konnte ich mir das nicht, auch hatte ich danach nie mit jemandem darüber gesprochen und ich vergass es auch wieder, bis ich die Geschichte hier auf das Papier brachte.

Am nächsten Morgen ging die Pilgerreise weiter zum Monte Sant'Angelo und dem Besuch der imposanten Felsenhöhle des hl. Erzengels Michael. Das war ein Wallfahrtsort mit einer Kapelle in einer grossen Höhle. Dort war Jesus auf einem lebensgrossen Bild gemalt. Dieses Bild war mir von früher schon bekannt und es gefiel mir sehr gut. Wie immer und natürlich war sofort wieder das Wohlgefühl im Herzen und ich war mit Jesus im Zwiegespräch. In der Kapelle durften wir noch einer heiligen Messe von italienischen Priestern beiwohnen. Für mich war es immer toll, so konnte ich auch hier auf dieser Reise durch Italien oft einfach beobachtend und zuschauend sein, ohne mich auf irgendetwas einlassen zu müssen. Eigentlich war ich viel mehr alleine unterwegs, als dass ich mich dieser Gruppe verpflichtet gefühlt hätte.

Am nächsten Morgen fuhren wir in Richtung Schweiz und machten in Loreto noch einmal Halt, um auch die dortige Kirche zu besuchen. In der auch wieder wie an jedem der vergangenen Tage der Reise von Pater Bruno eine heilige Messe abgehalten wurde. All diese Messen nutzte ich schon bald nach Beginn der Reise zum stillen Sein oder Meditieren.

In Loreto besuchten wir die Basilika, in der das Heilige Haus der Jungfrau Maria bewahrt wird: Ein heiliger Ort also, der von Johannes Paul II. als das wahre Herz des Marienkults bezeichnet wurde.

Nach dem Zimmerbezug hatten wir Zeit zur freien Verfügung. So wollte ich zur Kirche. Auf dem Weg zur grossen Kirche kam ich an einer kleinen Kapelle vorbei, da zog es mich buchstäblich hinein.

Was ich darin fand, berührte mich zu Tränen. Da war mein Lieblingsbild von Jesus, Padre Pio in Lebensgrösse und eine wunderschöne Statue von Maria. Alle Statuen waren lebensgross und die Kapelle war geschmückt mit vielen Blumen. Ich setzte mich auf einen Stuhl vor der Mutter Maria und nicht lange ging es und ich war wieder in einem versenkten Zustand. Die weibliche Gottheit war fein und zart und doch auch sehr stark und präsent. Noch nie zuvor war ich so intensiv mit der weiblichen Gotteskraft in Berührung gekommen. Es war wunderschön und wieder war ich längere Zeit alleine in dieser Kapelle. Noch die letzte Nacht und am darauffolgenden Tag ging die Fahrt zurück in die Schweiz. Diese Pilgerreise brachte mich Gott oder dem Selbst noch näher und erfüllte mich mit Freude und Leichtigkeit.

Die katholische Kirche mit ihren Bräuchen war mir nun nicht mehr fremd, aber auch nichts, womit ich mich anfreunden konnte.

Für mich war diese Pilgerreise eine Reise zu Gott oder dem Selbst in mir. Was ich alles als dasselbe EINE betrachtete. Diese Reise brachte mich nicht nur Jesus wieder näher, es öffnete sich in mir ein weiteres Bewusstseinsfeld für die weibliche Gotteskraft.

Wieder zu Hause blieb mein Ausdruck noch länger stark geprägt von der Hingabe oder *Bhakti. Was sich auch im Satsang zeigte. Oft waren die Gespräche über die Worte von Jesus.

Nun arbeitete ich weiterhin als Sitzwache an Betten von kranken, sterbenden oder verwirrten Patienten. Es war nie voraussehbar, wo ich gerufen wurde, so erfuhr ich immer mehr das Sein aus dem Moment heraus und sah, dass die Handlungen darauf folgten oder auch keine Handlung geschah. Da niemand mehr da war, der Wertschätzung oder Lob von anderen brauchte und auch kein „geliebt werden" von aussen mehr bedarf hatte, handelte es aus dem Moment heraus meist ruhig und gelassen und durch das Geschehen der achtsamen Beobachtung heraus, reagierte es steht's spontan und perfekt.

Es geschah in mir und durch mich hindurch ein ständiges Zuschauen, was und wie es durch die Form (Körper) handelte. Nie hätte ich so seriös, klar und wahr sein können, wenn noch viele Überlagerungen da gewesen wären, diese Einsicht kam immer mehr ins Bewusstseinsfeld.

Irgendwann nahm ich auch wahr, dass jeder Gedanke zuerst geprüft wurde, so als hätte es ein Prüfer und ein Sieb und alles Sinnlose an Gedanken fiel im Sieb hindurch und das, was wichtig war und weiteres an Denken bedurfte, blieb, wurde betrachtet, für annehmbar erachtet oder wieder verworfen. Somit geschah noch mehr Klarheit und fortlaufend mehr Vertrauen in das nicht wissen müssen.

Wieder einmal, beim stillen Betrachten meines Lebens, tauchten Fragen aus dem Nichts auf. Fragen wie: „Was gibt es noch, dass du nicht erkennen kannst?" Oder. „Was bedarf es noch an Klärung?" „Wo hast du noch Anhaftungen oder Überlagerungen?", ertönte es in meinem Inneren. Bei diesen Fragen erkannte ich, dass ich zum Thema Mann / Frau bislang nicht frei von Anhaftungen war. Das zeigte sich mir, weil gelegentlich noch ein Wunsch nach Nähe zu einem männlichen Wesen in mir war. Obwohl dieser Wunsch oder diese Idee sich immer nur als einen Hauch zeigten, war er da. Also das hiess, nicht befreit. In dem inneren Zwiegespräch sagte ich zu Gott oder der Existenz: „Das Thema Mann / Frau würde ich schon gerne ösen können. Aber wie?", das wusste ich wirklich nicht. Das innere Gespräch ging nur einen kurzen Moment und schon war es wieder aus meinen Gedanken und ging einfach wieder vergessen. Mein Leben, so wie es damals war, fühlte sich recht gut an und die Bedürftigkeit nach einem Gegenüber in männlicher Form besuchte mich wirklich nur ganz selten. Nicht, dass hier etwas missverstanden wird, ich hatte nichts gegen Gemeinsamkeit, aber ich wusste, dass die Anhaftungen in mir bisher nicht so frei gewesen wären, dass zwei Seelen sich frei treffen konnten, um miteinander das Leben zu gehen, ohne ein Gegenüber zu gebrauchen. Das war meiner Ansicht nach der Bonus in einer Partnerschaft. Alleine oder eigenständig und doch stimmig zusammen.

Das Jahr verging und der Herbst kam. Die Eindrücke der Pilgerreise und das Sein bei diesen Heiligen verblassten allmählich. Mir ging es körperlich gut und auch sonst war ich zufrieden mit dem, was gerade war.

Stille-Retreat bei Ramana in Indien

Anfangs Oktober 2017 hatte ich plötzlich und unerwartet die Idee, doch nochmals nach Indien zu Ramana Maharshi zu reisen. Am besten wäre es, im Ashram zu wohnen und für mich alleine ein Stille-Retreat haben zu dürfen. So sagte ich zu mir selbst: „Gut, wenn ich im Ashram ein Zimmer bekomme, gehe ich nach Indien und sonst vergesse ich diese ganze Idee einfach wieder. Dann muss es nicht sein." Denn ich hatte keine Lust, mich ausserhalb des Ashrams aufhalten zu müssen, denn dann wäre daraus kein Stille-Retreat geworden, so dachte ich damals. Also schrieb ich gleich ein E-Mail an den Ramana Ashram, mit der Bitte, eine Unterkunft zu bekommen.

Schon bald darauf erhielt ich die Antwort, mit der Erlaubnis, die ganze Aufenthaltszeit bei ihnen im Ashram leben zu dürfen.

Toll! Also durfte es sein, dass ich dieses Retreat für weitere Vertiefung bei dem grossen Meister nutzen könnte. Noch einige Vorbereitungen und der Reise stand nichts mehr im Wege.

Am 23. Oktober 2017 war der Tag des Abfluges nach Indien.

Als ich in Indien dann im Taxi durch die Strassen chauffiert wurde, war es zum wiederholten Male ein freudiges Gefühl. Vielleicht doch noch ein wenig, als käme ich nach Hause. Obwohl ich schon länger festgestellt hatte, dass ich, wo auch immer es mich hinführte, in mir zu Hause war.

Bei der Ankunft im Ashram gab mir die Leitung im Office ein Zimmer im angrenzenden Palakothu Ashram. Dort hausten zu Ramanas Lebzeiten, Devotes und Sadhus oder die Menschen, die sich der Meditation und Selbsterforschung widmeten.

Das Zimmer war in einem Haus im Obergeschoss. Es war klein, sauber und unter grossen Bäumen gelegen, so war es angenehm kühl im Zimmer. Täglich um vier Uhr morgens ging ich in die Halle, um zu meditieren, und blieb dort bis kurz vor sieben Uhr. Dann folgte die morgendliche Puja an dem Samādhi von Ramana, der ich täglich beiwohnte. Gleich danach ertönte die Glocke, die uns zum Frühstück in den Speisesaal des Ashrams einlud. In dieser Zeit nahm ich das Essen jeweils an einem Tisch ein, da mir das Sitzen auf dem Boden nicht mehr möglich war, da mein Rücken sonst zu stark rebelliert hätte. Das Sitzen am Tisch ermöglichte mir dafür, alles schweigend zu beobachten, was in der Essenshalle so geschah.

Nach dem Morgenessen setzte ich mich meistens irgendwo im Ashram hin, um weiter zu meditieren oder einfach dem Treiben von Menschen und Tieren still zuzusehen. Schon länger bemerkte ich, dass es beim Schauen keinen Kommentator mehr in mir gab.

Es geschah einfach, betrachten und das ohne Kommentar vom Verstand. Gleichzeitig, geschah ein inneres Beobachten und daraus bewusstes Erkennen, was gerade in mir abging. Es war genial, alles passierte gleichzeitig, das Denken, das Fühlen, das innere Beobachten, das äussere Schauen, die Geräusche wurden wahrgenommen, mal waren Gedanken, mal nicht. Das, was aber am meisten wahrgenommen wurde, war diese Stille im Herzen und dieses Summen im Kopf. Die Präsenz von Ramana wirkte in meinem Herzen, da war es oft auch heiss, meistens aber angenehm warm und vibrierte ganz sanft und zwischen den Augenbrauen vibrierte es wiederholt sehr stark.

Immer wieder setzten sich Hunde zu mir und schliefen dann tief, so als haben sie Vertrauen, dass ich sie von den Aufsichtsleuten beschützen würde. Was manchmal sogar auch geschah. Denn die Leute mit ihren Stöcken kamen oft nicht in meine Nähe, sondern schauten nur ein wenig grimmig aus der Entfernung. Aber sie hatten ja den Auftrag nach Ordnung zu schauen und manchmal mussten sie den Hunden auch zeigen, wer dort der Meister war. Und das war klar der Mensch und nicht der Hund. Denn sonst, bemerkte ich, war es in Indien eher umgekehrt.

Manche Pfauen kamen und pickten mir Erdnüsse aus der Hand, wenn ich ihnen welche anbot. Für mich war, seit ich mich erinnern konnte, jedes Lebewesen das Göttliche, das sich durch verschiedene Formen Ausdruck verschaffte. Seit meiner Kindheit sprach ich mit allen Tieren. Das tat ich auch in Indien. Schon lange Zeit war mir egal, was die Leute darüber oder über mich dachten.

Beim damaligen Aufenthalt fing ich an, mich auch zu verneigen, indem ich auf die Knie ging und mit der Stirn den Boden berührte. Es war ein innerer Impuls, dem ich folgte. Dabei bemerkte ich, dass es eine wunderschöne und angenehme Angelegenheit war. Eine wahrhaftig befreiende Erfahrung, und jedes Mal fand in mir eine Herzberührung statt. Diese Verneigungen oder genannt auch Namaskaram, geschahen bei den verstorbenen Heiligen, wie bei: Ramana, Sheshadri, oder auch bei Yogiramsurat Kumar, entweder vor einem Bild oder dessen Grabstätten. Bei den noch lebenden Heiligen verneigte ich mich innerlich, so wie ich es schon einmal in diesem Buch erwähnt habe.
Die ersten zehn Tage bei Raman hatte ich wahrhaftig dieses Stille-Retreat. Nichts lenkte mich von der Stille ab, denn es gab keine unnötigen Gespräche. Wohl auch, weil Surya damals nicht in Tiruvannamalai war. Auch das passte damals sehr gut.

Das Leben im Ashram hatte eine gegebene, geregelte Struktur, ich musste mich um nichts kümmern und das genoss ich sehr. Das Essen war schmackhaft und ich fühlte mich rundum wohl. Abends ging ich früh zu Bett und so erwachte ich morgens meist schon vor vier Uhr. Das war toll, so konnte ich direkt, noch im Dunkeln und ohne durch ein Eingangstor gehen zu müssen, zur Meditationshalle. Aber unbemerkt ging das nie, wenn auch noch keine Menschen unterwegs waren, die Hunde fanden mich auch um diese Zeit und jeden Morgen gab es eine freudige Begrüssung. Gut wusste ich bald einmal, wo der Schlüssel, um die Tür zur Meditationshalle öffnen zu können, war. So war es mir möglich, schon einmal Platz zu nehmen, bevor dann die anderen Leute kamen, um ebenfalls zu meditieren.

Ausserhalb des Ashrams trat ich nur selten auf und auch, nur wenn ich im Supermarkt etwas kaufen musste wie: Wasser oder Salbe, dass mich die Moskitos nicht auffrassen oder eben die Erdnüsse für die Pfauen.

Ananda

Nach den Tagen in Stille gab es eine plötzliche Wende und eine weitere wichtige Lebenserfahrung fing an, sich zu kreieren, um Bewusstsein und Befreiung der Überlagerungen zu schaffen. Es war wie folgt: Eines Abends, als ich draussen im Ashram sass und den Veden Gesängen lauschte, setzte sich ein junger indischer Mann neben mich, den ich oft schon zuvor im Ashram gesehen hatte. Er fing ein Gespräch mit mir über Befreiung an und erwähnte auch, wie er auf Ramana aufmerksam geworden wäre. Er sprach fliessend und langsam in englischer Sprache, so konnte ich seinen Worten gut folgen. So verbrachten wir den ganzen Abend mit Erzählen. „Normalerweise" war das nicht in meinem Interesse, da ich vorzugsweise die Stille suchte. Aber es war interessant, ihn zu beobachten und auch mich selbst. Auf diesen ersten Abend folgten viele weitere, in denen wir uns weiter kennenlernten. Bald fingen wir an, ausserhalb des Ashrams spazieren zu gehen. Er war zwar jung, hatte aber eine schöne Ausstrahlung und ein grosses tiefes Wissen über Befreiung und wusste von vielen verschiedenen grossen Meistern zu sprechen.

Beim Spazieren berührten sich oft auch unsere Hände und beim abendlichen Adieu sagen umarmte er mich sogar einmal. Für einen Inder oder vor allem beim Ashram war das sehr unüblich. Umarmung gab und sah man nur bei den „Westlern", nie bei den Indern und schon gar nicht Mann und Frau. Das war mir dann aber zu peinlich und ich bat ihn, das nicht mehr zu tun.

Als ich nach einem weiteren angenehmen Abend mit dem Inder zurück in meinem Zimmer auf dem Bett lag, kam mir aus dem Nichts das Ereignis, mit dem göttlichen Zwiegespräch, in den Sinn.

Das Gespräch, das ich damals zu Hause zum Thema Mann / Frau hatte. Oh! Wollte sich das nun klären, und wer weiss auch auflösen? In der Begegnung mit diesem jungen, netten, magnetisch anziehenden Mann? Na ja, da keiner anders kann, als es durch ihn tut, schaute ich uns beiden weiterhin zu und sobald etwas überlagert war, wurde es auf der persönlichen Ebene bewusst wahrgenommen. Das war schon mal neu in Bezug Mann / Frau. So verbrachten wir bald auch die Nachmittage zusammen, dann aber ausserhalb des Ashrams.

Als die Zeit der Rückreise näher kam, hatte ich das Gefühl oder den Gedanken, dass ich noch länger in Indien bleiben sollte. Dieser Gedanke bekam so viel Kraft, dass er umgesetzt werden wollte. So entschloss ich mich, nach einem mir passenden Zimmer, ausserhalb des Ashrams, umzusehen. Schnell fand ich ein gutes Zimmer in der Nähe und mietete es für die folgende Woche. Beim Umziehen half mir Ananda (Glückseligkeit), mein neuer indischer Freund. Dieser Name war plötzlich da, hatte eine sehr starke Resonanz zu ihm und ich fing an, ihn so zu nennen. Dem Inder gefiel der Name gut. Ananda freute sich, wenn ich ihn nun so ansprach, und ich fand, der Name passte perfekt zu ihm. Mir war es klar, dass wenn für jemanden ein Name in mir hochkam, war dieser Name für die Person eine Art Weg oder Tor, das er durchschreiten konnte, um in der Bedeutung des Namens, Vollendung zu finden.

Erwähnen möchte ich hier schon noch deutlich! Nie suchte ich Namen für andere Menschen und doch passierte es, dass bei einigen Personen ein Name einfiel, tatsächlich „einfiel", ohne dass ich so etwas anstrebte. Der Name war einfach da und wurde ausgesprochen oder nicht. Für mich hatte es keine persönliche Bedeutung. Nur wusste ich einfach und aus eigener Erfahrung, dass wenn die Person einen solchen Namen bekommt, und diesen auch benutzt, dass es für die eigene Befreiung hilfreich sein könnte.

Nun hatte ich ein schönes neues Zimmer und der Inder zog gleich teilweise mit ein. Es geschah einfach und da ich intuitiv wusste, dass es um Auflösung ging, war kein innerer Kommentar dagegen zu hören. Also niemand, der in mir etwas daran auszusetzen gehabt hätte.

Mit Ananda konnte ich nicht über mein Innenleben oder die Gedankengänge sprechen. Mein Englisch war dafür nicht ausreichend. Das war aber, wie es sich später dann auch immer wieder zeigte, sehr gut so. Trotz der neuen Erfahrung liess ich mich nicht von der Meditation im Ashram abhalten und so ging ich täglich noch vor Sonnenaufgang los und traf Ananda dann irgendwann später wieder.

Es war schon komisch, mit einem viel jüngeren indischen Mann und noch dort in Indien bei Ramana zusammen, so viel Zeit zu verbringen. Wir unternahmen zusammen Ausflüge in umliegende Tempel oder an den kleinen See Samudram oder gingen um den Berg herum. Wie schon vorher mit Surya, lehrte ich auch mit Ananda viele weitere Tempel und neue Plätze in und um Tiruvannamalai kennen. Einmal fuhren wir sogar nach Poondi zu dem Grab von Poondi Swamiyar, einem Heiligen, und zu dem Grabmal von Mastan, der bei Ramana war und bei Akilandeswari, sie war auch eine Devote von Ramana Maharshi.

Es war toll, sogar das Busfahren ermöglichte er mir, was ich mich alleine niemals getraut hätte.

Wenn wir um den Berg gingen, begleitete uns manchmal ein deutscher, ebenfalls junger Mann, er hatte meistens viele Fragen, die er mir stellte. Fragen zu seiner persönlichen Klärung oder in Bezug auf die Selbsterforschung. Er bekam irgendwann den Namen Aruna, der spontan und aus meinem Inneren kam. Wenn wir zu dritt waren und die Jungs, wie so oft in Gesprächen über was auch immer vertieft waren, war es mir möglich, in der Nacht im Stillen und doch nicht alleine, den heiligen Berg Arunachala zu umrunden.

Ananda war manches Mal ganz bewusst und sehr streng und lernte mich klar zu unterscheiden, was noch an Persönlichem auftauchte oder was es durch mich sprach.

Sobald ich etwas Unwichtiges aus der geprägten Gewohnheit aussprach, sagte er, bevor ich fertig gesprochen hatte, oft nur „NONSENS". Zuerst nervte er mich etwas, bis ich dann aber bald begriff, dass mir sein Verhalten und seine Strenge nützlich waren beim Erkennen meiner Überlagerungen und meiner Anhaftungen. Ich sah in ihm so etwas wie einen Lehrer, er zeigte mir durch die Klarheit, die durch ihn geschah, was die persönliche und unpersönliche Existenz anging, noch einiges auf. Was sich, in mir dann durch ihn, schnell auflösen konnte. Einmal sah ich in ihm einen Meister und kurze Zeit später konnte er sich wie ein kleines unbewusstes Kind benehmen. Mit seinem extrem unterschiedlichen Verhalten, erkannte ich auch mich darin, nur fand ich, er war noch viel ausgeprägter als ich. Zudem durfte ich immer wieder zusehen und bewusst erkennen, was es in mir, durch sein Verhalten, auslöste und oft auch gleich bewusst auflöste. Wenn es einmal anstrengend war mit ihm, wusste ich sofort, das Göttliche oder die Existenz hat es so arrangiert und es würde sich zeigen, was ES mit uns vorhatte.

Ein geprägtes Gedankenmuster kam schon zu Beginn in mir hoch. Und das war Anandas Alter. Das war für mich nicht ganz einfach, da in mir die Vorstellung noch Kraft hatte, eine über fünfzigjährige Frau kann doch nicht mit einem so viel jüngeren Mann zusammen sein, das ist ja voll schräg. So erinnerte es mich auch daran, hatte ich früher darüber geurteilt und nun geschah es mir selbst. Zum Glück dachte ich, sieht Ananda mit seinem Bart nicht so jung aus, wie er ist. Mehr konnte ich damals nicht tun, als zu sein damit, natürlich war auch Hoffnung nach Erlösung dieses Themas in mir. Und es ging ja um die Befreiung zum Thema Mann / Frau. Genial war es auch, dass mir diese Situation mit dem Mann geschenkt wurde.

Da ich damals schon recht bewusst sein durfte, konnte ich die alten geprägten Muster rasch und klar erkennen. Und durch das Erkennen wurden sie weniger oder manchmal auch nicht mehr bedient.

Oft sassen Ananda und ich einfach still beieinander, und das Sein mit ihm, öffnete mein Herz noch mehr.

So verging die Zeit viel zu schnell und auch wieder hiess es Abschied nehmen. Damals nicht nur von meinem lieben Ramana und den Tieren, nein auch von dem mir liebgewonnenen neuen Freund. Wir vereinbarten, dass ich im Januar zurückkommen würde. Er lebte damals anstelle seines Studiums dort in einem kleinen Zimmer und würde bis im Frühjahr bei Ramana bleiben, erzählte er mir. Er würde Ausschau nach einem geeigneten Raum halten, damit ich beim nächsten Besuch eine Bleibe hätte. Ein ganz kurzer Gedanke war noch, hoffe, das klappt? Doch sofort erkannte ich mein Problem dahinter. Das war, dass ich früher von Männern enttäuscht wurde und dadurch ihnen einfach nicht traute, was das Thema Versprechen anging. Sofort konnte ich das wiederum geprägte Muster erkennen und wollte dem Muster bewusst nun keine Kraft mehr geben, sondern Vertrauen in diesen Mann haben.

Der Tag des vorerst ersten Abschiednehmens war gekommen, und ich freute mich schon auf unser nächstes Wiedersehen im darauffolgenden Januar. Um weiteres Befreiendes mit Ananda erkennen zu können.

Wieder zu Hause in der Schweiz telefonierten wir täglich, oft waren wir längere Zeit am Telefon, ohne zu sprechen und einfach in Stille weilend. Oder er liess mich an seinem Leben bei Ramana teilnehmen. Es fühlte sich gut an mit dem Inder und es freute mich, dass bis jetzt alles gut lief und ich ausser seinem Altersunterschied nichts Geprägtes zeigte, vielleicht gab es ja gar nichts mehr, dachte ich sogar einmal, aber gleich war auch der Gedanke da: „Wart mal ab und schau dann im Januar."

Die zwei Monate vergingen und der nächste Aufenthalt in Indien rückte näher.

Am 13. Januar 2018 reiste ich mit fünf Frauen aus der Schweiz nach Indien. Die Frauen gingen in ein Retreat zu dem deutschen Lehrer, den ich früher auch besucht hatte. Das Seminar hatte er wieder in Tiruvannamalai organisiert. Was wir beim Buchen nicht bedacht hatten, war, dass wir zu *Pongal anreisen würden. Das war dann der Hammer. Ja, ausgerechnet an Pongal zu reisen war eine neue Erfahrung. An dem Tag, wo „jeder" Inder irgendwie nach Hause zu seiner Familie kommen wollte. Wir mussten oft im Schritttempo fahren, weil die Strassen so komplett verstopft waren. Wir kamen mit acht Stunden Verspätung, kurz vor zehn Uhr, an unserem Zielort an.

__Pongal:__ Das tamilische Erntedankfest, was wörtlich übersetzt „überkochen" bedeutet, wird zu Beginn des tamilischen Monats Tai (14.-17. Januar) gefeiert. Es zählt zu den wichtigsten tamilischen Feiertagen.

Schon auf der Reise nach Tiruvannamalai, war irgendwie ein gemischtes Gefühl in mir. Wie wird es wohl sein, Ananda wieder zu begegnen? Wird unsere gemeinsame Geschichte weitergehen und eine befreiende Erfahrung daraus werden? Wird mein Rücken es durchstehen, und wie wird es sein, mit ihm sein kleines Zimmer zu teilen, wo ich auf einer harten Pritsche schlafen sollte? Weil er kein passendes Zimmer für mich gefunden hatte. Oder konnte er kein Zimmer finden, weil ich ja vom Versagen der Männer geprägt war? All diese Gedanken beschäftigten mich damals.

Doch dann, nach der langen Reise, endlich angekommen, holte Ananda mich im Hotel Ramana Towers ab, dort, wo die anderen vier Frauen untergebracht waren. Wir wohnten etwas ausserhalb und so fuhren wir im Stockdunkeln und mit einer Riksha in die Wohnung, wo er sein Zimmer hatte. Die Wohnung hatte mehrere Räume, die von verschiedenen Leuten bewohnt wurden. Jedoch und zum Glück war gerade keiner anwesend, darüber war ich ganz froh. Ananda zeigte mir unser Zimmer. Es war so klein, dass gerade ein Bett darin Platz hatte und nochmals so viel Platz wie das Bett gross war daneben, das war es. Oho, wie soll das gehen, zu zweit? Na ja, mal sehen, dachte ich. „Und du, lieber Rücken, musst jetzt einfach stark sein", sagte ich im Stillen zu meinem stützenden hinteren Körperteil. Der Inder organisierte eine zweite Matratze und so konnte einer von uns am Boden schlafen. Den Koffer konnte ich wenigstens unter dem Bett verstauen.

Was man nicht alles an Erfahrung geschenkt bekommt. Um sich selbst zu erkennen und darin zu erfahren, dass alles ein unpersönliches Geschehen ist, das meistens einfach betrachtet werden durfte.

Da es schon spät war, schlief ich bald ein. Das Bett war alles andere als bequem, und mein Rücken rebellierte schon bald mit Schmerz. Nun galt es sehr bewusst auf meinen Körper zu achten, um einen weiteren Bandscheibenvorfall zu vermeiden. Ich hatte Gott sei Dank, wo auch immer ich hinreiste, immer meine aufblasbare Matte mit dabei. Diese legte ich dann zusätzlich unter die Matratze, so ging es dann etwas besser, aber optimal war es nicht.

Somit begann das Zusammenleben mit Ananda.

Die Stille und Meditation, das war für mich das Wichtigste im Leben. Darum ging ich auch damals, wie schon immer zuvor, frühmorgens in den Ashram, um dort in Ramanas Präsenz sein zu dürfen.

Gut hatte ich keine Angst mehr im Dunkeln alleine unterwegs zu sein. Der Weg von der Wohnung zum Ashram war dreissig Minuten zu Fuss. Einen Teil der Strecke ging durch Gestrüpp, wo nur ein ganz schmaler Weg vorhanden war. Das war das erste Mal, seit den vielen Aufenthalten dort, dass ich so weit von Ramana weg wohnen musste. Darüber war ich nicht so glücklich, aber es war einfach nun halt so.

Ananda hatte sich verändert oder vielleicht besser, ich sah ihn wohl mit verändertem Blick. Meditation und Stille interessierte ihn nun gar nicht mehr. Er wollte Deutsch lernen, wofür er Stunden am Handy verbrachte und mich immer dasselbe Wort sprechen hören wollte. Das Wort war „Mädchen", und das nicht zwei, dreimal, nein wirklich 50-mal. "Was läuft dann jetzt da?", dachte ich. Und merkte, wie es mich nervte, und zudem war es voll schräg, was er da tat. Aber es ging ja nur um mich oder meine überlagerten Prägungen und Muster, das war schon klar. Also, was brauchte ich nun? Nachdem ich ihm gesagt hatte, dass mich das stresse. Nicht, dass er Deutsch lernen würde, das wäre ja schon recht und dürfte ja auch sein. Aber, dass ich immer dieses Wort wiederholen sollte, das würde mir zu viel. Zugleich erkannte ich auch, dass ich damals das Gefühl hatte, ich würde mich von der Stille in mir entfernen, durch sein Verhalten mit diesem „Mädchen". Und so ging ich, um alleine und um still sein zu können, in den Ashram. Bald stellte sich heraus, dass Ramana zu meinem Zufluchtsort wurde. Oder durfte ich einfach immer wieder zu ihm geführt werden? Wie auch immer. Als ich dann wieder energetisch aufgetankt zurückkam, war der Spuk „Deutsch lernen" bei meinem lieben Inder auch wieder vorbei.

Unsere Gespräche waren meistens, so gut es sprachlich ging, über Selbsterforschung oder Advaita Vedanta. Das war toll, denn „Small Talk" interessierte mich nicht und ihn glücklicherweise auch nicht.

Mit Ananda konnte ich die englischen Sprachkenntnisse vertiefen. Er korrigierte mich sofort, wenn ich einen falschen Ausdruck verwendete oder half mir, wenn ich Worte nicht fand oder wusste.

Etwa am dritten Tag in Indien geschah es, dass ich in unserem kleinen Zimmer am Boden sitzend in so einen versenkten Zustand fiel. Wieder dieser Zustand, in dem ich mich nicht mehr bewegen konnte. Es war einfach keine mehr da, die irgendein Interesse gehabt hätte, sich zu bewegen, die Augendeckel waren schwer und geschlossen, der Schluckreflex hörte auf und der Körper wurde zu Stein. Im ganzen Körper fing es an zu brennen, und es war ein unbeschreibliches Wohlgefühl der

Stille in mir. So sass ich am Boden und konnte auch nicht mehr sprechen. Ananda bemerkte rasch, dass in mir etwas vorging und blieb still im Raum, auf dem Bett sitzend und wartend, bei mir. Als ich im Sitzen umfiel, weil sich der Körper einfach neigte, als wäre er aus Gummi, hielt Ananda mich und legte mich sanft auf die Matte. So blieb ich unbewegt, jedoch bei vollem Bewusstsein, für lange Zeit liegen. Der Inder versuchte nach einer Weile, mir etwas Wasser zum Trinken zu geben. Das ging jedoch nicht, da ich nicht herunterschlucken konnte, zugleich roch es, als würde da etwas Stinkendes herumliegen, das kam aber, wie ich merkte, aus meinem Magen oder aus meinem Inneren. Die Speiseröhre trocknete wohl zu arg aus, oder genau wusste ich nicht, was das war. In mir war es still und das Betrachten geschah. Ananda hörte ich immer mal wieder sagen: „Everything is Okay!" Zwischendurch verliess er den Raum, blieb aber in der Wohnung und kam immer wieder ins Zimmer, um nach mir zu schauen. Gelegentlich versuchte er, mir ein Bein zu strecken oder ein Kissen unter den Kopf zu legen. Mal ging es, ein anderes Mal war es nicht möglich, etwas an meiner Lage zu verändern.

Irgendwann kehrte ich in den normalen Zustand zurück, konnte mich ganz langsam und vorsichtig wieder bewegen, auch die Augenlider liessen sich wieder öffnen und vor allem ging es wieder, den Speichel hinunterzuschlucken. Bald konnte ich auch meine vertrocknete Kehle mit einem Schluck Wasser befeuchten. Als ich dann auf die Uhr schaute, bemerkte ich, dass fünf Stunden herum waren. Obwohl mir in den vergangenen Stunden der Körper wegen der langen gleichbleibenden Stellungen schmerzte, blieb im Nachhinein keine schmerzende Stelle zurück. Zuerst konnte ich nur noch flüstern, es fühlte sich an, als wären die Stimmbänder vertrocknet und auch die Speiseröhre fühlte sich wund an. Auch wenn diese Beschreibung vielleicht etwas dramatisch klingt, war der Zustand so schön und so tief, dass es nicht wirklich in Worten beschrieben werden könnte.

Da ich viel über Ramana gelesen hatte und dabei von seinen Versenkungen im Tempel las, schloss ich daraus, dass mein damaliges Erlebnis Parallelen dazu aufwies. Auch wusste ich nun, dass Ananda unter anderem mir als Betreuer oder Begleiter in diesen Zuständen zur Seite stehen würde, dafür war ich ihm sehr dankbar.

Nach diesem Ereignis gingen wir in ein Restaurant, weil wir mit einer indischen Freundin von Ananda dort verabredet waren. Da angekommen bemerkte ich alsbald, dass ich dem Gespräch nicht folgen konnte und mich das zuvor Erlebte doch sehr müde gemacht hatte. Auch, weil ich mich jedoch so dünnhäutig oder durchlässig fühlte. Es war ein so sanftes und liebliches Gefühl in mir, das nach Ruhe verlangte und zudem hatte ich das Bedürfnis, einfach alleine sein zu können.

So verabschiedete ich mich von den Zweien. Draussen konnte ich kaum noch gehen, so nahm ich eine Rikscha, deren Fahrer mich nach Hause chauffierte, wo ich dann sofort einschlief und erst gegen Abend wieder aufwachte.

Mein indischer Freund kam damals erst mitten in der Nacht wieder nach Hause.

Zwei Tage später. Ananda ging mit dieser indischen Lady irgendwelche Tempel besuchen. Ich blieb im Ashram, um zu meditieren. Es hatte damals sehr viele Besucher im Ashram, wie immer im Januar. Da es für die Westler nicht so heiss war zu dieser Jahreszeit. Das war mir an diesem Tag doch gerade etwas zu viel Getümmel. Und so zog ich es vor, am Grab von Annamalai Swami im Palakothu Ashram nebenan zu meditieren.

Dank Surya kannte ich diesen ruhigen Platz, dort hatte es nie sehr viele Menschen. Zudem war am Samādhi von dem verstorbenen Weisen für mich eine schöne Herzenergie spürbar. So setzte ich mich hin, um still zu werden und zu sein. Es ging nicht lange, da bemerkte ich, wie ich wieder in diesen Versenkungszustand fiel oder kam. Wieder war keine da, die sich bewegen konnte oder wollte. Dieses Mal sass ich mit verschränkten Beinen am Boden. Wieder war ich bei vollem Bewusstsein. Schluckreflex fiel weg und die Augenlider blieben zu. Obwohl die Beine mit der Zeit anfingen zu schmerzen, wurden sie einfach nicht bewegt. Damals bissen und zwickten mich Insekten ins Gesäss, da ich einen Rock trug, und diese Tierchen darunter krochen. Bemerkt wurden die Bisse sehr wohl, aber keine war da, die den Impuls hatte, sich deswegen zu bewegen. So war ich in diesem Zustand, und der Impuls, mich zu bewegen, war gänzlich ausgeschaltet. Zugleich war wieder dieses tiefe, unbeschreibliche Wohlgefühl in mir.

Gefühlsmässig, nach etwa zwei Stunden in dieser Versenkung, bemerkte ich, dass die rechte Hand sich bewegen liess. Langsam öffneten sich auch die Augen und ich konnte mit dieser einen Hand mein Handy aus der Tasche nehmen. Darauffolgend schrieb ich, ganz langsam wie in Zeitlupe, Ananda eine SMS. Drei Worte: „Disappeart, Anandamalai Swami" schrieb ich. Sofort gab er mir eine SMS mit der Antwort: „Warte! Ich komme!" Na ja, was hätte ich denn anderes machen können? Ich konnte ja nur diese eine rechte Hand bewegen, alles andere war noch wie eingefroren, ohne zu kühlen, denn die Hitze brannte im Körper. So blieb ich und wartete, ob ich mich bald wieder bewegen konnte oder bis mein lieber Freund kam. Auch die schmerzenden Beine wurden ohne Leid hingenommen. Nach etwa dreissig Minuten war Ananda bei mir. Er nahm meine Wasserflasche und holte zuallererst Kokosnusswasser für mich. Er meinte, das sei gut und helfe mir zurück in den normalen Zustand zu kommen. Mit der Flüssigkeit wieder zurück, flösste er mir das Kokoswasser ein und ich konnte kleine Schlückchen zu mir nehmen.
Langsam kam ich aus der Versenkung oder Unbeweglichkeit zurück in den normalen Zustand. Da ich danach zu erschöpft war, konnte ich, wie beim letzten Mal, nicht nach Hause gehen. So nahmen wir eine Rikscha bis zu unserem Zimmer. Die Bisse und Stiche von den Insekten an den Beinen und dem Gesäss verheilten in einigen Tagen wieder.
Nach diesen zwei Vorfällen veränderte sich in mir etwas. Irgendwie wusste ich, dass diese Versenkungen auch mit der Auflösung der Kontrolle zu tun hatten. Schon lange wusste ich, dass mein System sehr kontrolliert war. Danach bemerkte ich,

dass sich etwas verändert hatte. In mir musste nichts mehr kontrollieren und das Vertrauen in das nicht Wissen war nach diesen zwei Ereignissen sehr stark. Sogar die Stütze „Gott" fiel weg. Es wurde einfach gesehen, dass es nur das Selbst gibt, aus dem alles entsteht und wieder vergeht. Später erlebte ich immer wieder solch versenkende Zustände, jedoch nie mehr in dieser Länge.

Immer noch in diesem kleinen Zimmer machte sich mein Rücken immer mehr bemerkbar. Da die Nerven auf der harten Matratze über Nacht zusammengedrückt wurden, musste ich sogar ein Medikament einnehmen. Das konnte es ja auch nicht sein, dachte ich. Obwohl das Leben in diesem kleinen Raum auch eine gute Erfahrung und Erkennen der Losgelöstheit war, wurde es aber alles in allem auf die Länge doch recht ungemütlich. Deshalb und auch vernünftigerweise überlegte ich mir, eine bessere Lösung zu finden. So fing ich an, mich nach einem anderen Zimmer umzusehen.

Ananda kam mit, auf die Suche nach neuen Wohnmöglichkeiten. Wir besichtigten einige Zimmer, die wir gleich wieder verwarfen, bis wir dann zu einer Wohnung kamen, die passend war. Die Wohnung hatte ein riesiges Bett mit einer dicken neuen Matratze, eine kleine Küche, ein Wohnzimmer und sogar eine Waschmaschine im Hausflur. Auf der Dachterrasse des Hauses, die man mitbenutzen durfte, konnte man mit direktem Blick auf den Aruna-chala sitzen oder Yoga machen. Das Appartement war in der Nähe von dem Yogiramsurat Kumar Ashram und zu Fuss fünfzehn Minuten von Ramana entfernt. Sogleich zogen wir um und ich fing sogar an, in der kleinen Küche unsere Mahlzeiten selbst zuzubereiten. So konnten wir uns mit gesundem und frischem Essen ernähren. Die Matratze war super und die Nerven am Rücken beruhigten sich schnell wieder.

In dieser Zeit kam ich an viele von meinen Anhaftungen in Bezug auf Mann und Frau heran. Immer wieder konnte ich Abläufe oder Dinge nun bewusst erkennen. Das war nicht immer nur einfach oder schön. Aber da mich der Inder ja gar nicht gut kannte, staunte ich immer wieder, wie es durch ihn Dinge arrangierte, damit ich meine Verhaltensmuster sehen konnte. Das war einfach genial. Auch wenn er stellenweise nervte, war ich nie persönlich auf ihn wütend. Es war immer präsent und klar, dass die Existenz durch den Inder wirkte, um mir alles bewusst aufzuzeigen.

Ananda produzierte, ohne es zu wissen, denn er war immer gleichmütig und hatte für sich den Frieden, so sah es für mich zumindest aus. Sein, für mich extremes Verhalten, zeigt mir zum Teil auch meine eigenen Muster auf. Nur durfte ich oft erkennen, dass sie bei mir schon länger nicht mehr in diesem Ausmass bedient wurden. Durch das Leben mit ihm konnten sich viele alte Geschehnisse nochmals zeigen und es wurde in mir geheilt. Anders kann ich es nicht in Worte fassen. Ich wusste es einfach. Durch sein Tun, ohne dass er wusste, sah ich nun bewusst die, zum Teil schon lange vergangenen Geschichten mit meinem Vater, mit früheren Beziehungen, mit meinem ehemaligen Mann Toni und auch mit meinem Sohn Kevin. So oft hatte es Parallelen, die ich erkennen durfte.

Manchmal war es so anstrengend, dass ich dachte, jetzt reicht es, ich gehe. Und zugleich wusste ich immer, nein! Es ist weiterhin nicht fertig, es gibt immer noch alte Dinge zu lösen. Das Bauchgefühl sagte mir klar, was auch immer geschieht, diese Chance bekommst du vielleicht nie mehr, um dieses Thema anzugehen und wer weiss auch aufzulösen. Es gab weiter, fast täglich Szenen, die mir durch und mit dem Mann an meiner Seite geboten wurden.

Es war so toll zu erfahren, wie das alles geschah, ohne dass der Inder etwas von meinen Prägungen wusste. Mir war bei allem Geschehen klar, es ging um Befreiung meiner Themen. Immer wieder war ich überrascht, aber zugleich im Vertrauen, dass uns immer das geschenkt wird, was es bedarf, für die totale Befreiung unserer Selbst oder für die Auflösung der persönlichen Ego-Geschichten. Der Sog nach totaler Verwirklichung oder ein leeres Gefäss sein zu dürfen, blieb oder war immer in meinem Bewusstsein.

Natürlich gab es auch viele Zeiten, in denen es einfach toll war mit Ananda, gerne gingen wir um den Berg und so geschah es in einer Vollmondnacht. Es war der Vollmond im Monat Februar, Aruna, der auch immer noch dort war, Ananda und ich machten uns am frühen Abend auf den Weg, um den heiligen Berg A-runachala, mit tausenden von Pilgern aus Ost und West, zu umrunden.

Da der Berg Gott Shiva geweiht ist, kommen von nah und fern die Shiva-Anbeter zum Vollmond angereist. Um die vierzehn Kilometer barfuss den Berg zu umrunden und damit den Gott Shiva zu verehren. Zu jedem Vollmond war ein grosses Spektakel im Gange. An diesem Abend gingen wir drei recht gemütlich und langsam. Wir machten immer wieder Pausen, auch um das uns angebotene Essen einzunehmen. Es war eine Ehre an Gott, wenn das dargebotene Essen angenommen wurde. Oft waren Aruna und Ananda im Gespräch über alle möglichen Themen. Dadurch konnte ich still und beobachtend, mit etwas Abstand, von den beiden den Berg umrunden, was mir damals gerade sehr recht war. Das Gehen machte mir gegen Ende der Tour etwas zu schaffen, ich musste mich immer einmal wieder hinsetzen, um neue Kraft zu sammeln. Nach etwa fünf Stunden, gegen Mitternacht, kamen wir dann zu Hause an. Ich war geschafft und legte mich nur noch ins Bett. Mein ganzer Körper glühte und es fühlte sich an, als würde er brennen. Als Ananda mich berührte, erschrak er sehr und er meinte, ich hätte hohes Fieber. Es fühlte sich für mich aber nicht wie Fieber an. Es fühlte sich an, als verbrenne etwas in mir, nicht wie, wenn ich krank wäre. Der Körper war zwar sehr schwach, ich fiel immer wieder in den Schlaf und jede Bewegung war anstrengend. Und doch fiel mir auf, dass der Mind oder der Verstand ganz rein und klar war, es waren auch keine Gedanken da. Es blieb mir nichts anderes übrig, als mich dem Geschehen ahnungslos hinzugeben. So schlief ich oder lag einfach im Bett. Sporadisch nahm ich einen Schluck Wasser zu mir, auf Essen wurde verzichtet, weil gar kein Hungergefühl aufkam.
Einmal hatte ich den Gedanken oder das Gefühl, dass mein System vielleicht als Transformator wirkte. Gemeint damit war: Sobald ich mich in grossen Menschenmassen aufhielt, transformierte es durch meinen Körper, was auch immer, das wusste ich nicht. Es war nur so eine Ahnung und dann vergass ich das

wieder. Dieser Zustand hielt noch die folgenden nächsten zwei Tage an und dann war alles wieder wie vor der Pradakshina oder Bergumrundung. Und bald ging es mir wieder wie gewohnt oder zumindest konnte ich wieder gehen und essen zu mir nehmen.

Nach diesem Erlebnis nahm ich immer wieder diese Hitze im Körper wahr. Wenn ich in der Nacht erwachte, war der Körper oft auch ganz heiss und ich nahm eine leichte, sehr wohltuende Wellenbewegung in mir wahr.

Die Geschichte bei dem Handleser

Mit dem jungen indischen Freund erlebte ich noch einiges. So auch die folgende erfahrene Geschichte.

Einmal spazierten wir, in der Nähe vom grossen Tempel in der Stadt an einem kleinen Geschäft vorbei. Aus dem schaute ein Mann, winkte und rief mir zu; „Komm rein, ich werde dir deine Zukunft lesen". Zuerst sagte ich nein, nein, und dann machten meine Füsse einfach Schritte auf den Mann im Laden zu. Ananda kam mit, er sollte alles mithören und für mich übersetzen, falls ich etwas nicht verstehen sollte. Diesen Mann hatte ich schon einmal bei Ramana im Ashram gesehen. Er sagte mir, ich solle mich setzen und zeigte auf einen Stuhl. Meine Hände streckte ich ihm entgegen und er fing zu erzählen an, was er darin entdeckte. Zuerst sagte er einmal: „Guru, Guru, Guru!" und deutete mit seinem Finger auf mich. Weiter erzählte er, ich werde bald und in diesem Leben Befreiung erlangen, es sei meine letzte Inkarnation auf dieser Erde. Nach der Befreiung werde ich auf Weltreise gehen. Und wiederholte „Guru, Guru, Guru" und weiter sprach er: Ich hätte keine anhaftenden Verbindungen und würde den Menschen dienend zur Verfügung stehen, damit auch diese sich selbst und bewusst erkennen könnten. So in etwa hatte ich dieses Gespräch zumindest gespeichert in meinem Kopf. Ananda schnappte nur das mit der Weltreise auf und das war danach das Hauptthema für ihn. Da wollte er dann unbedingt mitkommen. Ich konnte mit allem, was der Mann mir erzählte, etwas anfangen. Nur das mit der Welt-reise, na ja, da war ich mir nicht so sicher. Danach wollte ich, dass der Mann auch bei Anandas Händen schaute. Was dann aber nicht ging, da nur meine Neugier genährt werden wollte, klappte es nicht und der Wahrsager verabschiedete sich freund-lich von uns.

Es wurden mir noch mehrere Episoden, zur Erkennung und Bewusstwerdung, in der Begegnung und dem Zusammenleben mit dem Inder angeboten.

Ananda brachte es sogar fertig, dass in mir Eifersucht auf-tauchte. Ich hatte gar nicht gewusst, dass ich eifersüchtig sein konnte. Doch da war sie nun ungefiltert und sie tat weh, richtig weh in meiner Herzgegend. Gut konnte ich immer zusehen und war mir bewusst, was abging. So hielt ich diesen doch recht heftigen Schmerz aus. Auch kam Wut, starke Wut, die im gan-zen Körper als eine powervolle Energie wahrgenommen wurde. Gut gab es nie Diskussionen mit dem Inder, der hatte einfach nur immer seinen Frieden, so kam es mir jedenfalls immer noch vor. Und ich konnte mit dem, was gerade in mir war, einfach sein, geschehen lassen, bis es wieder vergangen war und da-durch wurde nichts weggesteckt, sondern ganz bewusst durch-lebt. Etwas in mir sagte auch: „Wenn es noch so weh tut, ich werde einfach damit sein und den Schmerz oder was auch im-mer aushalten und wenn ich dabei sterben würde." Das hatte Kraft, dieser Satz: „Und wenn ich daran sterben würde!" YES. das half.
Eifersucht kam noch einige Male hoch, jedoch in immer ab-geschwächter Form. In mir war immer die Bereitschaft bewusst im Schmerz zu sein und dadurch zu erkennen, dass dieser mit jedem Male weniger wurde, sich schneller auflöste und sich ir-gendwann dann verflüchtigt hatte.

Immer wieder gab es Zeiten, in denen ich mich ernsthaft fra-gte, ob es nicht besser sein würde, die momentane Lebenspha-se mit diesem Mann abzubrechen und in die Schweiz zurück-zukehren. Trotz der Fragen wusste ich intuitiv, dass es doch noch nicht Zeit war, da in mir immer noch Erkennen und Auflösung stattfand. Also warten, beobachten, erfahren und daraus bewusst werden.

Irgendwann nach all den vielen hier nicht erwähnten (das würde ein eigenes Buch bedürfen) Episoden geschah in mir keine auflösende Selbsterkenntnis mehr. Auch da ich festgestellt hatte, dass der Inder und ich sehr verschiedene Interessen hatten, wusste ich, unsere Begegnung neigte sich dem Abschluss entgegen.

Als ich dann am fünften März, am Morgen im Ashram bei Ramana sass, sein Bild betrachtete und zugleich all die Geschehnisse in der Begegnung mit dem jungen Inder betrachtete, wusste ich und das ganz klar, mehr gab es nicht, was noch gelöst werden konnte oder an Erfahrung mit ihm vonnöten gewesen wäre. So wusste ich auch, dass ich nun definitiv den Flug zurück in die Schweiz buchen konnte.

Der Rückflug wurde daraufhin für zwei Wochen später gebucht. Und wirklich, die letzten zwei Wochen waren sehr losgelöst und friedlich, ohne weitere Episoden mit Ananda. Wir wussten beide, dass unsere gemeinsame Zeit sich dem Ende zuneigte. Beide konnten wir von den Erfahrungen profitieren. Dafür wurden uns diese Lebenssituationen und Umstände geschenkt, auch wenn wir das vielleicht im Moment nicht immer als Geschenk sahen oder betrachten konnten.

Viele Menschen kommen dann in Leidensgeschichten weil sie es persönlich nehmen, das war bei uns zweien nicht der Fall.

Ananda hatte vor, in Hyderabad, sein Studium weiterzuführen. Und wenn er eine passende junge Frau dazu finden würde, wollte er bald heiraten, damit er die Erfahrung mit eigenen Kindern machen könne, um sich dann später uneingeschränkt dem Leben eines Sadhus (Gott- oder Selbstsuchenden) widmen zu können, oder so ungefähr verstand ich es zumindest.

Zum Abschluss fuhren wir zusammen mit dem Taxi nach Chennai, ich stieg am Flughafen aus und Ananda wurde noch bis zum Busbahnhof gebracht. Dort er dann den Bus bestieg der ihn bis zu sich nach Hause fuhr. Dahin wo er seit sechs Monaten nicht mehr war.

Am 21. März 2018, war ich wieder zurück in der Schweiz. Das Ganze zum Thema Mann / Frau fühlte sich gelöst und frei an. Nun wusste ich nichts mehr, was noch ein Thema gewesen wäre. In mir war es einfach still. Gott und das Meditieren fielen sehr stark in den Hintergrund, sowie auch das Lesen in den heiligen Schriften war damals nicht mehr wichtig.

Seit dem November 2019 ist Ananda glücklich verheiratet mit einer netten Inderin in seinem Alter und seit dem Dezember 2020 ist er Papa von einer hübschen Tochter.
Den Impulsen folgend hören wir sporadisch voneinander. In meinem Herzen wird dieser junge Mann immer ein Plätzchen haben, auch wenn wir uns vielleicht nie wiedersehen werden.

Keine Pläne mehr
So lebte ich mein Leben ohne Vorstellung einer Zukunft und ohne an Vergangenem anzuhaften. Gerade wie es aus dem Moment heraus gelebt werden wollte und erfreute mich dem stillen SEIN. ES schaute von der Warte des Unpersönlichen dem Leben zu. Satsang in kleinen Gruppen ging weiter und auch das Sitzen am Krankenbett fand Ausdruck durch die Form. Es gab kein Bewerten oder Urteilen mehr, sowie keine innerliche Distanz mehr zwischen den anderen und mir. Das Handeln aus dem Moment geschah spontan und oft bevor ich es denken konnte. Das Leben lebte sich leicht und eine stille Freude war immerwährend in mir. Die Wahrheit fand ihren Ausdruck mal in Worten und mal in schweigendem Blick. Und was mir auffiel, auch mal mit einer sanften Hand des Mitgefühls auf einer Schulter eines kranken oder bedürftigen Menschen.

Todeserfahrung

Am 28. März 2018 erlebte ich eine Art Todeserfahrung. Ich nenne es gerne so, weil ich beim stillen Sitzen mit gekreuzten Beinen auf dem Boden plötzlich einen veränderten Zustand in mir wahrnahm. Es beobachtete in mir, dass es ausatmete und einfach nicht mehr ein. Es war ganz still in und um mich herum, es war eine totale Präsenz an Aufmerksamkeit da. Die Augen blieben geschlossen und warten geschah, mit dem Gedanken, was jetzt wohl passiert. Ich wartete, bis der Körper nach Luft schnappen würde, Schnappen, weil die Luft wegblieb. Das passierte aber nicht, meinem Gefühl nach war es eine unmöglich lange Zeit, in der kein Einatmen geschah.

Beobachtend wartete ich, „vielleicht sterbe ich jetzt" war ein Gedanke in mir. „Na ja, dann wird es schon richtig sein", war der nächste Gedanke, so als habe das alles gar nichts mit mir zu tun, es wurde von einer beobachtenden Warte aus einfach betrachtet. Dann bemerkte ich, wie die Einatmung ganz sanft begann. Die Lungen füllten sich wieder mit Luft, ohne danach zu schnappen. Nach diesem Ereignis blieb mir die Idee: so wird es sein, wenn der Körper stirbt. Ausatmen geschieht und ein Einatmen folgt nicht mehr. Eigentlich habe ich das ja schon einige Male bei Sterbenden gesehen, aber nun durfte ich es so erleben. Dieses Geschehen löste keine Körperreaktion von Angst oder Unsicherheit mehr in mir aus. Es war einfach, wie es war, eine weitere wunderbare Erfahrung, die hier an dieser Stelle erwähnt werden wollte.

Tantra

Wieder kam ein weiterer Lebensabschnitt oder ein neues Erfahrungskapitel, das meinen Horizont erweiterte, auf mich zu.

In Indien und durch die damalige indische Freundin von Ananda hörte ich ein wenig über **Tantra. Das Tantra, so wie ich es verstand, hatte im Westen meistens mit Massage oder mit der sexuellen Vereinigung von Mann und Frau zu tun. Und die Idee, gemeinsam oder gleichzeitig im Orgasmus Erleuchtung zu erreichen. Da muss doch noch mehr dahinter sein, dachte ich, und das liess mich auf die Suche nach mehr Wissen in Büchern oder im Internet zum Thema gehen. Schnell fand ich Bücher darüber und ich stellte fest, dass Tantra viel mit der göttlichen weiblichen Kraft zu tun hatte. Das passte dann ja mit der Maria, von der Pilgerreise in Italien, zusammen. Der Weise verstorbene Osho hatte sich ebenfalls in einigen Schriften über Tantra geäussert. Auch las ich ein Buch mit der spannenden Geschichte von einer Begegnung mit einem Mann und einer indischen Tantrika, was mich der Tantra-Philosophie noch etwas näher brachte. Das Interesse, mehr über Tantra zu erfahren, war in mir geweckt. Aber da ich alles durch selbst erfahren erlebte, dachte ich damals: „Wenn es sein sollte, bekomme ich Wissen zum Thema Tantra direkt, oder wenn nicht, dann muss es eben nicht sein" und liess das Thema Tantra einfach wieder los.

Es war auch gut, einfach einmal nichts zu lernen, sondern einfach zu Sein und den Frühling mit der spriessenden Natur aus dem Moment heraus bewusst zu beobachten und zu erleben.

Im Mai gab es fast keine Jobangebote oder SMS bei dem Job von der Sitzwache, und dadurch sah meine finanzielle Lage damals wieder einmal nicht sehr rosig aus. So wurde ich hellhörig, als meine ehemalige Chefin vom Krankenhaus mich anrief und fragte, ob ich nicht wieder fest bei ihr auf der Abteilung arbeiten wolle, es würde demnächst eine Stelle frei werden. Eilig überlegte ich mir: Dem Rücken und dem Fuss ging es gut.

Das Bauchgefühl war auch gut, und wieder einmal in einem Team arbeiten zu dürfen, fühlte sich freudig in mir an. Zudem dachte ich: Warum auch nicht, lange Aufenthalte in Indien waren vorbei, das Geld war knapp und wieder in einem Team zu arbeiten, war auch stimmig. Lange musste ich nicht überlegen und sagte für die 60 % Stelle zu. Der Start für die feste Anstellung in der alten Abteilung war auf Mitte Juli geplant. Auch, weil ich schon wieder einen kurzen Aufenthalt bei Ramana Maharshi in Indien geplant hatte und erst dann wieder von Indien zurück sein würde.

Ja, die nächste Indien Reise zu Ramana Maharshi war schon geplant auf den 25. Juni 2018 und das Flugticket war bereits gebucht. So wollte ich die Zeit in Indien noch nutzen, um wie immer bewusst zu sein und zu beobachten, was sich in mir noch befreien würde.

Und dann geschah eine weitere spezielle Begebenheit

Eines Tages, es war gegen Ende Mai, bekam ich eine Nachricht von einem Mann, mit der Frage: „Was ich von Tantra halte?" Obwohl ich zwar in Facebook mit ihm irgendwie befreundet war, dem Namen nach war er ein Inder, ich kannte ihn nicht persönlich. Auch noch nie hatte er mir oder ich ihm zuvor einmal geschrieben. Oft fragten mich Leute nach FB-Freundschaft an und nachdem ich deren Profil betrachtet hatte, entschied ich mich jeweils, die Freundschaft anzunehmen oder abzulehnen. So war es wohl, vor längerer Zeit, mit diesem Mann auch gewesen. Aus einem spontanen inneren Impuls heraus schrieb ich ihm die Antwort: „Tantra hat nichts mit Sex zu tun." So viel hatte ich aus den zuvor gelesenen Büchern schon verstanden. Sexueller Austausch war nur ein kleiner Part von der Tantra-Philosophie und auch nur auf dem Linkshandweg-Pfad. Auf dem Rechtshandweg Pfad gab es keine sexuelle Vereinigung zwischen Mann und Frau. Darum wohl auch meine spontane Antwort an ihn. Sofort kam eine weitere Nachricht von ihm zurück: „Korrekt!" Wir kamen ins Gespräch und er sagte mir, er würde mir gerne mehr über diese indische Tradition lernen. Er habe das Gefühl, ich sei die Frau, die die ursprüngliche Tantra-Philosophie in den Westen bringen könnte. Auch weil im Westen es mehr mit Orgasmus auslösenden Praktiken verstanden würde, was aber bei weitem nicht so sei. Ja, das Gefühl hatte ich auch. Ich dachte: Das sei ja nun spannend, wie war das möglich? Waren meine Gedanken: „Wenn es sein soll, bekomme ich Wissen zum Thema Tantra direkt." einmal mehr erhört worden? Erhört von der höchsten Instanz, man mag sie nennen, wie man möchte. (Selbst, DAS, ES, Bewusstheit, Leben, Gott oder was auch immer.) Oder kreieren wir mit unseren Gedanken all das? Keine Ahnung. Bhairava (so nenne ich den Mann jetzt hier) und ich blieben in telefonischem Kontakt.

Tantra in Sanskrit heisst: Gewebe, Kontinuum, Zusammenhang. Der Tantrismus bezeichnet verschiedene Strömungen innerhalb der indischen Philosophie und Religion, die zunächst als esoterische Form des Hinduismus und später des Buddhismus innerhalb der nördlichen Mahayana-Tradition entstanden. Die Ursprünge des Tantra beginnen im 2. Jahrhundert, in voller Ausprägung liegen Lehren frühestens ab dem 7. / 8. Jahrhundert vor. Im Buddhismus findet sich auch die Bezeichnung als Tantra-yana = Fahrzeug der Tantra-Texte, vergleiche Vajra-yana). In fast allen tantrischen Schulen und Richtungen ist die Verehrung und Huldigung der weiblichen Gottheit zentral; eine solche Verehrung gab es bereits in alt vedischer Zeit (1750–1200 v. Chr.) Die Tantra-Philosophie ist weitläufig und würde ein eigenes Buch füllen. Im Internet findet man aber viele Erläuterungen dazu.

Als **Pfad der linken Hand oder Pfad zur linken Hand** oder der **Left-Hand-Path** (LHP) werden verschiedene religiöse (auch okkulte oder magische) Ausrichtungen bezeichnet, die dem etablierten, „rechten" Glauben gegenüberstehen. Die begriffliche Unterscheidung des Pfades zur Linken Hand (Sanskrit Vama Marga) und des Pfades zur rechten Hand (Sanskrit: Dakshina Marga) stammt ursprünglich aus dem Hindu-Tantra. Vama kann sowohl mit „linke (Hand)" als auch mit „Frau" übersetzt werden, Marga mit „Weg" oder „Pfad". Der LHP steht im Gegensatz zum stärker verbreiteten «Right Hand-Path» (RHP) für die Bejahung der weltlichen Existenz und der Vergöttlichung des individuellen Ichs.

Die 5 Ms. Panchamakara oder Panchatattva 1 Madya = Wein, 2 Màmsa = Fleisch, 3 Matsya = Fisch, 4 Mudra = Getreide oder Mudra, 5 Maithuna = Sex, die im Pfad zur linken Hand ausgelebt werden.

Der **Pfad der rechten Hand** oder **Pfad zur rechten Hand** Dakshina Marga oder **Right Hand Path** (RHP) ist ein aus dem Hindu Tantra entlehnter Begriff, welcher eine gesellschaftskonforme Ausübung von Religion bezeichnet. Der Pfad der rechten Hand fusst in der Regel auf einem Erlösungsgedanken, welcher im Bewusstsein des individuellen Ichs die Wurzel allen Leidens sieht, und ist somit geeignet, die verbreiteten Religionen wie Hinduismus, Buddhismus, Judentum, Christentum und Islam unter einer gemeinsamen Kategorie zusammenzufassen. Parallel dazu können philosophisch-religiöse Strömungen, welche mit dem Pfad der rechten Hand nicht vereinbar sind, oftmals dem Pfad zur linken Hand zugeordnet werden.

Die Begriffe **Pfad der linken Hand** und **Pfad der rechten Hand** werden praktisch immer von Vertretern der „Links-Pfad" Glaubensrichtungen verwendet. Auch hat dieser Dualismus im Westen einen eher antithetischen Charakter, das heisst, er stellt *beide Richtungen als sich gegenseitig ausschliessend dar. In ihrem Ursprungsgebiet werden beide Pole eher als sich gegenseitig ergänzend angesehen.*

Im westlichen Neo-Tantra versteht man unter rechtshändigem oder weissem Tantra die Praxis, in den Seminaren eher meditativ und therapeutisch zu arbeiten und mit Nacktheit und erotischen Übungen sehr zurückhaltend umzugehen. (Entnommen aus Wikipedia)

Hier ist eine kurze Geschichte, die die Unterschiede zwischen dem rechten und dem linken Hand-Path (Hand-Weg) im Tantra beleuchtet, eingebettet in eine narrative Form:

Der Weg der beiden Hände

In einem kleinen Dorf am Fusse des Himalajas lebte eine Suchende namens Anjali. Seit ihrer Kindheit spürte sie eine tiefe Sehnsucht, die Wahrheit über das Leben und sich selbst zu erfahren. Als sie älter wurde, hörte sie von einem alten Meister, der Tantra lehrte – nicht das Tantra der Mythen, sondern das ursprüngliche, heilige Wissen.

Eines Tages begab sich Anjali zu diesem Meister, der in einer bescheidenen Hütte lebte. Dort angekommen, fragte sie: „Meister, ich habe gehört, dass es im Tantra zwei Wege gibt: Den rechten und den linken Handweg. Welcher ist der Richtige für mich?"

Der Meister lächelte und sagte: „Ich werde dir eine Geschichte erzählen, und vielleicht wirst du deine Antwort finden."

Er begann: „Es war einmal ein König, der nach Erleuchtung suchte. Zwei Weise kamen zu ihm, um ihn zu unterrichten. Die erste Weise, eine Lehrerin des rechten Handwegs, sprach: "Der rechte Handweg ist der Pfad der Reinheit, Hingabe und Disziplin. Wir ehren die Götter, meditieren, rezitieren Mantras und verehren das Göttliche in einer klaren, strukturierten Form. Es ist ein sicherer Pfad, der durch Tugend und Kontrolle führt."

Die zweite Weise, eine Lehrerin des linken Handwegs, sprach: "Der linke Handweg ist der Pfad der Transformation. Wir begegnen dem Leben in all seinen Facetten – auch den Schattenseiten. Nichts wird ausgeschlossen, denn alles, sogar das, was als tabu gilt, kann uns zur Erleuchtung führen. Der linke Weg ist gefährlicher, denn ohne Achtsamkeit kann man sich verirren. Doch für jene, die bereit sind, ist er ein Weg zur tiefsten Wahrheit."

Der König fragte: ‚Welcher Weg ist besser?‘

Die erste Weise antwortete: ‚Der rechte Handweg führt dich sicher zu deinem Ziel.‘ Die zweite Weise lächelte nur und sagte: ‚Besser oder schlechter gibt es nicht.‘ Es gibt nur das, was deinem Wesen entspricht.‘

Der König entschied, beide Wege zu erkunden. Er begann mit dem rechten Handweg, lernte Disziplin und Hingabe und entdeckte eine tiefe Ruhe in der Struktur. Doch eines Tages spürte er, dass etwas fehlte. Er wandte sich dem linken Handweg zu, und hier wurde er mit seinen Ängsten, Sehnsüchten und Schatten konfrontiert. Doch statt zu fliehen, umarmte er sie. Schliesslich erkannte er: Beide Wege sind zwei Seiten derselben Wahrheit. Der rechte Weg gibt Stabilität; der linke führt zur radikalen Freiheit."

Der Meister beendete seine Geschichte und schaute Anjali an. „Nun, meine Tochter, welcher Weg spricht zu dir?"
Anjali schwieg einen Moment, dann antwortete sie: „Vielleicht muss ich beide Wege gehen, um den ganzen Pfad zu verstehen."

Der Meister nickte. „Weise gesprochen. Es gibt keine Trennung – nur die Balance von Licht und Schatten, Hingabe und Mut."

Von diesem Tag an begann Anjali ihre Reise. Sie ehrte den rechten Handweg.

Im Tantra ist leicht richtig.

Die Göttin und das Tantra
Der Beginn einer neuen Erfahrung mit der weiblichen Göttin und des Tantra.

Nach einigen Gesprächen mit Bhairava per WhatsApp erwähnte ich einmal, dass ich bald nach Indien kommen würde, um dort zwei Wochen bei Ramana in Tiruvannamalai die Zeit verbringen zu dürfen. Der Inder sagte spontan: Dann komme er auch an den Arunachala. Im Gespräch stellte sich heraus, dass er auch schon viele Wochen am Berg und bei Ramana verbracht hatte und mehrmals jährlich dort hinreiste. Unglaublich! Hatte Ramana seine Hand hier auch im Spiel? Das war nur so ein Gedanke, und ich fühlte mich sehr wohl und im Vertrauen bei diesem Gedanken. So arrangierten wir, dass wir zusammen im selben Gästehaus wohnen würden und er mir dort einiges über die Rituale des Tantra und von Sri Vidya, wie er sagte, lernen würde.

Und schon bald war es so weit. Am 25. Juni war dann der Flug nach Chennai, Bhairava war schon einen Tag vorher, von seinem Dorf in Andra Pradesh, in Tiruvannamalai eingetroffen und erwartete mich im Gästehaus.

Nach meiner Ankunft freundeten wir uns schnell an. Er liebte die vedischen Gesänge und widmete denen täglich viele Stunden. Die ersten Tage erklärte er mir schon einiges über das Tantra. Wir würden uns, so verstand ich ihn, zumindest mit beiden

Wegen des Tantra auseinandersetzen. Also mit dem Links-hand-Pfad und dem Rechtshand-Pfad. Geplant war, dass wir in derselben Woche nach Kanchipuram fahren würden und dort den *Kamakshi Tempel von der Muttergottes in Form von Lalita Maha Tripurasundari besuchen. Ich würde vieles zu lernen ha-ben, meinte dieser neue indische Mann.

Die ersten Tage waren Tage des Kennenlernens. Nebenbei und ganz oft ging ich in den Ashram. Auch er hielt sich dort auf. Doch immer jeder für sich. Er hatte viele Freunde und traf sich auch mit denen, während ich mich der Stille und dem Sein wid-men konnte.

Weil ich bis anhin von Bhairava bislang nicht viel oder mir einfach zu wenig über Tantra hören durfte, beschlich mich die Unsicherheit: ob dieser Mann wirklich ein guter Lehrer war oder nur ein indischer Typ, der gerne mit Westlerinnen seine Zeit ver-brachte. Als ich ihm meine Unsicherheit mitteilte, meinte Bhairava nur: Er wollte mich zuerst etwas kennenlernen und schauen, ob ich authentisch wäre und so weiter. Aber nun sei es so weit, meine Ausbildung sollte mit einem Besuch in Kan-chipuram und dort im *Kamakshi Tempel beginnen.

*Der Kamakshi-Tempel

Dieser Tempel ist der Göttin Kamakshi oder Lalita Maha Tri-
purasundari geweiht. Er gehört zu den wichtigsten Zentren der
Göttinnen-Verehrung in Südindien. Heute ist der Kamakshi-
Tempel eng mit dem Shankaracharya-Kloster verbunden. Einer
Legende zufolge soll Shankara, der Begründer dieser Tradition,
die einst wilde Göttin Kamakshi durch das mystische Diagramm
(Sri Yantra) gebändigt haben. Der Kamakshi-Tempel befindet
sich im Zentrum Kanchipurams. Der annähernd rechteckige
Tempelkomplex besitzt je einen Torturm (Gopuram) an jeder
seiner vier Seiten. Im Inneren des Komplexes befinden sich ein
grosser Tempelteich, mehrere Nebenschreine sowie der innere
Bereich mit dem eigentlichen Heiligtum der Kamakshi.

Die Fahrt mit dem Taxi ging am nächsten Tag früh am Morgen los und dauerte gute zweieinhalb Stunden. Angekommen und gestärkt nach einem indischen Frühstück, gingen wir in den Kamakshi Amma Tempel. Es wurde gerade eine *Puja für die Göttin durchgeführt und ich durfte auch bei der Verehrung dabei sein, was als Weisse nicht in jedem Hindutempel erlaubt war. Danach setzten wir uns ausserhalb des Schreins in eine Säulenhalle, wo wir von aussen die Statue der Göttin Lalita Maha Tripurasundari sahen. Mein Lehrer sagte, ich solle etwas meditieren und er gäbe mir danach das Mantra, wofür wir dorthin gekommen seien. Kurz nachdem ich mich mit geschlossenen Augen nach Innen gewandt hatte, war ein Mantra in meinen Gedanken. In mir hörte ich die Silben ganz klar und deutlich, nach einer Weile des Seins mit dem Mantra öffnete ich meine Augen und sagte zu Bhairava: „Ich habe ein Mantra von der Göttin Lalita bekommen", das wusste ich einfach. Er sprach das Mantra aus, das er mir geben wollte, und siehe da, es war exakt dasselbe, das sich in meinem Inneren schon wiederholte.

Super dachte ich, wieder einmal mehr durfte ich erfahren, dass die Existenz mein Guru war und ich nicht eines lebenden menschlichen Gurus bedurfte.

So war es dieses Mal die göttliche Mutter direkt oder die weibliche Kraft.

Dieses Mantra solle ich nun täglich, sooft ich kann, wiederholen. Es beinhaltet viele heilige Silben und die Energie würde sich in mir erhöhen. Das verstand ich da bislang nicht, weil ich damals beim Sprechen der Silben noch nichts spüren konnte. Da ich aber schon lange Zeit nach dem Wohlgefühl und der Freude lebte, machte es mir einfach Spass diese *Bjias Silben zu wiederholen.

Puja *ist Sanskrit und bedeutet in etwa Verehrung oder Ehrerweisung. Die Puja gehört im Hinduismus als ein im Idealfall täglich praktiziertes Ritual zu den wichtigsten Bestandteilen des religiösen Alltags.*

Bija *in Sanskrit bedeutet: Same, Saatkorn, Keim; Element, An-*
fang, Entstehungsgrund; der Keim eines Gedichts.

Heilige Silben: *Ka E i La Hreem – Ha Sa Ka Ha La Hreem - Sa*
Ka La Hreem - Srim.
Ka repräsentiert die Luft, Ha das Feuer, Sa das Wasser, La die
Erde und E der Raum.
Die fünfzehn Silben sind: eine aus dem Raum, zwei aus der
Luft, drei aus Feuer, vier aus Wasser und fünf von der Erde.
Der sechzehnte Buchstabe ist ein shrim – subtile Form.
Das Mantra wird dann zu Shodashi, dem sechzehn Buchstaben
umfassenden Mantra.

Anschliessend besuchten wir noch den Ashram, in dem der berühmte Paramaacharya Swamy oder Sri Chandrashekaredra Saraswati Swamy gelebt hatte. Der Ashram nennt sich heute Sri Kanchi Kamakoti Peetam. Da hatte ich eine wunderschöne, tiefe Begegnung mit dem Bild von diesem Weisen. In mir war Freude und tiefe Stille beim Betrachten und mit ihm sein zu dürfen. Die Leute im Ashram waren sehr zuvorkommend, und sie wollten von uns wissen, was wir machen und warum wir hergekommen waren. Mein Freund Bhairava erklärte es in seiner Sprache. Er war vor einigen Jahren dort in der Ausbildung bei einem anderen Swami gewesen. Von diesem sei er aufgefordert worden, verschiedene Mantras von den Göttinnen zu lernen. Wenn er eines fliessend konnte, ging er, sang dieses vor und bekam ein Nächstes, das er lernen musste, bis er dann irgendwann bei der Lalita angekommen war. So erzählte er mir das oder so habe ich das zumindest verstanden.

Wir durften das Mittagsmal im Ashram einnehmen, danach setzten wir uns noch eine Weile in die Halle, in der das Grab des Weisen war. Bhairava meditierte und in mir fing das zuvor erhaltene Mantra an, sich zu wiederholen.

Bevor wir mit dem Taxi zurück nach Tiruvannamalai fuhren, wurde ich angewiesen, ein kupfernes Sri Yantra Bild zu besorgen, welches ich dann im dortigen Ashram Shop kaufen konnte. Das *Sri Yantra oder *Sri Chakra Bild bräuchte ich dann später, um die Göttin Lalita Maha Tripurasundari mit den Pujas zu ehren, wurde mir von dem Inder mitgeteilt.

Bhairava fing in den folgenden Tagen an, mir vieles über Tantra und Sri Vidya zu erklären. Er gab mir Texte, die ich auswendig lernen sollte, die dann in einem Sprechgesang rezitiert werden würden. Alles habe mit der göttlichen Mutter oder der Lalita zu tun. Das gekaufte Kupfersymbol, mit dem Sri-Chakra darauf, bräuchte ich dann für die Pujas oder die Verehrung der Göttin. Alles, was ich lernen würde, basiere auf Bhakti oder Hingabe an die göttliche weibliche Kraft in Form der Lalita Tripurasundari.
So viel hatte ich schon verstanden. Bhairava sang täglich diese heiligen Gesänge, die ich auch schon im Ramana Ashram gehört hatte. Sehr gerne lauschte ich diesen Klängen, schon länger hatte ich bemerkt, dass das Zuhören das Denken still werden liess.

So vergingen die Tage und bald kam noch eine Vollmondnacht.

Bei dem damaligen Vollmond liefen wir auch mit vielen anderen um den heiligen Berg Arunachala. Wir sprachen nicht viel und gingen recht schnell. Ich war über mich selbst verwundert, dass ich so schnell gehen konnte, und sogar ohne Pausen zu brauchen oder müde zu werden. Wir schafften die Berg-Umrundung in weniger als vier Stunden, das hatte ich zuvor noch nie geschafft. Zu Hause legte ich mich ins Bett und wieder, wie früher schon einmal, wurde mein Körper extrem heiss und ich konnte mich nicht bewegen oder wenn ich mich bewegte, schmerzte der ganze Körper stark. So blieb ich in dieser Hitze ruhig liegen und wusste, es würde vorbeigehen. Es waren er-

neut diese Wellenbewegungen, die wie Strom durch mich hin-
durchgingen. Das geschah und ich konnte da nichts dagegen
oder dafür tun. Es war einfach und zugleich aber auch fast eks-
tatisch. Mein Körper bewegte sich sanft und mir war es sehr
wohl dabei.

Mein indischer Lehrer jedoch war der Panik nahe, er meinte:
Er würde mich nun nach Chennai ins Spital bringen, ich hätte
hohes Fieber und sei sicher sehr krank. Auf meine Bitte hin,
zwei Tage abzuwarten und erst danach zu entscheiden, was zu
tun sei, wurde er etwas ruhiger. Und tatsächlich war nach zwei
Tagen der Spuk wieder vorbei, ich konnte aufstehen, gehen und
auch essen zu mir nehmen und die Hitze war wieder weg.

Sri Lalita Maha Tripurasundari

Wissen und Verehrung der Gottheit wird als Vidyā bezeichnet.
Damit ist Śrī Vidyā das Wissen über und die Verehrung der Mut-
tergottheit Śrī Devi, die auch Śrī Māta (Mutter Śrī) oder Tripura
sundari (Schöne der 3 Städte) genannt wird. Sie verleiht ihren
Anhängern Glückseligkeit und Fülle. **Śrī Vidyā** kennt 10 Ebenen der Entwicklung, die den 7 (manchmal 10) Chakras ent-
sprechen, die Gunas sowie die Daša-mahā-vidyā oder 10 gros-

sen Weisheit-Göttinnen. Daneben bezieht es sich auf die Brahmananda Purana.

Sri Vidya ist eine Gruppierung, die glaubt, dass die Göttin Lalita Tripurasundari die höchste ist.

Heute ist einer der wichtigsten Texte der Sri Vidya-Sekte das Lalita Sahasranamam, das im Lalita Mahatmya des Brahmanda Purana gefunden wurde. Der Sri Vidya-Philosoph Bhaskararaya aus dem 18. Jahrhundert schrieb einen Kommentar dazu. In diesem Auszug seines Kommentars diskutiert Bhaskararaya einen Vers in der Lalita Mahatmya, der besagt, dass Lalita Tripurasundari von Göttern, Menschen und Siddhas verehrt wurde.

Dasha Mahavidyas im Tantra System der 10 Mahavidyas ist Tripurasundari eine der Mahavidyas. Meist gilt sie als die neunte der Weisheits-Göttinnen. Lalita Tripurasundari symbolisiert hier den schönen, den grossartigen, den freudevollen und triumphierenden Aspekt der Devi, der göttlichen Mutter. Tripura Sundari symbolisiert damit auch die Evolution des Aspiranten: Zunächst kommt **Kali** - welche das Loslassen, auch Verlust und Erschütterung symbolisiert. Dann folgt **Tara** - Heilung einiger innerer Wunden, auch Einsamkeit und Introspektion. Die dritte, **Chinnamasta** heisst Köpfen vorgefertigter Meinungen - und Opferbereitschaft. Dann folgt der nächste freundliche Aspekt der Shakti, nämlich **Bhuvaneshvari**, die Göttin des Universums, die Herrscherin aller Wesens: die Bewusstwerdung der göttlichen Allgegenwart. **Bagalamukhi** als Fünfte hilft, Täuschungen zu überwinden. **Dhumavati** als Göttin der in Not Geratenen hilft, aus Not zu lernen - und uneigennützig zu dienen, **Kamalatmika** verhilft Freude, Vergnügen und Dankbarkeit zu empfinden. Daraus manifestiert sich **Matang**i, Intuition, Kreativität, Musik, Künste, höheres Wissen. **Tripura Sundari** folgt als nächstes - wie ein Triumph göttlicher Allgegenwart, Schönheit in allen drei Welten. Danach folgt **Bhairavi** - die Ehrfurchtgebietende: Ein Aspirant bleibt immer im Staunen - und bleibt immer in der Entwicklung begriffen.

*Sri Yantra / Sri Chakra

Ein Yantra gilt als Repräsentation des Göttlichen. Das Mantra stellt einen Aspekt des Göttlichen in Form eines Lautes dar, das Yantra dagegen in Form einer geometrischen Figur. Im Zentrum der Darstellung steht ein Ausgangspunkt, Bindu (Sanskrit: Punkt, Tropfen, Essenz, Pünktchen, Tüpfel), von dem aus weiteren Formen ausstrahlen – so wird die visuelle Sinneswahrnehmung von diesem Startpunkt aus durch die Darstellung geleitet. Fast immer finden sich in den Yantras geometrische Formen wie Dreiecke, Quadrate oder florale Darstellungen; es sind aber auch komplexere Formen möglich.

Die Diagramme werden, obwohl zweidimensional konzipiert, mehr als mehrdimensionale heilige Architektur verstanden. Typisch ist der symmetrische Aufbau, der durch den Einsatz eines Rahmens nach aussen abgeschlossen wird und so die Energie zusammenhält.

Besuch der Affen

Einmal gingen wir an den Berg, dort auf den Felsen setzten wir uns und Bhairava zeigte mir eine Atemtechnik, die ich danach täglich immer wieder anwenden sollte. Ich sass mit geschlossenen Augen und übte für mich diese Atmung. Als ich nach einer Weile die Augen öffnete, sassen direkt hinter mir auf dem Felsen einer und etwas daneben drei weitere von den grossen Languren Affen mit dem schwarzen Gesicht. Zuerst erschrak ich, weil der Affe hinter mir eine knappe Armlänge von mir entfernt sass. Zugleich war aber auch ein Vertrauen da. Und es sah so aus, als dass diese Begebenheit einen anderen Zweck hatte, als etwas von mir zu wollen. Ganz still und fast unbeweglich sassen die Affen und waren einfach mit uns. Es kam mir so vor, als suchten sie mit uns die Stille. Es gab ja viele der kleineren einheimischen Affen, die waren überall, wo Menschen sich aufhielten, weil sie von ihnen Futter haben wollten und die waren auch ziemlich frech. Diese grossen Affen kamen nur selten so nahe zu den Menschen. Vielleicht auch, weil sie ihr Futter auf den Bäumen oder in der Natur suchten. Wenn ich die beiden Affenvölker wenige Male beobachten durfte, waren die Languren mit dem schwarzen Gesicht so still und graziös in den Bewegungen und kamen mir sehr achtsam, manchmal sogar weise vor. Gegenüber dem anderen, dort lebenden unruhigen, wilden und verspielten Affenvolk. Als wir wieder zu sprechen anfingen, zogen diese Geschöpfe in Affenform langsam weiter.

Diese gelernte Atemtechnik wendete ich dann einige Zeit auch zu Hause an. Aber irgendwann musste ich aufhören, weil meine Atmung aussetzte und ich das Einatmen erzwingen musste. Irgendwie war der automatische Atmungsreflex weg.

Das zeigte sich vor allem, wenn ich die Atmungstechnik vor dem Einschlafen praktizierte. Da geschah es dann, dass ich dabei einschlief und hoch-schreckte, wenn der Körper seine Atmung dann doch wieder einforderte. Das war jedes Mal ein Erschrecken. So hörte ich wieder auf, diese Atemtechnik anzuwenden, ich würde diese Technik auch keinem anderen Menschen weiterempfehlen. Meines Erachtens ist diese eher gefährlich und könnte Angst auslösen. Was ich aber durch das noch bewusstere Atmen festgestellt hatte, war, dass es nur ganz wenige Atemzüge in einer Minute machte. Es waren nur drei oder vier Züge pro Minute. Vielleicht war das die Folge der Atemübungen, ich weiss es nicht.

Bhairava gab mir die Texte des Sahasranamam (tausend Namen) von der Göttin Lalita, in Sanskrit und die Be-deutung auf Englisch dazu. Zudem musste ich den Gesang des Sri Chakra Kadhgamala auswendig lernen. Damals dachte ich: „Das lernst du nie, wie soll das denn gehen?" Aber etwas in mir sagte: „Das macht aber Spass, du liebst doch die Veden Gesänge. Also mach einfach, lass es geschehen und dann kannst du immer noch sagen, du kannst das nicht, aber mach jetzt einfach mal diese Erfahrung."

Das Tolle daran war, dass es auch um die weibliche Kraft und die Göttin ging. Denn von dem schon gehörten Tantra hatte ich verstanden, dass es ohne weibliche Kraft keine Bewegung im Kosmos geben würde. Es brauche die männliche Kraft (Shiva), die der Ursprung sei und die weibliche Kraft (Shakti), die Ausführende.

Bhairava drückte einmal seine eigene Verwunderung darüber aus, dass ich gleich mit der höchsten Göttin beginnen konnte. Weil viele andere mit anderer Göttin wie Bala starteten und danach weiter gingen bis zur höchsten Verehrung der Göttin Lalita. Scheinbar sei ich reif dafür, sagte er noch. Wie auch immer, das wusste ich nicht, interessierte mich auch nicht, da es mir einfach Freude machte.

Die Zeit verging und bald neigte sich unsere gemeinsame Zeit dem Ende zu und es hiess wiederholt Abschied nehmen. Im Gepäck hatte ich nun ein Bild von der Göttin Lalita, das Sri Chakra Kupfer-Mandala. Die Atemübung im Kopf und alles zu den Gesängen auf meinem Mobiltelefon gespeichert. Zu Hause wollte ich dann alles ausdrucken, um es lernen und hoffentlich auch einmal verstehen zu können. Der indische Lehrer wollte mir beim nächsten Indienbesuch dann einige heilige Orte und Tempel zeigen und auch weiteres lernen. So vereinbarten wir, dass ich im November desselben Jahres wiederkäme, und wir dann durch Indien reisen würden. Das hörte sich sehr viel-versprechend an.

Wieder zu Hause in der Schweiz lernte ich diszipliniert und fleissig diese Gesänge.

Am Anfang hatte ich Mühe mit dem Aussprechen der Sanskrit-Wörter in den Gesängen. Bald aber fand ich im In-ternet bei YouTube die gesungenen Texte. Täglich lernte ich eifrig und während vieler Stunden.

Es war wichtig, bei dem Lied die richtigen Pausen und die genaue Aussprache zu gebrauchen. Sonst würde die Bedeu-tung nicht stimmen, sagte man mir. Dienstag und Freitag sei der weiblichen Göttin geweiht, also machte ich dann jeweils eine Göttinnen Puja. Das hiess: Vor dem Bild der Lalita und auf das kupferne Mandala kamen dann während des Gesanges Gaben wie brennendes Kampfer, Wasser, Vibhuti (heilige Asche) und zu Ehren der Göttin wurde auch Essen bereitgelegt.

Als ich mit der Zeit alles besser im Griff hatte und auch den Text fliessender sprechen oder rezitieren konnte, berührte es mich oft im Herzen, wenn ich der Göttin auf diesem Weg Ver-ehrung schenkte. So kam das Göttliche mir wieder etwas näher. Mit dem Verbrennen des Kampfers musste ich aber bald aufhören, denn in der ganzen Wohnung hatte es schwarze Russ-Ab-lagerungen gegeben. Was ich nun aber wusste, man verehrte eigentlich bei all diesen Gottheiten die Aspekte, die diese ver-traten, in sich selbst. Also kein Gott oder keine Göttin im Aus-sen, nur für die Puja nahm man diese quasi symbolisch aus dem Herzen, verehrte sie in Form einer Statue oder wie ich es lernte, einem Bild und nach der Puja gab man die Göttin oder den Gott wieder zurück in das eigene Herz. Darum auch diese vielen verschiedenen Götter, weil jeder einen anderen göttli-chen Teilaspekt oder des vollendeten Menschen vertrat und für die Befreiung genutzt werden konnte. Da hatte ich ja Glück, ver-körperte die Lalita doch alle Aspekte in sich, die das menschli-che Leben ausmachten.

Wieder einmal kommt es anders als gedacht

Nach dem Urlaub, am darauffolgenden Montag, war der Be-ginn meiner neuen Festanstellung in der alten Abteilung, in der Chirurgie im Krankenhaus. Schon am Morgen erwachte ich mit leichten Rückenschmerzen. „Was soll das denn nun?", dachte ich bloss und schenkte den Schmerzen keine grosse Beach-tung. Der Tag verlief gut, neu für mich war der Job ja nicht. Mit Freude und Elan machte ich die anfallenden Arbeiten und nahm mir, wenn möglich, Zeit, um mit den Patienten, die etwas Auf-merksamkeit brauchten, ein paar Worte zu wechseln. Am Abend kam ich zufrieden nach Hause. Es war ein gutes Gefühl, wieder in einem Team dazuzugehören, wenn da nur nicht die leichten Schmerzen im Rücken gewesen wären. Am nächsten Morgen erwachte ich mit noch etwas stärkeren Schmerzen als am Vortag. Oje, was soll das denn jetzt heissen? Fragte ich mich selbst. Wollte aber einfach gar nicht, und zwar ganz be-wusst nicht hinsehen.

Also dann nahm ich halt eine Schmerztablette, um eine stär

kere Entzündung zu vermeiden. So ging's dann recht gut. Der Tag war zufriedenstellend und die Arbeit fiel mir leicht. So ging es auch an dem darauffolgenden Tag, nur die Schmerzen im Rücken waren noch etwas stärker geworden. Es beschlich mich erneut der Gedanke und jetzt mit der Idee dazu: Ob der Rücken mir schon wieder eine neue Richtung aufzeigen wollte? Aber ich wollte da jetzt nicht hinhören. Nein! Bitte nicht, mir gefällt diese Arbeit und zudem habe ich mit dem Job ein sicheres Einkommen, um all meine Rechnungen bezahlen zu können. Also nahm ich sogar zwei Tabletten an diesem Tag. Auf der Abteilung bemerkte eine Mitarbeiterin, dass ich mich unsicher bewegte und fragte, ob ich Schmerzen hätte. Ja, ich hätte es etwas im Rücken, meinte ich und sagte: „Hoffe nur, dass ich den Job behalten kann." Das sagte ich wohl mehr zu mir selbst als zu dieser Fragenden. Am nächsten Tag hatte ich frei und wollte meinen Körper schonen. Aber beim Drehen im Bett waren die Schmerzen im Rücken sehr stark. Das Aufstehen bereitete mir Mühe, und ich ahnte nichts Gutes. Kaum war ich aufgestanden, schoss mir ein starker Schmerz wie Strom in den unteren Rücken und ich schrie auf.

Kein Wunder nennt man so etwas bei uns auch „HEXEN-SCHUSS" „Oh Gott, was willst DU nun mit mir?", fragte ich. Sollte es wirklich nicht sein, dass ich einfach einmal irgendwo bleiben kann? Das waren meine Gedanken. „Ja, aber was nun?" Ich kann doch nicht schon nach drei Tagen aufgeben, oder? Zugleich war aber die Antwort in mir. „Doch sei klar und wahr und rufe jetzt gleich deine Vorgesetzte an!" Hiess es ganz streng in mir. Ohne noch lange zu überlegen, griff ich zum Telefon und rief auf die Station an. Natürlich war meine Chefin gerade am Draht. Unter Tränen erzählte ich ihr, wie es mir ging und dass ich den Job nicht mehr ausführen könne, sie solle jemand anderen suchen und so weiter. Sie versuchte mich zu beruhigen, da sie mich wohl noch nie so in Tränen aufgelöst hörte.

Obwohl Weinen geschah, war in mir kein Leid, es geschah einfach. Sowie auch die Schmerzen, da war dazu aber keine

Leidende. Aber wer konnte das schon verstehen, der das nicht selbst so erlebte, das war mir bereits klar. Also sagte ich der Chefin nochmals, dass sie eine andere Lösung suchen sollte. Sie meinte darauf aber: „Nun warte mal ab, was der Arzt zu deinem Rücken meint."

Ich ging zum Hausarzt und der verschrieb mir Medikamente und sagte: Zuerst schonen und dann Physiotherapie.

So bekam ich für drei Wochen ein Arbeitsunfähigkeitszeugnis und bewegte mich zu Hause nur, wenn es nötig war. Bei der Arbeit wurde ich zum Sozialmanager der Firma eingeladen. Damit wir gemeinsam, auch mit meiner Chefin, die beste Lösung für alle finden könnten.

Alles in allem war ich für drei Monate wegen oder dank des Rückens arbeitsunfähig. In dieser Zeit wurde die Festanstellung gekündigt und ich behielt den Vertrag für die Sitzwache auf Abruf. Die letzte Woche von meiner Arbeitsunfähigkeit war eine schon lange zuvor gebuchte Reise nach Korfu in Griechenland geplant. Wo ich mit meiner Schwester die Zeit verbringen wollte. Der Arzt und der Manager vom Krankenhaus meinten, ich solle da hinreisen. Der Aufenthalt am Meer und die Sonne würden mir bestimmt guttun. So war es dann auch. Meine Schwester und ich verbrachten die Woche gemeinsam in einem der schönsten Zimmer dort. Wir hatten einen Ausblick über die ganze Gegend und zum Meer. Ich war ganz überrascht, wie mühelos ich gehen konnte, und dass, obwohl ich mich die letzten Wochen fast nicht bewegt hatte. Na ja, es war für mich ein Beweis, dass uns wahrhaftig immer zum höchsten Wohle alles zur Verfügung gestellt wird. Als würde nur das destruktive Denken uns am Erfreulichen im Leben hindern. Ohne eine Idee, so erlebte ich es immer wieder, geschah alles noch besser, als es je hätte gedacht werden können. Das war schon länger meine Erfahrung.

Auch auf Korfu rezitierte ich oft die indischen Gesänge und täglich meditierten meine Schwester und ich gemeinsam auf der Terrasse unseres Zimmers. Es war eine wunderschöne Woche mit ihr und dem Sein dort.

Seit einiger Zeit waren meine Schwester Sudevi und ich uns sehr nahe. Wir hatten auch eine Zeit, in der wir uns eher gemieden haben. Aber nachdem wir unsere Schwesterngeschichten aufgearbeitet hatten, verbrachten wir oft die Zeit zusammen.

Beide hatten wir dieselbe Ausrichtung nach Befreiung und Erkennen der wahren Natur. Auch sie meditierte viel. Es passte einfach, und sie war mehr Freundin als Schwester geworden für mich.

Auf Korfu durfte sich damals noch eine Auflösung eines alt geprägten Musters oder einer Überlagerung geschehen. Es war ganz bewusst und so. Auf Korfu konnte man nackt baden, das war wohl auch, weil da in der Nähe ein Osho Center war oder warum auch immer, genau wusste ich das nicht. Der FKK-Strand (Freikörper-Kultur) war in einer kleinen Bucht und nur dort war das nackt sein erlaubt. An den anderen Stränden trug man Badekleider. Nacktbaden war für mich immer etwas, vielleicht nenne ich es am besten „Beschämendes" und lieber verzichtete ich, zuvor in meinem Leben, auf das Baden. Wenn ich nicht im Badekleid gehen konnte, als mich nackt am Strand zu zeigen. Das war für mich noch eine Angelegenheit, die ich dort überwinden wollte. Was dann auch geschah und mir zur Freude sogar sehr angenehm war. Es war ein gutes Erlebnis, ohne ein kneifendes Kleidungsstück sein zu dürfen. Also eine tolle weitere Erfahrung und auch diese alte Überlagerung durfte wegfallen. Natürlich war mir schon bewusst, dass unser Denken alles in und um uns herum beeinflusst und wenn in uns nichts mehr überlagert ist, gibt es auch keine Unpässlichkeit im Aussen oder mit anderen mehr.

Der Aufenthalt im Krankenhaus

Nach Korfu und wieder zu Hause hatte ich täglich starke Kopfschmerzen, was mich aber nicht weiter beunruhigte. Ich dachte, das sei wohl die Luftveränderung nach dem Aufenthalt in Griechenland. Die Woche verging und die Kopfschmerzen blieben.

Am darauffolgenden Freitag hatte ich die Schlussbesprechung beim Arzt wegen des nun wieder heilen Rückens. Indessen war ich wieder arbeitsfähig, das sei super, sagte ich zum Arzt.

Am Schluss der Konsultation erwähnte ich beiläufig meine momentanen starken Kopfschmerzen, aber mehr mit der Frage, ob es gut sei, wenn ich gelegentlich ein Aspirin einnehme. Der Arzt meinte dazu: Es gäbe nichts dagegen einzuwenden und somit war das Thema für mich vom Tisch. Schon hatten wir uns wörtlich voneinander verabschiedet, und ich war im Begriff, den Praxisraum zu verlassen.

Da sagte der Arzt plötzlich, er würde mir gerne noch rasch den Blutdruck messen. Gesagt, getan und oha, der war auf 200 zu etwa 100 (normal 135/85). Nach der zweiten Messung, die nicht weniger hoch ausfiel, sagte der Arzt zu mir: Das verstehe er nun nicht, "Frau Kunz, sie sind doch die Ruhe selbst, aber dieser hohe Blutdruck passt ja gar nicht zum Bild von Ihnen". Wie auch immer, meinte er, so würde er mich jedenfalls nicht gehen lassen, ich solle mich im Nebenraum einmal hinlegen.

Doch nach wiederholten Messungen und mit der Verabreichung diverser Medikamente blieb der Druck unverändert hoch. Daraufhin meinte der Arzt, so könne er mich nicht nach Hause lassen. Ja, das wusste ich schon, und sagte zu ihm: „Ja, dann gibt es wohl nur ein Wochenende im Hotel Spital." Er nickte und meldete mich sofort in der Notaufnahme des Krankenhauses an. In mir war keine Reaktion, nur der Gedanke: wohl wieder eine weitere Erfahrung zum Erkennen meines Selbst oder zur Auflösung wovon auch immer.

Sofort kam mir aber ein früher, erlebter Spitalaufenthalt in den

Sinn. Der hinterliess damals ein Trauma in mir zurück, das wusste ich noch. Wollte sich das nun Erlösung verschaffen?

Der Arzt wollte mich nicht alleine gehen lassen, so musste ich meinen Sohn Kevin anrufen, der mich alsbald abholte und in die Notaufnahme ins Krankenhaus fuhr und sogar noch etwas mit mir dort blieb.

Zuerst verpasste eine Pflegefachfrau mir dort ein Medikament in Pflasterform und legte mir einen Venenkatheter, um darüber Flüssigkeit geben zu können und falls nötig, noch weitere Medikamente. Kurz nachdem die Pflege das Pflaster aufgeklebt hatte, bekam ich noch viel stärkere Kopfschmerzen, noch nie in meinem Leben hatte ich solche Kopfschmerzen. Aber was konnte man da machen? Es hörte mich einfach niemand, wenn ich sagte: „Es tut noch mehr weh!" Natürlich brachte es keiner der Ärzte oder der Pflege in Verbindung mit dem schon verabreichten Medikament.

Erst als nach etwa fünf Stunden, mit unglaublichem Hämmern im Kopf, das mir zuvor aufgeklebte Pflaster wegkam, war der Spuk auch wieder vorbei.

Die Notaufnahme verlegte mich zur Abklärung auf die medizinische Station. „Super, Freitagnachmittag und Abklärungen, haha, na ja?" dachte ich. Und stellte mich auf ein Wochenende des Wartens ein und so war es dann auch. Ausser Blutdruck senkenden Mittel zu schlucken und dem häufigen Messen des Blutdruckes wurde an mir nichts gemacht.

So hatte ich dann die Gelegenheit, das Spital einmal von der Sicht als Patientin zu erfahren. Eine sehr lehrreiche Erfahrung war das. Die hätten mich glatt mit Hunger schlafen lassen, hätte ich ihnen nicht sagen können, wo es im Hause einen Kühlschrank mit zusätzlichem Essen für die Patienten gäbe. Die sagten einfach nur, es hat nichts. Innerlich musste ich lachen, alles war ein lehrreiches Schauspiel und ich genoss es sogar einfach zu erleben, wie alles ohne irgendwelche Wertung betrachtet wurde. Gutes wie auch weniger Gutes. Vielleicht auch gut, war ich nicht ans Bett gebunden und konnte mich bewegen, wie es mir beliebte.

Das Wochenende verging, ohne dass etwas geschah, der Blutdruck war nicht mehr gar so hoch, aber auch nicht so tief, dass ich nach Hause hätte gehen können. Was mir im Spital geschenkt wurde, war der Beginn eines Reizhustens, der dann aufgrund einer Allergie auf das verabreichte Blutdruckmedikament über Wochen andauerte und erst lange Zeit später dann herausgefunden wurde, warum ich diesen Husten hatte. Auch einfach eine weitere Erfahrung. Am Montag kam dann die zuständige Ärztin auf die Station, und da ging es vorwärts. Ein Termin beim Ultraschall wurde angemeldet und am Nachmittag dann in der Untersuchung wurde festgestellt, dass eine Nierenarterienstenose zu 80 % die Blutzufuhr in die Niere verhinderte. Das wäre der Grund für den hohen Blutdruck, erklärte man mir. Es sei eine sogenannte **fibromuskuläre Dysplasie, das gäbe es vereinzelt bei Frauen in meinem Alter. Es sei auch eine Erbkrankheit, sagte mir die Ärztin. Meine Mutter hatte das wohl auch, nur hatte man bei ihr damals erst im höheren Alter die dann schon kaputte Niere entdeckt, damals konnte man bei ihr nur noch eine Schrumpfniere feststellen. Nach dem Ultraschall und noch am selben frühen Abend wurde ich aus dem Krankenhaus entlassen.

Für zwei Wochen später wurde ich dann nochmals ins Krankenhaus bestellt, für einen Eingriff, der die Blutzufuhr in den Nieren wieder herstellen würde.

Fibromuskuläre Dysplasie (FMD) ist eine Erkrankung, die durch nicht entzündliche Verdickung von Bindegewebe und glatter Muskulatur in der Wand von Arterien zu finden ist. Das tritt, wenn, dann meistens bei Frauen im Alter zwischen 35 und 60 Jahren auf. Die genaue Ursache ist nicht bekannt, möglicherweise vererblich. Betroffen ist häufig die Niere, wo es die Arterie oder den Blutzufluss verengt und den Blutdruck erhöht.

So war es dann auch. Mir war klar, dass ich bei diesem Eingriff alles ganz bewusst erfahren wollte. Damit sich alle früher, in Bezug zu den Spitalereignissen und den erlebten Trauma Erfahrungen, nun die Möglichkeit zur Auflösung oder Befreiung bekommen konnten.

Bei dem Eingriff kamen mir die jahrelangen Atemübungen mit den wenigen Atemzügen in einer Minute entgegen. Es gab nur eine örtliche Betäubung, weil ich mit der Atmung mithelfen musste. Immer wieder sollte ich die Luft lange anhalten, damit die Operateure den Eingriff besser durchführen konnten.

Nach diesem Eingriff musste ich eine Nacht auf der Station im Krankenbett verbringen. Zur Beobachtung, was der Druck des Blutes mit dem Körper anstellen würde, hiess es. Oder falls es zu einer Entgleisung des Blutdrucks kommen würde Der Eingriff verlief gut und es war bald alles vorbei. Nach der Arterienspreizung und wieder im Zimmer durfte ich mich sechs Stunden nicht bewegen, weil ein schwerer Sandsack auf der Beinarterie lag, um diese wieder ganz zu verschliessen. Das lange Liegen auf dem Rücken war etwas unangenehm, ging aber einfach nicht anders. Wieder war etwas an Erfahrung geschenkt worden und ein Trauma aufgelöst.

Nur etwas war noch speziell, und zwar Folgendes: Nach dem Eingriff in die Niere kam die Pflegefachfrau und sagte, ich sei im Computer nicht mehr auffindbar. Sie müsse erst noch abklären, ob ich noch Medikamente bekäme. Auch der Arzt, der die Nierenarterie ausgeweitet hatte, kam noch vorbei, um zu sehen, wie es mir ging, und auch er erwähnte, dass ich im Computer als nicht eingetreten vermerkt wäre. Na ja, es wunderte mich nicht, dass so etwas Phänomenales passierte. Kümmerte mich aber gedanklich nicht darum. Denn schon lange musste ich die Geschehnisse nicht mehr verstehen, ich konnte nur immer wieder alles dem Göttlichen oder dem nicht Wissen übergeben. Die Nacht verlief gut, ich schlief ohne Schmerzen und am nächsten Morgen durfte ich mit einem fast normalen Blutdruck wieder nach Hause gehen. Zur Nachuntersuchung soll ich kommen und jedes halbe Jahr zum Ultraschall, sagten sie mir noch. Jedoch weiss ich, dass der Körper vergänglich ist und ich einfach eine Erfahrung machen durfte und so blieb es auch und nichts weiter wurde unternommen. Meines Erachtens und Erfahrens sind wir immer zur richtigen Zeit am richtigen Ort.

Alles Geschehene hat nichts Persönliches darin, denn die Existenz oder wie auch immer das Höchste genannt werden möchte, lenkt uns. Solange wir denken, wir müssten das Leben hinbekommen und uns eben bekriegen, ist es sehr anstrengend. Aber wenn wir im Fluss des Lebenslaufes schwimmen und immer aus dem Jetzt heraus zuschauen, was es durch und für uns arrangiert. So sind wir bewusste Zuschauer dieses genial geplanten Spieles und verlieren nie den Blick auf die weisse Leinwand, auch wenn das Spiel mal nicht nur die Leichtigkeit des Seins präsentiert.

Folglich war dann auch die Rechnung irgendwie komisch, aber auch da kam ich in keine Handlung, wohl auch weil ich gar nicht gewusst hätte, wie oder was denn nicht stimmte. Das, was aber übrig blieb, vom ganzen Geschehen war, dass ich am Ende des Monates alle meine ausstehenden Rechnungen, ohne mich zu verschulden, bezahlen konnte.

Bald war ich wieder ganz gesund und zu 100 % arbeitsfähig. Wenn ich dazu Lust oder den Impuls hatte, ging ich als Sitzwache im Krankenhaus arbeiten.

Zu Hause ging es mit Satsang in der Gruppe und mit den Einzelbegegnungen wieder weiter. Die täglichen Atemübungen und das stille Sein gehörten schon lange zu mir. Nicht weil ich das musste, sondern weil es mir Freude bereitete.

Das Lalita Sahasranamam konnte ich damals schon gut lesen und es machte mir Spass, dieses täglich zu rezitieren. In der mir bleibenden freien Zeit widmete ich mich dem Aufschreiben und Übersetzen der heiligen Lieder, wie dem Sri-Chakra-Khadgamala oder dem Lalita Sahasranamam. Bhairava gab mir zusätzlich zwei Lieder von dem heiligen Sripada Srivalabha und von *Lord Dattatreya, die ich nebenbei auch noch auswendig lernte. Zudem meinte er, es wäre gut, wenn ich das Buch von Shankar Bhatt, mit dem Titel; Sripada Srivallabha Chritamrutam Biografie eines Dattatreya-Avatars lesen würde. Überrascht war ich, als ich dieses Buch sogar in deutscher Sprache fand und bekam. So fiel es mir leicht, das Buch nebenbei auch noch zu lesen. Alles Geschriebene darin verstand ich damals zwar nicht. Der Inder aber sagte, ich solle es einfach zwei- bis dreimal durchlesen, was ich dann auch tat. Einfach lesen, das kannte ich ja schon von früher, mit dem Buch ein Kurs in Wundern. Nichts verstehen, einfach lesen, hiess es damals ebenfalls.

Mit Bhairava stand ich in regelmässigem Kontakt. Er plante für uns den bald kommenden Indien-Aufenthalt. Er wolle mit mir an einen der heiligsten Orte Indiens fahren. Dort soll einmal eine Inkarnation von Lord Dattadreya gelebt haben. Der Name war eben dieser Sripada Srivallabha und der Ort hiess Kuruvapuram. Dann würden wir weiter nach Goa fliegen, und von dort bis nach Gokarna fahren, um dort am Meer an der Kuddle Beach zu wohnen. Am Meer können wir die Gesänge üben und von dort aus, noch weitere heilige Tempel und Orte besichtigen.

Buchempfehlung wenn du das Lalita Sahasranamam lernen möchtest.

ARCHANA-BUCH mit deutscher Übersetzung Herausgeberin:
Mata Amritanandamayi Mission Trust - AMMA
www.amritapuri.org

*Lord Dattatreya,

Lord Dattatreya, gilt in der indischen Mythologie als Inkarnation von Brahma, Vishnu und Shiva. Er verkörpert damit die schöpferische, die erhaltende und die auflösenden Energien des Universums. Es gibt viele inspirierende Geschichten, um diesen Trimurti Avatar (Inkarnation der Dreifaltigkeit)

Dattatreya wird als Siddha verehrt, als ein grosser Meister, der auch heute noch Aspiranten anleitet und führt, ja, ihnen sogar erscheint. Viele indische Guru-Linien gehen auf Dattatreya zurück. Daher wird er auch als Datta Guru bezeichnet. Ein weiterer Name von Dattatreya ist Avadhuta. Avadhuta heisst wörtlich "unbekleidet". Vereinzelt gibt es in Indien auch Darstellungen von Dattatreya ohne Kleidung. Avadhuta ist aber im übertragenen Sinn zu sehen: Er ist jenseits aller Hüllen gegangen. Avadhuta steht für Vairagya, Verhaftungslosigkeit. Und dafür, dass es gilt, sein höchstes Selbst zu erfahren. Das bekannteste Werk von Dattatreya ist die Avadhuta Gita. Es ist eine der bekanntesten und tiefgreifendsten Vedanta Schriften. Auch wenn Dattatreya Begründer einiger Guru-Linien ist, hatte er selbst keinen menschlichen Guru. Patanjali schreibt, dass Gott selbst der

Guru aller Gurus ist. Letztlich beginnt jede Guru-Linie mit Gott. Und jeder kann sich auch selbst direkt an Gott richten. Dattatreya ist auch bekannt dafür, dass er von allem lernte. In der Avadhuta Gita wird von seinen 24 Gurus gesprochen. Dattatreya wird gerne, zusammen mit einer Kuh und mit vier Hunden dargestellt. Kühe galten im traditionellen Indien als die Heiligsten aller Lebewesen, Hunde als nicht besonders heilig. Dattatreya symbolisiert damit, dass alle zur höchsten Erkenntnis kommen können: die Hohen und die Niedrigen, die Klugen und die einfacher Gestrickten.

Etwas möchte ich zu Lord Dattadreya hier noch niederschreiben, und zwar Folgendes: Als ich noch die Wohnung in Indien hatte, kaufte ich in einer Vollmondnacht ein Bild. Auf dem Bild hatte es eine männliche Gottheit, diese hatte drei Köpfe auf einem Rumpf, um ihn herum sassen vier Hunde und stand eine Kuh. Das kaufte ich damals einem Strassenhändler ab, weil mir das Bild mit den Tieren darauf so gut gefallen hatte. Wer diese Gestalt war, wusste ich damals nicht.

Dieses Bild nahm ich mit in die Schweiz und seit damals, das war schon etwa drei Jahre zurück, hing das Bild bei mir im Wohnzimmer. Nun bekam dieses Bild mit Dattadreya, durch Bhairava und dem Buch, einen Namen und eine Erklärung dazu. Ein *Avadhuta sei er und habe das Männliche und das Weibliche in sich verwirklicht. So verstand ich es zumindest.

*Avadhuta, Sanskrit avadhūta ist ein spiritueller Name und bedeutet geschüttelt, getrennt von weltlichen Anhaftungen, Asket. Avadhuta bedeutet derjenige, der alle Verhaftungen abgeschüttelt hat. Es ist ein Beiname von Dattatreya. Avadhuta bedeutet - frei sein von jeglicher Bindung. Ein Avadhuta ist ein Asket, ein Einsiedler, ein Entsagter, der sich von allen weltlichen Bindungen losgesagt, befreit hat. Ein Avadhuta hat das Männliche und das Weibliche in sich vereint und lebt in dieser Welt keine „Sexualität" mehr, weil er diese verwirklicht hat.

Die Indienreise, die ursprünglich einmal für im Oktober geplant war, wurde auf den Dezember verschoben, so hatte ich
ausreichend Zeit, den Körper noch etwas zu schonen, bevor es
dann wieder in das unbegrenzte Land der vielen Möglichkeiten
ging.

Den Flug hatte ich bislang nicht gebucht, ich wollte zuerst
wieder ganz fit sein und auch weil es mit meiner finanziellen
Situation wieder einmal nicht gerade sehr rosig ausschaute.

Der Geldsegen
Aber dann und unverhofft kam ein Geldsegen.

Kurz bevor ich im Begriff war, den Flug nach Indien zu buchen, durfte ich eine grosse Überraschung erfahren. Und zwar
ergab sich das damals so: Ich wusste ja schon, dass ich nach
Indien fliegen würde, um dort mit Bhairava herumzureisen und
zu lernen. Da es aber mit meinen Finanzen immer etwas knapp
war, plante ich zuerst, für drei Wochen zu gehen, um danach
wieder zurück in die Schweiz zu fliegen, um erneut Geld für eine
weitere Indienreise, zu verdienen. So dachte ich und hätte es
mir, wegen meiner finanziellen Situation, damals auch nicht anders vorstellen können.

Doch dann, unglaublich aber wahr, durfte ich eine grosse
Überraschung erleben. Eines Tages sagte mir eine nahe stehende liebe Frau: Ich solle nicht nach drei Wochen schon wieder nach Hause kommen. Sie schenke mir das Geld, um länger
in Indien bleiben zu können, damit ich ohne Unterbruch in Indien
lernen kann. Wahrlich, eine grosse Überraschung, tausend
Dank konnte ich da nur sagen. Ja, so geschahen immer wieder
Wunder. Durch dieses grosse Geschenk, durfte ich ganz deutlich und einmal mehr erkennen, dass die Schöpferkraft durch
die Materie wirkt. Und dass uns immer das zur Verfügung steht,
was wir gerade brauchen, um innerlich nach Hause zu kom-

men. Die Dankbarkeit war zwar gross, aber durch das Betrachten der Begebenheit wurde einfach klar gesehen, dass der Impuls der Spenderin auch aus der Schöpferkraft kam und diese auch nicht anders konnte, als zu schenken.

So blieb eine immerwährende stille Dankbarkeit, auch, ohne dass diese sich noch so überschwänglich zeigte, wie es früher der Fall gewesen wäre.

Dezember 2018, Indien-Reise, Kuruvapuram und Gokarna

Nun stand einem langen Indienaufenthalt nichts mehr im Wege. Am 10. Dezember war es so weit, am Nachmittag ging die Reise los. Der Flug zuerst nach Dubai, und von dort aus dann, nicht wie gewohnt nach Chennai, sondern weiter nach Hyderabad, der Hauptstadt im Staate Andra Pradesh. Dort wurde ich am Flughafen von Bhairava und zwei mir bisher nicht bekannten jungen Männern abgeholt. Draussen im Auto wartete ein Fahrer auf uns und wir fuhren zu fünft, in einem kleinen Personenwagen, los. Das Auto gehörte einem der Männer, dieser hatte den Chauffeur gemietet oder beauftragt, uns zu chauffieren, damit er nicht selbst fahren musste. Die jungen Männer waren sehr zuvorkommend und freuten sich, dass wir alle zusammen einen der heiligsten Orte in Indien besuchen würden.

Besuch in Kuruvapuram Ort von Sripada Srivallabha

Die Ortschaft nannte sich Kurupuram oder Kuruvapuram, und liegt am Fluss namens Krishna. Dort würden wir den Tempel einer Dattadreya Inkarnation namens Sribada Srivallabha besuchen. Wir waren auf dem Weg zu dem Heiligen, der in diesem Buch, das ich zuvor zweimal lesen musste, handelte.

Bald erfuhr ich, dass einer der Männer im Auto, ein Brahmane sei, der als IT bei einer Versicherungs-Gesellschaft arbeitete und der andere war ein Bankangestellter; sie lebten beide in Hyderabad.

Bhairava kannte die Männer aus Tiruvannamalai und erzählte mir, dass diese beiden auch ernsthafte Suchende seien. Was sich mir dann auch bald bestätigte. So waren wir auf Pilgerreise und ich fühlte mich wohl in ihrer Gesellschaft. In mir war es angenehm still und ich durfte erkennen, wie in dieser doch recht ungewohnten Situation, mein Verstand einfach nichts mehr dazu zu sagen hatte. Früher wäre er in einer solchen Situation, bestimmt in Angst und Unruhe geraten. Die Gedanken hätten sich bestimmt alles Mögliche ausgedacht wie: In einem fremden Land und mit diesen fremden jungen Leuten, ohne zu wissen, wo es genau hinging und was mich dort erwarten würde, das ging mir noch kurz durch den Kopf. Und schon widmete ich mich dem aus dem Fenster schauen und dem Betrachten der schönen Natur. Wir fuhren mehrere Stunden durch ländliche Gegenden, ich hatte das Privileg vorn sitzen zu dürfen, was mir wegen meines Rückens sehr entgegenkam.

Der Fahrer war ruhig und lenkte den Wagen sicher, auch durch die verstopften Strassen in den Städten, die wir zum Teil durchqueren mussten.

Auf der Fahrt sangen wir immer wieder die heiligen Lieder von Dattatreya wie: „Dighambara Dighambara Sri Dattatreya Dighambara" und Sripada Srivallabha Swamy Siddha Mangala Stotram.

Die Männer unterhielten sich meistens in Telugu, ihrer Geburtssprache. Oft staunte ich, weil ich auch ohne die Worte verstehen zu können, doch den Sinn ihrer Gespräche mitbekam. Es war interessant, die Männer schweigend zu beobachten und dadurch ihre Charaktere kennenzulernen. Mir fiel bald auf, dass der Brahmane sehr aufmerksam war und vieles um sich herum wahrnahm. Die anderen waren auch okay, aber bei ihm fiel es mir einfach besonders auf. Vielleicht auch, weil er ein Brahmane war und schon als Kind in Gottesverehrung geschult wurde? Ich weiss es nicht.

Bild: Sripada Srivallabha vor Lord Dattatreya

Von Zeit zu Zeit inkarniert sich Lord Dattatreya, das kosmische Lehrerprinzip, in einem menschlichen Körper, um den Menschen zu ermöglichen, eine Beziehung zu ihm herzustellen und emporgehoben zu werden. In einem früheren Zeitalter führte eine Gruppe von Weisen unter der Leitung des Weisen Bharadwaja ein grosses Ritual zur Sonne durch und betete um eine Inkarnation des Herrn. In Erfüllung des Versprechens, das Lord Dattatreya der Gruppe von Weisen gab, entschied er sich, im gegenwärtigen dunklen Zeitalter als Srīpāda Srīvallabha zu inkarnieren. Srīpāda erklärte wiederholt seine Identität mit Lord Dattatreya. Trotz der zahllosen übernatürlichen Geschehnisse, die von Srīpāda zum Ausdruck gebracht wurden, waren viele Augenzeugen skeptisch und konnten die Grösse dieser göttlichen Inkarnation nicht erkennen. Srī Siddha Yogindra, ein grosser Yogi, erklärte: „Jetzt wurde er auf dieser Erde als Srīpāda Srīvallabha geboren. Die Einwohner von Pithapuram haben ihn nicht richtig erkannt. Es gelang ihnen nicht, die Philosophie eines Gurus zu verstehen. In Kuruvapuram erlangten *selbst unwissende Menschen wie Fischer das Wissen von Brahman.*

Um die Gnade von Sṛīpāda Sṛīvallabha zu bekommen, muss das Ahamkāra (Identifikation mit dem eigenen Ego; Arroganz) in uns zerstört werden. Alle Arten von Stolz müssen ausgelöscht werden. Nur dann können wir Seine Macht, Seine Gnade und seine wahre Natur verstehen."

Sripada Srivallabha Statue

Am Abend kamen wir in Kurupuram an. Direkt am Fluss Krishna war der **Ashram von Sri Vittal Baba (Sri Kshetra Sri Vallabhapuram), dort würden wir die zwei folgenden Nächte schlafen, hiess es. Der Sripada Srivallabha Temple, wofür wir hergefahren waren, lag auf der Insel gegenüber.

Die Insel, die nur mit einer Art grosser Nussschale und gelenkt von einem Fährmann, erreicht werden konnte. Geplant war es, am darauffolgenden Tag die Insel, mit dem Tempel darauf zu besuchen, um dort den ganzen Tag zu verbringen.

Da wir schon am Nachmittag ankamen, fuhren wir noch zu der Sripada Statue in Nivruthi Sangamam und dem Tempel dort. Der Ort lag an der Gabelung von dem Fluss Krishna und dem Fluss Bhima. Dort stand der Heilige, in riesengrossem Format, und im dortigen Tempel machte der Priester eine Puja für uns. Die Jungs sprachen oft in ihrer Landessprache Telugu, die ich natürlich nicht verstand und auch ein weiteres Mal durfte ich erleben, wie ich doch meistens sinngemäss mitbekam, worüber gesprochen wurde. Mir war es sehr recht, so konnte ich still sein und beobachtend diesen heiligen Ort in meinem Inneren aufnehmen.

Vor dem Einbruch der Dunkelheit machten wir uns wieder auf den Rückweg zum Ashram. Als wir dann zurück waren, setzten wir uns vor einer Statue mit der Göttin hin. Bhairava und einer der Männer rezitierten das Lalita Sahasranamam, ich hätte auch gerne mitgesungen, aber die zwei sangen das Lied so schnell, da konnte ich nicht mithalten, so schloss ich meine Augen und versank bei den Klängen, in ein vertieftes stilles Sein. Ich fühlte, dass ich an einem heiligen Ort war, das berührte mich in meinem Herzen. Nach dem Gesang besichtigten wir den Ashram mit all seinen anderen Hallen und mit den vielen verschiedenen Gottheiten. In einem Raum hatte es einen grossen Stein, auf dem der Sripada Srivallabha damals immer gesessen haben soll. In diesem Raum meditierten wir noch eine Weile zusammen, bis man uns zum Abendessen in den kleinen Speisesaal rief. Das Essen durften wir gemeinsam mit allen anderen Ashram Bewohnern einnehmen. Da hatte es sogar Tische und Stühle und das schmackhafte, für mich etwas scharfe Essen, wurde uns auf einem Bananenblatt serviert. Gegessen wurde, wie ich es schon gewohnt war, mit der rechten Hand.

Im Ashram lebten viele Mönche, die mit safranfarbigen Dotis gekleidet waren. Aus Ehrfurcht und auch weil ich nicht recht wusste, wie die Sitten im Ashram waren, war ich sehr achtsam im Umgang mit den Menschen, begegnete ihnen still und respektvoll und ohne ihnen in die Augen zu sehen.

Nach dem Essen sassen wir draussen mit der Ashram Leitung zusammen. Dort erfuhr ich, dass ich die fünfte weisse Frau war, die bei ihnen zu Besuch wäre. Dem restlichen Gespräch konnte ich nicht folgen, die Leute unterhielten sich wieder in Telugu, ihrer Landessprache. Das war mir gerade recht, so konnte ich beobachten, mit den dortigen Hunden zu sein und die Stille des Ortes geniessen. Irgendwann verabschiedete ich mich dann und ging in mein Zimmer, um zu schlafen. Von der Ashram-Leitung bekam ich ein Zimmer mit einem grossen Bett und mit Dusche und Toilette darin. Die vier Männer mussten sich ein Zimmer teilen, was aber für Inder kein Problem war, da diese sich das von der Kultur her gewohnt waren.

Am Morgen war ich schon vor Sonnenaufgang wach und so ging ich nach draussen. Ausserhalb des Ashrams setzte ich mich auf die Steintreppe, die ans Wasser des Krishna Flusses hinunterführte. Um dort in Stille zu weilen, der Sonne guten Tag zu sagen, den wohltuenden Klängen des Flusses und der Vögel zu lauschen. Einige wenige Menschen nahmen dort ihr morgendliches Bad und andere wuschen ihre Wäsche im Fluss. Es war sehr friedlich, niemand kam und streckte mir eine bettelnde Hand entgegen. Obwohl einige Neugierige mich aus der Entfernung betrachteten, liessen sie mich in Ruhe. Zudem hätte ich nicht einmal Geld gehabt, um ihnen etwas davon zu geben. Denn seit ich in Indien angekommen war, hatte ich noch keine Gelegenheit, das Geld in Rupien zu wechseln. Die Männer sagten nur zu mir, als ich es zu Beginn der Reise aussprach, das sei kein Problem, sie hätten genügend Geld dabei und ich sei herzlich eingeladen.

Irgendwann erschienen dann auch einer nach dem anderen von meinen Begleitern, auch sie sassen noch kurz am Wasser und schon bald gingen wir alle zusammen im Ashram frühstücken. Um danach dann das Schiffchen zu besteigen, das uns zur gegenüberliegenden Insel bringen würde.

Tempel auf der Insel

Die göttlichen Spiele, die Sripada von seiner Geburt im Jahr 1320 in Pithikapuram bis zu seinem Verschwinden 1350 in Kuruvapuram spielte, können nicht einmal von den Sieben Rishis erfasst oder verstanden werden. Wie könnten wir sie denn begreifen?" Pithapuram im Ost-Godavari-Bezirk von Andhra Pradesh in Indien ist der Ort, an dem Lord Dattatreya 1320 als Sripada Srivallabha geboren wurde. Hier verbrachte er die ersten 16 Jahre seines Lebens. Nachdem er Pithikapuram 1336 verlassen hatte, wanderte Sripada umher und kam an verschiedene Orte, für die sein Besuch bedeutungsvoll wurde. Hauptsächlich wanderte er von Andhra Pradesh, das im Südosten Indiens liegt, durch Karnataka und Maharashtra im Nordosten von Indien. Er ging nach Varanasi (Benares, Kashi), nach Gokarna (einem anderen Zentrum an der Westküste) und nach Srisailam. Danach liess sich Sripada an einem Ort namens Kuruvapuram (das heutige Kurugaddi, Kuruvapur) nieder. Es befindet sich auf einer Insel im Krishna-Fluss an der Grenze zwischen Andhra Pradesh (heute Telangana) und Karnataka. Viele Menschen kamen zu ihm, um ihn um Hilfe zu bitten, und *sie wurden erleuchtet. Er lehrte und heilte, und um ihn geschahen viele übernatürliche Offenbarungen.*

In Kuruvapuram blieb Sripada bis zu seinem Verschwinden im Jahr 1350. Heute gibt es in Kuruvapuram und Panchadev Pahad, auf der gegenüberliegenden Seite des Krishna-Flusses, ein paar kleine Tempel. Es ist ein sehr spiritueller Ort, ohne grössere äussere Bauten.

Der Fluss wurde in einer grösseren Nussschale überquert, und das war nur möglich, wenn der Fluss nicht zu viel Wasser hatte. Wir hatten Glück, die Jahreszeit war gut, um das fliessende Wasser zu überqueren. Dafür stiegen wir in eines dieser Boote, das von zwei der Mönche aus dem Ashram gerudert wurde. Im Fluss habe es Krokodile, hiess es, ich hielt Ausschau nach welchen, sah aber keine und dachte nur; die können mir ja erzählen, was sie wollen. Bei der Überfahrt bemerkte ich, dass der Brahmanen Junge neben mir zitterte und ich fragte ihn, was los sei? Er antwortete: Er könne nicht schwimmen und er habe Angst. Schnell bat ich ihn, mir seinen Rucksack zu geben, den er bei sich trug. Und sagte ihm: Er solle sich in der Mitte im Boot auf den Boden setzen, was er dann auch erleichtert tat. Die Überfahrt verlief danach ruhig und etwa eine halbe Stunde später erreichten wir das Ufer der Insel, wo einst einmal Sripada Srivallabha gelebt haben soll. Die Insel war klein und hatte ausser dem kleinen Tempel noch wenige bewohnte Häuser darauf. Auch hier waren Hunde, wie überall in Indien, sie begrüssten uns mit wedelndem Schwanz, nasser Schnauze und ich entgegnete meine Freude mit einem Streicheln über ihre Köpfe und einem sanften „Hallo, ihr Schönen, alles klar?"

Im Tempel durfte auch ich als Westlerin hinein, was nicht in jedem Tempel gestattet war. Die Jungs mussten einen *Dhoti anziehen. Die drei Stadtmänner waren sich nicht daran gewöhnt, und einer zog das Tuch über die Jeans an. Was dann aber nicht zugelassen wurde, musste er raus, um sich seines Beinkleides unter dem Dhoti zu entledigen. Es war ein alter Tempel und wohl sehr heilig. Nach der dortigen Puja, der wir beiwohnten, setzten wir uns draussen bei einer Mauer hin und fingen an, das Lalita Sahasranamam Lied zu rezitieren. Es war schön, sich dem heiligen Gesang zusammen zu widmen. Zumal, so nahm ich es damals wahr, es in der Gruppe zu rezitieren noch viel mehr Kraft hatte.

Dhoti (dhoṭī) ist das traditionelle Beinkleid der indischen Männer. An heiligen Orten wird vielfach der Dhoti getragen. Der Dhoti ist das Gegenstück zum Sari der Frauen.

Danach spazierten wir etwas auf der Insel herum. Beim Gehen gesellte sich der Brahmanen Junge zu mir. Als er so an meiner Seite war, hatte ich das Gefühl, etwas bedrückte ihn. Daraufhin fragte ich ihn, wie es ihm denn gerade so ginge? Er antwortete mir mit Tränen in den Augen. Er sei es gar nicht wert, an einem so heiligen Ort zu sein, seine Seele sei nicht rein genug. Ich schaute ihm in die Augen und es sagte aus meinem Mund: „Auch wenn du das Gefühl hast, du seist es nicht wert, hier zu sein. Könnte es nicht auch sein, dass Gott dich genau hier hingeführt hat, weil genau deine Seele so rein ist?" Nach einem kurzen stillen Innehalten sprach es weiter; „Du wärest nicht hier, wenn Gott das nicht gewollt hätte, oder?" Er schaute mich an und trotz der Tränen war ein Lächeln auf seinem Gesicht zu sehen. Er sagte nur: „Meinst du wirklich?" Ich antwortete mit einem lächelnden Nicken. Nun kamen Tränen der inneren Berührung zum Vorschein und sein Gesicht strahlte.

Er war wahrlich ein reiner Junge, so zart und fein, ein wahres

Geschenk, dass ich ihm damals begegnen durfte. Und weiter gingen wir still des Weges. Bald warteten die anderen aus unserer kleinen Gruppe auf uns. Wir setzten uns hin und assen von den Erdnüssen, die einer der Männer mit dabeihatte.

Als wir so dasassen, fiel mir auf, dass der andere Junge auch etwas betrübt war. Was denn mit ihm los sei, fragte ich diesen. Daraufhin erzählte er uns, warum er so bedrückt war. Er habe heute ein Telefon von zu Hause bekommen und da hätte man ihm mitgeteilt, dass er Ende des Monates verheiratet würde. Er war knapp dreissig Jahre alt, also genau das richtige Heiratsalter. In dem viele Inder verheiratet wurden.

Was dann das Problem sei, fragte ich den Mann. Er sagte, er habe Angst, denn die jungen Frauen heutzutage seien nur an Materiellem interessiert und das würde für ihn seinen Ruin bedeuten. Obwohl er zwar für seinen Job einen guten Lohn bekäme, würde aber nach der Heirat ihm wohl nichts mehr davon übrig bleiben. Er würde sich viel lieber der Selbsterforschung oder Gottessuche widmen, als jetzt ins ungewisse Leben mit Familiengründung gehen zu müssen. Ja, das war wohl ein Schicksal, das vielen indischen jungen Menschen blühte. Dass es halt doch immer noch oft Tradition war, dass Eltern die Lebenspartner für ihre Kinder aussuchten. Die Eltern von Bhairava wollten ihn auch schon mehrmals verheiraten, daraufhin aber drohte er ihnen, dass er sie verlassen würde, wenn sie das täten und sie ihn nie mehr wiedersehen würden. Und zuletzt erzählte auch der junge Brahmane uns, er würde nach unserer Pilgerreise seiner Braut vorgestellt werden. Sie sei aber auch an der Befreiung ihres Selbst interessiert oder vielmehr an der Selbsterforschung, was ja schon mal gut sei. Sie sei zurzeit mit ihrer Mutter gerade bei Ramana Maharshi, der auch ihr, wie ihm ja auch, sehr nahestände. So wussten wir nun alle um die verschiedenen Schicksale. Meine Worte dazu waren nur: „Bei allem, was auch geschehen würde, wenn sie mögen, sollen sie doch Gott oder das Selbst immer im Blick und im Vordergrund haben. Und wie es dann wäre, diese Frauen als Göttinnen zu betrachten und sich selbst als Gott zu sehen, oder alles durch göttliche Augen zu schauen. Mehr dazu wusste ich nicht zu sagen.

An Indien gefiel mir, dass hier das Göttliche oft im Vordergrund stand und die Menschen, obwohl sie viele Gottheiten und Statuen verehrten, doch wussten, dass es um die Selbstverwirklichung ging.

Nach einiger Zeit hatte einer die Idee, wir könnten uns doch jetzt gemeinsam etwas in den nahen kleinen Tempel begeben, um dort noch etwas in Stille zu sein. Dazu bot sich uns ein kleiner Schrein an, in dem sich keine Menschen aufhielten. So blieben wir schweigend, für zwei Stunden dort in Meditation sitzend. Gegen Abend und noch bei Tageslicht kehrten wir dann zum Ashram zurück.

Die Überfahrt in der Nussschale ging gut und wieder zurück von unserem Ausflug setzten wir uns zum Sonnenuntergang auf die warmen Steine am Flussufer.

Das Flusswasser wurde in Indien als heilig betrachtet und die Menschen badeten schon immer darin, um nicht nur den Körper zu waschen, sondern auch die Seele sollte gereinigt werden. Da ich das wusste und die Jungs sich wohl in meiner Nähe nicht trauten, fragte ich: „Warum sie nicht baden gehen würden", und dachte mir schon, dass sich die Jungs in meiner Gegenwart nicht trauten. Bhairava fragte: „Ob es für mich dann okay wäre, wenn sie in den Shorts baden gingen?" „Ja klar, macht das, es ist wichtig für euch und ich passe in dieser Zeit auf eure Kleider und Wertgegenstände auf."

Da unser Chauffeur noch zögerte, sagte ich zu ihm, er soll mich doch auch wie die anderen Männer als Mutter betrachten. Und im Nu waren alle freudig lachend im Wasser, der Junge, der nicht schwimmen konnte, war am Rande des Ufers, wo er stehen konnte und so hatten alle ihren Spass und konnten auch der untergehenden Sonne ihre Verehrung mit Verneigungen und Namaskaram spenden.

Ich wurde ruhig und erfreute mich der Stille in und um mich. Ein Hund legte sich neben mich und auch er meditierte vielleicht.

Versenkung bei Vittal Baba

Am letzten Morgen hatten wir noch etwas Zeit und so schauten wir gemeinsam und ausserhalb des Ashram Gebäudes das Grab von Sri Vittal Baba an. Eine Frau vom Ashram bereitete gerade eine Zeremonie oder Puja am Mahasamadhi oder Grab des Verstorbenen vor, und wir durften daran teilnehmen. Ich stand gegenüber einem lebensgrossen Foto von diesem Guru und konnte plötzlich und ohne Vorwarnung meine Augen nicht mehr von ihm lassen. Ich war in seinem Bann und es fühlte sich an, so, als zöge es mich in diese Augen hinein. Alles um mich herum verschwand, nur der Blick in die Augen blieb. In mir breitete sich eine tiefe, bewusste Versenkung und Stille aus. Es war schnell und so tief, dass ich mich nicht mehr bewegen wollte, geschweige denn von dem Blick des Heiligen lassen. So stand ich eine lange Weile, bis die anderen Leute dort nach der Puja wieder zu sprechen anfingen. Nur mit Mühe konnte ich mich von dem Bild und diesen Augen lösen.

Ich ging nach draussen und setzte mich auf eine Bank, die dort stand. Der versenkte Zustand in mir hielt an.

Kurze Zeit später kam Bhairava auch nach draussen, er forderte mich auf, mit ihm noch den danebenliegenden Schrein von Ganesha, dem Elefantengott, zu besichtigen. Das Sprechen fiel mir schwer und ich wollte nur mit mir und in diesem versenkten Zustand weilen. Also sagte ich ihm, es wäre gut so, ich würde jetzt an den Fluss gehen, um dort noch etwas zu sitzen.

Ihm von meinem Zustand etwas erklären, wollte ich nicht. Denn wer konnte das schon verstehen, der so etwas nicht selbst erlebt hatte? Behutsam ging ich des Weges und setzte mich auf einen grossen Felsblock am Fluss nieder. Dort konnte ich mich ungestört, dem gegenwärtigen Sein hingeben. Nur ein Hund war mit mir und sonst niemand. „War ich dafür hier hergeführt worden?" Es kam mir gerade so vor. Am Fluss war ich noch lange in diesem unbeschreiblich schönen Zustand. Alles war versunken im Selbst oder keine Ahnung, wie ich das in Wor ten schreiben könnte. Nach einer guten Stunde kamen die Jungs, um mich abzuholen.

Es war Zeit, abzureisen von diesem nährenden Ort.

Und wieder um eine Erfahrung reicher verliessen wir diese heilige Stätte. Irgendwie fühlte ich mich verändert, aber was genau war, wusste ich nicht.

Gegen Abend kamen wir am Flughafen Hyderabad an, wo Bhairava und ich mich von den anderen verabschieden mussten.

Die zwei jungen Männer und auch der Fahrer waren mir in den letzten vier Tagen ans Herz gewachsen. Dankend für alles verabschiedete ich mich von ihnen und wusste, dass ich diese Menschen wohl nie mehr sehen würde.

Gott oder die Existenz führt zusammen und nimmt auch wieder auseinander. So ist das eben im Leben.

Für Bhairava und mich ging die Reise weiter nach Gokarna. In den vergangenen Tagen sah ich in Bhairava nicht mehr so den Lehrer und hatte auch gewisse Zweifel, was die weitere Reise und unsere Begegnungen wohl noch bringen würden. Vielleicht musste er mich einfach nur zu diesem heiligen Ort mitnehmen, wo diese Vertiefung stattfinden konnte. Es war nur wieder einmal so ein Gefühl, das mich beschlich, und schon war es auch wieder weg.

Gokarna

Nach einem kurzen Flug landeten wir noch vor dem Einnachten im Flughafen von Goa. Am Flughafen nahmen wir ein Taxi nach Gokarna, wo wir die nächsten Tage, an der Kuddle Beach verbringen würden. Bhairava war schon zuvor einmal dort und er schwärmte von diesem tollen Ort. Es sei direkt am Meer, mit einem Sandstrand. Na ja, mal sehen, wo wir da landen würden, dachte ich. Denn auf Strand und Meer hatte ich nicht unbedingt Lust. Nach einer rasanten Fahrt, die wahrhaftig für Menschen mit Anhaftung die Todesangst hätte auslösen können, kamen wir etwa zwei Stunden später in Gokarna an. Nachdem sich Bhairava sogar einmal übergeben musste, was uns einen kurzen Stopp gewährte. Der Fahrer sah aus, als müsste er auch gleich erbrechen, als er Bhairava sich übergeben hörte. Aber danach fuhr er genau gleich schnell wieder weiter. Für mich war es einmal mehr zu erkennen, dass da niemand war, der noch irgendeine Resonanz zu irgendetwas hatte. Einzig zusehen geschah und zum Chauffeur kamen die Worte aus meinem Mund, dass er etwas achtsamer sein sollte, wenn er Menschen im Wagen hätte. Er hörte mich zwar, aber für ihn war sein Fahrstil vermutlich gut, so wie er war. Plötzlich hielt der Fahrer an einer Strassenbiege abrupt an, zeigte ins Dunkel in eine Richtung und deutete an, wir sollen aussteigen. Da standen wir dann ein wenig später im Dunkeln. „Wo geht es lang?", fragte ich meinen Begleiter, der zeigte in eine Richtung, wo ein Weg abwärtsging. Er telefonierte wohl mit dem Boy, bei dem er unsere Unterkunft gebucht hatte. In seinem Gespräch vernahm ich nur, dass der Typ Harry hiess. Bhairava meinte, wir sollen schon losgehen, dieser Harry komme uns entgegen. Unsere Stimmung war etwas angespannt, denn damit hatte ich nicht gerechnet. Zumal mein Gepäck nicht einfach war und ich immer bedacht war, einen nächsten Rückenschaden zu vermeiden. Wie auch immer, es ging zum Glück bergabwärts und es waren Stufen eingebaut. Plötzlich tauchte aus der Dunkelheit das Licht von einer Taschenlampe auf, und zwei Menschen kamen uns entgegen. „Harry", rief Bhairava, ein „Yes" kam uns entgegen und schon standen zwei Westler, ein Mann und eine Frau uns gegenüber. Sofort war mir klar, dass das ein Missverständnis war und es nicht unser Harry vom Gästehaus sein konnte. Mein indischer Begleiter aber war nur auf den Namen Harry fixiert und sagte zu ihm, er solle uns helfen mit den Koffern und uns den Weg zeigen. Dieser Harry schaute schon etwas seltsam drein, sagte aber nur „Yes later" „Ja später" und die zwei gingen an uns vorbei weiter den Weg hinauf, den wir zuvor gekommen waren. Bhairava verstand wohl gar nichts mehr und schimpfte auf Telugu irgendetwas. Mich kümmerte es nicht weiter, da wir ja auf diese oder jene Weise da heruntergehen mussten. Also riss ich weiter mein Koffer im Sand diese Treppe hinunter. Unten angekommen, standen wir zuerst mal etwas ausser Atem da. Es gab nur Weite, Sand und das Meer, das sich im Mondschein spiegelte. Ganz weit an der anderen Seite der Bucht hatte es einige Lichter. Oh mein Gott, lass es mich schaffen, da gut anzukommen. Gedacht und schon sahen wir, dass sich uns ein Licht einer Taschenlampe näherte. Es kam schnell auf uns zu, „Harry", rief ich, „Yes" kam zurück. Und schon stand ein grosser junger Inder vor uns und bat mich, ihm meinen Koffer zu geben, den er tragen würde. Oh, gerne, dieses Mal sagte ich nicht nein, wie sonst üblich, damals nahm ich das wahrlich dankend an. Bhairava war etwas verwirrt, so drückte er sich zumindest aus. Ich musste nur laut lachen über die Szene auf der Treppe im Dunkeln mit diesem westlichen Harry. Nach einer Weile setzte auch der Inder mit ein und wir lachten, bis uns die Bäuche weh taten. Welche wunderbaren Szenen werden uns im Leben doch immer wieder geschenkt, damit wir lachen können, nicht wahr? Daran erinnerten wir uns später immer wieder und müssten wohl heute noch darüber lachen. Ich jedenfalls schon, als ich diese Worte hier schreibe, muss ich wieder Lachen.

Nach etwa 20 Minuten gehen durch den Sand, erreichten wir die Lichter, die wir zuvor aus der Ferne gesehen hatten. Es waren alles kleine Restaurants, die nun aber geschlossen waren, da es mittlerweile tiefe Nacht war. Der Boy führte uns hinter die Häuser, wo einige Zimmer waren. Eines davon war jetzt unser. Müde, aber froh, die Beine ausstrecken zu können, schlief ich bald ein. Als ich erwachte, war es schon hell drausen. Es drängte mich nach draussen ans Meer. So packte ich ein Tuch und meine Wasserflasche und ging hinaus Richtung Meer, das ich rauschen hörte. Der Strand war menschenleer, nur die Hunde waren am Spielen und einige Kühe suchten den Strand nach Futter ab. Ich setzte mich in der Nähe des Meeres auf mein Tuch in den Sand. Und betrachtete mit weitem Blick die Gegend, und in mir war es einfach still. Kaum hatte ich mich im Schneidersitz hingesetzt, waren auch schon vier Hunde da und mit mir auf meinem Tuch, nach kurzem streicheln und Hallo sagen, legten sie sich um mich herum hin und waren mit mir still. Mir kam Dattadreya in den Sinn und es kam mir vor, als wäre es eine Botschaft der Heiligkeit an mich, noch reiner zu werden und wie ein Avadhuta, was Dattadreya verkörperte, zu leben, ja das war wirklich noch ein Wunsch in mir, der Kraft hatte. Die Wahrheit vollkommen zu erfahren, Leben zu dürfen und zu sein.

Warum immer Hunde?

Hunde suchen meiner Ansicht und Erfahrung nach, die Orte, wo es still ist. Aber nicht nur Orte, auch Menschen, bei denen sich das Denken beruhigt hat. Das beobachtete ich auch im Ashram von Ramana Maharshi. Die Hunde dort gingen zu den Leuten, die sie fütterten, das war klar, denn so konnten sie auch überleben, aber sonst lagen sie bei Menschen, die auch für mich etwas Stilles ausstrahlten.

Nun aber weiter zu der Erzählung. So sass ich mit den Hunden auf dem Tuch am Strand, war still, schaute in die Weite und nahm zugleich die Stille in mir drinnen wahr. Kurze Zeit, nachdem ich so war, kam Bhairava zu uns und das Erste, was er machte, war ein Foto von mir mit den Hunden und sagte: „Siehst du das verkörpert Dattadreya, du mit den vier Hunden, fehlt nur noch die Kuh". Natürlich wollte er, dass ich auch von ihm mit den vier Hunden Fotos machte. Was ich dann auch tat. Seit wir unterwegs nach Gokarna waren, hat sich die Begegnung mit Bhairava drastisch geändert. Zunehmend sah ich in ihm keinen Lehrer mehr, sondern einen oft unbewussten Mann. Vielleicht tat ich ihm damals unrecht, aber es war einfach so. Aber wir waren ja gekommen, um auch noch einige heilige Tempel in der

Stadt Gokarna zu besichtigen. Das wollte ich mir nicht nehmen lassen. Und so drängte ich, dass wir die Tempeltour bald unternahmen. Nach zwei Tagen Strand und Sein kam dann endlich der Tempeltag. Am Morgen in der Früh gingen wir in die Stadt und besuchten da einige alte und schöne Tempel, leider konnte ich mir diese vielen Namen nicht merken. Im ersten grösseren Tempel durften keine nicht Hindu-Gläubigen hinein. Bhairava fing mit der Aufsicht dort an zu diskutieren, danach wollte er mich einfach einschleusen, dazu hatte ich aber keine Lust, das wäre gegen das Gesetz gewesen und das gab es bei mir einfach nicht. Er solle gehen, ich warte draussen, sagte ich zu ihm. Was er dann auch tat. So hatte ich Zeit und konnte dem regen Treiben der schönen indischen Leute still zusehen. Als er zurückkam, gingen wir zusammen aussen um den Schrein und dadurch kamen wir an eine der wunderschönsten Statuen mit der weiblichen Göttin, die ich je gesehen hatte. Das war allemal Geschenk genug für mich. Darauf gingen wir noch einige weitere Heiligtümer besichtigen. Irgendwie drängte es mich, diese Reise mit dem Inder schnell abschliessen zu können. Als ich dann in der Stadt die Reisebüros sah, nutzte ich die Gelegenheit und sagte zu Bhairava, dass wir hier gleich die Rückreise nach Tiruvannamalai buchen könnten. Zuerst sagte er, wie es bei ihm schon etwas zur Gewohnheit wurde: „Nein, später." Nun war es aber genug für mich, ich würde sonst alleine buchen gehen, und zwar jetzt und nicht später. Sagte ich wohl etwas energisch. Und so geschah es dann auch, wir gingen auf die Suche nach einem Reisebüro, wo wir unsere Reise nach „Tiru" buchen würden. Ich wollte so rasch wie möglich zu Ramana Maharshi und einfach dort schauen, was als Nächstes geschehen würde. Das Einzige, was ich noch klarer erkannte und wusste, war, dass ich nicht mehr mit dem Inder als Lehrer sein konnte und wollte. So fanden wir bald ein Büro, wo wir Tickets buchen konnten. Der ältere Herr dort war sehr zuvorkommend und nett, er suchte für uns die beste Möglichkeit, um mit der Bahn zu reisen. Nachdem wir die Tickets in der Tasche hatten, machten wir uns auf den Weg zurück zur Kuddle Beach, um dort im Meer noch ein Bad zu nehmen. Da wir nun bei Tageslicht den steilen Weg hinunter zum Meer gingen, bemerkte ich einen kleinen Tempel mit der Aufschrift des Affengottes Hanuman's. Es sei sein Geburtsplatz, auch Hanuman janmabuhmi, genannt, liess ich mir sagen. Da wollte ich hin, um zu sehen, ob es da noch etwas in mir auslöste. Und so war es dann auch, ich war tief in meinem Herzen berührt als ich vor der *Murti von Hanuman stand, und es kugelte sogar eine Träne meine Wange hinunter.

Gott - Hanuman

Hanuman, der Affengott, hat viele Bedeutungen. Er war der Diener von Rama, rettete Sita von dem Dämon, als dieser sie nach Sri Lanka entführte. Er war der Diener von Shiva und es gibt viele weitere Sagen von ihm.

Für mich bedeutete Hanuman damals, in direkter Verbindung mit dem Göttlichen zu sein oder Gott als direkten und einzigen Guru zu haben. Das hatte in mir eine gute und starke Resonanz.

***Murti**. Sanskrit: Verkörperung, Körper, Form, Gestalt, Materie, Substanz; Figur, Idol, Götterbild, Statue, Bild.*

In zwei Tagen sollte die Reise mit dem Taxi von Gokarna nach Hubli zum Bahnhof und von dort aus mit dem Zug nach Bangalore und von da dann direkt nach Tiruvannamalai losgehen. Die restlichen Tage verbrachte ich oft alleine und stillsitzend, in die Ferne über das Meer sehend oder vertiefte die Göttinnen Gesänge weiter. Bhairava war nachtaktiv und ich am Tag, so sahen wir uns oft gar nicht lange und das war mir sehr recht, denn ich hatte ihm nichts mehr zu sagen und er mir wohl auch nicht.

In unserem Gästehaus, das von Jungs bewirtschaftet wurde, wohnte auch ein noch ganz junger Hund. Dieser spielte gerne mit mir und auch ich mit ihm. Jedoch schnappte er, wo er nur konnte, auch in Arm und Bein, natürlich hatte er noch keine Kraft in seinem Kiefer, aber die Zähnchen waren sehr spitzig. Die Jungs waren etwas überfordert mit dem Kleinen, zufällig sah ich einmal, dass der Hund geschlagen wurde. Das ging so nicht, dachte ich. Auf meine Frage, ob ich ihnen ein paar Tipps geben dürfte, willigten sie ein.

So fing ich an, den jungen Leuten zu zeigen, wie sie den Hund erziehen können, damit er das Beissen aufgeben könne. Sie sollen ihn nicht vermenschlichen. Sondern sich überlegen, was die Hundemutter mit ihm machen würde. Sicher nicht schlagen, so zeigte ich ihnen einiges, um ihr Verhalten zu revidieren. Natürlich auch im Hinblick, dass das Hündchen eine Chance bekam, es dort gut zu haben und so bei diesen Menschen heranwachsen zu können.

Von Gokarna aus postete ich im Facebook an die Tiruvannamalai Community, dass ich ein Haus suchen würde, mit mindestens zwei Schlafräumen. Postwendend kam eine Nachricht zurück. Ein Haus, mit einem separaten Zimmer angebaut, sei frei. Das buche ich, schrieb ich zurück. Zufällig kannte ich den Mann sogar, er hiess Siva und ihm vertraute ich. Das war gut, so konnte ich alleine wohnen.

Am nächsten Montag früh holte uns das Taxi an der Landstrasse oberhalb der Kuddle Beach ab und fuhr mit uns zum Bahnhof in Hubli. Die Fahrt dauerte gute zwei Stunden. Bhairava wurde es erneut übel auf der Fahrt und er musste sich einige Male übergeben. Am Bahnhof konnten wir noch eine Stunde warten, bis der Zug kam. Dadurch hatten wir die Gelegenheit, uns mit einem Frühstück zu verpflegen. Die Zugfahrt dauerte knapp sechzehn Stunden. Und das sogar direkt, ohne in Bangalore umsteigen zu müssen. Das gebuchte Schlafwagenabteil hatten wir mit sechs anderen Passagieren zu teilen. Kaum war der Zug in Bewegung, bekam ich einen Anruf von Siva, dem Mann, der mir das Haus vermittelt hatte und sagte: Es täte ihm leid, aber das Haus sei nun doch schon anders vermietet worden. Er hätte aber zwei freie Zimmer in seinem Gästehaus. Das kam mir gerade recht. So hatte ich nichts an Hausarbeit zu tun und Bhairava konnte sich dann auch gleich nach einer anderen Bleibe umsehen. Einmal mehr durfte ich erfahren, wie die Existenz immer alles perfekt arrangiert und das immer zum Wohle aller. Super, nun war klar, in Tiruvannamalai würden sich die Wege von Bhairava und mir trennen und das war gut so.

ॐ

Wieder bei Ramana in Tiruvannamalai

Auf der Fahrt überkam mich bald der Schlaf. Um fünf Uhr in der Früh hielt der Zug am Bahnhof unseres Zielortes. Ein Gefühl, nach Hause zu kommen, erfüllte mich. Obwohl der heilige Berg Arunachala in der Dunkelheit noch nicht zu sehen war, war seine Energie für mich spürbar. Wir stiegen in eine wartende Rikscha und der Fahrer brachte uns samt Gepäck zum Gästehaus, wo unsere Zimmer waren. Das Gästehaus kannte ich schon, da war ich zuvor auch bereits abgestiegen. Schnell verabschiedete ich mich von Bhairava, wir wussten beide, dass es hier endete, was im Frühjahr einmal begonnen hatte. Den Koffer packte ich nicht einmal aus, es drängte mich zuallererst, zu Ramana in den Ashram zu gehen. Und so machte ich mich noch im Dunkeln auf den Weg dorthin, wo ich dann einige Zeit in der gewohnten Umgebung in Stille weilte.

Als ich dann später und nach dem Tee trinken zum Zimmer zurückkam, sagte mir Bhairava, dass er eine andere Bleibe gefunden hätte und somit trennten sich unsere Wege. Er wusste durch meine gesprochenen Worte, dass ich nichts mehr von ihm lernen wollte und er sagte nur, ich hätte alles, was ich bräuchte, da gäbe es nichts mehr zu lernen, mein jetziger Bewusstseinszustand sei perfekt. Wie auch immer, ich war nun wieder auf mich alleine gestellt, konnte tun und lassen, wozu ich Lust hatte. Und das tat ich dann auch, sass oft im Ashram und sah still dem Treiben zu oder setzte mich mit geschlossenen Augen in die Meditationshalle.

Mit Ananda hatte ich immer noch etwas Kontakt und er meldete sich einmal telefonisch bei mir. Er teilte mir mit, dass er inzwischen auch die Gesänge gelernt hätte. Zwar sei seine Göttin die Bala, aber das Lalita Sahasranamam könne er jetzt auch schon gut rezitieren, zumal er auch bereits als Kind in der Schule Sanskrit gelernt hatte.

Er käme am folgenden Wochenende, mit seinem Tantra-Lehrer nach Tiruvannamalai und Ananda fragte mich: ob wir uns treffen könnten, auch um gemeinsam die Gesänge zu rezitieren. Sein Lehrer kenne sich ausgezeichnet mit den Gesängen aus und könne mir vielleicht noch bei der Aussprache helfen oder einige Tipps geben. Ja klar, meinte ich und freute mich auf ein Wiedersehen mit dem Inder.

Bald kamen die Zwei, diesen Mann nenne ich hier Shanti. Wir, dieser Shanti, Ananda und ich, verbrachten oft die Zeit gemeinsam, mit Singen oder Tempelbesuchen.

Einige Tempel lagen etwas weiter weg und so benutzten wir den öffentlichen Bus, um dorthin zu reisen.

Für mich war die Busfahrt jedes Mal ein Erlebnis, so konnte ich die Landschaft betrachten und zugleich erfuhr ich immer wieder, wie das Chaos auch seine strukturierte Ordnung hatte, so auch in den übervollen Bussen.

Tempel Pavalakundru

Auch besuchten wir den Durga Tempel und den Pachaamma Tempel in der Stadt und den etwas höher gelegenen Göttinnen-Tempel Pavalakundru, dort, wo früher Ramana Maharshi eine Zeit lang gelebt hatte. Damals kam seine Mutter und wollte Ramana bitten, wieder nach Hause zu kommen. Er sprach damals nicht, aber nach wiederholter Bitte, er solle mit ihr zurückkommen, gab er ihr die schriftliche Antwort, und die lautete: „Was geschehen will, wird geschehen, was nicht geschehen will, wird nicht, geschehen." Und schwieg weiter, und es blieb ihr nichts anderes übrig, als von dannen zu ziehen. Bis sie dann einige Jahre später zurückkam und bei Ramana damals in der Virupaksha Höhle blieb.

An diesem schönen Ort bei diesem Tempel hatte es nur selten Menschen, da konnte man über die Stadt sehen und ungestört meditieren. Dort oben sangen wir auch das Lalita Sahasranamam, das war toll. Es war speziell zu erfahren, wie sich die Energie steigerte, wenn ich das heilige Lied mit Ananda zusammen sang. Nach Beendigung der Texte war es immer sehr still und ohne Gedanken in mir.

Einmal als wir um den Berg gingen, kam der Lehrer von Shanti mit seiner Familie mit uns mit. Dieser ältere Herr strahlte förmlich und er flog fast über den Boden. Auch seine Frau war mir gleich sehr vertraut und von Beginn an sehr sympathisch. Die Leute sprachen kein Englisch, sie unterhielten sich mit Shanti und Ananda auf Telugu, ihrer Muttersprache. So ging ich schweigend einfach neben ihnen her und erfreute mich des Gehens und dem Lauschen dieser melodiösen Sprache. Später erfuhr ich von Shanti, dass der weise Mann ihm sagte, er solle mir sagen, er erkenne, ich sei in einem weit fortgeschrittenen Bewusstseinszustand und ich soll mit dem Singen von dem Sahasranamam weitermachen, wenn mir das Freude bereite und das Selbst würde sich in mir bald ganz offenbaren. Ah, schön, dachte ich. Wie auch immer, das konnte ich ja sowieso nicht machen, aber seine Aussage bestätigte mir klar das Gefühl, dass ich dieses Tantra Wissen nicht mehr weiter lernen musste und somit konnte ich nun alles fallen lassen. Das Singen machte ich nicht, weil ich musste, sondern weil es mir wahrhaftig Freude bereitete. Ohne etwas anzustreben, war der Effekt von dem Singen, das ohne mein Zutun es im Kopf meistens einfach Sanskritworte und Sätze vom Lied rezitierte. Es war wie ein Selbstläufer, der geschah und gesehen wurde. So war auch kein sinnloses Denken mehr in meinem Kopf.

Nach einigen Tagen reisten Ananda und Shanti wieder nach Hause, ich begleitete sie noch zum Bahnhof und winkte ihnen, als sie mit dem fahrenden Zug Tiruvannamalai verliessen.

Eine Frau aus der Schweiz, die ich schon etwas kannte, war jetzt auch angereist und wir trafen uns gelegentlich zum Essen. Sie zeigte mir das Grab von Mooku Podi Swami, der erst kürzlich gestorben war und dem ich zu seinen Lebzeiten begegnen durfte. Dazu dann aber später noch.

Weihnachten war schon vorüber und das alte Jahr hatte sich auch bereits verabschiedet. Es war nun Anfang Januar im Jahre 2019. Die Zeit verging und ich wusste, dass ich nicht, wie ursprünglich mal gedacht, bis im März in Indien bleiben würde. Wie lange genau ich bleiben würde, wusste ich bislang nicht, so wollte ich die Zeit nutzen, um alle mir schon bekannten und, falls es noch hätte, unbekannte Orte in der Gegend und um den Berg zu besuchen. Zuvor war ich immer mit einem indischen Freund unterwegs, an all diesen Orten. Damals ging ich dann alleine und auch das war eine gute Erfahrung. So konnte ich einfach still meinen inneren Impulsen folgen. Manchmal blieb ich tagelang am Berg oder in diesem Tempel Pavalakundru über der Stadt. Dort war ich komplett alleine, unglaublich in dieser belebten lauten Stadt, einfach einen Tag ohne einen Menschen beim Tempel zu begegnen. So versenkte es mich immer wieder in Samādhi oder in die Weite blickend nach innen.

Ein tiefgreifendes Schlüsselerlebnis

Einmal ging ich nochmals um den Berg herum. Damals fiel mir auf, dass die ganzen 14 Kilometer, die ich zu Fuss marschierte, kein einziger Gedanke auftauchte. Das war speziell, denn ich als Vieldenkerin erlebte im Laufe der Jahre immer wieder, dass es weniger oder auch einmal nicht dachte. Aber vier Stunden, das konnte ich damals zum ersten Mal erleben. Oder war es einfach dann Zeit, dass mir das bewusst geschenkt wurde? Keine Ahnung. Es sah die 14 Kilometer beim Gehen einfach zu, wie es atmete. Keine Gedanken waren da, einfach nur gehen und atmen. Mehr war da nicht. Bevor ich das erleben durfte, hätte ich behauptet, dass Denken nie aufhören würde oder könne. Doch ab da erlebe ich es anders. So verging die Zeit und Mitte Januar wusste ich, dass ich nun den Rückflug auf Ende Januar buchen konnte. Täglich um vier Uhr morgens ging ich zu Ramana in die Meditationshalle und meditierte dort bis zum Beginn der morgendlichen Puja, danach ging ich zum Sheshadri Ashram frühstücken. Natürlich nie, ohne zuvor den Weisen Sheshadri Swamingal zu verehren und sein Grab dreimal zu umrunden.

Meditation = Sein. Wenn ich von Meditieren schreibe, so pflege ich nicht irgendetwas zu tun, sondern bin einfach am Sein oder stillen inneren Betrachten, ohne etwas anzustreben oder nicht haben zu wollen. Das schreibe ich hier, da ich immer wieder höre, dass es keine Meditation für die Selbstverwirklichung braucht und doch gibt es viele Menschen, so wie auch ich, die sich täglich hinsetzen und einfach sind. Es gibt kein Richtig oder Falsch. Jeder muss das für sich selbst klären, was ihm guttut oder Freude macht. Meines Erachtens, gibt es keine allgemeingültige Regel, jeder muss für sich selbst Erfahrungen sammeln.

Die Anhaftung an die Haare befreit sich

Am Tag vor Bhairavas Abreise trafen wir uns noch einmal, um etwas Zeit zusammen zu verbringen. Wir sassen in seinem Zimmer und liessen unsere gemeinsame Zeit nochmals Revue passieren, dazu massierte ich ihm seine Füsse, was ich auch früher in unseren Begegnungen oft tat und er es liebte. Plötzlich sagte er, nun wolle er noch zum Friseur, um Kopf und Bart kahl scheren zu lassen. Oh, ich komme mit und lasse mir auch den Kopf scheren, sagte ich. Das stand bei mir noch an. Denn, als ich Anfang Dezember des vergangenen Jahres in der Schweiz meine verbliebenen Anhaftungen erforschte, wusste ich, eine Anhaftung waren noch meine Haare. Okay, dachte ich damals, das möchte ich auch noch angehen und somit erledigen.

So beschloss ich für mich damals noch zu Hause, dass ich in Indien dann eine Glatze schneiden lassen würde. Das kam mir dann mit Bhairava wieder in den Sinn. Gerade eine gute Gelegenheit, auch die Haare wegschneiden zu lassen, dachte ich. Der Inder aber hatte gar keine Freude daran, er flehte mich fast an, es nicht zu tun oder wenn unbedingt, dann bitte erst, wenn er abgereist sei. „Also gut", sagte ich und wir gingen zusammen zum Friseur. Dieser machte sein Handwerk ausgezeichnet und ohne zu sprechen. Ein sehr angenehmes Erleben war es, bei dem Zuzusehen, wie Bhairava alle Haare loswurde. Bevor wir das Geschäft verliessen, fragte ich den Friseur, ob er mir auch alle Haare abschneiden würde, er sagte: „Ja klar, gleich jetzt?" Nein, ich komme morgen vielleicht wieder, antwortete ich. Zum letzten Mal gingen Bhairava und ich noch einmal gemeinsam in ein indisches Restaurant zum Nachtessen. Danach verabschiedeten wir uns mit einer Umarmung und den Worten „Take care!" (pass auf dich auf). Wir wussten beide, dass unsere Wege sich hier und jetzt trennen würden. Und jeder ging seines Weges. In mir war es still, nur das Wissen, dass ich ohne diese Begegnung nicht an diese heiligen Orte von Sripada Srivallabha oder Gokarna gekommen wäre und ich nicht mit der Göttin Lalita und den Gesängen, die ich lieb gewonnen hatte, in Kontakt gekommen wäre. „Gott führt zusammen und nimmt wieder auseinander" war der Spruch, der in mir auftauchte, ja, so war es! Am nächsten Morgen sah ich ihn noch von der Ferne, als er in den Bus stieg und wegfuhr. Nun war ich alleine hier unter diesen vielen Menschen. Bald würde auch ich den Ort verlassen, ohne zu wissen, ob ich jemals wiederkommen würde.

Zurück zu dieser Anhaftung an meine Haare. Die Anhaftung an diese Haare auf meinem Kopf wollte wohl jedoch noch gelöst werden. Fast mein ganzes Leben lang war in mir eine der schlimmsten Vorstellungen, keine Haare mehr auf dem Kopf zu haben. Obwohl sich das im Laufe des Erkennens der wahren Natur schon ziemlich befreit hatte, war es nicht ganz weg. Eine kleine Anhaftung war schon immer noch. Und Anhaftung ist Anhaftung, nicht wahr? Auf dem Weg der bewussten und totalen Selbsterkenntnis wollen sich alle Anhaftungen Befreiung verschaffen. Also dachte ich an diesem Morgen. „Also gut, wenn ich jetzt zum Coiffeur Geschäft gehe und der Mann dort gerade Zeit hat, soll es sein und die Haare werden weggeschnitten. Wenn er aber nicht dort ist oder keine Zeit hat, dann soll es nicht sein, und ich werde meine, damals sehr langen welligen Haare, behalten".

Der Friseurladen war gleich um die Ecke meines Zimmers, sofort machte ich mich auf den Weg dorthin. Innerlich hoffte ich, dass der Friseur nicht dort wäre oder gerade keine Zeit hätte. Aber natürlich war es nicht so. Als er mich vor der Tür draussen stehen sah, bat er mich freundlich, hineinzukommen, er war alleine und hatte Zeit. Okay, nun blieb mir wohl nichts anderes übrig, ich konnte mich meinen inneren Deals nie wiedersetzen, das war so und immer ganz klar. So sass ich dann auf dem Friseurstuhl und sagte zu dem Friseur: „Alle Haare weg". Er sah mir in die Augen und sagte: "Oh my dear Madam, let's see first, I cut very short your hair and then we will see, it's enough short, otherwise I cut all. Okay?" (Oh meine liebe Dame, lassen sie uns sehen, zuerst schneide ich ihre Haare kurz und dann werden wir schauen, ob ich sie noch ganz wegschneiden soll. Einverstanden?) Oh, das tönte gut für mich, so werden wir sehen, was geschehen möchte, dachte ich. Und nickte bejahend zu seinem Vorschlag. Der Friseur war nicht in Eile, und er fing an, ganz langsam und konzentriert die Haare kurzzuschneiden. Es war so angenehm still in seiner Präsenz, keiner von uns sprach ein Wort. Nach etwa 40 Minuten zeigte er mir mein Gesicht mit den kurzen Haaren im Spiegel. Eine neue Frau schaute mir im Spiegel entgegen. So war es gut, der Kahlschnitt oder besser die Anhaftung an die Haare war schon während des Schneidens weggefallen und deshalb musste ich nichts mehr überlegen. „That`s great", (grossartig) sagte ich und wir beide mussten lachen. Für diese grossartige Arbeit verlangte der stille Mann 90 Rupien, das war unglaublich, weniger als einen Franken und fünfzig Rappen. Dankbar und zufrieden verliess ich mit einer Anhaftung weniger das Friseurgeschäft. Am Anfang erschrak ich jedes Mal, wenn ich an einem Spiegel vorbeikam.

Es war natürlich, weil der Verstand das neue Aussehen noch nicht integriert hatte.

Nun blieben mir auch nur noch wenige Tage. Die Zwiegespräche bei der Begegnung mit Ramana waren still geworden. Wenn ich im Ashram vor seinem Bild stand oder sass, spürte ich keine Vibrationen mehr, wie ich es früher bei ihm gespürt oder wahrgenommen hatte, auch energetisch transformierte es nichts mehr in mir. Dafür war ich all diese vergangenen Jahre gekommen, es fühlte sich an, als wäre jetzt auch das zu Ende. Ramana hatte mir so viele Erfahrungen ermöglicht, die mein Leben bewusster gemacht hatten. All diese unzähligen Erlebnisse und Erfahrungen haben mich ganz klar erkennen lassen, dass es nichts Persönliches gibt. Ja, alles ist ein unpersönliches Geschehen und keiner anders kann, als es durch ihn wirkt. Und alles aus demselben EINEN entspringt und wieder dahin zurückgeht. Alles ist das Spiel (Maja) oder das (Lila) göttliche

Spiel. Gott und Selbst sind nicht zwei. Alles ist eins, in jedem ist das Selbst, das sich durch die verschiedenen Gestalten Ausdruck verschafft. Es war wahrlich Gnade, das so erkennen zu dürfen.

Zum Abschied verneigte ich mich noch einmal auf den Knien vor dem Bild meines Meisters, oder war er das nun nicht mehr? Keine Ahnung? Es sagte tief aus meinem Herzen kommend und innerlich: „Danke, Bhagavan Sri Ramana Maharshi, vielen herzlichen Dank für alles".

Am Abend vom 27. Januar 2019 brachte mich ein Taxi nach Chennai, wo ich den Flieger zurück in Richtung Schweiz bestieg. Am Flughafen in der Schweiz holte mich mein Sohn ab. Mittlerweile war Kevin mit einer tollen Frau verheiratet und hatte eine niedliche Tochter und somit durfte ich auch Oma, oder wie bei uns Grosi, genannt werden.

Kaum wieder zu Hause angekommen, hatte ich schon bald vergessen, dass ich sieben Wochen lang weg gewesen war. Ja, so kann es erlebt werden, wenn man erfährt, dass alles aus dem Moment geschieht und es immer nur das Jetzt gibt.

Also kein Nachtrauern oder Festhalten an Vergangenem. Was nicht heisst, dass ich keine Erinnerungen an alles hatte, aber der Verstand machte einfach keine Geschichten mehr daraus wie früher, weil er jetzt ruhig oder gedankenlos war.

Nun war ich wunschlos, gedankenlos und hatte mal keine Pläne, was die Zukunft anbelangte. Die Sanskrit-Gesänge blieben als meine tägliche Begleitung, weil ich Freude daran hatte.

Der Mann

Ein Mann, den ich schon eine Weile, aus früheren Satsang Besuchen flüchtig kannte, schrieb mir, ob wir Tee zusammen trinken wollten. Ja, warum nicht, schrieb ich zurück und so ergab es sich, dass wir uns einige Male trafen und uns dabei etwas näher kennenlernten. Nach einigen Treffen geschah es, dass wir uns auch körperlich sehr nahe kamen und wir ein kurzes, intensives Zusammensein erfahren durften. Bald bemerkte ich, dass durch den Körperkontakt mit ihm mein Körper eine eigene Dynamik entwickelte und in mir ein Verlangen nach mehr und noch mehr wahrnehmbar wurde. Als ich das ganz bewusst erkennen konnte, war mir ein weiteres Mal klar, dass der Verstand und der Körper gute Gehilfen waren. Wenn wir aber nicht achtsam sind, verfallen diese zwei der Gier oder was auch immer und eine Eigendynamik vom Körper-Geist-System wird entwickelt. Um uns so unbewusst, wenn wir nicht achtsam oder bewusst sind, zu steuern. Es war eine gute Erfahrung, das Geschehen in mir so deutlich sehen und wahrnehmen zu können. Aber das ging nicht mehr, mich von Kopf oder Körper steuern zu lassen. Oder vielleicht brauchte ich ja auch einfach diese weitere Erfahrung mit diesem Mann. Hier an dieser Stelle möchte ich noch erwähnen, nicht, dass irgendein Akt falsch wäre. Das Problem ist nur, dass wenn der Mensch vom Kopf oder Körper gesteuert wird, er dann meistens sich seiner SELBST nicht bewusst ist und aus den Überlagerungen oder aus Konzepten heraus reagiert. Und Befreiung heisst sich seiner SELBST steht's bewusst zu sein. Um zu erkennen, warum wir wie auch immer handeln oder nicht handeln, so oder anders reagieren. All unsere Muster und Prägungen erkennen und dadurch zu einem Buddha, Jesus oder Mohamed werden oder uns darin erkennen können.

Die Begegnung mit diesem Menschen in männlicher Form zeigte mir auf, was mir aber erst später dann wirklich klar wurde, dass ich, so wie ich lebte, für eine Partnerschaft gar keine Zeit hatte. So wollte ich ihn damals halt einfach gleich in meinem Tun oder Leben integrieren. Also sprach ich in seiner Gegenwart über zusammen Satsang geben oder Retreats veranstalten und so weiter. Vielleicht wünschte ich mir, es würde so passen, ohne genauer hinsehen zu können. Obwohl sich irgendetwas in mir, in der ganzen Zeit und in der Begegnung mit diesem Mann, komisch anfühlte, wollte ich einmal mehr einfach nicht hinschauen. Scheinbar wollte etwas in mir, diese neuen Erfahrungen jetzt einfach durchleben. Schnell verlor ich meine Klarheit und in mir verwandelte sich das komische Gefühl immer mehr in ein ungutes Gefühl, das ich aber bislang nicht wahrhaben wollte. Dieses innere kindliche Begehren oder auch das bedürftig Geprägte wollte nun einfach genährt werden. Es war gut, auch die Sexualität nochmals wahrhaftig und ganz bewusst zu erleben und befreiend zu erfahren. Aber alles andere zeigte sich immer stärker. Gut ging es dem Gegenüber wohl auch so, denn bald gingen wir wieder getrennte Wege.

Bei einem wiederholten gemeinsamen und sehr sinnlichen Akt, dachte ich: Auch wenn diese jetzige Vereinigung mit diesem Mann, die Letzte sein würde, fühlt es sich jetzt so vollkommen und vollendet an. Es gab einfach nichts mehr in meinen Vorstellungen, das ich in Bezug Mann und Frau nicht erlebt hatte. Natürlich, einfach wieder einmal so ein Gedanke, der sich in meinem Kopf bewusstes gesehen werden wollen, verschaffte. Am darauffolgenden Morgen erwachte ich mit einem unguten Gefühl und etwas in mir sehnte sich wieder, mein Bett (und noch unbewusst wohl auch mein Leben) für mich ganz alleine zu haben. Als ich dann beim gemeinsamen Frühstück mit diesem Mann, das Gefühl auch erwähnte, ging es rasch und alles war wieder wie vor dieser Begegnung mit diesem lieben Mann. Das Einzige, was blieb, war eine weitere im Nachhinein grossartige erlebte Erfahrung. Und bei dem Reflektieren von der vergangenen Zeit dieser Begegnungen wurden mir noch einige Dinge klar aufgezeigt und eine Dankbarkeit gegenüber diesem Mann und der Existenz war einmal mehr in mir.

Der Durchbruch der Kundalini-Erfahrungen

Das Tantra liess mich noch nicht ganz los, und so dachte ich, es wäre gut, hierzulande noch Erfahrungen zu diesem Thema machen zu können. Natürlich auch, um zu wissen, worum es hier im Westen genau ging. Um vergleichen zu können, und um zu schauen, ob Tantra im Westen Parallelen zu Indien aufweisen würde. Auch wusste ich nicht, ob es gut wäre, noch eine weitere Ausbildung in einer ganzheitlichen Massage zu machen. Also entschloss ich mich, zu einer Tantra-Massage zu gehen und einmal zu erfahren, wie diese funktionierte. Im Internet fand ich bald darauf ein Angebot für eine solche Tantra-Massage.

Es gab verschiedene Angebote, und ich entschied mich, zu einem männlichen Wesen zu gehen. Schnell fand ich einen mir seriös wirkenden Mann, auf dem Bild im Internet wirkte er auf mich sympathisch und es fühlte sich gut an, und so entschied ich mich für ihn. Sogleich vereinbarte ich einen Termin für eine Tantra-Massage.

Bald war es so weit und ich fuhr mit dem Auto dorthin. Die Massagepraxis war etwas weiter weg und so musste ich eine Stunde fahren, bis ich mein Ziel erreichte. Auf mein Klingeln wurde ich herzlich von dem Masseur empfangen und ich fühlte mich gleich wohl bei ihm.

Zuerst gab es Tee und der Mann erzählte mir ein wenig von seinem Leben. Ich fragte ihn, wie er auf die Tantra-Massage gekommen sei. So erfuhr ich von ihm, dass er über die hawaiianische Lomi Lomi Nui Massagetechnik und Schule auf die Tantra-Massage gekommen sei und nun beides anbiete.

In einem Raum, der wunderschön eingerichtet war, durfte ich mich dann in ein buntes Tuch gewickelt auf eine Matte legen und die Massage ging los.

Mit geschlossenen Augen spürte ich ganz bewusst jede Streichung über meinen Körper. Die Berührungen waren ganz sanft und lieblich, als der Masseur bald schon meine Hände berührte, schossen Wellen der Ekstase durch meinen ganzen Körper, diese Wellen waren stark und sie waren sehr intensiv, der ganze Körper war in Aufregung. Die Wellen liessen den Oberkörper aufbäumen und diese starke Energie floss durch jedes Chakra. Die Wellenbewegung und Vibrationen gingen auch durch die Hände und die Füsse. Zugleich war eine grosse Hitze im ganzen Körper.

Der Masseur begleitete dieses Geschehen, indem er mir an die Füsse ging und diese sanft hielt, sodass jede Verdrehung im Körper geschehen durfte. Nach einer längeren Weile beruhigten sich die Wellen langsam wieder, nur die Vibrationen im Körper waren noch einige Stunden, bis sie sich ganz aufgelöst hatten, spürbar.

Der Masseur wollte danach noch, wie es bei einer Tantra-Massage dazugehörte oder hier im Westen wohl üblich war, einen Orgasmus in meiner Yoni auslösen.

Darauf wollte ich nach diesem wundervollen Erlebnis aber gerne verzichten. Dieses zu vor erlebte Geschehen war so schön, dass ich keine Worte dafür finden konnte.

Heute würde ich es Kundalini erwachen oder Bhavia = Ekstase nennen.

So machte ich mich bald, und um eine tolle erlebte Erfahrung reicher, auf den Weg in Richtung nach Hause. Da mein Körper aber dann auf der Fahrt sehr durchlässig war und die Vibrationen noch so stark wirkten, musste ich eine Pause einlegen, um mich bei Tee und Kuchen etwas zu stärken.

Nach diesem Erlebnis mit der Tantra-Massage wusste ich klar, dass ich diese Massage nicht erlernen wollte.

Und doch hatte ich das Gefühl, es wäre gut, wenn ich den Menschen auch mit einer Massage oder Körperarbeit eine Unterstützung anbieten könnte. Es dürfte auch etwas sinnlich sein, aber definitiv keine Massage im Intimbereich. Das wollte ich einfach nicht. Aber die Lomi Lomi Nui Massage mit Oel, dazu hatte ich eine starke Resonanz. Im Internet erfuhr ich, dass diese Massage ihren Ursprung in Polynesien, also in Hawaii hatte.

Diese sei eine Tempelritualmassage und wird von den heiligen Kahunas gebraucht. Diese Massage wird auch heute noch bei Lebensübergängen und Anderem angewendet. Das war ja spannend und passte gut zu meinen schon bestehenden Angeboten. Gespräche waren gut, aber manchmal auch wichtig, über den Körper arbeiten zu können, um Blockaden ganz oder besser aufzulösen. Gut, um noch besser das Ganzheitliche im Menschen zu aktivieren oder zu fördern und wenn es sein durfte, unterstützend und klärend zu wirken.

Sofort fand ich eine Massageschule, die gerade einen Anfängerkurs im Angebot hatte. Zwar in Bern, aber das störte mich nicht. So würde ich über Nacht einfach dort bleiben. Der Kurs würde schon am darauffolgenden Wochenende stattfinden. Als sei es selbstverständlich, hatte es gerade noch einen Platz und ich buchte sofort. Wie könnte es auch anders sein, wenn wir im Fluss sind, zeigt sich uns immer das Beste, das ist wahrhaftig einfach so und kann nur erlebt werden.

So machte ich mich am folgenden Samstag in der Früh auf den Weg, um mit dem Zug nach Bern zu kommen. Dort, wo ich die Massage lernen konnte und auch am Abend im Kurslokal dann übernachten durfte. Wir waren sechs Lernende und zwei Kursleiterinnen. Die Hauptleiterin, so erfuhren wir, habe diese Massageausbildung von einem heiligen Kahuna in Hawaii gelernt. Zuerst gab es etwas gegenseitiges Kennenlernen, darauf folgte Theorie und danach ging es schon an den praktischen Teil der Ausbildung.

Schon bei der ersten Massage, die ich erhielt, gingen wieder diese Wellenbewegungen los. Die waren recht heftig und ich wusste noch nicht viel darum. Jedenfalls war es wohl auch für die Kursleiterinnen neu, denn die hielten mich zu zweit auf der Massageliege an den Beinen fest. So konnte die Welle nicht frei durchfliessen. Dazu kam, dass ich den Atem anhielt, was zur Folge hatte, dass mir danach der ganze Rücken, vielmehr jede Rippe, beim Gehen Schmerzen bereitete. (Wohl brauchte ich diese schmerzhafte Erfahrung, denn diese diente mir vor allem später, in den Begegnungen mit den Menschen, die ich bei ihren ekstatischen Geschehen begleiten durfte.)

Das Wochenende verging wie im Flug, freudig und begeistert von der gelernten Tempelmassage verliess ich am Sonntag gegen Abend die Stadt Bern. Nun hatte ich ein weiteres Angebot, das ich anbieten konnte. Die Massage-Technik kannte ich schon von den früheren Massageausbildungen und die war dadurch nicht neu, nur aufgefrischt. Darum mutete ich mir zu, die Lomi Lomi Nui Massage sofort schon anzubieten.

Schnell kaufte ich alles Notwendige, um die Öl-Massagen durchführen zu können. Da diese Massage mit viel Öl mich begeisterte, wollte ich noch mehr dazu lernen und ging bald darauf in den Kurs für Fortgeschrittene, damals dann aber nach Zürich. Und wie könnte es auch anders sein, im Kurs bei der Massage, an der Arbeit des Lernenden und an meinem Rücken, kamen wieder diese Wellen. Die Wellen wurden mit jeder Massage stärker. Da ich nun aber auch wusste, wie ich atmen konnte und mich nie mehr jemand so festhalten durfte, konnten die Energiewellen von Kopf bis Fuss frei durchfliessen. Die mich behandelnden Menschen blieben aber immerzu an meiner Seite und waren mit mir, alle sagten sie danach, dass auch ihr Körper leicht vibriert hätte.

Dann kam der Höhepunkt dieser Kundalini-Geschichte. Diese möchte ich hier noch niederschreiben. Es geschah wieder in einem Lomi Massage Kurs. Damals massierte mich eine Frau am Rückgrat und wieder gingen diese Wellen los. Indessen kannte man mich schon und die Hauptkursleiterin fand Gefallen daran, mir die Fussgelenke sanft und wenn möglich zu halten. Das war dann der Hammer. Die Wellenenergien liessen den Körper auf dem Bett hoch- und niederwerfen, als wäre ich ein weiches Lampi-Bäbi (Stoffpuppe). Einmal fuhr der Rücken hoch und dann flogen wieder die Beine in die Luft. Mit Körperkraft wäre das niemals möglich gewesen, zumal sich der Ober-körper auch nie so verbeugen liesse. Einmal bewegte ES mich kopfüber quer über die Massageliege, dabei verfehlte der Kopf dann, mit herunterhängendem Oberkörper, ganz knapp den Bo-den. Dabei erschrak wohl die Lehrerin und fragte mich sofort nach meinem Befinden. «Gut, sehr gut», sagte ich leise, denn aus mir kamen stöhnende Laute.

Diese Ekstase dauerte, es war alles so federleicht und be-wegte sich ohne Anstrengung, eben wie ein Püppchen. Aber trotzdem, mit purer ungefilterter Kraft, war das Erlebnis so stark, dass jede versuchte Beschreibung untertrieben wäre. Die Vib-ration war so unbeschreiblich stark und kam über das Scheitel-Chakra zuerst hinaus und dann in geballter Ladung durch das Sahasramanam (Scheitel-Chakra hinein und schoss durch je-des Chakra, aber vor allem auch durch die Fusssohlen und Handflächen wieder heraus. So versuche ich das hier zwar zu beschreiben, obwohl man das nicht in Worte fassen kann, man kann es nur erleben, so es sein darf.

Irgendwann wurden die Wellen dann ruhiger und verebbten nach einer Weile wieder. Die Vibration blieb noch lange im Kör-persystem. Das war das Heftigste dieser Kundalini-Erfahrung, das ich erlebt hatte. Manchmal danach waren die Wellen auch in der Nacht aktiv, aber nie mehr so heftig. In den darauffolgen-den Wochen hörte ich in meinen Ohren oft auch das OM, ohne dass es im aussen irgendwo gesungen wurde und seit damals summt und klingt es in meinem Kopf immerwährend.

Der Durchbruch vom sechsten-, Ajna- oder Stirn-Chakra vollendete sich im Sahasranamam (Sahasrara) oder Scheitel-Chakra. Erst später wurde mir bewusst, dass all die Schmerzen der vorangegangenen Jahre, alles in meinem Körper und vor allem in den Chakren, für dieses Ereignis vorbereitet wurden. Damit der Körper für diese universelle Vereinigung bereit war. Die Energie kann erst hinein fliessen, wenn der Mensch dafür vorbereitet genug ist, sonst würde er förmlich verbrennen oder verrückt werden. Was ja auch geschehen kann, wenn man absichtlich die Kundalini aktiviert, wie sie es im Kundalini Yoga oder sonst wo versuchen, zu praktizieren. Das ist eine der gefährlichsten Yoga Arten und ich würde jedem raten, die Finger davonzulassen, der nicht wahrlich dafür geeignet oder dessen Körper schon vorbereitet ist. Meiner Erfahrung nach geschieht es dem, der bereit ist dazu, auf natürliche Weise und dann, ohne dass es gefährlich sein wird.

Vollendung des Kundalini-Erwachens

Seit diesen ekstatischen Kundalini-Erlebnissen wusste ich einfach. Jahrelang wurde mein Körpersystem vorbereitet. Alle diese ewigen undefinierbaren Schmerzen im Körper, diese Hitze und der Kontrollverlust in den Zuständen, in denen ich mich nicht mehr bewegen konnte. Aber auch die tiefen Samadhi-Ereignisse ohne Wahrnehmung oder die starken Vibrationen im Körper. All das waren Vorbereitungen, damit alle Kanäle geöffnet werden konnten, um dieser „kosmischen" Energie Einlass zu gewähren. Wohl gemerkt, das kann kein menschliches Wesen tun, das ist wahrlich Gnade und ein unpersönliches Geschehen. Meiner Ansicht nach wäre es gefährlich, absichtlich zu versuchen, die Kundalini Energie zu erwecken, was einige ja auch versucht haben und dann wochenlang nicht mehr schlafen konnten oder andere sind schlicht weg verrückt geworden. Also besser Finger weg davon.

Aber keine Verzweiflung, denn wenn der Apfel reif ist, fällt er vom Baum.

Bei dieser Kundalini Öffnung damals, haben sich auch der männliche und der weibliche Aspekt in mir vereint. Das bemerkte ich, weil ich seit diesen Geschehnissen auch keinen Bezug zu Mann oder Frau mehr hatte, alles war einfach Mensch. Ich weiss nicht, ob man das verstehen kann, ich denke eher nicht, denn der Verstand hat ja damit bestimmt nichts zu tun. Es war mir aber immer wichtig, solche Begebenheiten zu erwähnen, damit auch andere, die solche Dinge erleben, sich darin erkennen können.

Das begründet auch, warum ein Weiser keine sexuellen Bedürfnisse mehr hat. Was ich nicht damit sagen will, dass er das nicht tun könnte, aber es besteht kein Begehren mehr danach. Also nicht falsch verstehen.

Wenn die Vereinigung von Mann und Frau bewusst und achtsam gelebt wird, ist es etwas vom Heiligsten oder vielleicht auch das Heiligste.

Die indische Tantra-Lebensweise hat mir unter anderem gezeigt, dass der Mann als Gott verehrt wird und die Frau als Göttin. Das fand ich ein wunderschönes Bild.

Heute bin ich dankbar, dass mir diese Kundalini Offenbarung nicht in einem sexuellen Akt geschehen war, denn in Indien, sowie auch hier im Westen, gibt es Menschen, die meinen, es könne nur so das Selbst verwirklicht werden.

Meine Erfahrung ist nochmals wiederholt: „Wenn der Apfel reif ist, fällt er vom Baum" und dazu braucht es nichts und doch zuerst ganz viel, bis es NICHTS mehr braucht. Oder vielleicht braucht es den genug starken Drang, nach Hause kommen zu wollen. Denn Jesus sagte schon „In Gottes Haus sind viele Wohnungen", ja wahrlich, das darf dem wahrhaftigen Suchenden bewusst werden und ihm Vertrauen schenken. Vertrauen in das nicht Wissen und bewusstes Vertrauen in das Geschehen lassen.

Um diese ekstatischen Erfahrungen bin ich sehr dankbar, da ich in den Massagen und Retreats Menschen mit ähnlichen Erfahrungen gut begleiten und unterstützen kann.

Die Vollendung

Kreiert 2019

Das Bild beinhaltet das Sri Chakra, die Kundalini, die über das Sahasranamam hinaus geht und die Vereinigung mit dem Urklang OM oder AUM. Dieses Bild wurde nach dem Kundalini-Erwachen kreiert und gemalt.

Das indische Fest der Göttinnen - Navaratri

Navaratri fällt typischerweise auf Ende September oder Anfang Oktober, und es geht dabei um neun Nächte. Diese neun Nächte lang werden den Göttinnen Verehrungsrituale gemacht. Zuerst drei Nächte der Göttin Durga oder Kali, dann drei Nächte der Lakshmi und dann noch drei Nächte der Göttin Saraswati. Nachdem diese neun Nächte zu Ende sind, gibt es noch Vijaya Dashami, den zehnten Tag des Sieges. Wenn du neun Nächte die göttliche Mutter verehrt hast, so wird gesagt, dann kann es sein, dass du am zehnten Tag dann Samadhi höchste Verwirklichung erreichst. Im Ramana Ashram wurde jeden Abend eine dieser Göttinnen wunderschön geschmückt, mit bunten Kleidern und glänzendem Schmuck. Jeden Abend wurde die Göttin mit einer Pujas und viel Gesängen verehrt und den Besuchern zur Verehrung präsentiert.

Zu Navaratri Zeit flog ich dann wieder zu Ramana, damals aber, weil ich ganz bewusst an dem heiligen Fest Navaratri der Göttinnen teilnehmen wollte. Im Ramana Ashram zelebrierten sie jeden Abend eine andere Göttin. So beobachtete ich das Geschehen und die Verehrung der verschiedenen Göttinnen. Das Sahasranamam der Lalita wurde jeweils am Morgen von einigen Leuten gesungen und ich stimmte da sehr gerne mit ein. Es war eine in sich abgerundete Zeit dort in Indien.

Oft besuchte ich den Tempel Pavalakundru oberhalb der Stadt und verbrachte viel Zeit dort mit Sein ohne zutun. Und jeden Abend sass ich schon lange vor der rituellen Zeremonie im Ashram in der Halle und war dort einfach, bis dann die schön geschmückten Göttinnen zur Verehrung den Besuchern präsentiert wurden.

Mooku Podi Siddhar

Von Mooku Podi möchte ich hier noch erzählen, weil es durch seine Begegnungen in mir, über die Jahre einiges befreit hatte.

Jedes Mal war es eine bewegende Begegnung mit ihm, und das bis über seinen Tod hinaus. Wahrlich auch speziell war, dass genau zu dieser Zeit, als ich dort in Indien war, das Grab von dem verstorbenen Mooku Podi Siddhar noch einmal geöffnet wurde. Und das, weil er vor einem Jahr um diese Jahreszeit den Körper verlassen hatte. So durfte ich von einer westlichen Frau, die den Impuls hatte, mir das zu erzählen, davon erfahren. Das Grab sei noch bis am folgenden Tag geöffnet, falls ich ihn noch einmal besuchen wollte. Zu seiner Verehrung würden die Leute Salz oder heilige Asche (Vibhuti) mitbringen und in sein geöffnetes Grab streuen. Ich bedankte mich bei der Frau und dachte für mich: mal schauen, was es mit mir machen würde, wenn ich den Impuls habe zu gehen, so denke ich eher morgen früh, wenn es noch kühl wäre. Es war doch eine rechte Strecke zu Fuss.
Damals war es gerade Mittagszeit und nach dem Essen, das ich damals draussen im Ashram und mit den Sadhus einnahm,

wollte ich zu meinem Zimmer gehen um mich etwas hinzulegen.

Als ich dann aber an dem Ramana Supermarkt vorbeikam, lenkten mich meine Beine in den Laden hinein. Also kaufte ich einfach einmal Salz und heilige Asche. Bald war ich dann wieder draussen vor dem Geschäft und stand dort einen kurzen Moment, weil ich einfach auf den nächsten Impuls warten musste.

Bald sah ich mir dann selbst zu, wie ich einem Riksha-Fahrer zuwinkte, der sofort mit seinem Fahrzeug zu mir fuhr. „Zum Grab von Mooku Podi Swami, bitte", sagte ich zum Fahrer und schon ging die Fahrt bis hinter den Berg, wo sich das Mahasamadhi befand, los.

Dort angekommen, ging ich hinein und verneigte mich am Grab des Siddhars. Der Priester dort forderte mich sehr freundlich auf, das Salz und die Vibhuti in das offene Grab des Weisen zu streuen. Als ich das darauffolgend tat berührte es mich tief und Tränen liefen mir die Wangen hinunter. Der Priester sagte, sie würden jetzt das Grab gerade wieder und für immer verschliessen. Ich fragte ihn dann noch: ob es nicht bis morgen geöffnet sei? Er sagte noch einmal „nein, gleich jetzt schliessen wir das Grab für immer". Du meine Güte, hatte er mich noch gerufen? Ich dankte ihm innerlich, dass ich diese einmalige Möglichkeit bekommen hatte.

Man gab mir dann noch Prasad (kleine Süss- oder Salzspeise) und Tee zu Ehren des Verstorbenen.

Bald danach verliess ich das Grab, wiederum um eine wahrhaftige spezielle Erfahrung reicher. Der Riksha-Fahrer war ebenfalls kurz am Grab gewesen und wartete draussen auf mich.

Mit diesem befreiten Mooku Podi erlebte ich zuvor, und das über längere Zeitabstände verteilt, einige tiefgreifende Erlebnisse, die ich hier noch erzählen möchte. Denn auch wenn er jetzt nicht mehr in physischer Form unter uns weilt, ist seine Energie sehr wohl noch spürbar dort an seinem Grab und das ist für jedermann zugänglich und auch einen Ort, an dem man sich zum Sein hinsetzen darf.

Also nun zu der Geschichte mit meiner ersten Begegnung mit dem Siddhar Mooku Podi Swami.

Eines Tages, als ich mich im Ramana Ashram, in die grosse Halle setzte, wo gerade eine Frau für Ramana sang, hörte ich wie jemand laut in den Gesang hinein schrie. Umschauend, woher der Ruf kam, erblickte ich einen ganz in grün gekleideten Sadhu, der in der Mitte der Halle am Boden sass. Bei dem Zusehen und Hören dachte ich mir nichts. Nach einer Weile stand dieser Mann auf und mit ihm ganz viele andere auch. So dachte ich: ob das Wohl der Heilige wäre, von dem ich schon gehört hatte?

Jemand erzählte mir einmal, dass ein Siddhar hier in der Stadt wohne, der die Menschen sogar auch mit einem Stock schlagen würde und viele hätten Angst vor ihm. So fragte ich die Frau, die neben mir sass und sie bestätigte mir, dass er dieser Mann wäre. All diese Leute verliessen die Halle und ich kümmerte mich nicht mehr darum. Bald ging ich aber auch nach draussen, um mich dort irgendwo hinzusetzen, um zu sein. Mir wurde aber von der Menschenmenge von diesem Siddhar der Weg abgeschnitten. Also ging ich zurück in die Halle, um den hinteren Ausgang zu nehmen. Als ich da dann herauskam, war die ganze Menschenmenge und inmitten war dieser Weise auch wieder dort. Ich wollte durch, aber man wies mich an, einen Bogen zu machen, was ich dann auch tat. Schnell ging ich weiter und in den Garten, vom Ashram und setzte mich dort auf ein Steinmäuerchen, um das ganze Spektakel von weiter entfernt beobachten zu können.

Doch es ging nicht lange und der heilige Swami, gefolgt von der ganzen Gruppe, kam in meine Richtung. Es war mir etwas mulmig zumute, denn ich dachte, wenn der mich jetzt schlagen kommt. Und zugleich sagte es in mir: „dann hast du es wohl verdient". Obwohl ich dort sass, schaute ich den Weisen nicht an. So kam die ganze Gruppe näher und auf meiner Höhe blieb der Siddhar stehen, direkt neben mir. Mein Herz klopfte ganz stark und die Energie war unglaublich, ich traute mich aber nicht, in seine Richtung zu schauen. Einen kurzen Moment hatte ich das Gefühl, er macht innerlich etwas mit mir und schon drehte er sich um und ging gefolgt von der ganzen Gruppe zurück in Richtung Halle, wo ich ihn zuerst entdeckt hatte.

Ich blieb dort, wie versteinert, noch lange sitzen. Kam der meinetwegen dorthin? Oder war das ein Zufall? Keine Ahnung. Auf jeden Fall wusste ich, Gott oder die Existenz lenkt und schenkt was an Transformation geschehen durfte!

Eine weitere Episode mit dem Mooku Podi Swami: Einmal war ich damals mit Ananda in der Stadt in der Nähe vom grossen Tempel. Plötzlich fragte mich mein Begleiter, ob ich den Mooku Podi Swami sehen wolle und nahm mich bei der Hand, um mich gegenüber der Strasse zu einem Restaurant zu führen. „Wohnt er dort?", fragte ich Ananda und er sagte, Mooku Podi sei dort oft und schlafe auf einer Bank im Restaurant.

Es war ein vorne geöffnetes Gebäude und als wir dort standen, kam ein Mann und winkte, ich solle kommen und wies auf einen Stuhl und sagte zu mir: „Sit down and wait (setze dich und warte)". Da sass ich und bemerkte, dass an der gegenüberliegenden Wand einige Leute standen und vor ihnen auf der Bank, der, mit einem grünen Tuch zugedeckte Swami lag. Als wäre ich ferngesteuert, musste ich den Tisch umgehen und stand dann vor dem Siddhar mit vor meiner Brust gefalteten Händen.

Genau in dem Moment als ich dort stand, hob er das Tuch und ich verneigte mich mit geschlossenen Augen. In mir zitterte es und ohne ihn anzusehen, wendete ich mich zum Gehen ab. Beim Abwenden bemerkte ich, dass alle Leute, die zuvor an der Wand warteten, näher gekommen waren, wohl auch weil diese einen Segen oder einen Blick von dem Heiligen erhaschen wollten. Mit gesenktem Kopf und Tränen in den Augen verliess ich rasch das Lokal. Es berührte mich so sehr, auch wenn ich mich nicht getraut hatte, ihn direkt anzusehen, arbeitete es in meinem Körper enorm. Wieder draussen fragte mich Ananda, was los sei und mir war zugleich klar, dass er nicht verstand, was in mir abging. Ebenfalls konnte oder wollte ich es auch nicht erklären, er hätte mich wohl ohnehin nicht verstanden. Denn solche Transformationen oder Segnungen kann man nur erleben, niemals verstehen. So blieb ich alleine mit diesem Erlebnis und der tiefen Berührung in meinem Herzen und der Erinnerung daran. Mir war immer bewusst, dass mich die Existenz in all diesen Situationen und zu diesen Begegnungen führte. Denn ich schaute mir dabei ja selbst zu und eines weiss ich, ich hätte mich nie getraut, solche Dinge zu tun, die durch mich geschahen.

Noch eine Episode mit ihm, als er noch lebte, erlebte ich auch wieder in der Stadt mit Ananda, aber zu einem viel späteren Zeitpunkt. Damals war der Siddhar Swami in einem anderen Restaurant, mein indischer Freund führte mich zum Eingang, wo viele Leute draussen standen und hineinschauten. Man liess mich durch, es war aber kein Impuls in mir hineinzugehen, so stand ich genau in dem Moment dort, als der Mooku Podi seinen Becher in hohem Bogen durch das Restaurant schmiss und irgendetwas in seiner Sprache dazu rief. Sofort hatte ich das Gefühl, das wäre es nun und wendete mich ab, um den Ort zu verlassen. Es kam mir so vor, als schickte mich der Weise weg, weil es nicht mehr nötig war, ihm direkt zu begegnen.

Später als ich dann von einer Bekannten, die in Indien weilte, erfuhr, dass Mooko Podi Swami bald den Körper verlassen würde, blieb ich mit ihr in Kontakt und sie informierte mich immer wieder, wie es dem Siddhar ging. Bald erfuhr ich dann, dass er nichts mehr zu sich nahm und es hiess, dass er bald sterben würde. Und so war es dann auch.
Nach seinem Verlassen des Körpers, nur wenige Stunden danach bekam ich ein Foto von ihm. Auf dem Bild war er geschmückt mit schönen Blumen und schon vorbereitet für seine

letzte Fahrt zu seinem Mahasamadhi oder Grab. Innerlich wünschte ich ihm eine gute Reise.

Der Zufall oder wer auch immer, wollte es wohl so, dass ich einige Zeit später und über das Internet dabei sein und zusehen durfte, wie das Begräbnis des Weisen vor sich ging. So durfte ich das grosse Spektakel, wie es in Indien bei weisen Verstorbenen zelebriert wird, mitverfolgen. Jemand filmte den langen Weg, wie Mooku Podi auf einem mit Blumen geschmückten Wagen mit viel Feuerwerks knallen und lauter Musik zu seinem schon vorbereiteten, ausgehobenen Grab gebracht wurde.

Es war so, unglaublich aber wahr - Alles konnte ich per Livestream im Internet mitverfolgen und innerlich miterleben. Das war wahrhaftig wundervoll und beeindruckend, das alles und direkt verfolgen zu dürfen.

Der Mann, der die Kamera führte, machte das dabeisein so perfekt möglich. So genau hätte es Vorort niemals gesehen werden können. Denn dort waren so viele Leute, die sich alle nach vorne drängten, um den besten Schauplatz zu haben. Ein riesiges Getümmel, Frauen sah ich dort bei dem Grab keine. Wahrlich ein Geschenk, danke dem Kameramann und dem Internet, das in Ruhe betrachten zu dürfen.

Als ich dann später selbst wieder in Tiruvannamalai war, ging ich den verstorbenen Swami einige Male am Grab besuchen. Meistens berührte es mich und mit viel Ehrfurcht umrundete ich sein Mahasamadhi oder Grab. Und wie zuvor schon erwähnt, war seine Energie stark spürbar für mich.

Wie zuvor erzählt, dann eben noch diese Graböffnung. Schon recht speziell all die Begegnungen mit dieser grossen, weisen befreiten Seele Swami Mooku Podi Siddhar.

Bei meinem (damals) letzten Besuch am Grab des Verstorbenen im September 2024, als ich gerade mit einer Gruppe in Indien war und diese Menschen zu Mooku Podis Grab brachte. Berührte es mich noch einmal ganz tief, so als würde es in mir erneut transformieren und Tränen liefen mir die Wangen herunter. Unglaublich, welche Ausstrahlung dieser Weise, auch ohne Körper, auf mich, immer noch hatte.

Eine Frau aus der Gruppe, die zum ersten Mal in Indien und am Grab war, wurde auch mit Tränen beschenkt. Wie wundervoll es doch ist, dass auch obwohl nicht mehr im Leben, diese Weise-Seele uns doch immer noch transformierende Möglichkeiten schenken.

Siddha Purusha oder eine sonderliche Begegnung?

Als mir dann die Rückreise in die Schweiz bevorstand bekam ich noch einen Segen oder was auch immer, von einem *Siddha Purusha. So ein Mensch das ist ein Yogi, der die acht natürlichen Superkräfte erreicht hatte.

Das Ereignis war Folgendes. Eines Tages ging ich an der Strasse entlang, ich war auf dem Weg zu dem Zimmer, wo ich wohnte. Da überholte mich ein Mofa mit einem indischen älteren bärtigen Mann darauf. Der drehte sich um und schaute lange Zeit zu mir zurück. Ich dachte nichts dabei und so war der Mann schnell wieder vergessen. Doch am letzten Tag, wo ich dann am Abend abreisen würde, sass ich wie immer frühmorgens in der Meditationshalle bei Ramana. Ich sass wie auch sonst oft auf der Seite hinter der Eingangstüre. Dort war es etwas verdunkelt und das passte mir zum stillen Sitzen und Sein. So auch an diesem Morgen und wie immer waren meine Augen geschlossen, da hörte ich, wie die Türe aufgestossen wurde, und gleich darauf wurde es hinter meinen geschlossenen Augen strahlend hell, wahrhaftig so hell, als hätte jemand ein Licht angezündet. Ja, es blendete förmlich, so als würde jemand mir mit der Taschenlampe direkt in die Augen strahlen. Da konnte ich es nicht lassen und öffnete die Augen und sah denselben Mann, der zuvor einmal mit dem Mofa an mir vorbeigefahren war. Schnell schloss ich meine Augen wieder. Kurze Zeit später fing mein Stirn-Chakra oder der Punkt zwischen den Augenbrauen an, sich auszudehnen und mir war, als strahlte ein helles warmes Licht auf mein ganzes Gesicht. Als ich dann doch noch einmal kurz sehen wollte, wo der Mann sich befand, sah ich, dass er sich nicht wie alle sonst und normalerweise während des Sitzens Sri Ramana, zuwendete. Sondern er hatte sich in meine Richtung sitzend ausgerichtet. Schnell schloss ich die Augenlider wieder und da es so schön warm und unbeschreiblich angenehm war, schloss ich daraus, dass er oder es durch ihn bei mir noch einmal etwas öffnete oder vielleicht auch heilte. Einige Zeit später wurde es nochmals so hell und beim Öffnen der Augendeckel, sah ich nur noch, wie dieser Mann den Raum verliess. Als ich dann die Augen nochmals schloss, war das strahlend helle Licht weg.

Die Stelle zwischen den Augenbrauen hat sich, müsste ich versuchen, es zu beschreiben, geöffnet. Obwohl mir bewusst ist, dass man dieses nicht beschreiben kann. Wie auch immer, es blieb geöffnet.

Ein wahrliches Abschiedsgeschenk bekam ich damals von dieser göttlichen Seele oder diesem Siddha Purusha.

*Siddha Purusha** ist ein Mensch, der alle acht Siddhis oder übernatürlichen Kräfte beherrscht. Und sich nur dem zu erkennen gibt, der dafür bereit ist. Solche Menschen können "im Leben befreite" sein, müssen aber nicht. Sri Bhagavan Ramana Maharshi war ein Jnani mit Kräften wie der Siddha, die er aber nie öffentlich zur Schau stellte. Ein Siddha Purusha ist einer, der die weltlichen Verstrickungen von Vorlieben und Abneigungen überwunden hat, der sich über Zweiteilung von Glück oder Trauer erhoben hat. Man spricht, dass es beim Arunachala viele solche weisen Seelen hätte, könne diese aber nicht finden, wenn dann würden die zu einem kommen, wenn es an der Zeit wäre. So gibt es auch eine Geschichte, wo Ramana einmal auf der Suche auf dem Berg in ein Hornissennest trat, weil er angeblich einen Siddha Purusha suchen gehen wollte.*

Wieder zurück in der Schweiz, sass ich dann tagelang, ja fast wochenlang, einfach auf dem Sofa im Gruppenraum, das ich direkt vor das Fenster gestellt hatte. Sodass ich den Himmel sehen konnte und mehr war da nicht mehr, so schaute ich einfach stundenlang dem Vorbeiziehen der Wolken zu, ohne einen Impuls zu haben, etwas anderes zu tun. Es war einfach leer und still in mir.

Ausser wenn ich zum Geldverdienen zur Arbeit gehen musste, aber auch dort war ich sehr still und in mich gekehrt. Es gab einfach nichts mehr zu sagen.

20.11.2019, die Entscheidung

So sass ich oft und lange, bis es dann, gegen Ende November zuging und zu einer inneren Wende kam. An diesem Morgen des oben erwähnten Datums war ich früh wach und setzte mich vor das grosse Fenster im Wohn- und Gruppenraum, wo ich, nach dieser sonderlichen Begegnung mit dem Siddha Purusha in Indien, oft einfach den Himmel betrachtete, sass und zugleich wahrnahm, dass es in mir atmete, ohne ein Auftauchen von irgendeinem Gedanken.

In diesem entspannten Sein war da plötzlich eine nochmalige Vertiefung, und es war ein vollkommen präsentes, nach innen gerichtetes, Sein. Ich wusste nicht, ob ich nun gleich sterben würde, was ich ja schon einige Male zuvor erlebt hatte. So sass ich und wartete ab, was jetzt passieren würde. Ich war für alles, was geschehen würde, innerlich bereit. Bald wusste ich einfach, es ging jetzt um eine wichtige Entscheidung. Es war wiederum ein inneres Gespräch oder ein einfaches Wissen und hiess in etwa so: „Entweder kannst du jetzt dieses Leben abschliessen, indem sich in diesem Körper eine Krankheit entfaltet, die das Leben dann rasch auslöscht. Oder dieser Körper lebt weiter und dient den Lebewesen, die Transformation anstreben oder solchen, die auf der Suche nach ihrer wahren Natur wären." Etwas wartete, als würde es abwägen. Ich spürte

einfach beidem nach, Gehen oder Bleiben war gleichwertig an-
zufühlen. Ich wartete weiter und zugleich vertraute ich und
wusste, es würde sich so entscheiden, wie es sich entscheiden
wollte. Und bald kam ein Gefühl, das stetig mehr Kraft bekam.
Es war das Gefühl, weiter im Körper zu bleiben und um, falls es
noch Dinge hatte, diese zu erkennen und zugleich den Menschen, die das wollten, zur Verfügung zu stehen. Es tauchte
noch der Gedanke auf, „du wolltest ja schon immer dieses leere
Gefäss sein und den Lebewesen hier auf dieser Erde dienen."

Da wusste ich, ja, das ist die Wahrheit. Langsam kam ich
wieder in den normalen Bewusstseinszustand zurück.

Kurze Zeit später fing ich an, das Buch mit dem Titel:
VOM TUN INS SEIN - ERWACHEN IN DAS UNPERSÖNLI-
CHE SEIN, Autobiografie einer westlichen Yoginī niederzu-
schreiben und so entstand die 1. Auflage dieses Buches. In die-
ser 2. Auflage des Buches das du in den Händen hältst geht die
Biografie mit einigen Erlebnissen weiter als bei der 1. Auflage.

Mooji und Amma in Tiruvannamalai, Indien

Mooji

Es ist schon einige Zeit her, als ich die Autobiografie einer Weisen vom Tun ins Sein geschrieben habe. Diese Autobiografie hörte im 2019 oder Anfang 2020 dann auf. Seit dieser Zeit ist noch weiteres Geschehen, ich war im Januar 2020 wieder bei Ramana in Südindien, wo ich drei Wochen verbrachte. Genau in dieser Zeit war auch Mooji dort und gab Satsang auch Amma erschien und gab dort ein Meeting für alle, die das wollten. Für mich war es wunderbar, die Zeit bei Ramana und die Begegnung im Satsang mit Mooji, die ich einige Male besuchen durfte. Denn zuvor, in der Schweiz, kamen immer wieder Leute zu mir in den Satsang, die mit Mooji verbunden waren.

Da mir einmal ein Inder gesagt hatte Mooji sein kein Befreiter und ich mich dann fragte was wohl stimmen würde, ob befreit oder nicht, liess ich es mir nicht nehmen, zu ihm in die Satsangs zu gehen und das, um spüren zu wollen, ob seine Energie in mir noch etwas transformieren würde.

Die Organisation war super und die Moojileute sehr aufgeweckt und herzlich, natürlich kannte ich auch viele der Besucher, ob es einheimische, also Inder oder Westler waren. Es war toll, Mooji aus der Nähe beobachten zu dürfen, was ich immer sehr gerne tat, wenn ich irgendwelchen Meistern begegnen durfte.

Die Gespräche interessierten mich nicht, denn ich wollte ja nur die Energie spüren, was ich dann auch wahrlich konnte. Moojis Energie war in mir auf der Herzebene wunderschön spürbar. Auch wie er mit den Menschen umging, erfreute mich und zeigte für mich klar, dass er wahrlich ein grosser Meister ist. Also konnte sich der Zweifel, den mir der Inder damals gab, auflösen. Jedes Mal bei Beginn des Satsangs gab es eine von Mooji gesprochene Meditation, die mich immer wieder in Samādhi-Zustände fallen liess. Was wollte ich mehr als das?

Also konnte ich nach Indien den Leuten, von denen ich gefragt wurde, ist Mooji befreit, nur sagen ja für mich auf jeden Fall eine Transformierende Energie. Er strahlt etwas Väterliches oder Grossväterliches aus. Mooji Baba, wie man ihn heute auch nennt, ist jemand denn man einfach gerne haben muss. Der Zufall wollte es, dass ich einmal als ich im YouTube herumsurfte ein Video von Papaji mit Mooji fand. Toni hiess Mooji damals noch und er musste oder durfte bei dem Weisen aus Locknow, dem Bundesstaat Uttar Pradesh in Indien, etwas vorsingen.

Amma

Wie immer war ich auch in diesem Indienaufenthalt immer schon früh um fünf im Ashram zur allmorgendlichen Meditation.

Eines Morgens hingen überall Plakate mit dem Bild von einer mir schon bekannten Inderin namens Amritanandamayi, die meisten, so wie auch ich, nannten sie einfach Amma. Die Plakate, die über Nacht, überall aufgehängt wurden, waren mit der Aufschrift: Satsang und Bhajans, All are welcom, das Veranstaltungsdatum war der 26. Januar 2020 und der Ort da, wo ich ja gerade war in Tiruvannamalai.

Das wollten wir uns nicht entgehen lassen, ich war mit Krishna, einem Freund aus der Schweiz unterwegs und es begleitete uns auch noch eine Russin, als wir uns in einer Riksha auf den Weg zu diesem Amma Festival machten. Das Meeting mit Amma fand in einem anderen Stadtteil von Tiruvannamalai statt. Als wir ankamen, war ich überwältigt von der riesigen Menge Stühle, der grossen Bühne und den vielen Essständen, auch Trinkwasser wurde den Besuchern ausgeschenkt. Kaum die Riksha verlassen, kamen weiss gekleidete Westler auf uns zu und fragten uns nach unserer Herkunft und ob wir das erste Mal mit Amma in Begegnung treten würden. Da Amma jedes Jahr in die Schweiz, in die Stadt, in der ich wohnte, kam, war es für mich ein Wiedersehen mit ihr, oder zumindest ein wiederholtes Weilen in ihrer Präsenz. Was ich hier aber sah, war bei weitem viel grösser als das in Winterthur.

Wir wurden zu Stühlen geführt, ganz in der Nähe der grossen Bühne, man erklärte und wo was war und liess uns dann dort, wo noch ganz viele Weisse oder Westler sassen, zurück. Den Indern wurden in der anderen Hälfte der bestuhlten Fläche Plätze zugewiesen.

Da sassen wir nun und da ich es schon immer liebte, Menschen zu beobachten oder einfach mit offenen Augen zu sein und die tiefe Stille in mir wahrzunehmen, war es mir ganz gemütlich, da einfach sein zu dürfen in dieser Unmenge von Leuten. Natürlich sah ich auch da wieder viele mir bekannte Gesichter, es schien, als wären alle, die irgendwie mit Ramana Maharshi unterwegs waren, an diesem Meeting mit Amma auch anwesend.

Die Zeit verging und irgendwann kam dann Amma auf die Bühne und fing an zu sprechen, was sie sprach weiss ich nicht mehr. Nach längerem Sprechen fing Amma an, auf der Bühne Bhajans zu singen.

Bhajans eine Verehrung Gottes oder der Göttin mit Musik und Gesang, eine Lobpreisung von verschiedenen Aspekten Gottes. Amma war die Vorsängerin, sang jeweils eine Zeile eines Bhajans und wir Anwesenden sangen diese nach.

Amma kam in ein Feuer, das sich energetisch über den ganzen Platz und wohl auch darüber hinaus ausdehnte. Unglaublich dachte ich mir, hier in Indien kann diese Frau ihr ganzes Potenzial ja, ihre volle Präsenz zeigen und ausleben, was sie in der Schweiz wohl nicht konnte oder zumindest war es für mich dort nie gross spürbar. Nicht nur Amma kam ins Feuer, die ganze Menge im Feld machte mit und verehrte Gott mit dem Gesang, der aus vielen Herzen kam. Nur bei mir wurde es ganz rasch still, so still, dass es mich in einen Zustand versetzte, den ich zwar ansatzweise schon erleben durfte, aber so stark war es noch selten zuvor. Es war einfach nur tiefe Stille, das ganz System war in eine Versenkung geraten, wo keine mehr da war, die sprechen, singen oder sonst etwas hätte tun können.

So verging die Zeit in diesem wunderschönen Sein. Amma fing nach langem Bhajan singen, dann an die Leute zu umarmen, wie sie es immer tat. Die Besucher bekamen Buttons und

wurden Reihenweise aufgefordert, sich zu Amma für die Umarmung von Ihr auf die Bühne zu begeben. Mooji und viele
Leute aus seiner Sanga und ebenso viele vom Ramana-Ashram Management und der weise Swami Nochur Sri. Venkatra-
man waren auch auf der Bühne bei Amma um sich umarmen zu
lassen, was ich sehr schön fand mit ansehen zu dürfen.

Zum guten Glück hatte mein Begleiter Krishna nicht den Impuls, sich von Amma umarmen zu lassen, was mir gerade sehr
recht war, denn ich hätte es in meinem Zustand gar nicht auf
die Bühne geschafft. Also beschlossen wir, uns mit einer Riksha
langsam auf den Heimweg zu machen. Ich war sehr verlang-
samt, konnte aber zum Glück gehen. Mit dem Sprechen hatte
ich Mühe und wurde zum Glück nicht viel gefragt, Krishna war
wohl der perfekte stille Begleiter in dieser Situation. Zurück in
meinem Zimmer angekommen, legte ich mich gleich hin und fiel
in einen tiefen, traumlosen Schlaf. Als ich dann nach vier Uhr
erwachte, bemerkte ich, dass ich immer noch in diesem versenkten Zustand war, ging dann aber doch zum Ramana Ashram, um meine morgendliche Meditation abzuhalten. Zum
Glück sprach mich niemand an, so konnte ich einfach da in der
Mediationshalle im Halbdunkeln sitzen und sein.

Gegen Mittag traf ich mich wieder mit Krishna, wir wollten
zusammen etwas essen gehen. Immer noch war ich verlang-
samt und sehr still. Im Restaurant, nach dem ich einige Bissen
von dem Essen zu mir genommen hatte, bemerkte ich, wie ich
allmählich wieder in den normalen Bewusstseinszustand kam.
Ich konnte wieder normal sprechen und die Erfahrung war vorbei. Krishna meinte noch, er hätte schon gedacht, es stimme
etwas nicht mit mir, ich konnte ihn aber beruhigen und wusste
einfach, dass mir eine weitere Erfahrung geschenkt, wurde, warum auch, immer. Vielleicht genau um hier davon zu schreiben
und wer weiss sich vielleicht irgendwelche Leser darin selbst
erkennen können.

Die Zeit in Indien verging, ohne dass sich in meinem Inneren sonst noch irgendetwas veränderte, es war still und friedliches Sein in und um mich.

Eines Tages sagte Krishna, seine Mutter habe ihn angerufen und wäre etwas besorgt, es solle eine Krankheit umgehen, ob es ihm denn gut ginge und er solle vorsichtig sein. Wir waren gesund und auch sonst war uns bis dahin nichts Spezielles zu Ohren gekommen, also vergassen wir das Ganze einfach wieder.

Bald war der Indienaufenthalt vorüber und zu Hause ging der alte Trott weiter, was ich aber mit Bestimmtheit sagen konnte: Mooji ist wahrlich eine Selbstlose befreite Person und Amma die in Indien in ihrer vollen Kraft war, konnte mit der Amma hier im Westen für mich nicht verglichen werden.

Pandemie und drumherum Erfahrungen

Wieder zurück aus Indien ging es nicht lange, und die Pandemie mit dem Coronavirus brach aus und brachte viele neue Erlebnisse, die unsere Generation zuvor noch nie erlebt hatte.

Jedoch erinnere ich mich noch gut an den Tag, bevor die grossen Massnahmen mit vielen Einschränkungen verhängt wurden.
Sudevi und ich waren auf der Scheidegg und wollten dem Nebel bei uns zu Hause entfliehen, was uns auch gelang, es war ein wunderschöner Tag mit einer atemberaubenden Aussicht über das Zürcher Oberland.
Wir sprachen noch darüber, dass wir uns nicht vorstellen konnten, dass die zuvor schon zum Teil angekündigten Sicherheitsmassnahmen wirklich eintreffen würden.

Es kam aber schon am folgenden Tag anders, als wir dachten.

Die ausgehängten Massnahmen schränkten meine Arbeit zu Hause drastisch oder vielmehr ganz ein. Ich durfte vorerst keine Menschen mehr empfangen und somit war es nur noch möglich, per Telefon oder über das Internet mit den Menschen in Kontakt zu treten.

Da es im Krankenhaus nur noch Notoperationen gab und durch die vielen Sicherheitsmassnahmen die Sitzwachen gar nicht mehr eingesetzt wurden, gab es für mich keine Arbeit mehr. Wohl auch, weil es dann plötzlich viel zu viel Pflegepersonal gab, das nichts mehr zu tun hatte. Wie auch immer, es brauchte mich nicht mehr für Einsätze.

Ich war gespannt, wo wohl das Geld herkommen würde, um die Rechnungen bezahlen zu können.

Eines Morgens rief ich vorsichtshalber dann auf das soziale Amt der Stadt an und sprach mit einem netten Herrn. Er sende mir gleich alle Unterlagen, die es für Leistungen bräuchte, zu, ich solle diese ausfüllen und rasch möglichst zurücksenden. Als dieses dicke Couvert dann bei mir ankam, wurde es in mir schon schwer, als ich den noch verschlossenen Umschlag in den Händen hielt. Es drückte mich, dem Gefühl nach, richtig gehen in den Boden hinein. So legte ich den dicken Briefumschlag ungeöffnet in ein Fach im Büro. Es musste glücklicherweise nie geöffnet werden, denn das Leben hatte andere Pläne mit mir.

Einmal war ich in einem Lebensmittelgeschäft zum Einkaufen, als ich sah, dass da jemand stand, der die hineingehenden Menschen zählte. Einfach dastehen, die Laden betretenden mit einem Handy zählen und dazu noch Geld verdienen, wie toll ist, das denn dachte ich, so nebenbei, ging dann meine Sachen besorgen und wieder nach Hause.

Am darauffolgenden Tag traf ich Kevin und erzählte ihm beiläufig von meiner Erfahrung und den Gedanken an den tollen Job als Kundenzähler. Sofort sagte er, sie suchen Personal genau für diese Aufgabe, ob ich dann Lust hätte, den ganzen Tag einfach dort zu stehen und Kunden zu zählen. Ja sehr gerne gab ich ihm ohne überlegen zu müssen zur Antwort. Ich liebte es schon immer unter Menschen sein zu dürfen und diese in ihrem Treiben zu beobachten, was mir durch so einen Job ja ermöglicht werden würde.

Am nächsten Tag hatte ich den Job in der Tasche und stand viele Stunden in einem Supermarkt und zählte die ein und ausgehenden Menschen. Und das, damit nie mehr Leute als vorgeschrieben den Laden betreten konnten.

Als die Zeit, in der man die Kunden zählen musste, sich dann dem Ende zu neigte, weil diese Vorschriften wieder aufgelöst wurden, wollte der dortige Chef mich als Kassiererin behalten. Warum nicht, dachte ich, unter Menschen sein machte mir grossen Spass und zudem konnte sich dadurch ein sehr alter Wunsch noch erfüllen. Der Wunsch war noch aus der Zeit, als ich selbst noch im Verkauf tätig war. Damals dachte ich, irgendwann werde ich wieder im Laden arbeiten, aber dann nur noch als Kassiererin. Mein Leben hatte aber die vielen Jahre andere Pläne und gab mir erst in dieser Pandemie-Zeit die Möglichkeit der Wunscherfüllung. Die erste Zeit machte Spass, aber bald machte sich wieder einmal mehr mein Körper mit Schmerzen bemerkbar. Durch die ungewohnte Haltung bei der Arbeit an der Kasse verrenkte sich mein Körper, das heisst, die Halswirbel und Schulter fielen aus dem Lot. So wusste ich bald, dass diese Aufgabe auf die Länge nicht für mich vom Leben geplant war. War es nur für die Wunscherfüllung gedacht? Wer weiss? Auf jeden Fall gab ich den Job wieder auf, da ich im Leben gelernt hatte auf Schmerzen und Verbiegungen schnell zu reagieren. Alles in allem aber eine tolle Erfahrung in diesem Laden, die ich nicht missen möchte.

Die nächste Welle mit dem Virus rollte heran und so geschah dann Folgendes: Eines Tages bekam ich einen Anruf von Dani aus dem Krankenhaus. Er war einmal mein Chef und war damals, bei meiner Ausbildung als Pflegeassistentin, mein Betreuer auf der Pflege-Station.

Er fragte mich, ob ich Lust hätte, ins Krankenhaus zu kommen und die Menschen mit dem Coronavirus oder Verdacht darauf, mit allen möglichen Sicherheitsmassnahmen in das Haus zu schleusen? Ich sei im Haus auf Pike und werde nach draussen gerufen, wenn jemand ankam und weil die Patienten nicht besucht werden durften, könne ich in der Zwischenzeit auch noch gleich die draussen angelieferten Utensilien im Haus an die Patienten in ihren Zimmern oder wenn infiziert auf der Station abgeben.

Ja klar, das mache ich sehr gerne, sagte ich zu Dan, und somit war meine Geldunsicherheit vorerst wieder nichtig.

Nach erster Unsicherheit, weil es hiess, man wisse nicht, wie weit man sich anstecken könne, beschloss ich dann aber schnell: Ich werde vorsichtig sein und die Massnahmen der Hygienevorschriften strikt einhalten. Sollte mich das Virus aber erwischen, würde das dann einfach Schicksal sein und wieder eine weitere Erfahrung im Leben bringen.

Jeden Tag, wenn ich gerufen wurde, waren wieder andere Vorschriften. Es zeigte sich für mich, dass niemand genau wusste, wie sich das Virus wirklich verbreitete. So wurden die Massnahmen dann irgendwann auch etwas gelockert und ich musste nicht mehr mit zwei Metern Abstand und doppelter Vermummung die Klienten ins Haus schleusen.

Mit der Zeit wurde draussen vor dem Krankenhaus eine Möglichkeit errichtet, wo die Menschen mit Corona-Verdacht hinkommen konnten und dort bei den Kranken ein Virustest oder Abstrich durch die Nase gemacht wurde.

Es ging nicht lange, da wurde ich gefragt, ob ich da in diesem Pavillon, das dann Testzentrum genannt wurde, mithelfen könnte. Das Krankenhaus brauche dringend Personal für die Befragung und als Helferin bei dem Coronatest-Abstrich, damit dem Arzt das Material, das er brauchte, gegeben werden könne. Der Arzt war mit den kranken Leuten exponiert, und man wusste ja nicht, ob diese jetzt mit dem Virus besiedelt waren oder nicht. Es wurden einfach alle Vorsichtsmassnahmen, die nötig waren, getroffen.

Diese Arbeit machte mir sehr viel Spass, zumal ich auch das Gefühl hatte, etwas Sinnvolles in dieser ungewöhnlichen Zeit machen zu dürfen.

Zu Hause durfte ich dann mit allen möglichen Massnahmen auch wieder fünf Leute im Gruppenraum haben, wo wir so Satsang abhalten konnten.

Diese Zeit war für mich soweit interessant, weil ich einige Leute nochmals anders kennenlernen durfte, (und diese sich selbst wohl auch). Ich bekam Anrufe von Menschen, die so gut mit sich und der Selbsterforschung unterwegs waren, die so den Frieden in sich hatten, bis dann dieses Virus kam. Die tiefsten Ängste kamen bei vielen zum Vorschein, diese hatten nicht gewusst, ja hätten nie geahnt, dass so ein Virus sie so aus der Bahn werfen könnte. Viele kamen aber auch in den Widerstand gegen die gesetzlichen Massnahmen, die verhängt wurden, andere bekamen Atemnot (Todesangst) wenn sie eine Maske tragen mussten. Also alles in allem, ich war dann da, wenn ich für tiefgreifende und klärende Gespräche gebraucht wurde.

Selbst kannte ich lange Zeit niemanden persönlich, der mit dem Virus infiziert war, doch dann geschah es dann doch, und zwar so: Die erste grosse Welle war etwas abgeflacht und die Massnahmen wurden wieder gelockert, was ermöglichte, dass meine Schwester die ganze Familie in ein Restaurant zum Essen aufgrund ihres Geburtstages im Oktober eingeladen hatte. Es war an einem Sonntag und wir hatten schöne Stunden zusammen und alle waren gesund.

Am darauffolgenden Dienstagmorgen, ich war gerade beim Arbeiten im Testzentrum, wo ich einen Anruf von Sudevi erhielt, es ging ihr nicht gut, sie sei erkältet, habe Fieber und sie fühle sich schlecht, sagte sie am Telefon. Komm zu uns ins Krankenhaus, um einen Corona-Abstrich machen zu lassen, sagte ich zu ihr. Ich hatte mittlerweile doch schon einiges, mit den infizierten Menschen, die schlussendlich schwer erkrankt stationiert wurden, erlebt. Sie kam kreidebleich zum Test und ging auch gleich nach dem Abstrich wieder nach Hause, um zu schlafen, da sie komplett schlapp und energielos war. Da wir mittlerweile im selben Wohnhaus wohnten, kochte ich für sie am Abend eine Suppe und stellte sie vor ihre Wohnungstür. Begegnen wollte ich ihr nicht, bis morgen dann das Testergebnis bekannt wurde. Auf der Abteilung hatten wir Einblick, wer positiv oder negativ getestet wurde. Wie hätte es anders sein können, meine Schwester hatte das Virus positiv getestet bekommen. Na ja, das wird nicht so schlimm sein, dachte ich vorerst noch, aber es kam dann anders als gedacht.

Da sie die Wohnung direkt über mir bewohnte und das Haus ringhörig war, vernahm ich normalerweise immer mal, was da oben so ging oder zumindest, dass sich etwas bewegte. In diesen Tagen war es aber mucksmäuschenstill. Nichts, kein Lebenszeichen, war zu hören. Ich kochte und meldete mich bei ihr gelegentlich telefonisch. Beim Nachfragen hustete sie ins Telefon und meinte, es ginge schon, sie schlafe einfach. Das Essen war auch, wie ich sah, meistens unberührt. Nach drei Tagen des Zusehens wurde es mir unwohl und Virus hin oder her, ich schnappte eine Maske und ging zu ihr in die Wohnung. Sie sass gerade am Küchentisch und versuchte etwas zu essen. Ich habe kein gutes Gefühl mehr, sagte ich zu ihr und sie solle ihren Arzt anrufen, und sie sagte, sie habe auch gedacht, dass es so nicht weitergehen kann. Schnell wurde vom Arzt ein Eintritt in das Krankenhaus organisiert, und ich brachte sie mit dem Auto dorthin. Ich wusste, dass ich mich da jetzt einer Gefahr direkt aussetze, aber es war mir egal. Das Leben hat ein Ablaufdatum, das ist so, und ob das wegen Coronavirus ist oder wegen sonst etwas, darum war ich mir schon längstens bewusst. Im Auto sagte ich noch zu ihr, dass wir ja nicht wussten, was jetzt kommen würde, ob ihr klar wäre, was geschehen könnte. In Gedanken dachte ich, vielleicht ist das jetzt das letzte Mal, dass wir zusammen sind, sprach das aber nicht aus. Sie sagte nur ja, sie sei sich bewusst und da hatte sie wohl dieselbe Einstellung wie ich, dass das Leben oder vielmehr der Körper endlich sei.

Sie sagte mir noch, wo die Patientenverfügung sei, falls diese ins Spiel kommen sollte. Vorerst wollten wir aber sehen, was geschehen würde.

Ich durfte sie bis an die Eingangstür vom Krankenhaus begleiten, wo sie dann von ganz vermummten Personal, wegen den Schutzmassnahmen, abgeholt wurde und dann war Totenstille. Nicht nur in mir war es still, auch kein Lebzeichen von ihr gab es an diesem Tag.

Am kommenden Tag meldete ich mich telefonisch bei ihr, anders war ja nicht möglich. Auf meine Frage wie es ihr ginge antwortete sie: Sie sei einfach so müde habe einen sturmen Kopf und schlafe die meiste Zeit des Tages. Die Ärzte fragten sie, ob sie bereit wäre, ein Medikament einzunehmen; es sei bisher nicht weit erforscht, aber Donald Trump habe das auch bekommen. Eine andere Chance sähen sie nicht für sie, da die Blutwerte mittlerweile so schlecht wären. Entweder es wirke oder man könne nichts mehr für sie tun, hiess es, so sagte sie zu mir am Telefon. Fünf Tage bekomme sie dieses Medikament und dann würde man sehen.

Es war schon etwas komisch, mich zu beobachten, wie von Anbeginn der Tragödie niemand in mir war, der eine Reaktion auf das Geschehen hatte. Ich funktionierte immer perfekt, egal, was im Aussen sich präsentierte, im Inneren war es konstant gleich still, ruhig und vor allem unbeschreiblich klar. Es war Mitgefühl aber das Mitleiden hatte sich schon lange Zeit verabschiedet. So konnte ich da sein und aus dem Moment in Handlung gehen, wenn es dieser Bedarf oder wenn kein Bedarf war, wurde einfach nur gesehen, was gerade da war.

Die fünf Tage vergingen und Sudevi ging es tatsächlich besser. Am sechsten Tag rief sie mich an, sie könne nun nach Hause entlassen werden. Ich dürfe sie aber nicht abholen, die Ambulanz würde sie bringen. So war es dann auch. Sie war, mit einer Erfahrung reicher, über den Berg, obwohl es noch lange dauerte, bis sie sich von dem Virus ganz erholt hatte. Ihr fielen dann auch die Haare stellenweise aus und die Müdigkeit blieb noch Monate als Erinnerung zurück.

Nach diesem doch recht krassen Ereignis so nahe musste

mir keiner mehr sagen, es gäbe das Virus nicht. Aber das ist ein anderes Thema.

Alles in allem hat diese Pandemie dem Menschen viele neue Erfahrungen geschenkt, ob gute oder schlechte, das sagt ja eh nur der Verstand.

Nishkāmas Todes-Erlebnis

Die erlebte Geschichte von Nishkāma am Morgen des 14. Mai 2021. (In der dritten Form geschrieben)

Es geschah wie folgt; am Morgen erwachte Nishkāma und blieb noch eine Weile liegen, wie sie das oft tat. An diesem Morgen geschah es plötzlich und ohne Vorzeichen, dass sie nicht mehr einatmen konnte.

Auf dem Rücken liegend bemerkte Nishkāma, wie ihre Atmung rasch weniger wurde und die Luft wegblieb. Sie lag mit den Händen auf dem Bauch und beobachtete dieses Geschehen. Angst war keine da, nur der Gedanke; «Jetzt stirbst du wohl». Es war okay nun zu sterben, sie war bereit dazu. Mit dem Gedanken kam auch gleich das innere Betrachten, ob da noch irgendwelche Anhaftung an irgendjemand oder irgendetwas da war. Aber es gab keine Verbindungen mehr. Durch das nicht mehr atmen können, bemerkte Nishkāma, dass in den Beinen und Armen ein Kribbeln sich bemerkbar machte und dass wegen des Sauerstoffmangels, der in dem Gewebe war.

Der ganze Kreislauf konzentrierte sich jetzt ganz gezielt auf die lebenserhaltenden inneren Organe.

Nishkāma betrachtete dieses Szenario wertfrei und wartete beobachtend auf den letzten Atemzug. Es folgte, neben dem Sauerstoffmangel, eine ganz starke Hitze im Herzbereich. War das vielleicht das Letzte, was der Körper an Kraft mobilisieren konnte? Nishkāma lag ruhig und beobachtete wartend darauf, bis das Herz schwächer wurde und bis es zu schlagen aufhörte. Während des Beobachtens und auf den Tod wartend, waren vereinzelte Gedanken. Diese kamen und ihr wurde bewusst, dass es einen freien Übergang «nach Hause» nur geben konnte, wenn beim letzten Atemzug keine Gedanken da waren. Nur so könnte Nirvana erreicht werden. Diese Eingebung war plötzlich und ganz klar..

Der Erkennenden war durch diese Erfahrung klar und nun begriff sie auch, dass alles still werden oder Meditieren der vergangenen Jahre nur für dieses allerletzte Ausatmen wichtig war.

Davon zu lesen oder zu hören, war zwar gut, doch das, was sie hier gerade erfahren durfte, war das absolute Erfassen davon; «Der letzte Atemzug muss ohne Gedanken stattfinden, damit das Wesen die absolute Verwirklichung erlangen kann».

Immer noch konnte Nishkāma nicht atmen und wartete, mit dieser klaren Erkenntnis, auf den Bruder Tod. Plötzlich bemerkte sie, dass sie neben dem Körper war, es zog die Seele hinaus zur rechten Seite auf Herzhöhe. Da war sie jetzt und es kam ihr noch der Gedanke: «Wenn ich jetzt sterbe, dann möchte ich zu den befreiten Meistern, wie mein geliebter Ramana, Jesus, Ramakrishna oder zu der Weisen Anandhamayi Mā gehen».

Nishkàma war präsent und bereit, jetzt «nach Hause» gehen zu dürfen. Immer noch wartete sie, in ihr sagte es: «ich bin wahrlich bereit und freue mich gleich, an Ramanas Füssen, weilen zu dürfen».

Plötzlich hörte Nishkāma eine Stimme in sich, die sagte: «Du musst zurück!» «Was?», «W-a-r-u-m?» schrie es in ihr förmlich, zu dieser gehörten Stimme.

Und wieder hörte sie die Stimme, die nun sagte: «Wir brauchen dich in deinem Körper, noch auf der Erde». Sofort fragte Nishkāma: «Wer ist WIR?» Zur Antwort kam: «Selbst, Gott, Quelle, Existenz oder Licht». «W-a-r-u-m, muss ich zurück?», fragte sie zurück. «Wir brauchen dich auf der Welt, als leeres Gefäss, um durch dich zu wirken», hiess es. Ein gefühlter, langer Moment sann Nishkāma den gehörten Worten nach. Dann sah sie Ramana vor ihrem inneren, geistigen Auge, und wie sie Ramanas Hand greifen wollte, er aber lächelte liebevoll und sprach sanft zu ihr: «Später, meine Tochter». Nishkāma spürte, wie ihr eine Träne die Wange hinunterlief und zugleich nahm sie sich zurück im Körper wahr.

Die Atmung setzte wieder ein, und sie konnte spüren, wie die sanft eingeatmete Luft bis in den unteren Bauch einströmte und langsam füllte sich der ganze Körper wieder mit Sauerstoff.

Nishkāma war danach einfach leer und ohne Resonanz zu diesem Geschehen. Was ihr klar blieb, ist die Botschaft an die Menschen: «NUR DIE GEDANKENSTILLE, BEIM LETZTEN AUSATMEN, ZÄHLT!»

Nun konnte sie besser verstehen, wenn Weise vom Tod sprachen, ohne gestorben zu sein. Diese hatten wohl auch solche Erlebnisse, wie Nishkāma gerade erleben durfte.

Das Leben schrieb irgendwann das Jahr 2023, in der Zwischenzeit wurde ich zum zweiten Mal Grossmutter eines weiteren Mädchens. Den Job als Sitzwache im Krankenhaus gab ich im August 2022 auf und das aufgrund, weil es plötzlich nicht mehr stimmte. Zuerst beschloss ich da einfach nicht mehr hinzugehen, ich wollte schauen, ob das Göttliche oder das Leben mich auch ohne diese Stunden und ohne den Lohn von dieser Arbeit leben liesse. Der Beschluss stand fest, ein Jahr zu warten, bevor die Kündigung eingereicht werden würde. Zuvor einfach nicht mehr auf die SMS zu reagieren. So kam es dann auch. Das Leben arrangierte für mich genügend Klientel, dass ich davon und mit der Auszahlung der Pensionskasse immer alle Rechnungen bezahlen konnte. Ich fing regelmässig über Zoom Stille-Meditationen anzubieten, was bis heute (Januar 2025) immer noch stattfindet und sich nach wie vor sehr stimmig anfühlt.

Januar 2023, mit Sudevi nach Indien

Im Januar 2023 flogen Sudevi und ich gemeinsam für drei Wochen zu Ramana Maharshi nach Indien.

Sudevi wollte schon einige Male zu Ramana reisen, aber immer kam irgendetwas dazwischen. Zu dieser Zeit klappte es aber endlich und es freute mich, dass wir zusammen dorthin reisen durften.

Wir wohnten zusammen in einem grossen Appartement im Hotel Ramana Towers, damit wir zentral waren und dort hatten wir alles, was wir für den Aufenthalt benötigten. Zu Beginn zeigte ich Sudevi alle, meiner Ansicht nach, wichtigsten Orte im Ramana Ashram und in dessen Umgebung. Danach gingen wir oft jeder für sich dorthin, wo es uns hinführte. Für mich war das Meditieren oder Stillsitzen nach wie vor eine schöne Beschäftigung, wofür ich jeden Morgen um fünf Uhr zum Ashram ging und mich entweder in die Mediationshalle oder in die Halle, dort wo sich das Grab von Ramana befindet, hinsetzte, um zu sein. Es war eine friedliche Zeit, und diese verging wie immer im Flug.

Die Erlebnisse mit der Toppi Amma

Einmal begegneten wir der Toppi Amma, einer Frau, die, wie man sagte, eine Aghori sei. Sie hatte schon vor Jahren aufgehört, sich die Kleider zu wechseln. Zum Ansehen sah sie mit ihren schmutzigen, abgetragenen Kleidern nicht gerade schön aus. Aber der äussere Schein trügte. Denn wenn man in ihre Nähe kam, war weder ein Geruch noch ein unwohles Gefühl, das von ihr ausging, im Gegenteil, diese Amma hatte eine tiefgreifende transformierende Ausstrahlung.

Gerne möchte ich hier noch erwähnen, wie ich auf die Amma aufmerksam wurde. Es war wie folgt: Als ich damals die Wohnung hinter dem Ramana Towers Hotel fix gemietet hatte, ging ich jeden Abend auf dem Nachhauseweg dieselbe Strasse entlang. Auf der Höhe eines kleinen Ladens, den man Babu-Shop nannte, sass immer eine Frau umgeben von Hunden mitten auf der Strasse. Da ich dachte, sie sei eine Bettlerin, legte ich ihr jedes Mal, wenn ich ihr begegnete, etwas in ihre Hand, was ich gerade an Früchten in der Tasche hatte, die ich zuvor an einem Früchtestand an der Hauptstrasse gekauft hatte. Diese Frau hat ein grosses Herz, sonst würden die Hunde nicht bei ihr weilen, dachte ich noch. Mehr dachte ich mir nicht dabei.

Der Zufall wollte es aber, sodass ich eines Tages, als ich gerade im Tee-Shop gegenüber dem Ramana Ashrams sass und Chai trank, diese Frau in ihren schmutzigen Kleidern sich vor dem Shop singend und dazu wippend hinstellte. Kurz darauf, als sie so dort war, durfte ich beobachten, wie der Besitzer des Tee-Shops zu ihr ging, neben die Frau stand und ihr eine Flasche Wasser aushändigte, die sie nahm und davon trank. Es ging nicht lange und die Frau ging des Weges. Ich sah ihr nach und durfte mitansehen, wie jemand ihr etwas geben wollte, das sie aber sogleich mit Wucht auf den Boden schmiss. Bei diesem Beobachten wurde mir klar, dass diese Frau keine Bettlerin, sondern eher etwas ganz Besonderes sein musste. Später beobachtete ich noch viele solche Szenen, wo sie annahm oder auch mal lauthals abwehrte, was man ihr hinstreckte.

Durch Siva von einem Shop, der Taxis vermietet und bei dem ich auch schon einige Male ein Zimmer gemietet hatte, bekam ich die Information, dass sie eine Aghori wäre, jemand, der keine Beachtung auf das Äussere geben würde. (Ghori = Dunkel, Horror, Gewalt. Aghori = Gewaltlos, verbunden mit der Natur und lebt ein gottgerechtes Leben).
Siva kaufe der Toppi Amma jeden Tag eine Flasche Orangensaft, erzählte er mir noch. Von ihm nahm sie es an also schloss ich daraus, dass auch er ein gutes Herz hatte. Was ja auch so war.

Nachdem ich das dann alles beobachtet und erfahren hatte, sah ich die Toppi Amma wieder auf der Strasse sitzen, wo ich durch musste. Nun war ich aber nicht mehr unbefangen wie zuvor und fühlte mich unsicher, ihr etwas zu geben. Ich wusste nicht, ob ich rein genug war, ihr etwas anzubieten, und ging ohne etwas zu geben an ihr vorbei. Der Dank dafür war, dass sie laut und deutlich etwas hinterherrief, was ich zwar nicht verstand, weil es in der Tamil-Sprache war, aber eins war klar, sie meinte mich damit.

Als ich dann später mit Ananda zusammen dort in Indien lebte, verlor ich meine Unsicherheit ihr gegenüber wieder. Er war ein richtiger Fan von ihr und sobald er sie irgendwo sah, wollte er ihr etwas bringen, manchmal waren es Kekse oder auch mal einige Rupien. Sie nahm es immer an und so fing auch ich wieder an, sie zu beschenken. Einmal gab sie sogar Ananda hundert Rupien.

Einmal sass ich im Ramana Ashram draussen beim Grab von der Mutter auf der Mauer, da sah ich, die Amma in den Ashram hineinkommen, sie ging aus etwas Entfernung an mir vorbei, ich hatte nicht das Gefühl, dass sie mich gesehen hatte. Es ging aber nicht lange und sie kam zurück und stand etwas entfernt direkt vor mir und blieb eine Weile einfach stehen. Sie schaute mich nicht direkt an, aber energetisch war sie in transformierendem Kontakt mit mir, so fühlte es sich zumindest in mir an.

Ein anderes Mal kam sie mir entgegen, als sie gerade von ihrer allmorgendlichen Umrundung des Arunachalas zurück zum Yogiramsurat-Kumar-Ashram wo sie sich oft aufhielt, war. Ich wollte ihr meine Ehre erweisen und als ich direkt vor ihr stand, konnte sie die Augen nicht offen halten, weil ihr der Schweiss in die Augen lief, dadurch blinzelte sie ununterbrochen. Ich wollte ihr helfen, hatte aber nur ein nicht ganz sauberes Tuch dabei, als ich es in die Hand nahm, bemerkte ich sofort ihren klaren Blick, sie blinzelte für einen Moment nicht, sondern sah glasklar, was ich wollte, sie verneinte mit einer Handgeste und schon trennten sich unsere Wege. Wie gerne hätte ich Wasser oder ein sauberes Tuch gehabt, dass ich ihr hätte reichen können.

Als ich dann im 2020 mit Krishna den Yogiramsurat-Kumar-Ashram besuchte, sahen wir die Amma schon von weitem. Ich hatte wieder ein unsicheres Gefühl, ob ich wohl rein genug wäre, dem Göttlichen in ihr begegnen zu können, und sagte zu Krishna, komm schnell, wir gehen in die Halle, in der von vielen bekannten, indischen Meister und Meisterinnen Bilder aufgehängt waren. Ich wolle der Toppi Amma jetzt nicht gegenübertreten.

Schnell waren wir dort drin und schauten die Bilder an. Als wir alle betrachtet hatten, machten wir uns auf zum Ausgang und als wir herauskamen, unglaublich aber wahr lag die Toppi Amma, Arme und Beine von sich streckend auf dem Rücken liegend vor dem Eingang. So, dass wir zwangsläufig an ihr vorbeigehen mussten. Ich verneigte mich fast zitternd vor innerem Berührtsein und grosser Ehrfurcht zu einem Namaskaram und verliess eilig den Ort des Geschehens. Krishna meinte nur, ihr habt wohl was zusammen. Ja, ich wusste schon, was ich hatte, einfach ein ungutes Gefühl, dem göttlichen so direkt zu begegnen, obwohl es ja keinen Grund gegeben hätte, war es einfach so.

Surya kannte, so erzählte er mir einmal, die Toppi Amma schon als sie noch im Sari und wohl gepflegt lebte. Mit ihr sei dann wohl eine Loslösung geschehen und seither sei sie so, wie sie heute ist.

Da ihr beim Umrunden des Berges der Speichel aus ihrem Mund lief, war ihre Bluse immer nass und manchmal war auch Schaum an ihren Mundwinkeln, der sich zeigte. Ich schliesse daraus, dass sie während des Gehens in einen tranceähnlichen Zustand kam, wo das Hinunterschlucken nicht mehr ging. So hatte ich es am eigenen Leib einfach schon erlebt. Ob es wirklich so ist?

Eine Begegnung der besonderen Art

Immer noch in Indien ergab es sich, sodass ich eines Nachmittags zum Tee-Shop gegenüber dem Ashram ging, um dort Chai zu trinken, um danach dann in die Halle im Ashram zum Meditieren zu gehen.

Ich sass dort im Shop, etwas abseits der anderen Konsumenten. Als ich so sass und in mich vertieft, mit dem Kopf abgewendet nach rechts zur Strasse blickte, bemerkte ich nicht, dass sich in dieser Zeit ein Mann neben mich auf den noch freien Stuhl gesetzt hatte. Als ich den Kopf wieder zur Mitte drehte, räusperte sich der nun neben mir sitzende Mann. Sofort verwickelte mich dieser, ganz in weiss gekleidete Herr mittleren Alters, den ich zuvor noch nie gesehen hatte, in ein Gespräch. Er sagte zu mir, ich hätte jetzt immerwährenden Samādhi erreicht und es werde mir alles Weitere im Leben gegeben. Ich sei da, für Suchende und dass ich die Freude der Leichtigkeit geniessen könne. In so etwa verstand ich ihn. Er hätte es anders erlebt, er habe zwölf Jahre seinem Meister gedient und dadurch Mukthi erreicht. Es wäre nicht immer so einfach gewesen, aber es hätte sich gelohnt, durchzuhalten, erzählte er mir noch. Ich konnte ihn fragen, warum es in meinem Kopf immer so einen Klang wäre, und er erklärte mir, dass das der kosmische Klang sei, den ich da vernehme und diesen vernähme ich weil mein Anahata- oder Herz-Chakra geöffnet sei. Ich bedankte mich bei ihm für diese spezielle Begegnung, als ich das ausgesprochen hatte, antwortete er darauf, es wäre von Gott so arrangiert worden. Ja, so wahr es wohl. Ich verabschiedete mich und ging zum Ramana Ashram, um zu sitzen und die gesprochenen Worte dieses Swamis in mir nachwirken zu lassen.

Nun waren alle meine Fragen, die sich zuvor bislang nicht ganz geklärt hatten, beantwortet. Ich war zufrieden und hatte damals das Gefühl, es wäre das letzte Mal, dass ich bei Ramana und am Berg war. Es zeigte sich in mir als erledigt.

Bald war die Zeit vorbei und Sudevi und ich packten unsere Koffer, um zurück in die Schweiz zu fliegen.

Das Leben nahm seinen Lauf, in den Einzelbegegnungen hatte ich immer mehr Gespräche über Kundalini-Erwachen oder vielmehr Menschen mit Erwachen der Kundalini fanden den Weg zu mir. Die einen direkt in der Praxis und andere über das Telefon oder über Zoom.

Manchmal durfte ich auch beim Massieren eines Körpers erleben, wie Wellenbewegungen in den liegenden Menschen durch ihre Körper flossen.

ॐ

Etwa ab Februar 2024 fing ich an, an einem weiteren Buch zu schreiben. Dazwischen gab es dann aber wieder eine längere Pause, in der ich einfach nicht weiterschreiben konnte.

Es gab nochmals eine Anhaftungsauflösung mit Menschen, die im Feld waren. Plötzlich hatte ich einfach keine Lust mehr auf Satsang mit den Menschen, und ich hörte auf, Angebote zu publizieren. Dadurch ergab es sich, dass Menschen bemerkten, dass sie unbewusst doch Anhaftungen an mich gemacht haben und konnten sich dadurch neu orientieren.

Zuvor hatte ich oft im Satsang darüber gesprochen, keine Anhaftungen an Nishkāma zu machen. Einige Besucher sagten dann vehement, sie hätten sicher keine Anhaftungen an mich. So vernahm ich dann aber im Nachhinein von genau diesen Leuten, dass sie erst, als die Verbindung von meiner Seite unterbrochen wurde, bemerkten, dass sie doch an meine Person angehaftet waren.

Heute habe ich mit diesen Menschen wieder sporadisch Kontakt und die Begegnungen sind jetzt frei von jeglicher Anhaftung.

Meine Erfahrung daraus ist, dass ich früher versucht hatte, den Menschen (vielleicht sogar ungebeten, weil immer das erlöste Wesen gesehen wird und die Überlagerungen oder Neigungen wahrgenommen werden) ihre Schwachstellen aufzuzeigen und ihnen dabei helfen wollte, sich ihrer Selbst bewusst zu werden.

Heute bin ich frei von solchen Ideen, habe nicht mehr viel über Befreiung oder Non-Dualität zu sagen. In den Begegnungen mit Suchenden antworte ich am liebsten nur noch auf ernst gemeinte Fragen, die mir gestellt werden. Und sonst kann ich ganz gut einfach in Begegnung ohne Worte mit wem auch immer sein.

Es gibt mittlerweile viele Videos auf YouTube, bei denen ich, als Sprecherin, auf mir gestellte Fragen antworte. Denn wenn Fragen da sind, sprudeln die Antworten, ohne überlegen zu müssen, und der Wahrheit entsprechend aus mir heraus.
Ja, das ist für manches EGO vielleicht nicht immer lustig oder ganz einfach, die Wahrheit zu hören, und der Aspirant kann, wenn er will, ja auch gleich sein Ego fallen lassen.

Sehr gerne bin ich und das seit längerer Zeit schon, aber in der stillen Begegnung über Zoom mit den Menschen.

Mehr weiss ich gerade nicht, weil mir täglich gezeigt wird: Das Leben geschieht aus dem Moment, das ist Leben.

Also alles in allem ist einfach immer nur dieser stille angenehme Zustand, der sich bei keiner Begebenheit verändert, wahrnehmbar.

Die Freude ist immerwährend und still einfach da.

Das Leben macht mit mir, was es will, und ich füge mich dem. Mittlerweile habe ich genügend erfahren, dass was geschehen soll, wird geschehen und was nicht geschehen soll, wird sich im Sand verlaufen.

September 2024, Indien-Reise mit einer Gruppe

Die Unveränderlichkeit im Inneren des Seins zeigte sich dann bei der folgenden Begebenheit noch ganz klar und sehr vertieft. Und zwar geschah es wie folgt:

Etwa im Mai des Jahres 2024 kam der Impuls, mit Menschen, die sich selbst erkennen wollten und nach Befreiung strebten, zu Ramana Maharshi nach Indien zu reisen. Damit diese Suchenden dort in diesem transformierenden Feld und am Arunachala vertiefende Erfahrungen machen konnten.

Gedacht und schon wurde die Idee umgesetzt. Ich sendete die Information einer Reise zum Arunachala für September in die schon länger bestehende WhatsApp-Gruppe von Satsang-Schweiz und innert ganz kurzer Zeit meldeten sich fünf interessierte Frauen und Männer für die bevorstehende Reise an.

Die Interessierten kannte ich bis auf zwei Frauen aus Deutschland sehr gut. Diese Teilnehmer waren schon viele Jahre mit mir unterwegs. Und auch den zwei Frauen aus Deutschland durfte ich schon einige Male persönlich oder über das Internet begegnen. Also alles in allem eine tolle Gruppe dachte ich und so war es auch.

Sofort fing ich mit der detaillierten Planung der Tagesabläufe an. Bei dem Visumsantrag für die Einreise durfte ich bei den einen behilflich sein und auch sonst gab es im Vorfeld schon einige Informationen per E-Mail meinerseits für die Teilnehmenden. Für anfallende Fragen trafen wir uns auch noch über Zoom, um diese zu klären.

Einmal kam der Gedanke auf: Nun gut, du weisst dort so viel, das Einzige, was du nicht weisst, ist, wenn jemand sich verletzen würde oder ernsthaft erkrankte, in welches der vielen Krankenhäuser ich dann mit demjenigen gehen sollte. Schnell verwarf ich den Gedanken aber wieder.

Nachträglich kam dann noch Shuniya, den ich auch schon

gut kannte, dazu und so waren wir sieben Leute, die am 7. September nach Indien flogen. Eine Frau ging von Frankfurt aus und der Rest reiste zusammen ab Zürich.

Alles lief problemlos, wir flogen von Zürich nach Dubai mit dem zweistöckigen Airbus A380 von der Fluggesellschaft Emirates. Beim Einsteigen und an der Treppe zur ersten Klasse vorbeigehend, fragte ich mich im Stillen, wie bei früheren Flügen mit dieser Maschine auch wieder, wie es da in der ersten Klasse wohl aussehen würde. Die Leute mit Economyklasse Tickets durften dort nicht hinauf. Na ja, war einfach nur so ein Gedanke und schon bald starteten wir und hatten einen angenehmen Flug nach Dubai.

In Dubai dann einen kurzen Aufenthalt und weiter ging es, mit einem kleineren Flugzeug, nach Chennai, der Hauptstadt von Tamil Nadu.

Durch den Zoll, dann zur Kofferausgabe und schon bald standen wir vor dem Flughafengebäude, wo wie immer ganz viele Menschen auf die ankommenden Leute warteten. Schnell fanden wir unseren Fahrer, der mit einem A4 Blatt mit meinem Namen und sogar mit meinem Foto darauf dort wartend stand. Siva, bei dem ich das Taxi gebucht hatte, wird auch modern, dachte ich, und musste innerlich schmunzeln. Es hatte sich in den anderthalb Jahren, seit dem letzten Besuch, sehr viel verändert. Der Flughafen verfügte jetzt sogar über ein grosses Parkhaus.

Wir folgten dem Chauffeur und als ich dann unser Taxi sah, fragte ich mich, wie wir da wohl alle Platz finden würden, zumal wir doch mit einigen Gepäckstücken ankamen. Es dauerte dann etwas, aber bald war auch das mit dem Gepäck auf dem Dach erledigt und alles gut mit Schnüren befestigt.

Die vierstündige Fahrt ins Landesinnere mit einem Zwischen stopp ging ohne Zwischenfälle vonstatten.

Die meisten von der Gruppe schliefen noch etwas während der Fahrt. Mein System war seit einigen Wochen sehr aktiv. Damals brauchte ich nur sehr wenig Schlaf. So war ich auch während der Fahrt fit und beobachtete die Gegend und freute mich wie immer, wenn ich diese Strecke fahren durfte an den ewigen Verbesserungen und Erneuerungen, die die Inder in so kurzer Zeit fertigbrachten.

Bald war die Fahrzeit um, und wir kamen in unserer Unterkunft an. Die Unterkunft konnte ich für alle im selben Gästehaus buchen und so konnte ich in meinem grossen Zimmer auch Satsang und Stille anbieten. Was dann aber leider nur ein oder zweimal genutzt werden konnte.

Angekommen, ausgepackt und schon ging es nach einer kleinen Stärkung im Inner Child Restaurant zum Ramana Ashram, wo ich der Gruppe bereits erste Informationen geben durfte.

Am zweiten, dritten und vierten Tag besuchten wir alle mir wichtig scheinenden Orte in der Gegend und um den heiligen Berg Arunachala herum. Für den fünften Tag war der Plan: Eine Stunde gemeinsame Stille am Berg, dann Besuch des Skanda-Ashrams, dort nochmals eine Stunde Stille und hinunter zur Virupaskha-Höhle, alle Orte, die mit Ramana zu tun hatten und wo die Energie transformierend wirkte.

Wir schafften es, meinen Plan auszuführen, bis wir vom Skanda-Ashram den steil abfallenden Weg in Richtung Virupaksha-Höhle weiter unten in Angriff nahmen. Alles ging gut und kurz vor der Höhle machten wir Pause, da es dort am Weg frischgepressten Orangensaft zu kaufen gab. Viele aus der Gruppe und auch ich bestellten bei der indischen Frau einen Saft, den sie gleich mit dem Auspressen der frischen Orangen für uns zubereitete. Ich wartete an einem nahen Mäuerchen angelehnt, bis sie den Becher Saft für mich zubereitet hatte, und als die Frau den Saft fertig hatte, ging ich einen Schritt auf sie zu, um den Saft entgegenzunehmen. Aber genau in dem Moment muss ich, wohl, wie ich später von Sudevi erfuhr, auf dem dort am Boden liegenden und für mich nicht sichtbaren Wasserschlauch ausgerutscht sein. Der Schlauch soll am Boden, halb unter dem Sand, gelegen haben. Der rechte Fuss rutschte nach vorn, der linke hackte fest und er verdrehte sich nach links, sodass es im inneren Sprunggelenk knallte und ich zu Boden ging. Bei geistiger Klarheit kam mir sofort die Quantenheilung in den Sinn, und so ging ich auf der Zeitlinie zurück vor das Ereignis und stellte mir vor, als sei dem Gelenk nichts passiert. Der Schmerz veränderte sich aber nicht, also rief ich Shuniya der etwas abseits stand, und bat ihn ebenfalls, mit der Zeitlinie und der Quantenheilung, die er erst kürzlich in einem von mir angebotenen Kurs gelernt hatte, an meinem Fuss zu arbeiten. Was er auch gleich tat, sofort gab es eine Erleichterung in das Gelenk, was aber den Schaden nicht beheben konnte. Daraus folgerte ich und es war mir klar, dass dieses Fussgelenk gebrochen bleiben musste.

Ich hatte zuvor schon einige Erlebnisse mit der Quantenheilung. Ein Erlebnis dazu: einmal stürzte ich zu Hause bei der Gartenarbeit über die Hacke und fiel auf die Hand. Dieselbe Hand, die ich damals erst kürzlich bei einem Sturz gebrochen hatte. Diese war erst seit kurzer Zeit wieder ganz verheilt. Nach dem Sturz fühlte sich die Hand, wie bei dem Bruch Monate zuvor, genauso an, also ging ich sofort auf der Zeitlinie zurück und arbeitete in dem Quantenfeld. Nach der Ausführung der Quantenheilung surrte die Hand noch einen Moment und dann war weder Schmerz noch sonst etwas da und ich konnte beschwerdefrei meine weitere Gartenarbeit ausführen.

Nun aber zurück zudem verdrehten Fuss am Arunachala.

Wie auch immer, ich lag da noch so halb auf dem steinig sandigen Boden und verlangte zuerst einmal nach meinem Orangensaft, der wirklich sehr süss war und fabelhaft schmeckte. Ich bedankte mich bei der indischen Saft-Frau und dachte mir nebenbei: gut trinkst du diesen mundenden Saft, wer weiss, wann du heute wieder etwas bekommst.

Das Nächste, was ich wusste, war, dass ich jetzt einfach irgendwie von diesem Berg herunterkommen musste, was nicht ganz einfach werden würde, da es hier keine Strasse hatte nur Sand und einen steilen steinigen Weg. (So wie man auf dem Bild sieht, nur da ist der Schlauch nun gut sichtbar, da im Dezember dann ein Cyclone-Fengal-Unwetter den Schlauch frei schwemmte).

Ich stand mithilfe von Shuniya und Nityananda zuerst einmal auf und bemerkte, dass ich diesen Fuss nicht mehr gebrauchen konnte. Die zwei Männer wollten mich stützen und zuerst dachten wir, so würde es gehen und ich käme den Berg hinunter. Was mir nach den ersten paar Schritten aber sofort klar war, dass das so nicht gehen würde. Die Männer waren zu gross und ich zu schwer. Des Weges kamen indische Leute, davon waren zwei jüngere Männer, der eine rieb sofort den Knöchel mit Tigerbalsam ein. Eine indische Frau machte wohl irgendeine Fernheilung so, wie sie ihre Hände bewegte, und die Leute aus der Gruppe halfen mit, wo sie konnten, trugen meine Tasche und den Schuh, den ich nicht angezogen hatte.

Den Berg herunterzukommen, würde ein schwieriges Unterfangen werden, dachte ich mir. Die beiden freundlichen Inder waren kleiner als Shuniya und Nityananda und so beschlossen die Menschen um mich herum, dass es besser wäre, wenn die kleineren Männer mich stützen würden. Was dann auch so war.

Nur mein Gewicht....., so sagte der eine der Männer, ich solle mithelfen und mit dem defekten Fuss abstehen. Ich dachte mir, ja, der Fuss ist ja schon kaputt, schlimmer kann es ja nicht werden und stand bei dem nächsten grossen Stein, den wir hinuntermussten, mit dem kaputten Fuss auf den Boden. Das war wohl nicht sehr gut, denn aufgrund eines weiteren Knallens in meinem Fuss und einem Schmerz, der mich durchdrang, kam sogleich ein Urschrei aus mir hervor. Mittlerweile waren wir an der Virupaksha-Höhle angekommen. Mir war klar, dass ich so nicht vom Berg kommen würde. Die Männer setzten mich auf ein Mäuerchen vor einer kleinen eingezäunten Hütte. Ich sagte zu dem einen Inder, er solle den Ashram benachrichtigen. Ich hatte die Idee, vielleicht könnten mich die Ashram-Arbeiter, die täglich am Berg waren, auf einer Bahre oder sonst irgendwie hinuntertragen. Als der Mann am Telefon am Sprechen war, fragte ich: "Office? Doktor Srinivasmurti?" Der Mann nickte und ich verlangte das Telefon. "Mister Srinivasmurti ich habe meinen Fuss gebrochen und muss in ein Spital, in welches soll ich gehen?", fragte ich ihn auf Englisch. Es ging einen Moment und dann hatte ich den Namen und die Adresse des Hospitals, wo ich hingehen sollte. Dankend verabschiedete ich mich und gab das Telefon dem Inder zurück. Kaum war das von jemandem aus der Gruppe notiert, standen plötzlich zwei, Inder, eine Frau und ein Mann vor mir, sie sei Ärztin, sagte sie, und er Physiotherapeut. Der Fuss müsse unverzüglich fixiert und geschient werden. Der Mann sagte noch beiläufig, jetzt wisse er, warum sie diesen Weg laufen mussten, obwohl sie eigentlich gar nicht hier langzugehen geplant hatten.

Einfach toll, wie das Leben sich immer zum Besten für uns arrangiert, wenn wir es geschehen lassen. Der Fuss war mittlerweile schon richtig fett angeschwollen.

Gesagt, getan und schon bemerkte ich hinter dem Maschendrahtzaun, vor dem ich sass, zwei Swamis eine davon war eine Frau, die mich anlächelte und freundlich grüsste. Irgendwie war sie mir nicht fremd, und der Swami in Gelb gekleidet, schaute mir kurz, aber tief in die Augen, es war, als bekäme ich einen Darshan von ihm. Und schon reichte er ein Buschmesser über den Zaun an einen Mann, der ihm gegenüber stand. Zu einem der indischen Männer sagte ich, er solle den Mann von der Virupaksha-Höhle holen, ihm wollte ich sagen, dass ich die Arbeiter vom Berg bräuchte. Sofort stand der rot gekleidete Swami von der Höhle in Blickkontaktnähe und irgendjemand sagte, es komme gleich Hilfe. Was dann auch so war, ein kräftig gebauter

Mann, der sich mir als Venkat vorstellte, sagte zuerst: "Dein Karma ist nun weg" und danach: "Du bist etwa 80 Kilogramm schwer und ich kann 90 tragen. Ich bringe dich vom Berg hinunter ins Krankenhaus." Noch im Gespräch mit Venkat wurde der Fuss bandagiert, mit Holzstücken zur Stütze, die die Menschen zuvor von einem dort wachsenden Baum geschnitzt hatten, und mit meinen Tüchern, die ich zum Glück immer bei mir trug, wurde der Fuss bandagiert.

Als ich so dort sass und dem Treiben zusah, bemerkte ich, wie es in mir ruhig, klar und präsent war, so als würde das ganze Spektakel geschehen, es hätte aber gar nichts mit mir zu tun. Eine wundervolle Losgelöstheit wurde wahrgenommen. Schmerzen waren keine da und trotzdem fragte ich, ob jemand von der Gruppe, die alle irgendwo in der Nähe standen, eine Schmerztablette hätte. Ich dachte für den Fall, wenn die Schmerzen dann kommen würden. Sofort wurde mir eine Tablette mit Wasser gereicht.

Während die indischen Leute den Fuss bandagierten, stand Nityananda nahe dabei, und plötzlich sagte er laut: und so schien es mir, als sei er selbst überrascht gewesen: «Ich bin ja auch Arzt!» Ja super, wir hatten einen ausgebildeten Arzt in der Gruppe, der aber schon länger anderes praktizierte, als Schulmedizin. Gut zu wissen dachte ich noch und wirklich war es ein grosser Vorteil, wie sich dann später noch herausstellen würde.

Es ging nicht lange und noch zwei junge Leute und einige Hunde standen vor mir. Sie würden beim Huckepack mithelfen. Sie referierten noch kurz, welchen Weg sie am besten nehmen sollten, und bald war klar, dass sie den Weg zwar steil und etwas weiter, aber dafür weniger über die grossen Steine nehmen würden. Sogleich musste ich aufstehen und wurde von Venkat Huckepack genommen. Die zwei Boys Ramakrishna und Siva trauten sich nicht so recht, mich am Gesäss mitzutragen, und so musste ich sie einige Male bitten mitzuhelfen, denn Venkat hatte schon eine beträchtliche Last mit mir, die er tragen musste. Der kräftige Inder ging mit mir auf dem Rücken voran und die ganze Gruppe hinterher. Zweimal machte Venkat von seiner Last rast. Einmal bei einem kleinen Tempel, wo ein Tempelwart, den ich schon oft gesehen hatte und der mich auch gleich erkannte, lebte. Es war eine sehr freundliche Begegnung und der Gruppe zeigte er auch gleich den Schrein mit der Gottheit darin.

Es war wiederholt, interessant für mich festzustellen, dass ich total präsent war und alles gleichzeitig wahrgenommen werden konnte: Der Fuss der da so bandagiert und gut eingepackt war, die Hunde, die mit uns kamen, der Affe der gerade in dem dortigen Wasserspeicher an einem Seil herumturnte und wie Venkat ganz bedacht jeden Schritt mit seiner Last auf dem Rücken machte. Die Gruppe, die mir recht ausgelassen schien, und das viele lachen, das trotz des Malheurs in und um mich geschah. Und das Beste war, dass der Verstand einfach keine Spielchen machte und nur im Moment weilte, das heisst still war.

Und weiter ging es, bis zum nächsten Halt, bevor es dann eine sehr steile Stein-Treppe hinunterging. Unten warte ein Motorrad auf uns und würde mich dann zur Hauptstrasse bringen, wo auch schon eine Riksha für uns warte, sagte Venkat. Unglaublich aber wahr, wie alles Hand in Hand vonstattenging. Bald ging es weiter und schon wurde die dort stehende Riksha umgebaut, damit ich hinten auf der Ladefläche sitzen konnte.

Das Krankenhaus war den Fahrern bekannt und so fuhren wir mit zwei Rikshas und dem Motorrad stadtauswärts etwa 15 Minuten, bis wir dann bei der Notaufnahme des Arunai Hospitals ankamen. Sofort wurde eine Bahre gebracht und ich wurde ins Gebäude geschoben. Die Gruppe blieb draussen vor der geöffneten Tür stehen. Sudevi und Isabel von der Gruppe und Venkat waren mit mir drinnen. Sofort kam jemand von den Angestellten, um den Fall aufzunehmen. Es gäbe dann noch ein Röntgenbild und es werde etwas dauern, hiess es. So beschloss die Gruppe, dass sie nicht länger bleiben und zurück zum Ramana-Ashram oder in die Nähe gehen würden. Es musste jemand da bleiben, damit man Verbandsmaterial und was es sonst noch brauche, besorgen könne, hiess es und so blieben Sudevi und Isabel mit mir im Krankenhaus. Venkat blieb noch, bis ich für das Röntgen abgeholt wurde und verliess uns dann auch. Was für ein selbstloser Bursche dachte ich und bedankte mich ganz herzlich bei ihm für seine unglaublich grossartige Hilfe. Wir sehen uns, sagte er zum Abschied, und weg war er. Was dann aber leider nicht mehr geschehen sollte, dass ich ihn nochmals sehen konnte.

Es ging nicht lange und ich wurde für das Röntgen abgeholt. Wofür mich zwei junge (ich nahm an) Pflegerinnen durch das, wie ich feststellte, riesige Krankenhaus, auf einer Liege liegend, fuhren.

Nach dem Röntgen ging es zurück zur Notfallstation, wo Sudevi und Isabel wartend sassen.

Nun mussten wir auf den Arzt mit dem Befund des Röntgenbildes warten. Das ginge eine Weile, hiess es. Es ging nicht lange und zwei indische Frauen waren bei mir am Bett, und diese fingen an, mit uns zu sprechen. Es geschah dann so, dass Sudevi und Isabel, wenn ich mich recht erinnere, Wasser besorgen wollten, wie auch immer, ich war dann plötzlich mit der einen Pflegefachfrau in Ausbildung alleine. Zuerst sprachen wir über ihre Ausbildung und sie sagte, sie wolle vielleicht einmal nach Europa, um zu arbeiten. Und irgendwann waren wir in einem tiefen Gespräch, sie erzählte mir, dass sie sich viele Sorgen mache und oft auch von Ängsten geplagt werde. Ich erzählte ihr von Ramana und wie es im Ashram bei ihm still sei usw. sie kannte den Ashram nicht und hatte noch nie von Ramana gehört. Sie ginge da vielleicht einmal hin und ich sagte zu ihr ja, das wäre bestimmt eine schöne Erfahrung. Es war auch da wieder unglaublich schön mitanzusehen, wo auch immer ich mich aufhielt, es gab immer tiefe Gespräche mit den Menschen, so auch mit dieser jungen Inderin. Was ich von ihr noch erfuhr war, dass sich in diesem Hospital auch der höchste Gouverneur des Staates behandeln liesse, dass es ein Ausbildungshospital für Pflege sei und erst kürzlich gebaut wurde. Wundervoll, dachte ich und dankte im Inneren dem Doktor Srinivasmurti vom Ramana-Ashram für den guten Rat.

Auch kam mir in den Sinn, dass der Unfall meinen Horizont erweiterte, mit der Sache: wo gehst du hin, falls sich jemand aus der Gruppe verletzen oder krank werden würde? Nun war es klar, genau in dieses, wie mir schon von Anbeginn schien, super Krankenhaus würde ich Kranke oder Verletzte bringen.

Es ging dann nicht mehr lange und Sudevi und Isabel waren mit Wasser zurück, als auch der zuständige Arzt mit dem Röntgenbild kam. Der Fuss wäre gebrochen und er sagte noch etwas von Operation. Was ich aber schon im Vorfeld im Beisein der Frauen aus der Gruppe ausgesprochen hatte, dass ich auf keinen Fall operieren würde. So sagte, Sudevi und ich zugleich und wie aus einem Munde: "Nein, keine Operation". Der Arzt schaute mich an und fragte mich, wie alt ich wäre. "61 Jahre alt bin ich", antwortete ich darauf, und er sagte ja, das sei schon alt, ich müsse in diesem Alter ja nicht mehr joggen. So werde der Fuss gegipst und ich könne gehen.

Mir war klar, dass er mich mit den Inderinnen verglich, die im Durchschnitt weniger alt wurden als wir Europäer. Und trotzdem konnten wir später darüber noch oft Spässchen machen, "zu Alt!". Ohne Anhaftung an einen Körper gibt es auch kein Altersgefühl mehr, das ist einfach so.

So war es dann auch. Der Gips wurde gemacht, Isabell und Sudevi mussten im Nachhinein das gebrauchte Verbandsmaterial und einige Schmerzmittel in der dortigen Apotheke wieder besorgen und der Pflege abgeben. Ich bekam dann von der Pflege die Medikamente ausgehändigt. Ein Rezept für Krücken hatte Isabell auch besorgt, die wir dann im Sanitätsgeschäft in der Stadt kaufen konnten. Ich organisierte noch eine Riksha per Telefon, die uns dann abholen kam.

Da wir noch nichts gegessen hatten, gingen wir nach dem Besorgen der Krücken zuerst ins Aura Usha, ein Restaurant in der Nähe, wo wir wohnten, um etwas zu essen. Der Rest der Gruppe kam auch wieder dazu.

Das Treppensteigen, mit dem gebrochenen Fuss, der auf keinen Fall belastet werden durfte, ging nicht mehr, denn mein Zimmer im oberen Stock war nur durch viele Treppen und ohne Treppengeländer erreichbar.

So hatten Nitynanada und Shuniya im Hotel Raman Towers ein Zimmer im ersten Stock in der Nähe des dortigen Lifts arrangiert. Wofür ich ihnen sehr dankbar war. Der Rest der Gruppe packte in meinem vorherigen Zimmer alles zusammen und brachten es mir später dann ins Hotel.

Natürlich wusste ich nicht, was es hiess, einen gebrochenen Fuss zu haben. Ich dachte, easy, da kann ich zum Ashram gehen und mit der Gruppe trotzdem Dinge unternehmen, einfach mit der Riksha. Froh war ich, dass der Sturz mir passierte und nicht jemandem aus der Gruppe und auch, dass ich die ersten vier Tage des Aufenthaltes der Gruppe schon fast alles, was auf dem Programm stand, zeigen konnte. Das, was noch geplant war, konnte ich mit Guides organisieren, so die Gruppe das wollte. Gedacht war ja ohnehin, dass jedes Mitglied der Gruppe viele eigene Erfahrungen machen konnte und wir uns zwischendurch immer wieder treffen würden.

Dort im Hotel dann sagte der Manager, und zwar wie mir schien, sehr streng, ich solle ihn anrufen, wenn ich etwas brauche, und damit meinte er wohl auch, dass ich im Zimmer, mit dem Bein hochgelagert liegend bleiben solle. (Was ich erst später erfuhr, dass er gerade von einem Kniebruch geheilt war, deshalb vielleicht auch seine Strenge). Was ich aber nicht wusste, war, dass der Fuss tatsächlich über Herzhöhe gelagert werden musste. Davon hat niemand etwas gesagt und ich wusste es einfach nicht, da ich ja auch noch nie einen Fuss gebrochen hatte. Also ging ich hinunter, um mich mit den anderen von der Gruppe im Hotelrestaurant zum Essen zu treffen. Natürlich immer mit dem Fuss auf dem Stuhl gelagert, aber eben nicht über Herzhöhe. Der Freitag verbrachte ich mit viel Liegen, die Gruppe kam zum Satsang und für Stille in das Hotelzimmer und auch sonst halfen mir alle von der Gruppe, wo sie konnten. Es war so toll mitansehen zu dürfen, wie jede Persönlichkeit der Gruppe einen Part übernahm. Rama und Sudevi und auch Susanne packten meine Koffer, um sie vom Gästehaus ins Hotel zu bringen. Susanne organisierte einen Stuhl für den Fuss, Trinkwasser und holte den Code für die Internetverbindung beim Empfang des Hotels. Sie dachten einfach an alles bis sogar an Tücher, damit ich mich im Liegen waschen könne. Sudevi räumte die Koffer im Hotel dann wieder aus und so war ich bald mit allem versorgt, was ich während des Liegens in Griffnähe brauchte. Eines war klar, auf den Fuss abzustehen war strengstens verboten. So lernte ich langsam auf einem Bein und mit den Krücken zu gehen. Die schon seit Langem täglich praktizierten Yogaübungen mit dem Gleichgewichtsausgleich und auf dem einen Bein stehen kam mir jetzt sehr entgegen. Nur etwas Bedenken hatte ich, ob der Rücken stabil bleiben würde, und so entschloss ich mich, die Rückenübungen so gut es ging im Bett auszuführen. Das ging und ich liess wie immer keinen Tag ausfallen. Der Rücken dankte es mir, er hat gut mitgemacht.

Der Samstag kam und ich traf mich mit Nityananda zum Frühstück im Restaurant vom Hotel. Er sagte, ich bräuchte unbedingt einen Blutverdünner und er würde nach unserem gemeinsamen Frühstück zur Apotheke gehen und welchen holen. Da kam mir Madhan ein Inder, der in der Nähe lebte, in den Sinn. Er leitete eine Organisation, die von der Schweiz unterstützt wurde. Kennengelernt hatte ich Madhan im November 2022, als er gerade zu Besuch in Winterthur in der Schweiz war. Da diese Organisation die ärmsten der ärmsten Kinder und auch kranke Menschen unterstützte, dachte ich, dass er diese Mittel sicher auch hätte. Ich rief ihn an und etwa eine halbe Stunde später sass er mit noch einer Person, die ich nicht kannte, bei uns am Tisch, mit einem Blister Blutverdünnungsmittel.

Wir machten Witze über die Unpässlichkeit mit dem Fuss und es war auch da wieder eine sehr ausgelassene Stimmung, wie sie es seit Anbeginn der Reise und des Geschehens war. Also niemand, der dem Leid verfallen war, war in mir aufzufinden.

Irgendwann verabschiedeten wir uns alle voneinander und ich ging hoch ins Zimmer. Da es sehr warm war, zog ich die lange Hose aus, die ich trug, und bemerkte einen kleinen gelben Fleck am Gips auf der Höhe des Innenknöchels, dachte mir noch nichts dabei und legte mich hin, um etwas zu dösen. Als ich dann etwa zwei Stunden später die Augen wieder öffnete, ging mein Blick auf den gebrochenen Fuss und was ich da sah, war nicht das, was man sich wünschte. Der Gips war nun nicht mehr weiss, sondern grossflächig gelb und nass. Es fühlte sich an, als ob im Gips drinnen, der Fuss irgendwie in Flüssigkeit schwamm. Oh, oh, da blieb mir wohl ein weiterer Gang ins Krankenhaus nicht erspart. Gleich rief ich Nityananda an und erzählte ihm von diesem Malheur. Er kommt gleich, meinte er. Ich packte mein Ladekabel und das Handy sowie einige wichtige Dinge, die ich brauchte, in meine Tasche und musste nicht lange warten, und Nityananda klopfte an die Türe des Hotelzimmers.

Er betrachtete den Gips und für uns beide war klar, der musste geöffnet werden, um zu schauen, was darunter nässte. Also holte meine grosse Hilfe den im Hotel zur Verfügung stehenden Rollstuhl und an der Hotelrezeption bestellten wir eine Riksha, die uns wiederholt zum Arunai Hospital fuhr. Dort wieder in der Notfallstation kannten mich noch einige Leute von der Pflege, und es ging nicht lange, kam ein Arzt. Er stellte sich als Dr. Lalith vor, diesen Namen konnte ich behalten, da ich ja seit Jahren mit dem Lalita Sahasranamam Lied bekannt bin, was ich auch heute immer einmal wieder rezitiere.

Der Gips wurde aufgeschnitten und zum Vorschein kam etwas, was ich noch nie zuvor gesehen hatte und so wie es aussah auch andere das Bettumgebende nicht. Es waren Blasen, faustgross und bis zu mehr als einem Zentimeter nach aussen hin gefüllt mit Brandwasser. Mir kam in den Sinn, dass die Leute am Berg bei dem Umfall mir dort Tigerbalsam eingerieben hatten. War es vielleicht eine Allergie, fragte ich, nachdem ich dem Doktor davon erzählt hatte. Es könne sein, er wisse nicht genau, er hatte sich in der Zwischenzeit auch das von mir mitgebrachte Röntgenbild betrachtet und erklärte Nityananda, dass er auf dem Bild zwei Brüche an dem Fuss feststellte. Der Fuss wurde desinfiziert und mit einer Nadel stach er die Blasen auf, damit das Wasser hinauslaufen konnte.

So könne ich nicht entlassen werden, meinte Herr Lalith: Man müsse die Wunde antibiotisch abdecken und sauber halten, der Gips blieb offen und wurde nur lose unter dem Knie und den Zehen fixiert.

Da in Indien immer eine private Person mit dem Patienten sein muss, erklärte sich Nityananda bereit, mit mir zu bleiben. Er musste uns anmelden und er konnte wählen zwischen einem Zimmer, in dem nur wir untergebracht wurden oder in einem Zimmer mit anderen Patienten. Er nahm das Zimmer, wo nur wir drin sein durften. Das war perfekt.

Dieses Zimmer war gross, mein Bett stand in der Mitte des Raumes und ein Bett stand an der Wand, etwas abgelegen, wo sich mein Begleiter einrichten konnte.

Das Zimmer verfügte auch über ein Badezimmer mit Toilette, das Problem war nur, dass der Eingang in den Raum einen hohen Tritt hatte, bei dem ich nicht hinaufkam. Also musste mich Nityananda, wenn ich aufs Klo musste, mit dem Bett an die Badezimmertür schieben und so ging es dann, dass ich mit den Krücken hineingehen konnte.

Da Nityananda Arzt war, sagte er einige Male, es sei für ihn interessant, dass alles hier zu verfolgen und er sei bereit, die Zeit, die ich dort sein musste, bei mir zu bleiben. Da war ich natürlich unsagbar dankbar. Denn das er Arzt war, sprach sich schnell herum und wir wurden wirklich zuvorkommend behandelt, besser hätte es bestimmt nicht sein können. Oder war es einfach auch meine Losgelöstheit, die es so wahrnahm?

Wie auch immer. Als wir dann ins Zimmer kamen, war es schon Nacht und dunkel, und so legte auch mein Begleiter sich bald zum Schlafen hin.

Die Gruppe war informiert, dass ich nun zur Beobachtung dort bleiben musste. Natürlich hoffte ich bald dann wieder mit ihnen sein zu können.

Was das Schicksal dann aber anders für mich plante.

Am Sonntag hatte Doktor Lalith frei und ein anderer Arzt kam auf Visite. Er stach die erneut gebildeten Blasen wieder auf und blieb noch ganz lange bei uns im Zimmer, wir sprachen über Ramana Maharshi er war ihm sehr wohlbekannt, er kenne noch viele andere Heilige und wenn wir wiederkämen, würde er uns diese zeigen, meinte er.

Das Krankenzimmer wurde täglich viermal gereinigt, es hatte Fenster, aber keine Scheiben und so kamen die Ameisen und gelegentlich auch andere Insekten ins Zimmer. Einmal waren sogar Affen auf dem Flur. Von dem Fenster aus sah man geradeaus an der Arunachala.

Weisse Menschen waren wohl bisher nicht so oft auf der Station, denn immer kamen wieder Leute ins Zimmer und wenn sie konnten, versuchten sie meist mit gebrochenem Englisch ein Gespräch anzufangen oder lächelten mich freundlich
an was ich natürlich sehr gerne erwiderte.
Für mich war es natürlich sehr interessant, wie der Tag in einem indischen Krankenhaus ablief, da ich ja auch jahrelang im Krankenhaus gearbeitet hatte. Einen grossen Unterschied konnte ich eigentlich gar nicht feststellen.
Was ich sehr schätzte, war, in der Früh vor sieben Uhr und um Sechzehnuhr brachte ein Angestellter einen Becher wohlschmeckenden Chai ins Zimmer, im Laufe des Morgens brachte derselbe Mann dann einen Becher mit einer warmen Suppe und das nebst den drei Mahlzeiten.

Der Unterschied war: Täglich mussten die Medikamente in der Apotheke gekauft werden, was Nityananda für mich jeweils tat. Trinkwasser brachte er auch immer wieder Frisches, das hatte es irgendwo auf dem Flur und so war ich stets versorgt mit dem, was ich brauchte.

Am Sonntagnachmittag ging meine grosse Hilfe für einige Stunden nach Hause, um dann am Abend wiederzukommen.

So verging für mich die Zeit liegend und im Sein ruhend. Nityananda und ich führten lange Gespräche über Selbsterforschung und die Befreiung. Also gab es Satsang im Krankenzimmer. Wer hätte das gedacht und wie hätte es meinerseits auch anders sein können?

Mir fiel auf, jedes Mal, wenn an dem defekten Fuss gearbeitet wurde, in welcher Form auch immer, zeigte sich dieser wie betäubt und was auch immer mit ihm angestellt wurde, ich hatte nie Schmerzen. Das ging immerzu so und fiel mir einfach auf, eine Erklärung dazu hatte ich nicht, dass früher Schmerz war und dazu kein Leiden, das kannte ich schon, aber dass der Fuss taub (vom Gefühl her beim Anfassen war alles soweit intakt) war, war neu für mich.

Die Zeit verging und es wurde Montag. Über Nacht hatte sich bei Nityananda eine Erkältung breit gemacht, so beschlossen wir jemanden anderen aus der Gruppe, der Englisch sprechen konnte, zu bitten, ihn abzulösen. Er blieb noch bis am Abend und da Isabel auch kränkelte kam Shuniya, um die kommende Nacht bei mir zu verbringen.

In der Zwischenzeit war Doktor Lalith wieder im Einsatz und auf Visite sagte er zu uns, wenn ich nicht nach Hause fliegen würde, müsse er hier eine Operation durchführen, das Brandwasser komme von den Brüchen und es dulde keinen langen Aufschub mehr, um den Fuss zu fixieren.

Da war es für mich rasch klar, dass ich zurück in die Schweiz wollte, um dort den Fuss operieren zu lassen.

Das Leben hatte es für mich so arrangiert, dass ich eine Woche vor Abflug nach Indien die Blitzidee hatte, noch eine Reiseschutzversicherung abzuschliessen, die einen Rücktransport und auch sonst alles an Kosten im Ausland übernehmen würde. Ich war mit der Versicherung seit dem Umfall schon in Kontakt und schrieb ihnen, dass ich schnellstmöglich in die Schweiz geholt werden müsse. Und so ging es dann rasant, am folgenden Tag war für Sudevi und mich der Rückflug gebucht. Sie erklärte sich für sie als selbstverständlich bereit, mich zurückzubegleiten. Da war ich ungemein dankbar. Die Gruppe besuchte mich noch und bald ging am Dienstag die Rückreise los. Der Fuss wurde vom Doktor Lalith super eingepackt, die Ambulanz kam und bald ging es für Sudevi auf einer Bank sitzend und für mich auf einer Bahre liegend in Richtung Chennai und zum Flughafen.

Noch nie zuvor lag ich in einer Ambulanz und so konnte sich mir eine weitere Erfahrung anbieten. Wir waren zügig am Flughafen, wo uns dann jemand mit Rollstuhl im Empfang nahm und bis in das Flugzeug brachte. Es hat mich immer wieder berührt, wie nett und zuvorkommend alle Menschen, die mich umgaben, waren. Nie war Stress oder sonst etwas, ausser als die Spitalkosten zuerst nicht bezahlt werden konnten und die sagten, wir können nicht gehen, war ich schnell etwas konfus, es erledigte sich aber sofort wieder, da die Fahrer das alles für mich managten.

Sudevi und ich durften Business fliegen. In Dubai stand dann auch schon wieder eine Person am Gate, die mich mit einem Rollstuhl in Empfang nahm und bis zum Weiterflug in die Lounge der ersten Klasse brachte, bis wir dann beim Boarding wieder abgeholt und zum Flugzeug gebracht wurden. Beim Einsteigen trennten sich Sudevis und mein Weg vorerst. Sie durfte nun ebendiese Treppe, wo ich schon immer einmal gerne hochgegangen wäre, hoch. Mich brachten sie durch das Flugzeug hindurch und in einen Lift, der dann zuerst hinunter auf den Boden, dann um den Flugzeugflügel nach hinten und wieder hoch in die zweite Etage führte und schon war ich dann auch in diesem oberen Teil des Flugzeuges in der ersten Klasse. Das Kabinenpersonal hatte mir einen Platz in der ersten Reihe in der Nähe der Toilette arrangiert. So konnte ich zwar nicht neben Sudevi sitzen, aber es war nach Absprache mit ihr dann gut so. Ich konnte liegen und den Fuss in so etwas wie ein Ablagefach legen. So, jetzt ist deine Neugier, wie es im oberen Stock der A380 aussieht, auch gestillt, dachte ich noch und musste schmunzeln.

Nach der Landung am Flughafen Kloten, ging es mit einer Ambulanz direkt ins Krankenhaus in Winterthur, da wo ich früher gearbeitete hatte. Dort, kurz nach der Anmeldung hiess es, ich sei privat versichert, da ich diese Unfallversicherung schon viele Jahre zuvor abgeschlossen hatte, erinnerte ich mich zuerst gar nicht mehr daran. Auch gut dachte ich.

Nach einer Computertomografie stellten die Ärzte fest, dass der Fuss dreimal gebrochen war, links, rechts und hinten, alles am und um das Sprunggelenk herum. Am selben Abend wurde der Fuss zum ersten Mal operiert und mit einem Fixateur versehen. Nach der Operation kam ich in den Aufwachsaal und da gaben sie mir wohl Opiate gegen die Schmerzen. Was zur Folge hatte, dass der Körper nicht mehr selbstständig einatmete. Das war etwas komisch, ich musste willentlich einatmen, sonst ging beim Gerät, an dem ich angeschlossen war, ständig der Alarm los.

Danach dann wieder auf dem Zimmer hatte ich strikte Bettruhe und musste sogar mein Geschäft im Bett liegend verrichten. Was eine weitere neue Erfahrung für mich mit sich brachte. Der Fuss lag in einer Schiene und immer über Herzhöhe, damit er bis zur nächsten Operation, die schon geplant war, abschwellen konnte.

Die Gruppe, die noch bis am Samstag in Indien war, machte auch ohne mein Beisein schöne Erfahrungen am Berg. Und kamen dann alle gesund und so hoffe ich doch auch munter zurück.

Auf den kommenden Montag war dann die grosse Operation geplant. Der Montag kam und im OP-Vorbereitungsraum wurde mir ein Schmerzdepot in das Bein gesetzt, das, so hiess es, sicher vierundzwanzig Stunden lang Schmerzmittel in den Fuss abgeben würde. Das Depot wurde wohl auch gemacht, weil ich diese Opiate nicht vertrug.

Auch da konnte ich mir im Vorbereitungsraum konstant zusehen, es war keine Reaktion in mir von Unruhe oder sonst irgendetwas. Es war, als ginge ich in ein Meeting, anstelle dessen ging es einfach zu der OP. Schön, das so bewusst erleben zu dürfen wie da, egal, was war, es war einfach keine da, die sich noch hätte identifizieren können mit dem, was geschah. Die Präsenz des Moments war immer intakt, ausser, wenn ich gerade narkotisiert war oder schlief.

Die Operation verlief gut. Der Fuss wurde links und rechts aufgeschnitten und mit Platten und Schrauben versehen, wieder zugenäht und mit einer Bandage versehen.

Wieder im Zimmer bekam ich dann am darauffolgenden Tag, als das Depot nicht mehr wirkte, zwar keine Opiate mehr, sondern irgendwelche andere Schmerzmittel. Der Schmerzdienst meinte, es wäre wichtig, dass ich keine Schmerzen habe, weil sich sonst ein Schmerzgedächtnis im Kopf bilden würde.

Wieder zu Hause
Die Zeit verging und ich durfte bald dann auch lernen, mit Stöcken zu gehen und wurde somit etwas mobiler. Am Freitag durfte ich das Krankenhaus mit 15 Kilogramm Teilbelastung verlassen.

Kevin holte mich mit dem Auto vom Krankenhaus ab und bald darauf kam ich in meiner Wohnung an. Alles war etwas umständlich, aber ich hatte ja Zeit mich langsam mit dem Fuss und den Krücken zu arrangieren. Den Fuss durfte ich nur fünfzehn Kilo belasten und so vielen die Angebote Massage und Körperarbeit weg.

Für den Einkauf hatte Sudevi gesorgt und somit war ich mit allem, was ich brauchte, vorläufig, einmal eingedeckt.

Bald merkte ich, wie genial meine Wohnung war. Klein und alles in Küche und Bad in Reichweite. Nur das Duschen war weiterhin, wie seit bald Wochen, nicht mehr möglich, was mich erstaunlicherweise gar nicht stresste.

Der Fuss war noch sehr geschwollen, sodass ich noch viel im Liegen die Zeit verbrachte.

Trotz allem, schon genial, wie mein System sich einfach nur immer den Begebenheiten oder den Umständen anpasste und das ohne grummeln oder etwas daran auszusetzen.

Nach sieben Wochen kam der Gips weg, der Fuss wurde geröntgt und ab da durfte ich ihn wieder voll belasten. Super sagte ich zum Arzt, jetzt kann ich wieder springen, er sagte ja, ja und lachte nur und wusste natürlich aus seinen Erfahrungen mit den Klienten, wie lange das noch gehen würde, bis ich dann wieder springen geschweige denn ohne Stützen gehen konnte.
Also fing für mich das tägliche Training mit Bewegungsübungen und dem allmählich mehr Belasten des Fusses an. Später konnte ich dann einmal in der Woche in die Physiotherapie gehen.

Gottlob gab die Schöpfung einer guten Seele den Impuls, mich mit einer Spende zu beschenken, so konnte ich fast gänzlich ohne Einnahmen diese Zeit überbrücken. Hier an dieser Stelle nochmals ganz herzlichen Dank dafür.

Währenddessen verging die Zeit und eines Tages sinnierte ich so vor mich hin und fragte mich, was nun das Leben mit mir wollte oder was jetzt wohl Anstand. Sofort wurde mir klar, dass ich nicht wusste, was das Leben mit mir vorhatte, aber das weiss ja ohnehin niemand, dachte ich. Und was ist noch an unerledigtem offen, fragte ich mich weiter und da kam wieder das, mit dem bislang immer noch nicht veröffentlichten Buch, der Autobiografie. Fertig geschrieben war das Skript seit Ende 2021. Aber um es zu veröffentlichen, da wusste ich einfach nicht, wo und wie. Natürlich auch weil ich kein Geld gehabt hätte, um grosse Investitionen für eine Herausgabe des Buches zu tätigen.

So wollte es das Leben wohl, dass ich mich am darauffolgenden Morgen an den Computer setzte, um planlos etwas herum zu surfen. Plötzlich kam der Impuls, gib doch einmal Buchveröffentlichung bei Google ein, was ich ohne mir etwas zu denken ausführte. Gleich als Erstes erschien ein Verlag namens BoD, für Selbstpublishing, auf dem Bildschirm.

Oh wie wundervoll, das kostet ja nur ganz wenig, und so war im Nu die erste Auflage dieses Buches, das du gerade in deinen Händen hältst, veröffentlicht. Nicht 100 % zufriedenstellend aber immerhin veröffentlicht. Aufgrund dieser neuen Möglichkeit der Buchveröffentlichung kam sofort die Motivation, am zweiten Buch, an dem ich Anfang des Jahres schon einige Seiten geschrieben hatte, weiterzuarbeiten. Und so wurde das Schreiben zu meiner Berufung.

Durch das Recherchieren bei der Veröffentlichung dieses Buches wurde ich schlauer und konnte dank eines Korrekturprogrammes und neuer Buchansichtsgliederung vieles dazu lernen.

So wurde schnell klar, dass ich die erste Auflage dieses Buches überarbeitet, ergänzt, verbessert und mit einer neuen Grösse versehen herausgeben wollte.
Es bereitete mir Freude und seit Wochen war ich am Schreiben, mittlerweile ist das zweite Buch herausgekommen und veröffentlicht, es trägt den Namen:
EINFACH SEIN – BEFREIUNG IN GLEICHMUT / Ein Weg zur inneren Freiheit. ISBN:9783769325904, Verlag BoD – Books on Demand GmbH, ist für den Druck fertig und kann im Buchhandel als Buch oder als E-Book gekauft werden.

Die erste Veröffentlichung der Autobiografie wurde im Anschluss des zweiten Buches überarbeitet und erweitert. Das, was du gerade in den Händen hältst, ist die 2. Auflage der Biografie.

Da ich während des Heilen des Fusses, was mehr als fünf Monate dauerte, nur ganz langsam gehen konnte, sah ich so Vieles, was ich zuvor gar nicht so bewusst wahrnehmen konnte. Also alles hat immer zwei Seiten. Ich bin froh, dass mein System ein frohes Gemüt ist.

Die Idee weiter Bücher zu schreiben ist da, wir werden sehen ob sich dieser Impuls verwirklichen wird.
Was sich Ausdruck verschaffen möchte, wird geschehen und was nicht geschehen will, wird nicht zum Ausdruck kommen.

Das Leben nimmt seinen Lauf und wir sind die Darsteller, die aus dem Moment handeln, und so ist der Mensch immer im Flow der Zeitlosigkeit, der Freude und der Leichtigkeit.

Hier endet die Autobiografie von Nishkāma. Ob sie, falls es mal sein sollte, in einer 3. Auflage weitergeht, weiss ich zu diesem Zeitpunkt nicht.

Herzlichen Dank für die mir geschenkte Zeit beim Lesen dieser Zeilen. Solltest du Fragen haben, schreib mir eine E-Mail, die Adresse findest du auf der Webseite:

www.satsang-schweiz.ch.

Warum Yoginī?

Eine Yoginī ist den „weglosen Weg" selbst und oft alleine gegangen. Man könnte sie auch eine Tantrika nennen. Sie lebt und erlebt ein mystisches Leben, aus und in der Tiefe des Bewusstseins, mit Klarheit und Reife. Sie ist tolerant und hat Mitgefühl zu jedem Lebewesen. Die Yoginī erlebt die Freude am Leben in der ständigen Feier des Seins. Die Frau ist in dieser Welt, aber nicht von dieser Welt. Sie erfreut sich an den Menschen, die nach der wahren Natur forschen. Es gibt für sie keine Zweideutigkeit, sie ist rein und im wahren Selbst verankert. Sie ruht im Sahaja Samādhi. Sie teilt ihre Erfahrungen mit jedem, den es interessiert. Sie hat keine Geheimnisse und ist völlig nackt in dieser Welt. Die Yoginī hat das, was sie weiss, selbst durchlebt und erfahren. Sie ging durch hohe und tiefe Zeiten in ihrem Leben. Daraus ist sie erblüht und erwacht. Sie lebt vorzugsweise sattwisch und liebt Qualitäten der Klarheit. Die yogische Tantrika verkörpert die Wahrheit, sie durchdringt eine positive Lebenseinstellung, sie schenkt Vertrautheit und strahlt in ganzheitlicher Gelassenheit. Die Yoginī pflegt einen liebevollen Umgang mit allen Lebewesen, so wie sie es auch mit sich selbst tut. Sie erlebt das TUN aus dem SEIN und lebt im jetzigen Moment, ohne etwas wissen zu müssen, um ein Morgen oder ein Gestern. Sie weiss, nichts ist so sicher wie die Unsicherheit. Sie ist geübt in Yoga, Pranayama und dem Stillen Sein. Klärt auf und fügt zusammen. Ihre Energie wirkt transformierend auf vielen verschiedenen Ebenen. Sie liebt das einfache Sein, kann mit Armut oder Reichtum gleichwertig umgehen. Sieht in jedem Lebewesen, das eine Selbe oder die Existenz, die durch die Formen wirkt. Sie weiss, keiner kann anders, als es durch ihn macht. So weiss sie auch, jeder ist zum richtigen Moment am richtigen Ort. Und wenn der Apfel reif ist, fällt er vom Baum und erreicht dadurch vollständigen Erkenntnis des Selbst oder Verwirklichung. Für sie ist die Vorstellung des Überganges in das körperlose Sein das Fest der Vollendung hier in dieser Welt.

Schlusswort

Dieses Buch erzählte die Reise einer Seele vom Tun ins Sein – ein Weg, der so einzigartig wie universell ist. Von gewöhnlichen Kinderjahren, die in ihrer Unauffälligkeit das Fundament für tiefere Fragen legten, bis hin zu einem unbewussten Erwachen mit 29 Jahren, das alles veränderte. Die Begegnungen mit spirituellen Lehrern wie Ramana Maharshi, Sadhguru, Mooji und Amma, die vielen verschiedenen Samādhi-Erfahrungen und die intensiven Prozesse mit der Vollendung des Kundalini-Erwachens und ein einschneidendes Todeserlebnis im 2021, bilden Stationen einer Reise, die letztlich zur Essenz führte: nämlich die Verwirklichung des Selbst.

Doch diese Geschichte ist nicht nur die Erzählung eines einzelnen Lebens. Sie ist auch ein Spiegel für die Leserinnen und Leser, ein Fenster, durch das sie ihre eigene Wahrheit erblicken können. Jenseits der äußeren Ereignisse liegt die Einladung, sich selbst in den Höhen und Tiefen dieses Weges wiederzufinden, in der Sehnsucht, in den Herausforderungen und im endgültigen Ankommen im Sein.

Möge dieses Buch Inspiration sein, Mut schenken und daran erinnern, dass der Weg nach Hause immer offen steht und dass die wahre Reise nicht im Außen, sondern in uns selbst liegt.

Das Bild - Die Unendlichkeit des SEINs

Danke für das Sein mit dir und mir beim Lesen dieses Buches.
OM NAMA SHIVAYA, OM SHAKTI OM

Als 29-jährige Frau im Jahre 1993 erlebte Nishkāma eine Öffnung, die sie danach in eine Orientierungslosig-keit fallen liess. Nichts war einmal, wie es zuvor war. Erst im Laufe vieler Jahre auf der Suche, die ersten Jahre davon geprägt mit Angst und oft mit Unsicherheit, begriff sie langsam, was mit ihr damals geschehen war. Die Suche nach der Wahrheit oder Erklärungen, was mit ihr passiert war, liessen sie vie-le esoterische und meta-physische Stationen durch-leben.

Im Jahr 2009 begegnete sie zum ersten Mal einem Weisheitslehrer, bei dem sie viele Antworten fand und bei ihm dann zwei Jahre später eine weitere Öffnung in das unpersönliche Sein erleben durfte. Danach wurde sie zu Sri Ramana Maharshi (1879-1950) nach Tiruvannamalai in Südindien geführt, den sie bald als ihren Meister erkannte. Doch die Suche nach dem Selbst oder der Gottes-verwirklichung liess sie nicht zur Ruhe kommen und dabei wurde sie sich ihres Selbst immer mehr bewusst. Es ging aber noch viele weitere Jahre, bis sie nach einer Kundalini-Erfahrung im Jahre 2019 vom TUN ins SEIN katapultiert wurde. Doch auch da ging es noch weiter, die alten Neigungen (Vasanas) wurden während der zwei Jahre des Schreibens von der 1. Ausgabe dieses Buches noch vollständig gelöst.

Ein Buch mit Erklärungen, die suchenden Menschen auf ihrem eigenen Weg zu Klarheit verhelfen soll oder kann.
Und so wurde diese Autobiografie auch geschrieben um die Person Nishkāma tiefer kennenzulernen.

Glossar

Advaita-Vedānta

Advaita - Nichtzweiheit, eines ohne Zweites. Vedānta - Ende des Wissens oder das Ende der Veden.

Aghori

Ein Mensch der sich in einem losgelösten, göttlichen Zustand befindet. Ghora = Horror, Gewalt. Aghor= Frei von Gewalt. Aghoris leben nach den Naturgesetzten.
Nur ein ganz kleiner Teil Menschen die sich Aghoris nennen lebt verückte Dinge, trinkt Blut und isst Menschenfleisch usw. das sind aber nicht die satwischen Aghoris die Enthaltsamkeit und Reinheit leben.

Amma

Mātā Amṛtānandamayī - als Sudhamani Idamannel, geboren am 27. Sept. 1953 in Parayakaduvu, Kerala. Sie ist eine indische geistliche Führerin mit weltweiter Anhängerschaft.
Von ihren Anhängern wird sie Amma bzw. Ammaji - «Mutter» genannt und als Avatarguru verehrt. Sie umarmt die Menschen und hat viele Hilfswerke ins Leben gerufen.

Anand / Ananda

indischer Name, Bedeutung: der Glückselige.

Anandhamayi Mā

30.4.1896-27.8.1982 sie war eine, auch im Westen bekannte, indi-

	sche, spirituelle Führerin und grosse Meisterin.
Aruna	ist Gott der Morgenröte und in manchen Erzählungen Wagenlenker des Sonnengottes Surya, in anderen eine Manifestation von Surya selbst.
Arunachala	auch bekannt unter den Namen Arunagiri, Annamalai, ist ein Berg im indischen Bundesstaat Tamil Nadu, rund 150 Kilometer südwestlich von Chennai. Seine Höhe beträgt 817m. An seinem Fusse liegt die Stadt Tiruvannamalai Der Arunachala gehört zu den ältesten indischen Gesteinsformationen und hat einen kahlen Kegel aus rötlichem Vulkangestein. Der Berg ist dem Gott Shiva geweiht. Jeweils zu Vollmond unrunden tausende von Menschen den Berg zur Verehrung Shivas.
Ashram	das Wort Ashram bedeutet sinngemäss «Ort der religiösen Bemühung».
Ātman	ist ein Begriff aus der indischen Philosophie. Er bezeichnet das (absolute) Selbst, die unzerstörbare, ewige Essenz des Geistes, und wird häufig als «Seele» übersetzt. Ātman = Lebenshauch und Atem.

Avadhūta	ist ein im Leben Befreiter - Jivan-mukta, der seine Erkenntnisse an andere weitergibt und sie über seine Erkenntnisse der wahren Natur der ultimativen Realität (Brahman) und des Selbst (Āt-man) unterrichtet und die Rolle eines Gurus übernimmt, um andren den Weg zur Moksha zu zeigen. Einige Avadhūta erreichen auch den Titel Paramahamsa.
Bhagavad Gita	«der Gesang des Erhabenen», Gītā = Lied, Gedicht, Bhagavan = der Erhabene, Gott; verkürzt auch nur Gita, ist eine der zentralen Schriften des Hinduismus. Sie hat die Form eines spirituellen Ge-dichts.
Bhajans	Verehrung, Zuteilen, wörtlich: Verehrung mit Musik und Gesang Lied, Gesang, Lobpreis der ver-schiedenen Aspekte Gottes, ein oder mehrere Vorsänger singen jeweils eine Zeile eines Bhajans und die Anwesenden singen diese nach. Häufig sind die Textzeilen lediglich Name Gottes. Deshalb richten sie die Sänger nach Gott aus und erfüllen ihr Herz mit Lie-be.
Bhairava	„der Furchteinflößende" oder „der Schreckliche"), auch Bhairav ge-nannt, ist die zerstörerische Inkar-nation des Hindu-Gottes Shiva.

Bhakti	Sanskrit: ist ein in indischen Religionen gebräuchlicher Begriff, der Verbundenheit, Zuneigung, Hingabe, Vertrauen, Huldigung, Anbetung, Frömmigkeit, Glauben oder Liebe bedeutet.
Bhakti Yoga	beinhaltet Chanting, Japa und Kirtan das Rezitieren von Mantren und spiritueller Gesang, Pujas = spirituelle Zeremonien, in denen zusammen mit Gesang Gaben vor einen Altar gegeben und weiteren Handlungen vollführt werden, um die jeweilige Gottheit zu ehren.
Brahmā	aus dem Sanskrit, Brahmā ist der Name einer der Hauptgötter im Hinduismus. Die weiteren Hauptgötter sind Vishnu (Bewahrung) und Shiva (Zerstörung)
Brahman	im hinduistischen Glauben ist Gott die absolute Realität, die die wahre Essenz allen Seins ist. Ist ein Begriff, den Hindus verwenden, um Gott oder das höchste Wesen zu beschreiben. Er kann sich auch auf das «göttliche Bewusstsein» beziehen. Brahman ist ein höchster, universeller Geist, der ewig und unveränderlich ist.
Buddha	der Erwachte

Dakinī	sind Frauen, die mit besonderen Potenzialen geboren wurden, verwirklichte Yoginis.
Devi	Devi gilt als die aktive Kraft (Shakti), die aus sich selbst das Universum manifestiert. Sie ist der Urgrund und die Wurzel des Daseins und das Dasein selbst.
Darshan	sehen, Gottesschau, den höchsten Herrn im Herzen erfahren. Es gibt Weise, Gurus oder Meister, die den Menschen über ihren Blick Darshan geben.
Guna	Schnur, Faden. Eigenschaft, Qualität
Guru	geistiger Führer, Meister
Hridayam	der Begriff «Hridayam» kommt aus dem Sanskrit und bedeutet so viel wie: «Herz», «Herzgegend» oder auch «spirituelles Herz».
Japa	Rezitieren, Flüstern, die Wiederholung laut oder in Gedanken, eines heiligen Namens. Jaba ist eine wichtige Übung, um zur Beruhigung und Läuterung des Denkens.
Jiva	Leben, Lebewesen, Seele. Der Träger der individuellen Persönlichkeit, ein feinstofflicher, unsichtbarer Leib, der der Wiedergeburt unterliegt, vom Atman unter-

schieden. Der Atman seinerseits, von Jiva umhüllt und darum nicht erkennbar, ist unveränderlich und ewig. Er ist die unsterbliche, immaterielle Seele und muss nicht befreit werden, sondern ist ewig frei.

Jīvanmukta	lebendig erlöst, ein Befreiter, der Verwirklichung erlangt hat.
Jnana	Sanskrit: jñāna *heisst:* Weisheit, Erkennen, Bewusstheit, Kenntnis, Verstehen, Wissen
Jnani	ist ein Sanskrit-Wort, das «wissend», «weise» oder «Jemand, der Weisheit besitzt» bedeutet. Es wird normalerweise verwendet, um jemanden zu beschreiben, der über höchste Selbsterkenntnis oder das Wissen der Befreiung verfügt.
Kaivalya	bedeutet Befreiung, ist Ziel des Yoga. Dies stellt sich ein, wenn Sattwa herrscht, die Reinheit.
Krishna	gilt als Gott der Liebe und Freude, als Gott der Kuhhirten, Träger des unendlichen Bewusstseins des Universums und Retter der Welt. Er ist der Lieblingsgott vieler Hindus.
Kundalini	eine Art innere Kraftquelle, die in yogischen Schriften als schlafende Schlange dargestellt wird.

Diese ruht eingerollt am unteren Ende der Wirbelsäule. Verschiedene körperliche und meditative Techniken sollen die Schlange wecken, um Energie im Körper freizusetzen.

Lilā	göttliches Spiel, das ganze Universum ist der Schauplatz für die Lilās des Herrn, die die Erschaffung, Erhaltung und Auflösung umfasst.
Mahāsamādhi	der Tod, Bezeichnung für das Grabmal eines Heiligen.
Mantra	eine heilige Silbe, ein Lied, ein Vers oder ein Spruch, der eine besondere Wirkung auf den Menschen hat. Ein wichtiges Kraftinstrument, bekannt aus der spirituellen Welt und in verschiedenen Religionen. Mantras unterstützen Heilung, innere Ruhe und helfen, Kraft zu schöpfen.
Mala	ist eine Meditationskette, die seit tausenden von Jahren von Yogis, Hindus und Buddhisten getragen wird. Sie unterstützt auf dem spirituellen Weg und hilft dabei, Ziele zu manifestieren.
Mataji	göttliche Mutter
Maya	Illusion - die Erscheinungswelt insgesamt. Verkörpert und vereint das Konzept der Maya alle Duali-

	täten in sich und umfasst das positive Wissen (vidya) ebenso wie die negative Unwissenheit (avidya) des Menschen. In den Ausführungen Shankaras wird der Begriff im negativen Sinn verwendet, um eine universelle Täuschung und eine Macht der Verblendung auszudrücken.
Mooji	gebürtig Antony Paul Moo-Young (29.1.1954 in Port Antonio, Jamaika), ist ein Advaita-Lehrer. Auch als Mooji Baba bekannt, Er lebt heute in Monte Sahaja in Portugal.
Moksha / Mukti	Ist die Vorstellung, dass sich der Mensch aus dem als schmerzhaft erfahrenen Kreislauf der Wiedergeburten lösen kann und nicht mehr wiedergeboren wird. Moksha leitet sich von dem Sanskrit-Wort für «sich befreien» ab.
Namaste / Namaskāram	Grussform, mit der Innenfläche zusammengefalteten Hände vor der Brust. Heisst ohne Worte «Verneigung sei dir».
Nirguna	ohne Qualitäten, formlos, unpersönlich
Nirvāna	verlöschen, hinüber gegangen. Befreiung von Leid, Tod und Wiedergeburt und allen weltlichen Bindungen.

Nirvikalpa Samādhi	ist ohne Dualität, also Selbst-Verwirklichung oder höchster Zustand des Seins.
Nishkāma	heisst wunschlos, ohne Eigennutzen. Nish = ohne / keine. Kàma = Leidenschaft. Leidenschaftslos.
Nishkāma Karma	Nishkāma Karma ist ein Aspekt von Karma-Yoga, dem Yoga des Handelns. Der andere Aspekt ist verhaftungslos Handeln, Gleichmut, in Erfolg und Misserfolg.
Neti Neti	bedeutet „Nicht dies, nicht das".
OM / AUM	Om ist die kosmische Schwingung, der Urklang des Universums. Diese drei Buchstaben stehen entweder für die drei Götter Vishnu (A), Shiva (U) und Brahma (M) oder werden als Symbole für drei Bewusstseinszustände verstanden: A bedeutet Wachen, U steht für Träumen und M für Tiefschlaf. Hinzu kommt ein vierter Zustand, Turiya = nämlich Stille.
Nityananda	Nitya = immerwährende, Ananda = Glückselig ein Name verschiedener Männer.
OM TAT SAT	ich sehe es als eine Art Bestätigung, Besiegelung: «So ist es!» OM ist die kosm. Schwingung, der Urklang des Universums. TAT heisst wörtlich «Das». SAT bedeutet «die Wahrheit».

Man kann Om Tat Sat also übersetzen mit: «Das ist die Wahrheit»
oder «Alles was ist».

Prana

Lebensatem, Lebenshauch bedeutet im Hinduismus «Lebenskraft, Lebensenergie und Leben».
Prana ist vergleichbar mit dem
Qi in China, Ki in Japan und Lung
in Tibet. Die Od- Kraft kann auch
mit Prana gleichgesetzt werden.

Pranayama

denn der Atem spielt eine ent-
scheidende Rolle im Gesamtsys-
tem des Menschen. Wie wir atmen, hat nämlich nicht nur körperliche Auswirkungen, sondern beeinflusst auch unsere Psyche
massiv. Der Mensch atmet durch-
schnittlich etwa 25920-Mal pro
Tag. Über den Atem nehmen wir
Sauerstoff, aus yogischer Sicht
aber auch Prana (= Lebensenergie), auf. Durch Stress, Verspan-
nungen, schlechte Körperhaltung
und schädliche Angewohnheiten
atmen aber viele Menschen zu
flach. Ihr System erhält so zu wenig Sauerstoff – eine der offen-
sichtlichsten Folgen ist dann
schnelle Ermüdung und damit ein-
hergehende Erschöpfung.

Prārabdhakarma

die Wirkung aus früheren Gebur-
ten die sich im gegenwärtigen Leben auswirken.

Paramahamsa

Schwan, Titel für Erleuchtete

Ramakrishna	Sri Ramakrishna Paramahamsa (*18.2. 1836 - 16.8. 1886) war ein hinduistischer Heiliger, Mystiker und religiöser Anführer. Seine Philosophie gründet sich auf Einflüssen des Tantra, auf die Göttin Kali, Bhakti Yoga und Advaita Vedanta.
Rama	ist nach den Lehren des Hinduismus der siebente Avatara (Inkarnation) von Vishnu, einem hinduistischen Gott. Er gilt als gebildet, schön und mit allen königlichen Eigenschaften ausgestattet.
Ramana Maharshi	30.12.1879 - 14.4.1950, Der grosse Weise, Meister / Guru vom Arunachala aus Südindien, der schon mit 16 Jahren die Be freiung erlangte und heute noch Menschen anzieht.
Sādhanas	Sanskrit, Sādhana, von der Wurzel sādh = «geradewegs auf ein Ziel zugehen, erfolgreich sein» bezeichnet eine spirituelle Disziplin, die unternommen wird, um ein bestimmtes geistiges Ziel zu erreichen. Ziel: die Erleuchtung zu erlangen, Befreiung (Moksha)
Satguru / Sadguru	wirklicher, wahrer (spiritueller) Lehrer; ein guter (Sat) Lehrer (Guru), ein spiritueller Meister,

Sadhguru	Sadhguru sagt: „Das Wort ‚Sadhguru' ist kein Titel. Es ist eine Beschreibung. Sadhguru bedeutet «ungebildeter Guru».
Sahasranamam	Auch Sahasrara ist das Scheitel-Chakra gemeint aber auch «Die tausend Namen». In dem Lalita-Sahasranamam, die tausend Namen der göttlichen Mutter. Es gibt ebenfalls von ganz vielen Hauptgötter oder Göttinnen ein Sahasranamam.
Samādhi	Einheitserfahrung, Bewusstseinszustand, der über wachen, Träumen und Tiefschlaf hinausgeht.
Savikalpa Samādhi	ist der überbewusste Zustand, ein sehr gesammelter Zustand des Geistes, Sama = Sammlung dass keine einzelnen Gedanken mehr da sind, Zeit, Raum und EGO (Subjekt-Objekt-Beziehung) verschwinden. In Savikalpa ist noch Vikalpa dabei. «Sa» heisst «mit». Vikalpa kann heissen Zweifel, Gedanke, Untescheidung. Savikalpa heisst, es ist noch etwas Unterscheidung da. Das Absolute wird noch nicht voll erfahren. Zustand des Wegtretens, das den Anschein hat zu schlafen oder in Ohnmacht gefallen zu sein, dem aber nicht so ist.
Sahaja Samādhi	natürlicher, dauerhafter Samādhi, Sahaja Samādhi ist der

Samādhi eines Selbstverwirklichten. «Sahaja» heisst natürlich, innewohnend. Samādhi ist der überbewusste Zustand. Wenn Samādhi natürlich kommt, dann ist es Sahaja Samādhi. Manchmal wird auch der Alltagszustand eines Selbstverwirklichten als Sahaja Samādhi bezeichnet: Wenn ein Selbstverwirklichter im Alltag ist, sieht er die Welt wie alle anderen, kann aber auch gleichzeitig die Einheit wahrnehmen.

Samsara	die sich auf unbestimmte Zeit wiederholenden Zyklen von Geburt, Elend und Tod, die durch Karma verursacht werden.
Sanskrit	Sanskrit ist die heilige Sprache der Hindus und seit über tausend Jahren die Sprache des Yoga. Alle religiösen Schriften von den Veden und Upanishaden bis zur Bhagavad Gita und den Yoga-Sutren von Patanjali wurden auf Sanskrit verfasst.
Satsanga	Sat = Wahrheit, Sang(a) in der Begegnung mit einem Meister.
Shanti	Ruhe des Gemüts, Seelenruhe, innerer Friede, Friede, Heil, Segen, Wohlergehen, Erlöschen (des Feuers), Nachlassen, Aufhören, Pause, Unterbrechung, der Eingang zur ewigen Ruhe, Sterben und Tod.

Shuniya	Shuniya heißt „Nullpunkt" oder „Nichts-Sein" und bedeutet innere Stille oder Freiheit von Gedanken. Im Kundalini Yoga und Sat Nam Rasayan beschreibt „Shuniya" einen Raum der Stille, der durch Meditation erfahren werden kann.
Shushumna, Ida, Pingala	Die zentrale Energiebahn entlang der Wirbelsäule, durch die die Kundalini Energie beim Erwachen aufsteigen kann, Shushumna ist mit allen Chakren verbunden. An beiden Seiten der Wirbelsäule sind Ida (weiblich) links, Mondernergie und Pingala (männlich) rechts, Sonnenenergie neben der Wirbelsäule, die, wenn die Kundalini vollständig, erwacht, ihre Energie im Scheitel (Sahasrara) verschmilzt.
Siddhi	bezeichnen im Buddhismus und Hinduismus besondere übernatürliche Kräfte und Fähigkeiten, die man gemäss der Überlieferung durch spirituelle Praxis erlangt.
Sidhha	jemand der eine höhere Verwirklichungsstufe erreicht hat.
Śiva / Shiva	«Glückverheissender» «Zerstörer und Verwandler» ist einer der Hauptgötter des Hinduismus , Im Shivaismus gilt er den Gläubigen als die wichtigste Manifestation des Höchsten. Als Bestandteil der

«hinduistischen Trinität» (Tri-murti) mit den drei Aspekten des Göttlichen, mit Brahma, der als Schöpfer gilt, und Vishnu, dem Bewahrer, verkörpert Shiva das Prinzip der Zerstörung. Er verkör-pert Schöpfung, Neubeginn und ebenso wie Erhaltung.

Śri / Shri   hoheitsvolle Anrede oder Be-zeichnung einer zunächst unbe-stimmten Gottheit in einem kul-tisch-religiösen Zusammenhang; erst später wurde sie mit der Göt-tin Lakshmi, der Gemahlin Vish-nus, verknüpft.

Sudevi   ist ein spiritueller Name und be-deutet Gute.
Auch Göttin der Wahrheit.

Surya   die Personifizierung der Sonne, der Wärme und des Lichtes bzw. der Sonnengott, den viele Gläu-bige noch heute in verschiedenen Formen verehren.

Tantra   Neutrum, „Gewebe, Kontinuum, Zusammenhang"

Tat Tvam Asi   Tat Tvam Asi ist ein Sanskrit-Man-tra aus der Advaita-Tradition, das typischerweise mit «Ich bin das» oder «Du bist das», übersetzt wird.

Tiruvannamalai   Stadt in Südindien im Staat Tamil

Nadu wo Ramana Maharshi seit seinem 16. Lebensjahr gelebt hatte. Sein Ashram und Grab, wird auch heute noch von Menschen aus der ganzen Welt besucht.

Vairagya	Begierde-Losigkeit, Entsagung, Nicht-Verhaftet sein.
Vasana	bedeutet: Wunsch, Verlangen, Neigung oder auch Idee, Vorstellung falsche Vorstellung. Im Vedānta und im Raja-Yoga bezieht sich Vasana aber normalerweise auf Wunsch und Verlangen, von denen sich ein spiritueller Aspirant lösen muss, um Freiheit zu erlangen.
Veden	auch Veda genannt, Wissen, heilige Lehre und wurde früher mündlich und später dann auch schriftlich überliefert und sind Sammlungen von religiösen Texten im Hinduismus. Wovon es vier Vedas gibt.
Vichara	Unterscheidende Erforschung, Suche.
Vidya	Wissen, Weisheit, Erkenntnis, praktisches Wissen, intuitives Wissen, höchstes, verwirklichtes Wissen.
Viṣṇu / Vishnu	der Hindu-Gott Vishnu gilt als Er-

halter der Welt. Er sorgt auf der Erde für ein Gleichgewicht zwischen Gut und Böse. Seine Aufgabe ist es, die Götter und die Menschen zu behüten und das Böse zu bekämpfen. Seine Gattin ist Lakshmi.

Yoga — Vereinigung mit Gott, Höchsten

Yoginī — Yoga-Übende, jemand, der im Yoga Vollendung erlangt hat; eine Frau, die ihr Leben auf Gott ausrichtet und den Dienst am Höchsten widmet. Eine weibliche Yogapraktizierende heisst Yogini.

Devanāgarī Sanskrit Alphabet
a ā(aa) i ī(ii) u ū(uu) ṛ ṝ(rr) ḷ ḹ(ḷḷ)
e ai o au (ṁ ṁ̐ ḥ)[1] k kh g gh ṅ
c ch j jh ñ ṭ ṭh ḍ ḍh ṇ t th
d dh n p ph b bh m y r l v
ś (sch) ṣ(ss) s h
1) ṁ (Anusvāra), ṁ Anunāsika)
und ḥ (hu) (Visarga) haben ihren Platz im Alphabet, gelten aber als sekundäre Lautzeichen.
(-) = Aussprache

Renate Nishkàma Kunz

EINFACH SEIN - BEFREIUNG IN GLEICHMUT

Ein Weg zur inneren Freiheit

Der Inhalt des Buches

Dieses Buch lädt dazu ein, den Pfad des Erwachens und der Erleuchtung auf eine zugängliche und lebensnahe Weise zu erkunden. Es behandelt zentrale spirituelle Themen wie das Kundalini-Erwachen, die Kraft von Mantra-Rezitationen (Japa) und Pranayama (Atemtechnik), das Loslassen alter Identitäten («Sterben, um zu leben») und die Erfahrung der Leere als Raum tiefer Stille und Präsenz. Zudem werden die fünf Sinne, Karma, Angst und Freude, aber auch Gedanken über das Interpretieren, das reine Bewusstsein, frei von Anhaftung thematisiert. Das Buch beinhaltet zudem Informationen zu den Themen «Wer Bin Ich?» und was beinhaltet die Selbst-Verwirklichung.

Durch inspirierende Geschichten und praktische Reflexionsimpulse (in Form von Innehalten und sich selbst zu erforschen) begleitet das Buch die Leser Schritt für Schritt zu mehr Gleichmut, Klarheit und innerem Frieden. Es zeigt, dass ein Guru zwar ein wertvoller Begleiter sein kann, die wahre Erkenntnis jedoch in uns selbst liegt.

Jedes Kapitel lädt dazu ein, innezuhalten, sich zu reflektieren und den Weg zurück zu sich selbst zu finden. Ein Buch für all jene, die tiefer schauen und einfach sein möchten inmitten der Herausforderungen des Lebens.

Ein praktischer Begleiter auf dem Weg zur inneren Freiheit und Gelassenheit.

ISBN: 978-3-7693-2590-4

OM TAT SAT